交通技工院校汽车运输类专业新课改教材

汽车发动机结构与拆装
（第2版）

（汽车维修、汽车商务专业用）

程 晟 主 编
石 琳 主 审

人民交通出版社股份有限公司
北京

内 容 提 要

本书是交通技工院校汽车运输类专业新课改教材之一,主要介绍了安全知识和发动机拆装工具的使用、发动机总成及附件的拆装、曲柄连杆机构的结构与拆装、配气机构的结构与拆装、汽油机燃料供给系统的结构与拆装、柴油机燃料供给系统的结构与拆装、润滑系统的结构与拆装、冷却系统的结构与拆装共八个项目。

本书是交通技工院校、中等职业学校汽车维修、汽车商务专业的专业核心课程教材,也可作为汽车维修专业技术等级考核及培训用书和相关技术人员的参考用书。

图书在版编目(CIP)数据

汽车发动机结构与拆装/程晟主编. —2 版. —北京:人民交通出版社股份有限公司,2021.11

ISBN 978-7-114-17347-9

Ⅰ.①汽… Ⅱ.①程… Ⅲ.①汽车—发动机—结构—教材②汽车—发动机—装配(机械)—教材 Ⅳ.①U464

中国版本图书馆 CIP 数据核字(2021)第 099621 号

QICHE FADONGJI JIEGOU YU CHAIZHUANG

书 名:	汽车发动机结构与拆装(第 2 版)
著 作 者:	程 晟
责任编辑:	郭 跃
责任校对:	刘 芹
责任印制:	张 凯
出版发行:	人民交通出版社股份有限公司
地 址:	(100011)北京市朝阳区安定门外外馆斜街 3 号
网 址:	http://www.ccpcl.com.cn
销售电话:	(010)59757973
总 经 销:	人民交通出版社股份有限公司发行部
经 销:	各地新华书店
印 刷:	北京市密东印刷有限公司
开 本:	787×1092 1/16
印 张:	19.25
字 数:	309 千
版 次:	2013 年 5 月 第 1 版 2021 年 11 月 第 2 版
印 次:	2021 年 11 月 第 2 版 第 1 次印刷 总第 6 次印刷
书 号:	ISBN 978-7-114-17347-9
定 价:	47.00 元

(有印刷、装订质量问题的图书由本公司负责调换)

交通职业教育教学指导委员会
汽车（技工）专业指导委员会

第2版前言

为适应社会经济发展和汽车运用与维修专业技能型人才培养的需求,交通职业教育教学指导委员会汽车(技工)专业指导委员会陆续组织编写了汽车维修、汽车营销、汽车检测等专业技工、高级技工及技师教材,受到广大职业院校师生的欢迎。随着职业教育教学改革的不断深入,职业学校对课程结构、课程内容及教学模式提出了更高、更新的要求。《国家职业教育改革实施方案》提出"引导行业企业深度参与技术技能人才培养培训,促进职业院校加强专业建设、深化课程改革、增强实训内容、提高师资水平,全面提升教育教学质量"。为此,人民交通出版社股份有限公司根据职业教育改革相关文件精神,组织全国交通类技工、高级技工及技师类院校再版修订了本套教材。

此次再版修订的教材总结了交通技工类院校多年来的汽车专业教学经验,将职业岗位所需要的知识、技能和职业素养融入汽车专业教学中,体现了职业教育的特色。本版教材改进如下:

1. 教材编入了汽车行业的新知识、新技术、新工艺,更新现有标准规范,同时注意对新设备、新材料和新方法的介绍,删除上一版中陈旧内容,替换老旧车型。

2. 对上一版中错漏之处进行了修订。

3. 新版教材中配有二维码,以动画、视频"助教助学","数纸一体"提升教学质量。

本书由浙江交通技师学院程晟担任主编,项目一、项目二、项目三、项目四、项目五由程晟编写,项目六由王有明编写,项目七、项目八由陈新权编写。本书新增了汽油机缸内喷射燃油系统和高压共轨式柴油喷射系统等新内容,在编写过程中,得到了部分汽车修理厂家和汽车4S店的支持,在此表示感谢。

限于编者经历和水平,教材内容难以覆盖全国各地中等职业学校的实际情况,希望各学校在选用和推广本系列教材的同时,注重总结教学经验,及时提出修改意见和建议,以便再版修订时改正。

编 者

2021 年 6 月

第1版前言

　　教育部关于全面推进素质教育深化中等职业教育教学改革的意见中提出"中等职业教育要全面贯彻党的教育方针,转变教育思想,树立以全面素质为基础、以能力为本位的新观念,培养与社会主义现代化建设要求相适应,德智体美劳全面发展,具有综合职业能力,在生产、服务、技术和管理第一线工作的高素质劳动者和中初级专门人才"。根据这一精神,交通职业教育教学指导委员会在专业调研和人才需求分析的基础上,通过与从事汽车运输行业一线行业专家共同分析论证,对汽车运输类专业所涵盖的岗位(群)进行了职业能力和工作任务分析,通过典型工作任务分析→行动领域归纳→学习领域转换等步骤和方法,形成了汽车运输类专业课程体系,于2011年3月,编辑出版了《交通运输类主干专业教学标准与课程标准》(适用于技工教育)。为更好地执行这两个标准,为全国交通运输类技工院校提供适应新的教学要求的教材,交通职业教育教学指导委员会汽车(技工)专业指导委员会于2011年5月启动了汽车运输类主干专业系列规划教材的编写。

　　本系列教材为交通职业教育教学指导委员会汽车(技工)专业指导委员会规划教材,涵盖了汽车运输类的汽车维修、汽车钣金与涂装、汽车装饰与美容、汽车商务等四个专业26门专业基础课和专业核心课程,供全国交通运输类技工院校汽车专业教学使用。

　　本系列教材体现了以职业能力为本位,以能力应用为核心,以"必需、够用"为原则;紧密联系生产、教学实际;加强教学针对性,与相应的职业资格标准相互衔接。教材内容适应汽车运输行业对技能型人才的培养要求,具有以下特点:

　　1. 教材采用项目、课题的形式编写,以汽车维修企业、汽车4S店实际工作项目为依据设计,通过项目描述、项目要求、学习内容、学习任务(情境)描述、学习目标、资料收集、实训操作、评价与反馈、学习拓展等模块,构建知识和技能模块。

　　2. 教材体现职业教育的特点,注重知识的前沿性和全面性,内容的实用性和实践性,能力形成的渐进性和系统性。

　　3. 教材反映了汽车工业的新知识、新技术、新工艺和新标准,同时注意新设备、新材料和新方法的介绍,其工艺过程尽可能与当前生产情景一致。

　　4. 教材体现了汽车专业中级工应知应会的知识技能要求,突出了技能训练和学习能力的培养,符合专业培养目标和职业能力的基本要求,取材合理,难易程度适中,切合中技学生的实际水平。

5. 教材文字简洁,通俗易懂,以图代文,图文并茂,形象直观,形式生动,容易培养学员的学习兴趣,有利于提高学习效果。

《汽车发动机结构与拆装》教材根据交通职业教育教学指导委员会交通运输类主干专业教学标准与课程标准"汽车发动机结构与拆装"课程标准进行编写。它是交通技工院校、中等职业学校的汽车维修、汽车商务专业的核心课程教材。其功能在于培养汽车维修工人的基本职业能力,达到本专业学生应具备的中级工知识要求。本书也可作为汽车维修专业技术等级考核及培训用书和相关技术人员的参考用书。全书由八个项目组成,分别介绍了汽车实训5S管理与汽车拆装工具使用、发动机基本原理与总成的拆卸、曲柄连杆机构的结构与拆装、配气机构结构与拆装、汽油机燃料系统的结构与拆装、柴油机燃料系统的结构与拆装、冷却系统的结构与拆装、润滑系统的结构与拆装。

本书由浙江交通技师学院程晟担任主编,成都交通高级技工学校石琳担任主审,项目一、项目二、项目三、项目六由程晟编写;项目四、项目七、项目八由苏州市建设交通高等职业技术学校张建雄编写;项目五由河南省交通高级技工学校张大年编写。本书在编写过程中,得到了部分汽车修理厂家和汽车4S店的支持,在此表示感谢。

由于编者经历和水平有限,教材内容难以覆盖全国各地的实际情况,希望各地教学单位在积极选用和推广本教材的同时,总结经验,及时提出修改意见和建议,以便再版时进行修订改正。

交通职业教育教学指导委员会

汽车(技工)专业指导委员会

2013 年 2 月

目　录

项目一　安全知识和发动机拆装工具的使用

学习目标

完成本项目学习后,你应能:

1.知道7S的含意,养成良好工作习惯;

2.知道环保的基本知识,了解废机油、污水及废料的处理办法;

3.了解发动机拆装常用工量具和机具设备的类型及作用,能正确使用常用工量具和机具设备。

建议课时

8课时。

课题一　实训场地与7S

"7S"起源于日本,是指在生产现场中对人员、机器、材料、方法等生产要素进行的有效管理,其最终目的是提高人的素质。"7S"包含整理(Seiri)、整顿(Seiton)、清扫(Seiso)、清洁(Seiketsu)、素养(Shitsuke)、安全(Safety)、节约(Saving)。

实训场地是职业院校教学活动的主要场地,是培养学生职业素质和职业核心能力的重要场所。实训场地实行"7S"管理,创造一个整洁、舒适、高效的工作和学习环境,可以提高学生的学习效率;可以使学校和企业接轨;可以使学生提前熟悉工作岗位的"7S"管理制度,养成良好的工作习惯。

一、实训场地整理(Seiri)

实训场地整理,如图1-1所示。

含义:将实训场地中的所有物品区分为使用的物品与不使用的物品,并将不使用的物品移出工作区。

要点:对现场的设备、零件、工具、文件等物品区分为使用与不使用,对使用的物品进行分类管理。将不使用的物品又分为有用和无用物品,有用的物品转移到现场之外,进行分类管理;无用的物品清除掉,以增加作业面积,保持物流畅通,防止物品误用等。

二、实训场地整顿(Seiton)

实训场地整顿,如图1-2所示。

 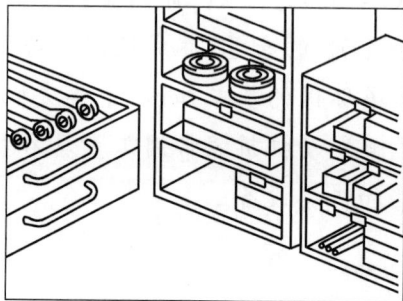

图1-1　整理　　　　　　　　图1-2　整顿

含义:把留下来的必须使用的物品按规定的位置整齐摆放,并加以标识。

要点:物品摆放有序、定位放置合理,分类标识明确,需要的物品能很快拾取,用后还原,使工作场所整洁明了,减少取放物品的时间,提高工作效率,保持良好的工作秩序。

三、实训场地清扫(Seiso)

实训场地清扫,如图1-3所示。

含义:将实习实训场所内所有地方清扫干净,保持实习实训场所干净、明亮。

要点:对桌椅、门窗、设备、货架等进行清扫、擦拭、点检、润滑,保持工作台面干净、摆放整齐,营造明亮、清新的实训环境,提高工作、实训效率。

四、实训场地清洁(Seiketsu)

实训场地清洁,如图1-4所示。

含义:维持上面"3S"的成果,即经过整理、整顿与清扫工作后,把所积累的经验和所养成习惯用文字书写出来,形成制度,加以规范。

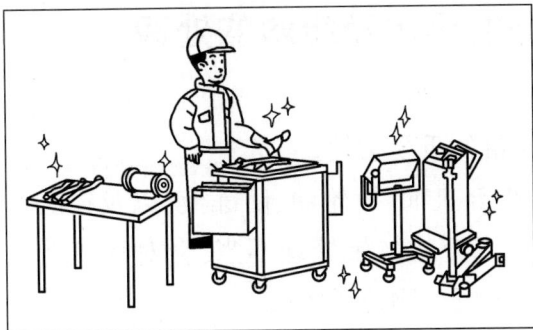

图 1-3　清扫　　　　　　　　　　图 1-4　清洁

要点:以上"3S"实施后一定要制度化,要有明文规定,区域场所责任到人,制定制度告知全体学生,使大家有统一的行动标准。通过定期检查与随时抽查,使实训场所始终保持在最佳状态。

五、素养(Shitsuke)

含义:人人养成良好的习惯,并按规则做事,培养积极主动的精神,塑造团结合作意识。

要点:通过教育训练达到管理规范化、制度化;提高学生素质、讲究社会公德、加强自我修养;文明礼貌、五讲四美、遵纪守则;建立和睦、团结、朝气蓬勃的团队,形成良好的工作习惯。

六、安全(Safety)

含义:清除隐患,排除险情,预防事故的发生。

要点:建立健全各项安全管理制度;对操作人员的操作技能进行训练;全员参与,排除隐患,重视预防。保证训练、生产持续安全和正常的进行,同时减少因安全事故造成的人员伤害和经济损失。

七、节约(Saving)

含义:合理利用时间、空间、物资、能源等资源,发挥它们的最大效能,从而创造一个经济、高效、物尽其用的工作环境。

要点:在工作中秉持勤俭节约的原则,是对整理工作的补充和指导。

课题二　废机油、污水及废料的处理

清洁有序的环境是保证汽车维修质量的重要条件。

车辆在维修过程中,会产生大量的废弃机油、齿轮油、防冻液,以及铅酸蓄电池、油抹布、废离合器片等废弃物。这些废弃物如果处理不当,会对环境造成严重污染,因此,必须采取有效措施防止这些废弃物造成污染。

一、汽车维修业的有害废弃物

汽车维修废弃物的种类主要包括:废机油、废齿轮油、废制动液、废冷却液、废弃制冷剂及非金属材料等。

(1)废机油、废齿轮油。每辆汽车一般情况下6个月换1次机油,1年要换2次,每次1桶,每桶为3.5L,则每一辆汽车每年会产生7L的废机油。

(2)废制动液。按两年更换1次制动液,每次1桶,每桶1L,则每一辆汽车每年会产生0.5L的废制动液。

(3)废冷却液。按两年更换1次冷却液,每次2桶,每桶3.5L,则每一辆汽车每年会产生3.5L的废冷却液。全国汽车保有量巨大,会产生大量的液体类废弃物。

(4)废弃制冷剂。大多数从事汽车空调维修的企业,在维修过程中,直接将制冷剂排放到大气中,造成环境污染。因此,有必要制定相应的法规,强制从事汽车空调维修的企业对制冷剂进行回收、处理及再利用。

(5)废旧轮胎、废橡胶。全国每年生成的废旧轮胎达5000万条,同时还产生大量传动带、橡胶密封件等废旧橡胶制品。

二、汽车维修有害废弃物的特性及危害

(1)废机油、废齿轮油。废机油、废齿轮油是不可再生的石油化学产品,含有各种化学添加剂。每500g废机油可以污染1000t清水,处理不当对环境的危害非常大。

(2)废弃冷却液。废弃冷却液是醇类化学品的水溶液,含有色素及各类添加剂,主要成分为乙二醇,气味偏甜,但是具有很强的毒性。

(3)废弃的制冷剂。现代汽车空调系统所应用的制冷剂工质是常见的二氯

二氟甲烷(Rl2)、一氯二氟甲烷(R22)、四氟乙烷(R134a)等。R12 和 R22 因分子中含有氯原子,对大气臭氧层有破坏作用;此外,R12 还会长期停留在大气层中,影响地球表面温度向外的扩散,产生引起地球变暖的温室效应。R134a 不含氯原子,对臭氧层无破坏作用,但它同样会长期停留在大气层中,也会引起温室效应。

(4)废旧轮胎、废橡胶。废旧轮胎、废橡胶是有害固体废物之一,它具有很强的抗热、抗机械和抗降解性,在土地里 100 年不会腐烂分解。随意处置废旧轮胎,会破坏植被生长、影响人体健康、危及生态环境。

三、汽车维修废旧物品的处理办法

废旧物品包括废机油、被更换的旧件、备件包装纸箱等。对于废旧物品,要求由备件部统一管理,包括存放、清理和处理。

(1)车辆清洗应在固定地点进行,每天应对汽车清洗地点进行清扫,保持下水道疏通,场地整洁。

(2)保持场地清洁。汽车拆装实训时,应做到油、水不落地,拆下的零件应放置在规定位置,废油接入油盆中,实训完毕后,立即清扫场地。

(3)废旧料应分类放置。废机油、废冷却液、废旧橡胶制品、废旧蓄电池、废金属材料分类存放,定期回收处理,变废为宝。

(4)锉削制动摩擦片应防止有害粉尘扩散,危害人体健康,有条件的应配置防尘罩或去尘设备。

(5)检修空调机时,制冷剂不得随意排放到大气中,应使用制冷剂回收装置回收利用。

课题三　发动机拆装工具的选用

一、汽车常用工具

1. 开口扳手

开口扳手,如图 1-5 所示,用于拧紧(或拧松)标准规格的螺栓和螺母。

扳手开口以一定角度与手柄相连,可以从正反两个方向插入,如图 1-6 所示。可以上、下套入或横向插入,使用方便。

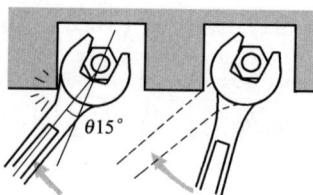

图 1-5　开口扳手　　图 1-6　可以从正反两个方向插入

使用小提示：

不可用于拧紧力矩过大的螺栓或螺母。不能在扳手手柄上接套管使用,以防因力矩过大而损坏螺栓或开口扳手,如图 1-7 所示。

2. 梅花扳手

梅花扳手,如图 1-8 所示,用于拧紧(或拧松)标准规格的螺栓和螺母,可以对螺栓、螺母施加较大的力矩。

图 1-7　不能在扳手手柄上接套管　　图 1-8　梅花扳手

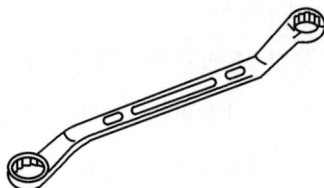

梅花扳手因为扳手钳口是双六角形的,可以容易地套入螺栓、螺母,能拆装狭小空间内的螺栓、螺母,如图 1-9 所示。

使用时,由于螺栓、螺母的六角形表面被包住(图 1-10),受力均匀,因此,可以施加较大的力矩,不易损坏螺栓六角。

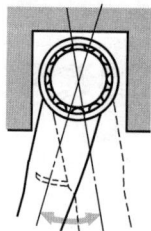

图 1-9　可以转动空间很小的　　图 1-10　螺栓、螺母的六角形
　　　　　螺栓、螺母　　　　　　　　　　　表面被包住

使用小提示：

(1)用力方向只能拉或用手掌推,如图 1-11 所示。

(2)不能在扳手手柄上接加力套管或用锤子锤击。

（3）禁止使用内孔磨损过甚的梅花扳手。

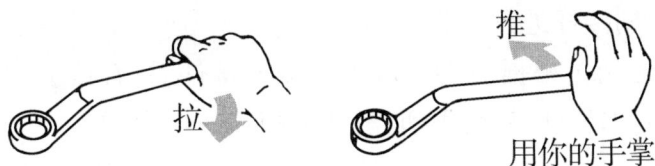

推

拉

用你的手掌

图 1-11　梅花扳手使用注意事项

3. 活动扳手

活动扳手，如图 1-12 所示，适用于尺寸不规则的螺栓、螺母的拆装。

开口尺寸能在一定范围内任意调节，如图 1-13 所示。可用来代替多种规格尺寸的开口扳手（扳手）。

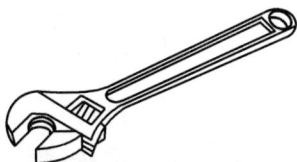

调节钳口

调节螺杆

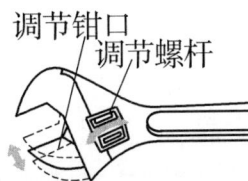

图 1-12　活动扳手　　　　图 1-13　开口尺寸能在一定
范围内任意调节

使用小提示：

（1）转动调节螺杆，使活动扳手的开口大小与螺栓、螺母头部尺寸配合完好，如图 1-14 所示。

（2）开口固定侧应置于受力较大的一面，否则，容易损坏扳手或从螺栓上滑脱，如图 1-15 所示。

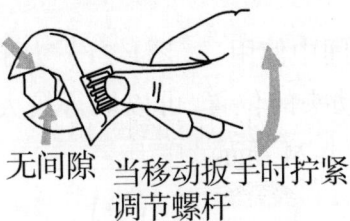

无间隙　当移动扳手时拧紧
调节螺杆

图 1-14　开口大小与螺栓、螺母　　图 1-15　活动侧不能置于受力
头部尺寸配合　　　　　　　　　较大的一面

（3）不可用于拧紧力矩较大的螺栓、螺母，以防损坏扳手。

4. 套筒扳手

套筒扳手由一套不同规格的套筒（图 1-16）和加长杆、万向节、滑动手柄、旋转手柄、棘轮手柄组成，用于拧紧或拧松力矩较大或位置较特殊的螺栓、螺母。

根据螺栓、螺母头部的形状与尺寸可选用不同规格的套筒。根据作业空间的不同可选用不同接杆进行作业。

使用特点:套筒可根据需要选取不同的连接件,只有接上连接件才能使用。常见的连接件有:加长杆、棘轮手柄、滑动手柄、万向节。

(1)加长杆,如图1-17所示。加长杆可用于拆卸较深不易接触的螺栓、螺母,如图1-18所示。

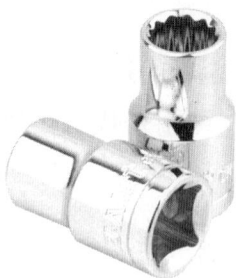 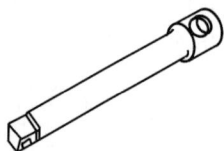 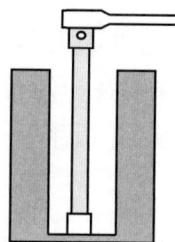

图1-16　套筒　　　图1-17　加长杆　　　图1-18　拆卸不易接触的
　　　　　　　　　　　　　　　　　　　　　　　　　　　螺栓、螺母

(2)棘轮手柄,如图1-19所示,适合在狭窄空间中使用,如图1-20所示。受限于棘轮的结构,棘轮手柄不能获得很大的力矩,如图1-21所示。

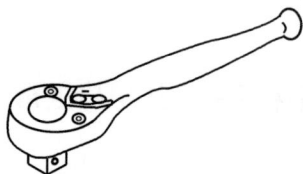 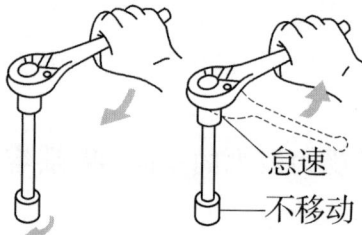 

图1-19　棘轮手柄　　　图1-20　在狭窄空间中使用　　　图1-21　力矩不可过大

(3)滑动手柄,如图1-22所示。调节活动头的位置,可以取得较大的力矩,如图1-23所示,或取得最快的工作速度,如图1-24所示。

 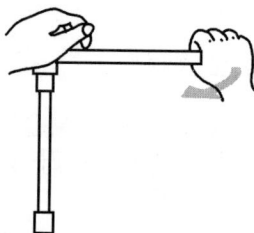 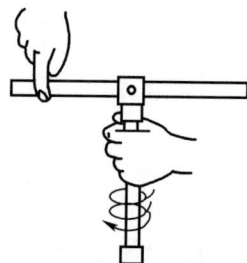

图1-22　滑动手柄　　　图1-23　取得较大的　　　图1-24　取得最快的
　　　　　　　　　　　　　　　　　力矩　　　　　　　　　工作速度

小提示:在汽车维修中优先使用套筒扳手,如果由于工作空间限制不能使用套筒扳手的,可按其顺序选用梅花扳手或开口扳手。

5. 扭力扳手

扭力扳手与套筒配合使用,用于拧紧或拧松有规定力矩要求的螺栓或螺母。扭力扳手有预调型(图1-25)和板簧式扭力扳手(图1-26)两种。

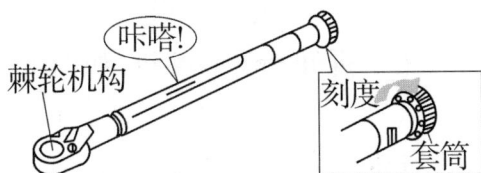

图 1-25　预调型扭力扳手　　　　图 1-26　板簧式扭力扳手

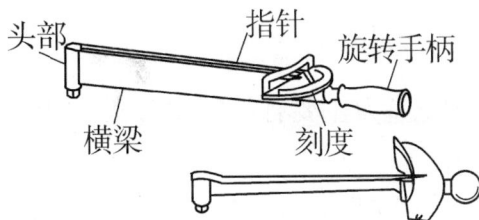

预调型扭力扳手:通过旋转套筒可预设所要求的力矩。当螺栓拧紧力矩达到预设的力矩时,会听到"咔嗒"声。

板簧式扭力扳手:借助作用到旋转手柄上的力使手柄弯曲,通过指针和刻度读出手柄弯曲度来测得力矩大小。

使用小提示:

(1)使用时不允许有外接加力装置。

(2)如果连接件有多个螺栓连接,安装时应在每个螺栓上均匀施加力矩,并分2次或3次按规定力矩拧紧。

(3)如果专用维修工具与转矩扳手一起使用,则要按照修理手册中的说明计算力矩。

6. 内六角扳手

内六角扳手是常见的一种扳手,是拧紧内六角螺钉或螺栓的工具。内六角扳手简便轻巧,使用方便,不易损坏,并且两端都能使用。因紧固件规格不同,内六角扳手规格也有很多种。常见规格主要有:1.5mm、2mm、2.5mm、3mm、4mm、5mm、6mm、8mm、10mm、12mm、14mm、17mm、19mm、22mm、27mm 等,外形如图1-27 所示。

内六角扳手使用:先将内六角扳手一头插入内六角螺栓中,一手压紧,另一手转动。

内六角螺钉或螺栓与扳手之间有六个接触面,受力　图 1-27　内六角扳手

充分且不容易损坏。可以用来拆装深孔中的螺钉。扳手的直径和长度决定了它的最大扭转力。

使用注意事项：使用时不允许有外接加力装置，不能用锤子敲击内六角扳手。

小提示： 有些厂家生产的内六角扳手一端制成球状，可以倾斜30°插入，方便作业。

7. 螺丝刀

螺丝刀主要有一字螺丝刀和十字螺丝刀，用于拆卸和安装螺钉，如图1-28所示。

使用时，刀口应与螺钉槽口大小、宽窄、长短相适应。不能使用刀口有残缺的螺丝刀拆装螺钉，以免损坏螺钉的槽口和刀口，如图1-29所示。

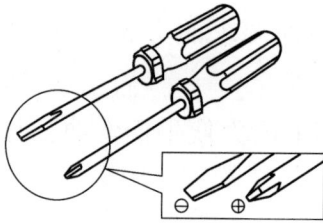

图1-28 螺丝刀

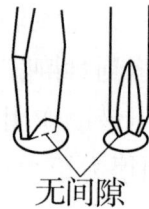

无间隙

图1-29 刀口应与螺钉
槽口相适应

保持螺丝刀与螺钉尾端成直线，手心抵住柄端，螺丝刀与螺钉同轴心，边用力压紧边用手腕转动，如图1-30所示。

使用小提示：

(1)不准用锤子敲击螺丝刀柄当錾子使用。

(2)不准用螺丝刀当撬棒使用。

(3)不可在螺丝刀上用扳手或钳子增加扭力，以免损伤螺丝刀，如图1-31所示。

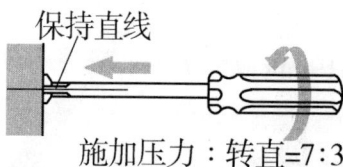

保持直线

施加压力：转直=7:3

图1-30 边用力压紧边用手腕转动

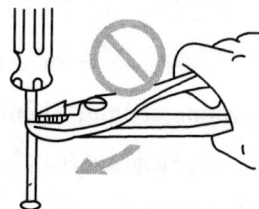

图1-31 不可在螺丝刀口端用扳手
或钳子增加扭力

8. 尖嘴钳

尖嘴钳,外形如图 1-32 所示,用于夹持卡簧、锁销等较小的零件,如图 1-33 所示,或剪断导线,如图 1-34 所示。

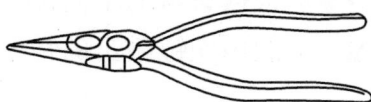

图 1-32　尖嘴钳

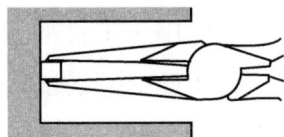

图 1-33　夹持较小的
零件

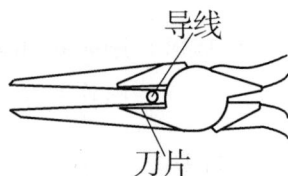

图 1-34　剪断导线

使用小提示:

(1)不可用力过大,否则,钳口头部会变形、销轴会松动,如图 1-35 所示。

(2)不可将钳子柄当撬棒使用,以免使之弯曲、折断或损坏。

(3)不可将钳子代替扳手来拧紧或拧松螺栓、螺母,以免损坏螺栓、螺母头部棱角。

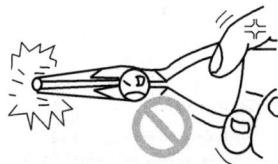

图 1-35　不可用力过大

9. 鲤鱼钳

鲤鱼钳用于弯曲较小的金属材料,夹持扁形或圆形的较小工件,切断金属丝,如图 1-36 所示。

使用时,根据夹持零件的尺寸,改变支点上的孔的位置调节钳口打开大小,如图 1-37 所示。

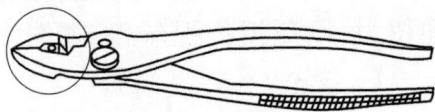

图 1-36　鲤鱼钳

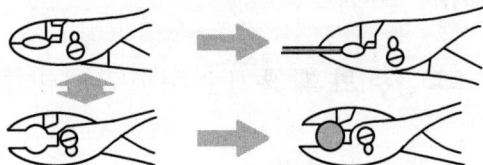

图 1-37　调节钳口开度

使用小提示:

(1)不可用钳子代替扳手来拧紧或拧松螺栓、螺母,以免损坏螺栓、螺母头部棱角。

(2)在用钳子夹紧光洁表面前,须用防护布或其他防护装置防止损伤光洁表面,如图 1-38 所示。

图 1-38　用防护布防止
损伤光洁表面

（3）不可将钳子柄当撬棒使用，以免使之弯曲、折断或损坏。

10. 锤子

锤子用于敲击工件，使工件变形、位移、振动，并可用于工件的校正、整形。根据材料的不同锤子有铁锤、橡胶锤和木锤等。不能用铁锤敲击的精密零件的表面可用橡胶锤或木锤敲击。

敲击时，右手握住锤柄后端约 10mm 处，握力适度，眼睛注视工件。挥锤方法有三种：挥手、挥肘和挥臂，如图 1-39 所示。

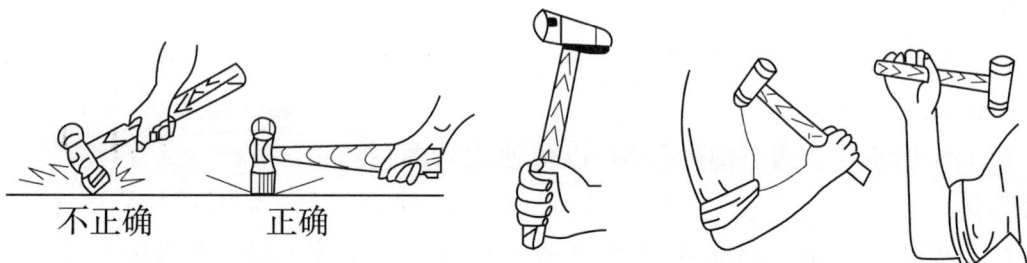

不正确　　　正确　　　　手挥（手腕挥）肘挥（小臂挥）臂挥（大臂挥）

图 1-39　锤子的正确使用

使用小提示：

（1）手柄应安装牢固，防止锤头飞出伤人。

（2）锤头应平整地击打在工件上，不得歪斜，防止损坏工件表面。

（3）拆卸零部件时，禁止直接锤击重要表面或易损部位，以防出现表面破坏或损伤。

二、专用工具

1. 卡环拆装钳

卡环拆装钳，如图 1-40 所示，用于拆装轴承等零件轴向定位用的弹性卡簧。

卡环拆装钳分内卡环钳和外卡环钳。使用时，根据卡环的不同选用不同的卡环拆装钳。

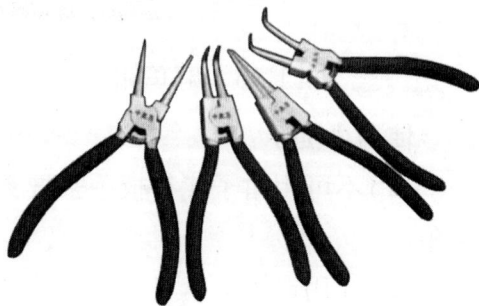

图 1-40　卡环拆装钳

2. 火花塞套筒

火花塞套筒,如图 1-41 所示,专用于拆卸或安装火花塞。

使用时,根据火花塞尺寸的不同,有大小两种规格。有些火花塞套筒扳手内装有磁铁,以防止火花塞坠落,如图 1-42 所示。

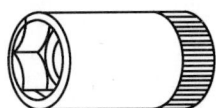

图 1-41　火花塞套筒

图 1-42　火花塞套筒扳手内
装有一块磁铁

使用小提示:

(1)火花塞陶瓷绝缘体易碎,小心不要使火花塞坠落,如图 1-43 所示。

(2)为确保火花塞正确地插入,首先要将火花塞与火花塞安装孔对正,如图 1-44 所示。

图 1-43　不要使火花塞坠落

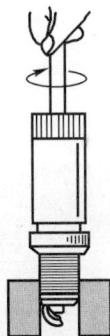

图 1-44　火花塞与火花塞孔对正

3. 活塞环拆装钳

活塞环拆装钳用于拆装活塞环,其结构如图 1-45 所示。

使用活塞环拆装钳时,一只手扶住活塞环,并将拆装钳上的环卡卡住活塞环开口,另一只手握住手把稍稍均匀地用力,使得拆装钳手把慢慢地收缩,而环卡将活塞环徐徐地张开,使活塞环能从活塞环槽中取出或装入环槽内。

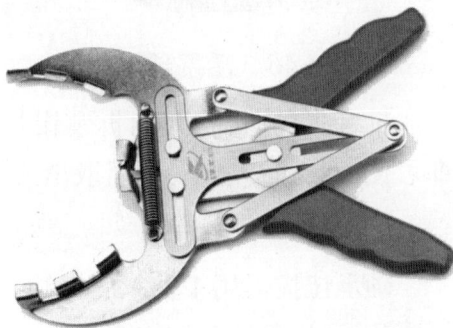

图 1-45　活塞环拆装钳

使用小提示：

使用活塞环拆装钳拆装活塞环时,用力必须均匀,避免因用力过猛而折断或损坏活塞环。

4. 活塞环卡箍

活塞环卡箍用于安装活塞时,将活塞环箍紧在活塞环槽内,便于活塞装入汽缸内,其结构如图1-46所示。

使用时,先将活塞环卡箍套在装有活塞环部位,再用内六角扳手拧收缩杆,将活塞环压缩到活塞环槽内,将活塞装入汽缸。

使用小提示：

安装活塞时,必须要先用活塞环卡箍将所有活塞环压缩到活塞环槽内,才能将活塞安装到汽缸内。

5. 气门拆装钳

气门拆装钳用于拆装气门总成时压缩气门弹簧,其结构如图1-47所示。

图1-46　活塞环卡箍　　　　图1-47　气门拆装钳

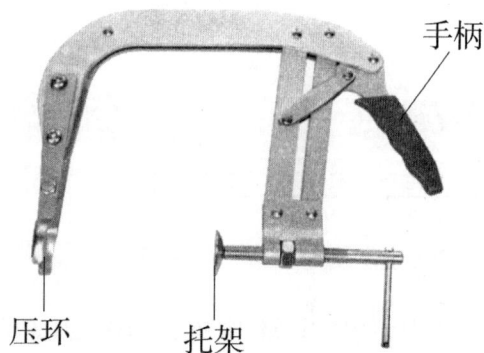

拆装气门时,将气门拆装钳托架抵住气门,压环对正气门弹簧座,压下手柄即可使气门弹簧压缩,然后取出或放入气门锁夹。

6. 轴承拉拔器

轴承拉拔器用于轴承的拆卸。

使用时,将轴承拉拔器张开,置于轴承端头,使拉拔器将轴承抓紧,逐渐收紧拉拔器,将轴承取出。

使用小提示：

拉拔器放置及拉紧部位要正确,用力均匀、缓慢拉出,防止损坏轴承。

7. 风动工具

风动工具使用压缩空气作动力,用于拆卸和安装螺栓、螺母,如图 1-48 所示。使用风动工具可以提高拆装速度,减小劳动强度。

使用时:要在规定的气压(正确值:686kPa)下使用。可以调节正旋和反旋两个方向,分别用于拆卸和安装,使用前要调整正确。先用手将套筒子对准螺母,然后再打开风动工具。

使用小提示：

(1)用风动工具完全取下螺母时,旋转力会使螺母飞出,如图 1-49 所示。

(2)不要用风动工具将螺母拧得过紧,如图 1-50 所示。应使用较小的力拧紧后,再使用扭力扳手检查紧固力矩。

图 1-48　风动工具

图 1-49　防止螺母飞出

图 1-50　不要用风动工具将螺母拧得过紧

8. 千斤顶

千斤顶,如图 1-51 所示,利用液压或气压将车辆的一端举起。举升后,再用搁车凳(图 1-52)将车辆一端支起。

使用前,要检查修理手册中规定的车辆举升点和搁车凳的支撑点。确保所有搁车凳调到相同高度,如图 1-53 所示,将其放在车辆附近,并将车轮挡块放在左前轮胎和右前轮胎的前面(从车辆后面顶升时),如图 1-54 所示。

举升时,转动千斤顶把手,关闭油压开关。将千斤顶放在规定位置(图 1-55),上下摆动手柄将车辆举起。举升到合适高度后,将搁车凳垫在车辆规定位置,转动千斤顶把手将开关打开,慢慢放下千斤顶,使车辆可靠地落在搁车凳上,确认搁置可靠后移走千斤顶,如图 1-56 所示。

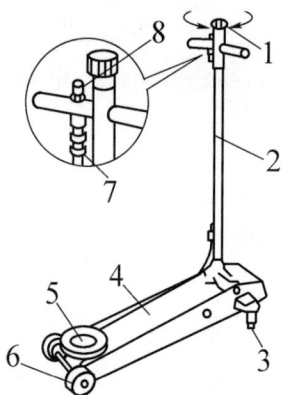

图 1-51　千斤顶

1-把手;2-手柄;3-后车轮;
4-举升臂;5-托盘;6-前车
轮;7-油压开关;8-油管

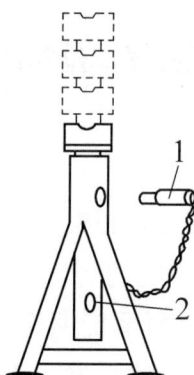

图 1-52　搁车凳

1-插销;2-定位孔

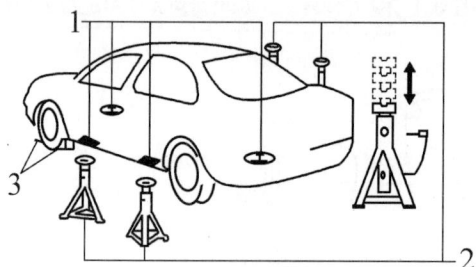

图 1-53　千斤顶的使用准备

1-支撑点;2-搁车凳;3-车轮挡块

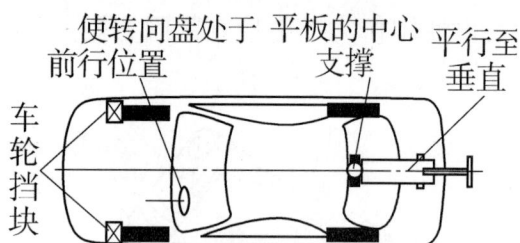

图 1-54　将车轮挡块放在左、右
前轮胎的前面

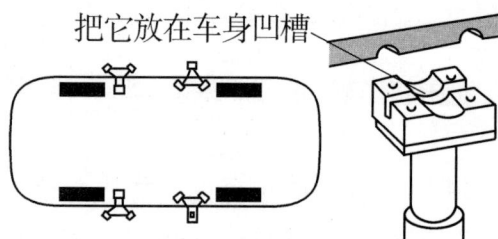

图 1-55　千斤顶放在规定位置

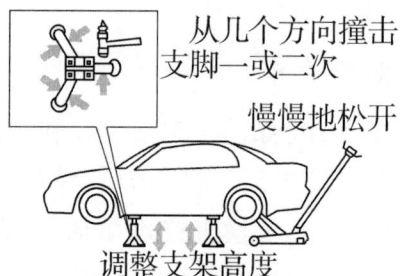

图 1-56　确认搁置可靠后移走
千斤顶

下降时,把千斤顶放在规定位置,举升车辆,如图 1-57 所示。

取出下搁车凳,缓慢转动千斤顶把手,松开油压开关,慢慢放下车辆,如图 1-58 所示。

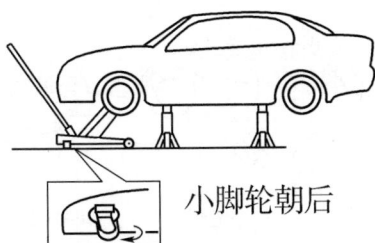

图 1-57 举升车辆

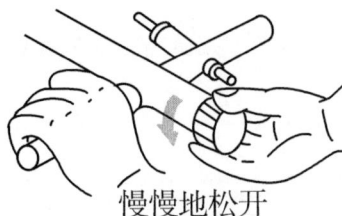

图 1-58 缓慢松开油压开关

使用小提示：

(1)车辆须停放在平整的地面。

(2)用三角垫木将未顶起的轮胎前后端塞住,以免滑溜。

(3)在顶升后一定要使用搁车凳支车,垫好搁车凳后才可进入车下作业。

(4)在松软的地面上顶车时,应在千斤顶底座下加垫木板,防止下陷。

(5)切勿顶升超过千斤顶最大允许荷载的车辆。

(6)带有空气悬架的车辆因其结构关系,需要特别处理。请参考维修手册。

9.汽车举升器

汽车举升器,有板条型(图 1-59)、摆臂型(图 1-60)和四柱提升型(图 1-61)等多种类型。其功用是将车辆抬高,以便能在车下作业。

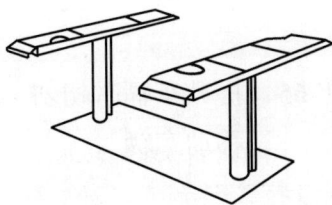

图 1-59 板条型举升器　　图 1-60 摆臂型举升器　　图 1-61 四柱提升型举升器

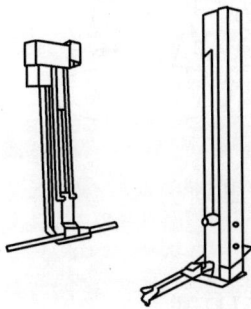

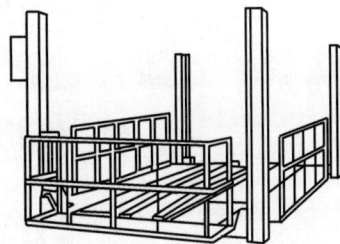

使用前,把车辆置于举升器中心,再将举升臂固定到车辆下方维修手册规定的位置上,如图 1-62 所示,调整支架使车辆保持水平,如图 1-63 所示。

在抬升和降下举升器前,要先进行安全检查,并向其他人发出举升器将启动的信号。举升中,轮胎稍离地面后检查车辆支撑情况确保安全,再将车辆举到合适的高度。

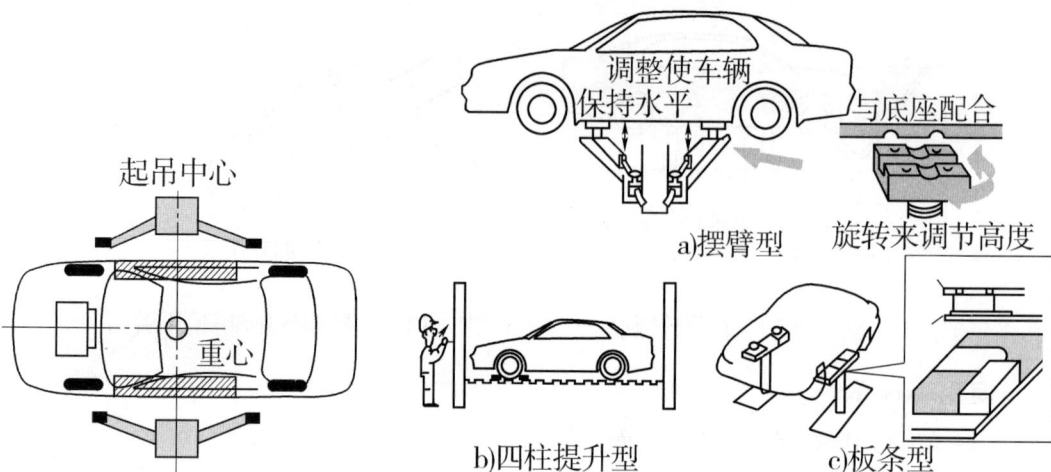

图 1-62　举升点

图 1-63　调整支架

使用注意事项：

举升器使用注意事项,如图 1-64 所示。

(1)切勿提升超过举升器额定载荷的车辆。

(2)在提升车辆时,切勿移动车辆,如图 1-65 所示。

图 1-64　使用注意事项

图 1-65　提升车辆时切勿
移动车辆

(3)举升车辆时,切勿将车门打开。

10.发动机拆装架

发动机拆装架,如图 1-66 所示。发动机拆装架是拆装发动机的专用机具,可使发动机作 360°翻转,以方便拆装。

使用前,将发动机安装在拆装架上,再根据需要慢慢摇转手轮,使发动机翻转到适合拆装位置。

使用小提示：

(1)将发动机安装在拆装架上时,发动机重心尽量靠近拆装台转轴中心。

（2）发动机拆装架的轴承、蜗杆蜗轮等处应保持良好的润滑。

（3）短时间不用时,应使用支撑架将发动机支撑住,减少转轴受力;长时间不用时,应将发动机从拆装架上拆下。

三、量具

（一）游标卡尺

游标卡尺如图 1-67 所示,可用于测量长度、外径、内径和深度。游标卡尺常见量程有 0~150mm、

图 1-66　发动机拆装架

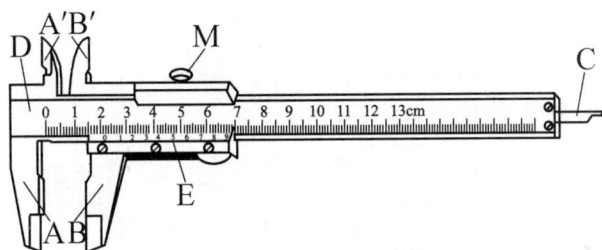

0~200mm、0~300mm 等,测量精度有 0.1mm、0.05mm、0.02mm 三种。

图 1-67　游标卡尺

D-尺身;A、B-外测量爪;A′、B′-内测量爪;M-紧固螺钉;C-深度尺;E-游标

1. 测量

在测量前,完全合上量爪,并检查卡尺间不应有的间隙。在测量时,轻轻地移动卡尺,使零件刚好卡在量爪间,游标卡尺与被测零件呈直角。当零件刚好卡在量爪之间时,用止动螺钉固定游标,以便读取测量值。

2. 读取测量值

（1）读取达到 1.0mm 的值,读取主测量刻度的数值,其位于游标"零"的左边,如图 1-68 中 A 所示为 45mm。

（2）读取游标上的刻度与主测量刻度相对齐的点,低于 1.0mm 高于 0.05mm 的数值,如图 1-68 中 B 所示为 0.25mm。

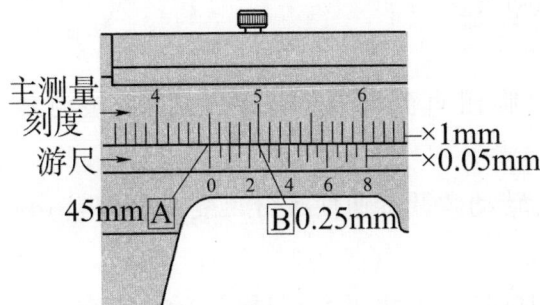

图 1-68　游标卡尺的读数

（3）将两个计数相加，A + B = 45mm + 0.25mm = 45.25mm。

使用小提示：

（1）测量前必须清洁被测部件和游标卡尺的表面，污物或机油会导致测量值出现误差。

（2）零校准，测量前应检查零刻度是否对准其正确的位置。

（3）切勿坠落或撞击游标卡尺。游标卡尺是精密量具，撞击可能会损坏内部结构零件。

（4）避免在高温下或高湿度下使用和存放。

（5）游标卡尺使用后要清洁，并按原状放置在专用盒子内。

（二）千分尺

千分尺如图 1-69 所示，用于精确测量零件的外径或厚度，量程有 0 ~ 25mm、25 ~ 50mm、50 ~ 75mm、75 ~ 100mm 等多种，测量精度为 0.01mm。

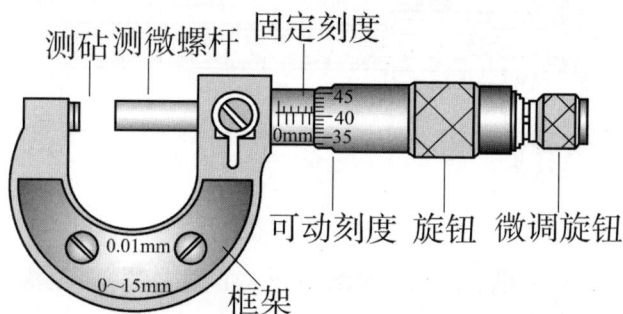

图 1-69　千分尺

1. 测量

（1）测量前要进行零校准。在开口内放置一个标准的校正器，测量校正器长度，应是固定刻线与可动刻线的零刻度线对齐。

（2）千分尺测量零件尺寸的方法。

①将测砧抵住被测物，转动微分筒旋钮直到测微螺杆轻轻接触被测零件（图 1-70）。

②当测微螺杆轻轻接触被测零件后，转动微调旋钮使千分尺发出"咔嗒"声，读出测量值，如图 1-71 所示。

③微调旋钮可使施加在零件上的压力均匀，当此压力超过规定值时，它即空转，可防止用力过度。

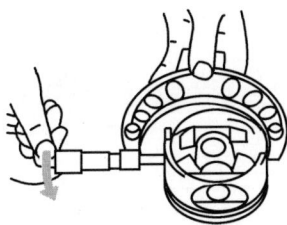

图1-70　小砧抵住被测物，　　　图1-71　转动微调旋钮使
　　　　　转动旋钮　　　　　　　　　　　　发出"咔嗒"声

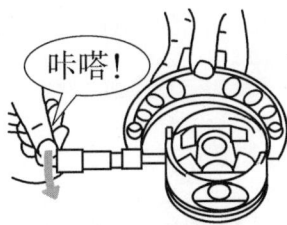

2. 读出测量值

（1）在固定刻度线上读出可见的最大值，读出精度是0.5mm，如图1-72所示，A=55.5mm。

（2）在微分筒的可动刻度上读出与固定套管上的刻度对齐点的数，读出精度是0.01mm，如图1-72所示，B=0.45mm。

（3）将两个读数相加，A+B=55.5mm+0.45mm=55.95mm。

使用小提示：

（1）测量前必须清洁被测部件和千分尺的表面，污物或机油会导致测量误差。

（2）使用前，要先进行零校准，检查零刻度是否对准其正确的位置。

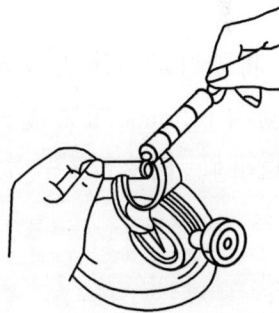

（3）测量时，被测零件与测微螺杆不能偏斜，如图1-73所示。

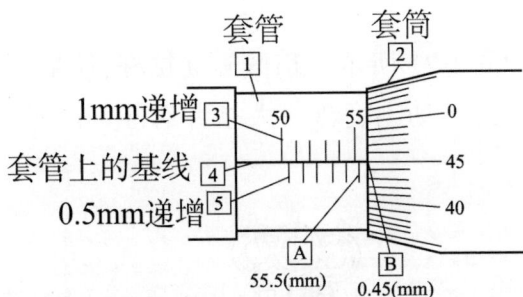

图1-72　千分尺的读数　　　　图1-73　被测零件与测微螺杆
　　　　　　　　　　　　　　　　　　　　　不能偏斜

（4）测量时，要上下、前后移动千分尺，找到正确直径位置，再进行测量，如图1-74所示。

（5）千分尺使用后要清洁，并按原状放置在专用盒内。

（三）量缸表

量缸表也称内径量表，如图1-75所示，主要由接杆、锁紧螺母、百分表、量缸表架、探测头组成,用于测量缸径、孔径,测量精度为0.01mm。

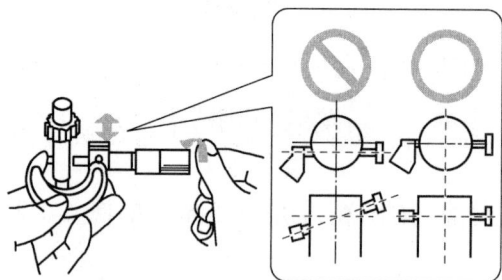

图 1-74　找到正确直径位置

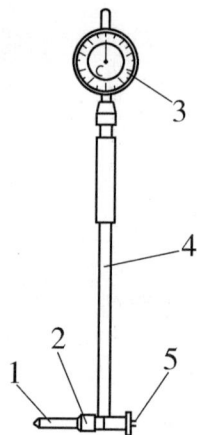

图 1-75　量缸表

1-接杆;2-锁紧螺母;3-百分表;

4-量缸表架;5-探测头

1.安装、校对量缸表

(1)把外径千分尺调到被测汽缸的标准尺寸,将千分尺装到表架上,如图 1-76 所示。

(2)按被测汽缸的标准尺寸选择合适的接杆,装到量缸表上,暂不拧紧锁紧螺母。

(3)将装好的量缸表放入千分尺,如图 1-77 所示。稍微旋动接杆,使量缸表指针转动约 1.5mm,扭紧接杆的锁紧螺母,转动刻度盘使大指针对准刻度零处,为使测量准确,重复校零一次。

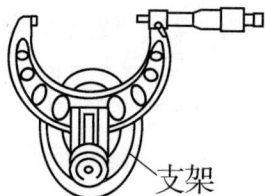

支架

图 1-76　将表头装到表架上　　图 1-77　量缸表放入千分尺

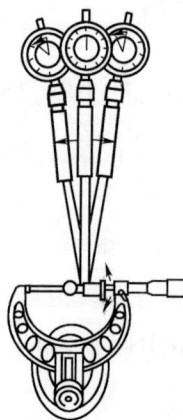

2.读数

(1)百分表表盘刻度有100格,指针在圆表盘上转动一格为0.01mm,转动一圈为1mm;小指针移动一格为1mm。

(2)测量时,当表针顺时针方向离开"0"位,表示缸径小于标准尺寸,测量值是标准缸径与表针离开"0"位格数的差;若表针逆时针方向离开"0"位,表示缸径大于标准尺寸,测量值是标准缸径与表针离开"0"位格数之和。

(3)若测量时,小针移动超过1mm(大指针转动超过一圈),则应在实际测量值中加上或减去1mm。

3.测量方法

(1)一手拿住量缸表隔热套,另一手托住管子下部靠近本体的地方。

(2)将校对后的量缸表活动测杆在平行于曲轴轴线和垂直与曲轴轴线两个方向,沿汽缸轴线方向上、中、下取三个位置,共测六个数值,如图1-78所示。上面一个位置一般取在活塞在上止点时,与第一道活塞环接触的汽缸壁处,约距汽缸上端15mm,该部位工作时磨损最大。下面一个位置一般取在汽缸套下端以上10mm左右处,该部位磨损最小。

(3)测量时,使量缸表的活动测杆同汽缸轴线保持垂直,才能测量准确。可前后摆动量缸表,当表针指示到最小数字时,即表示活动测杆已垂直于汽缸轴线,如图1-79所示。

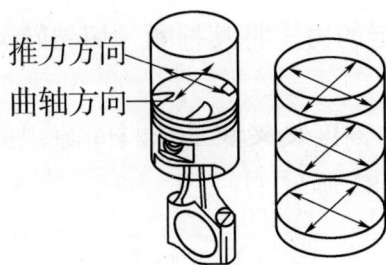

图1-78　测量部位

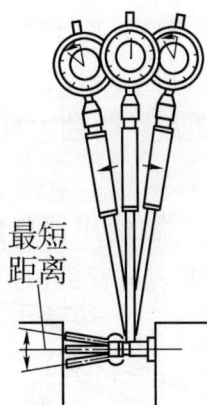

图1-79　摆动量缸表表针指示到最小数字

使用小提示:

(1)测量前,必须清洁被测部件和量缸表的表面,污物或机油会导致测量误差。

(2)测量时,必须使量缸表与汽缸的轴线保持垂直,可前后摆动量缸表,读出表头显示的最小尺寸。

(3)工具使用后要清洁,并按原状放置在专用盒内。

(四)塑料间隙规

塑料间隙规用于测量曲轴轴颈或连杆轴颈的间隙,测量原理如图1-80所示。

塑料间隙规由软塑料制成,分三种颜色,每一种表示不同的厚度间隙测量范围。绿色:0.025~0.076mm;红色:0.051~0.152mm;蓝色:0.102~0.229mm。

测量方法

(1)清洁轴颈和轴承,截取相应长度的塑料间隙规,将塑料间隙规放在连杆轴颈上,如图1-81所示。

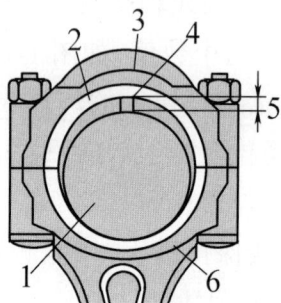

图1-80　测量原理

1-曲轴;2-间隙;3-连杆盖;4-间隙规;5-塑料间隙规厚度;6-连杆

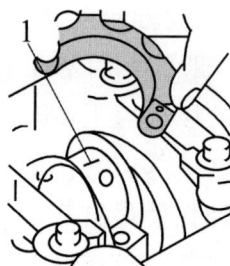

图1-81　将塑料间隙规放在连杆轴颈上

1-塑料间隙规

(2)把连杆盖放在曲轴连杆轴颈上并以规定的力矩将其拧紧。切勿转动曲轴,如图1-82所示。

(3)拆下连杆盖,使用塑料间隙规封套上的刻度尺来测量塑料间隙规的宽度。应在塑料间隙规最宽部位进行测量,如图1-83所示。

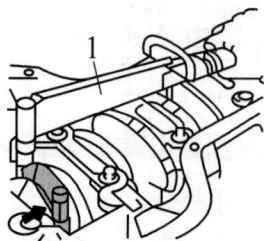

图1-82　以规定的力矩紧固连杆盖

1-扭力扳手

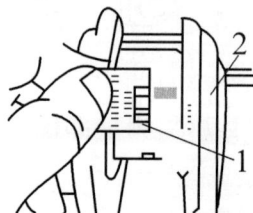

图1-83　塑料间隙规

1-刻度;2-曲轴

使用小提示：

（1）把连杆盖放在曲轴连杆轴颈上并以规定的力矩将其紧固。

（2）测量时，不能转动曲轴。

（3）测量后应拆下连杆盖并进行清洁。

（五）厚薄规

厚薄规（又称塞尺）如图 1-84 所示，用于测量气门或活塞环槽等的间隙。

测量时，根据结合面间隙的大小，用一片或数片重叠塞进间隙内。例如，用 0.03mm 的一片能插入间隙，而 0.04mm 的一片不能插入间隙，这说明间隙在 0.03～0.04mm 之间，所以厚薄规也是一种界限量规。

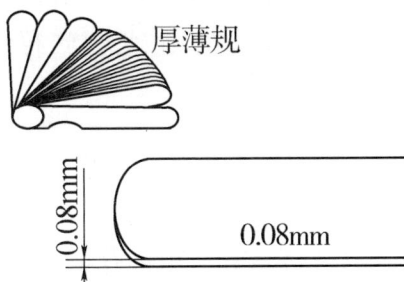

图 1-84　厚薄规

使用注意事项：

（1）测量时不能用力太大，以免厚薄规遭受弯曲或折断。

（2）测量后，应清洁厚薄规表面，并涂油防止生锈。

四、汽车实训安全

1. 工作着装

（1）工作服：为防止事故的发生，工作时必须穿上工作服。工作服必须结实、合身，以便于工作。为防止工作时损坏汽车，不要暴露工作服的带子、纽扣。为防止受伤或烧伤，尽量不要将皮肤裸露在工作服外面，如图 1-85 所示。

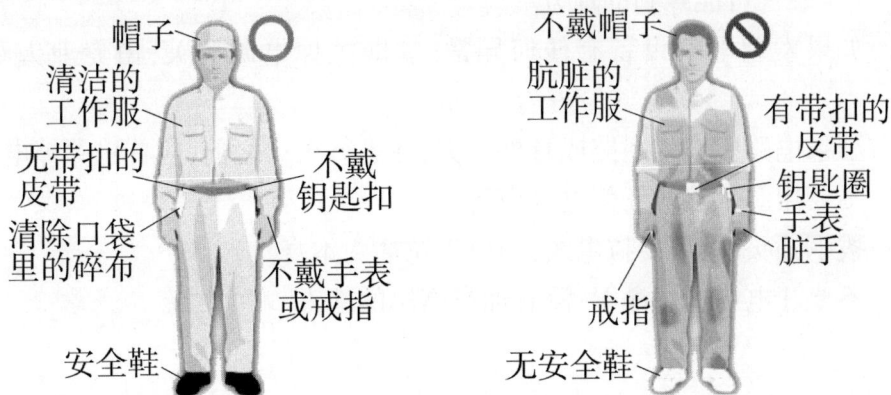

图 1-85　工作服

（2）工作鞋:工作时要穿安全鞋,以防掉落的物体伤害到脚。

（3）工作手套:在提升重物或拆卸排气管等温度较高的零件时,建议戴上手套。

2. 工作场所

（1）执行"7S"管理规范,养成良好工作习惯,不要把工具或零件留在可能踩到的地方,以防摔倒,如图1-86所示。

（2）立即清理飞溅的燃油、机油或者润滑脂,以防滑倒。

（3）从一个工作地点转移到另外一个工作地点时,一定要走指定的通道。

3. 防火

（1）工作区严禁吸烟。

（2）带有易燃物品时,应当将易燃物品放置到有盖的金属容器内。

（3）在燃油、机油存储地或可燃的零件清洗剂附近,不能使用明火。

4. 用电安全

用电安全如图1-87所示。

图1-86　不要把工具或零件留在
　　　　　可能踩到的地方

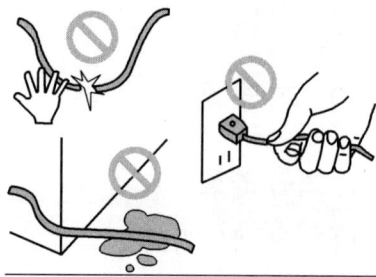

图1-87　用电安全

（1）如果发现电气设备有任何异常,立即关掉电源开关,由专业人员进行检修。

（2）如果电路中发生短路或意外火灾,在进行灭火之前,应首先关掉电源。

（3）不要用湿手接触任何电气设备。

（4）拔下插头时,不要拉电线,而应当拉插头本身。

（5）不要让电缆通过潮湿、浸有油或高温的地方。

项目二 发动机总成及附件的拆装

课 题 一　四冲程汽油发动机工作过程

一、发动机的功能和类型

(一) 发动机的功能

发动机是汽车的动力源,是一种通过燃烧将燃料的化学能转化为机械能的机器。

(二)发动机的分类

根据不同的标准对发动机进行分类,如图2-1所示。

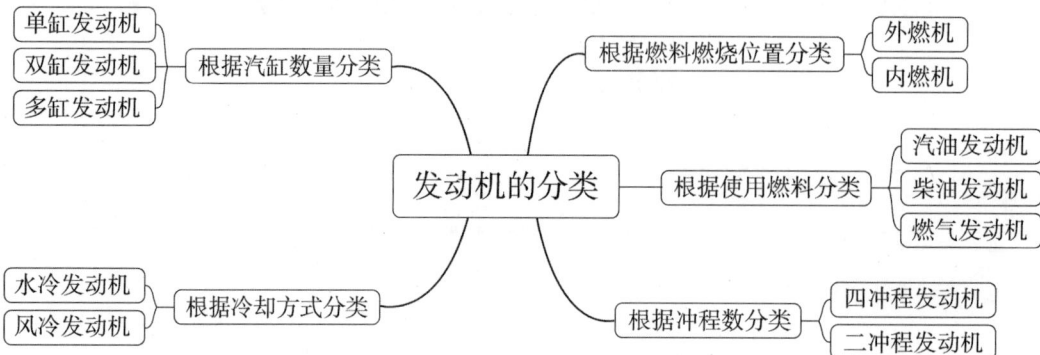

图2-1　发动机的分类

1.根据燃料燃烧位置分类

根据燃料燃烧的位置不同,发动机可分为外燃机和内燃机。

外燃机,燃料在发动机的外部燃烧,1816年由苏格兰的 R·斯特林发明,故又称斯特林发动机。瓦特改良的蒸汽机就是一种典型的外燃机,燃料燃烧产生热能把空气加热膨胀或将水加热产生大量的水蒸气,然后利用高压空气或水蒸气推动机械做功,从而完成热能向机械能的转变。早期的火车、轮船和电厂发电应用较多。

内燃机,燃料在发动机燃烧室内部燃烧,使气体高温膨胀,推动机械做功。往复活塞式发动机、转子活塞式发动机等就属于内燃机,汽车上应用最广泛。内燃机的种类十分繁多,常见的汽油机、柴油机是典型的内燃机。

此外还有燃气轮机和喷气发动机。燃气轮机是使燃烧产生的高压燃气,推动燃气轮机的叶片旋转,从而输出动力。燃气轮机主要用于驱动发电机、舰船、坦克等。但由于很难精细地调节输出的功率,所以除部分赛车外,汽车和摩托车很少使用燃气轮机。喷气发动机是指依靠喷管高速喷出的气流产生反作用力作为动力的发动机,广泛用作飞机和火箭的动力装置。

2.根据使用燃料分类

根据使用的燃料不同,发动机可分为汽油发动机、柴油机和燃气发动机等。

(1)汽油发动机,如图2-2a)所示。汽油发动机使用汽油作为燃料。它具有体积小、转速高、功率大、质量轻的特点,被广泛应用于轿车、商用汽车和小型载货汽车上。

（2）柴油机,如图2-2b)所示。柴油机使用轻柴油作为燃料。由于它耗油比汽油发动机低,而且轻柴油价格比汽油便宜,因此从燃油经济性考虑,大型客车和大型载货汽车经常使用柴油机。

（3）燃气发动机,如图2-2c)所示。燃气发动机使用液化石油气（LPG）或天然气作为燃料。虽然它的输出功率低于汽油发动机,但是它具有良好的燃油经济性和较低的排放污染,因此被广泛地应用在出租汽车和城市公交车上。

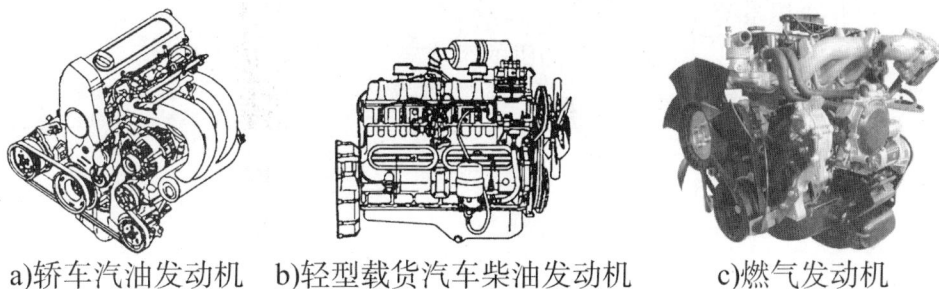

a)轿车汽油发动机　　b)轻型载货汽车柴油发动机　　c)燃气发动机

图2-2　汽油发动机

3.根据冲程数分类

根据行程数的不同,发动机可分为四冲程发动机和二冲程发动机。

（1）四冲程发动机,活塞在汽缸内上下往复运动四个行程,曲轴转两圈（720°）,完成一个工作循环的内燃机。汽车上广泛采用,是我们主要的学习对象。

（2）二冲程发动机,活塞在汽缸内上下往复运动两个行程,曲轴转一圈（360°）,完成一个工作循环的内燃机。由于工作过程中产生的污染物较多,应用较少,仅在轻便摩托车上有使用。

4.根据冷却方式分类

根据冷却方式的不同,发动机可分为水冷发动机和风冷发动机。以冷却液为冷却介质的称为水冷发动机,由于水冷发动机工作可靠、性能稳定,现代汽车发动机大多采用水冷却方式。以空气为冷却介质的称为风冷发动机。

5.根据汽缸数量分类

按照汽缸数量的不同,发动机可分为单缸、双缸及多缸发动机。有两个汽缸以上的发动机称为多缸发动机,如三缸、四缸、五缸、六缸、八缸、十二缸发动机等。其中四缸、六缸和八缸发动机最常见。

二、发动机的基本组成

发动机结构形式多种多样,就四冲程往复活塞式汽油发动机而言,由于基本原理相同,所以其基本结构也大体相同,都由两大机构、五大系统组成,如图2-3

所示。两大机构是指曲柄连杆机构和配气机构;五大系统是指燃料供给系统、润滑系统、冷却系统、点火系统和起动系统。

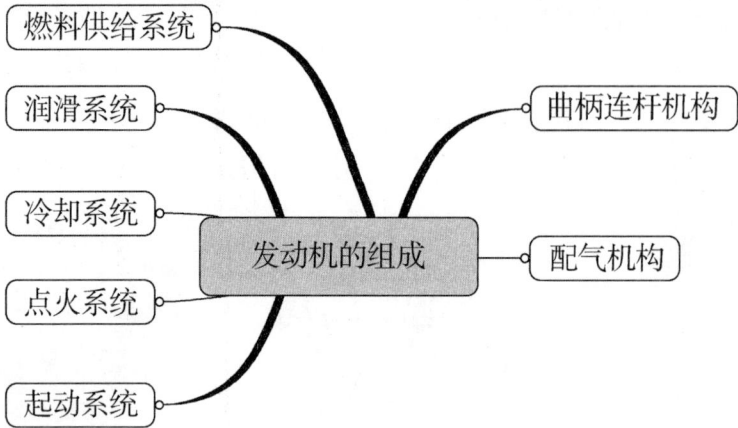

图 2-3　发动机基本组成

1.曲柄连杆机构

(1)曲柄连杆机构主要功用是将燃料燃烧产生的热能,经机构由活塞的直线运动转变为曲轴旋转运动从而对外输出动力。

(2)曲柄连杆机构由机体组、活塞连杆组和曲轴飞轮组组成,如图 2-4 所示。机体组主要由汽缸体、汽缸盖、汽缸盖罩、汽缸衬垫、油底壳等组成;活塞连杆组主要由活塞、活塞环、活塞销、连杆等零件组成;曲轴飞轮组主要由曲轴、飞轮等组成。

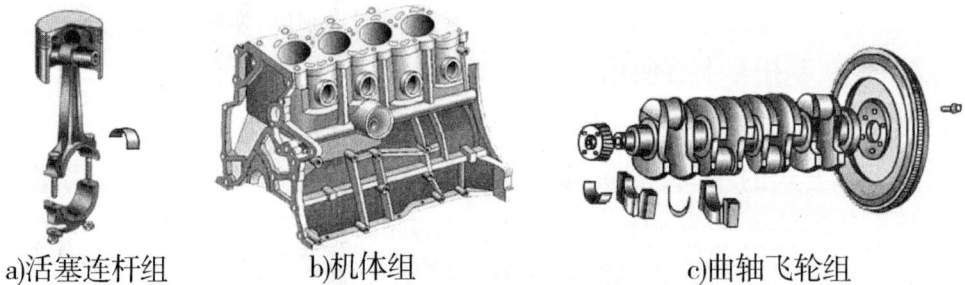

a)活塞连杆组　　　　b)机体组　　　　c)曲轴飞轮组

图 2-4　曲柄连杆机构的组成

2.配气机构

配气机构的主要功用是按照发动机各缸工作顺序和工作循环的要求,定时地将各缸进、排气门打开或关闭,以便发动机进行换气。

配气机构主要由气门组和驱动组组成,如图 2-5 所示。气门组主要由进气门、排气门、气门弹簧、气门导管、气门座等零件组成;驱动组主要由凸轮轴、正时齿形带(正时链)、曲轴正时齿形带轮(正时链轮)、凸轮轴正时齿形带轮(正时链轮)、张紧轮等组成。

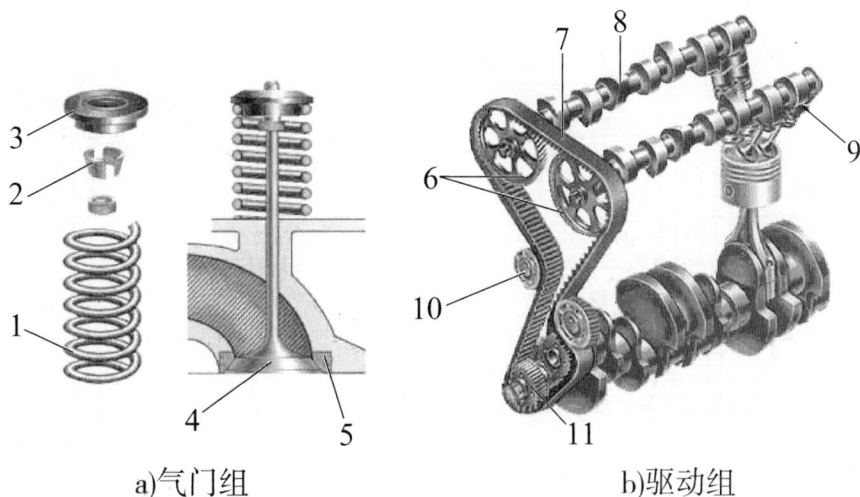

a)气门组　　　　　　　　　　b)驱动组

图2-5　配气机构的组成

1-气门弹簧;2-气门锁夹;3-气门弹簧座;4-气门;5-气门座;6-凸轮轴正时齿形带轮;7-正时齿形带;8-凸轮轴;9-挺柱;10-张紧轮;11-曲轴正时齿形带轮

3.燃料供给系统

(1)汽油燃料供给系统。汽油燃料供给系统的主要功用是根据发动机不同工况的要求,向汽缸提供一定浓度、适量的空气与汽油混合气。

汽油燃料供给系统主要由燃油箱、燃油泵、燃油滤清器、燃油压力调节器、喷油器、电子控制系统及排气管、消声器等组成,如图2-6所示。

(2)柴油燃料供给系统。柴油燃料供给系统主要功用是根据不同工况的要求向汽缸内定时、定量地喷射雾化良好的柴油。

柴油燃料供给系统主要由燃油箱、输油泵、喷油泵、调速器、柴油滤清器、喷油器等组成,如图2-7所示。

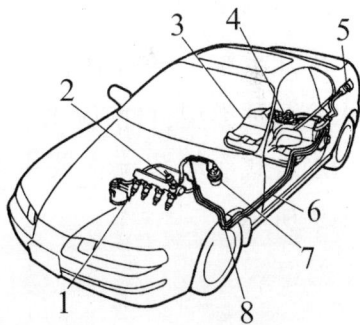

图2-6　汽油燃料供给系统的组成

1-喷油器;2-燃油压力调节器;3-燃油箱;4-燃油泵;5-加油口盖;6-回油管;7-燃油滤清器;8-供油管

4.润滑系统

润滑系统的主要功用是润滑摩擦件、降低摩擦力和减小零件的磨损,并冷却摩擦零件和清洗摩擦表面。

润滑系统主要由机油泵、集滤器、限压阀、机油滤清器、机油散热器及油道等组成,如图2-8所示。

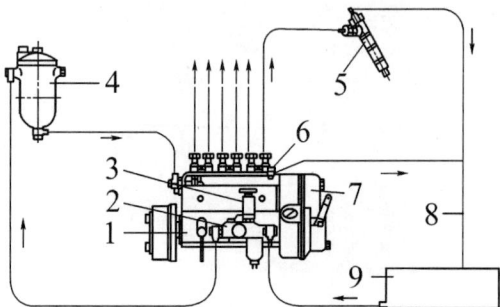 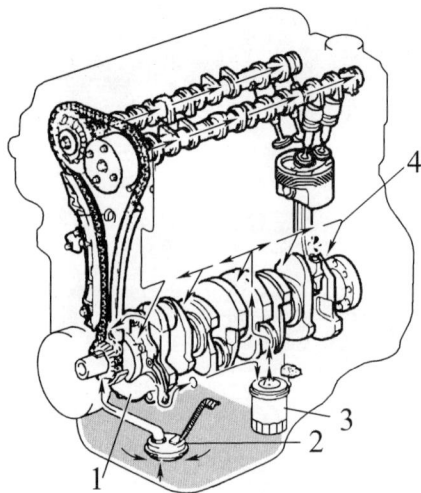

图2-7　柴油燃料供给系统的组成

1-喷油泵;2-输油泵;3-手油泵;4-柴油滤清器;5-喷油器;6-放空气螺塞;7-调速器;8-回油管;9-燃油箱

图2-8　润滑系统的组成

1-机油泵;2-集滤器;3-机油滤清器;4-油道

5.冷却系统

冷却系统主要功用是冷却高温零件,保持发动机正常的工作温度。有风冷和水冷两种类型,目前应用较多的是水冷方式。

水冷式冷却系统主要由水泵、风扇、节温器、散热器、冷却水道等组成,如图2-9所示。

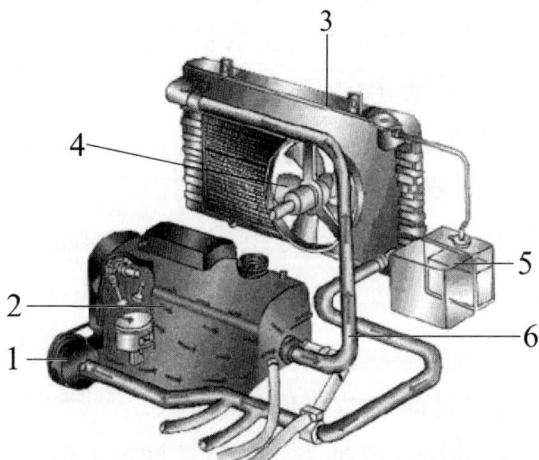

图2-9　水冷式冷却系统的组成

1-水泵;2-冷却液;3-散热器;4-风扇;5-冷却液补偿水桶;6-水管

6.点火系统

点火系统的主要功用是按一定时刻向汽缸内提供足够能量的电火花,以点燃汽缸内被压缩的可燃混合气。

点火系统主要由蓄电池(发电机)、点火开关、发动机转速传感器、凸轮轴位置传感器、发动机电控单元、点火控制器、点火线圈、火花塞等组成,如图2-10所示。

7.起动系统

起动系统主要的功用是用起动机带动飞轮转动,使静止的发动机起动,并使发动机进入自行连续运转状态。

起动系统主要由蓄电池、起动机、起动继电器、点火开关等组成,如图2-11所示。

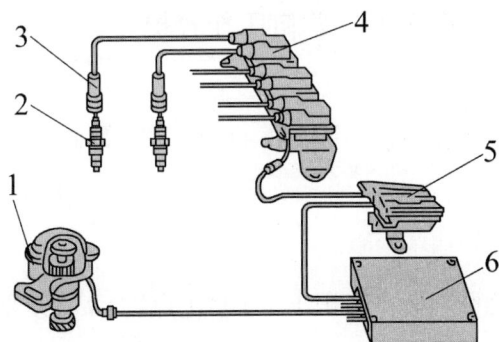

图2-10　点火系统的组成
1-凸轮轴位置传感器;2-火花塞;
3-高压线;4-点火线圈;5-点火控制
器;6-发动机电控单元

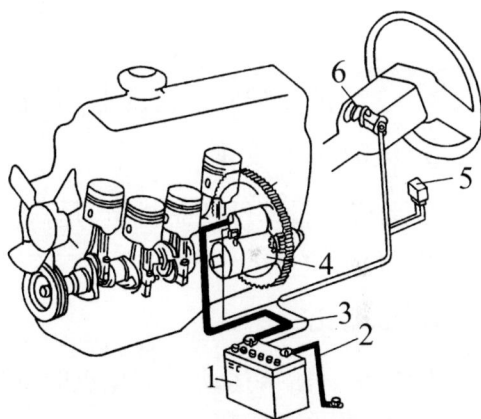

图2-11　起动系统的组成
1-蓄电池;2-搭铁线;3-正极线;4-起
动机;5-起动继电器;6-点火开关

三、发动机常见的基本术语

1.活塞的上、下止点

汽缸内活塞顶离曲轴中心最大距离时的位置称为上止点,活塞顶离曲轴中心最小距离时的位置称为下止点,如图2-12所示。

2.活塞行程 S

在上止点与下止点之间活塞运动的距离称为活塞的行程,单位:mm。

3. 燃烧室容积 V_c

活塞到达上止点时其顶部与汽缸盖形成的空间称为燃烧室,这个空间的容积称为燃烧室容积,单位:L。

4. 汽缸工作容积 V_h

汽缸的工作容积是活塞从下止点运动到上止点所排出的气体体积,也称汽缸的排量,如图 2-13 所示,单位:L。

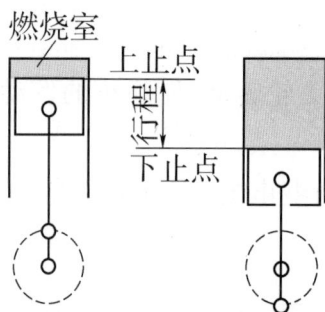

图 2-12　活塞的上、下止点　　图 2-13　汽缸工作容积

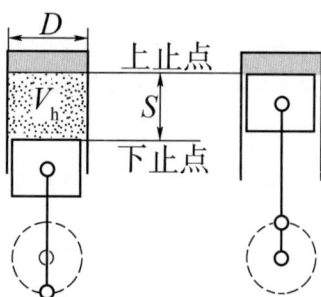

5. 发动机排量 V_L

发动机排量即活塞总排量,是汽缸的工作容积与汽缸数的乘积,即各缸工作容积之和,单位:L。

6. 压缩比 ε

压缩比是活塞运动到下止点时活塞顶部空间的体积 V_a 与上止点时活塞顶部空间的体积 V_c 之比,如图 2-14 所示。

活塞位于上止点时活塞顶部的体积称为燃烧室容积。所以,活塞位于下止点时活塞顶部的体积等于活塞排量加上燃烧室容积。

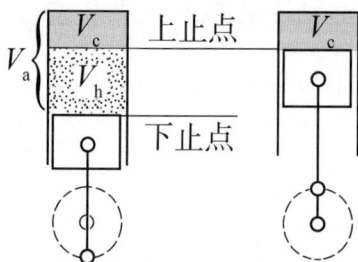

图 2-14　压缩比

$$\varepsilon = \frac{V_a}{V_c} = \frac{V_h + V_c}{V_c} = 1 + \frac{V_h}{V_c} \qquad (2\text{-}1)$$

压缩比表示活塞由下止点运动到上止点时汽缸内的气体被压缩的程度。压缩比越大,压缩终了时汽缸内气体的压力和温度越高。目前,汽油机的压缩比一般为 6~11,柴油机的压缩比一般为 16~22。

7. 空燃比

燃烧过程所必需的空气和燃料混合比例称为空燃比(混合比)。用质量的百分比来表示,而不是体积的百分比。

$$空燃比 = \frac{空气质量(g)}{燃料质量(g)} \qquad (2-2)$$

为了能完全燃烧1g汽油,理论上需要14.7g空气。这种情况下的空燃比称为理想空燃比。

四、汽油发动机的工作过程

汽油发动机的基本部件是汽缸、活塞、连杆、曲轴、进气门和排气门。

汽缸、汽缸盖与活塞的顶部一起形成一个密封的空间,将可燃混合气封闭其中,并在内部燃烧。活塞可以在汽缸内部上下运动,连杆将活塞与曲轴连接在一起,将活塞上下运动转化为曲轴旋转运动,如图2-15所示。

汽缸盖上装有进气门和排气门,用来打开或关闭进、排气通道。火花塞用来点燃混合气。当活塞下行,进气门打开时,空气与从喷油器喷入进气管的汽油混合形成汽油-空气混合物,吸入汽缸。

当可燃混合物在活塞顶部密封的燃烧室内燃烧时,内部温度和压力迅速增加。压力推动活塞下行,通过连杆带动曲轴转动。活塞在完成了下行运动后,在飞轮的惯性作用下,又被连杆推向上行,如图2-16所示。

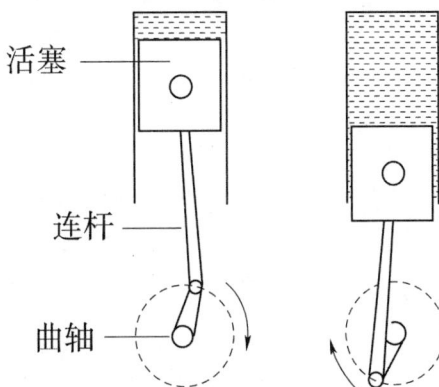

图2-15 发动机旋转

通过这种方式,将可燃混合气燃烧产生的热能,通过活塞和连杆带动曲轴旋转运动,并将动力输出。

汽车上实际应用的大多是多缸发动机,它是由若干个相同的汽缸排列在一个机体上,共用一根曲轴输出动力。现代汽车上使用较多是四缸、六缸、八缸发动机。多缸发动机各缸做功行程发生的顺序,称为发动机的工作顺序或点火顺序,应遵守一定的规律。四缸发动机的做功顺序是1→3→4→2或1→2→4→3,六缸发动机的做功顺序是1→5→3→6→2→4。

五、四冲程汽油发动机的工作原理

四冲程汽油发动机的每个工作循环由四个活塞行程组成,即进气行程、压缩行程、做功行程和排气行程。四冲程汽油发动机的工作原理见表2-1。

可燃混合气　　　可燃混合气被压缩，　　电火花引燃　　　废气
　　　　　　　　　温度与压力升高　　　后开始做功

a)进气行程　　　　b)压缩行程　　　　c)做功行程　　　　d)排气行程

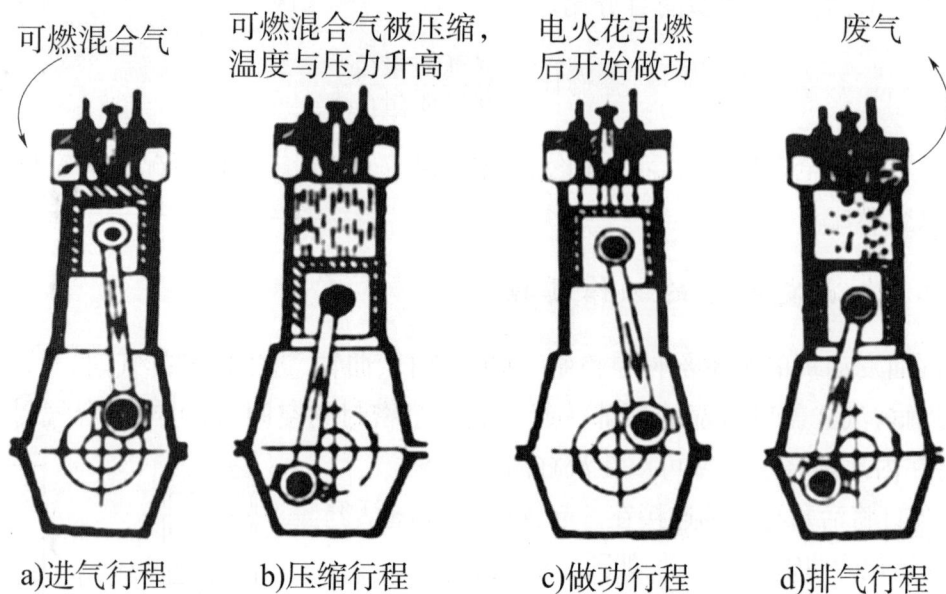

图2-16　汽油发动机的工作过程

四冲程汽油发动机的工作原理　　　　　　　　　　表2-1

行　程	工　作　原　理	
1.进气行程	进气门开启,排气门关闭,曲轴经连杆带动活塞由上止点向下止点移动,活塞上方的汽缸容积增大,产生真空,在真空吸力作用下,将汽油喷射装置喷出的汽油与空气混合形成的可燃混合气,由进气通道和进气门吸入汽缸内。完成这一过程曲轴转180°,如右图所示	
2.压缩行程	进、排气门全部关闭,曲轴经连杆带动活塞由下止点向上止点移动,压缩缸内可燃混合气,混合气温度升高,压力上升。活塞接近上止点前,可燃混合气压力上升到0.6～1.2MPa左右,温度可达330～430℃,装在汽缸盖上方的火花塞发出电火花,点燃所压缩的可燃混合气,完成这一过程曲轴转180°,如右图所示	

续上表

行　程	工　作　原　理	
3. 做功行程	进、排气门均关闭,可燃混合气燃烧后放出大量的热量,缸内燃气压力和温度迅速上升,最高燃烧压力可达 3 ~ 6MPa,最高燃烧温度可达 2200 ~ 2500℃。高温高压燃气推动活塞快速向下止点移动,通过曲柄连杆机构对外做功,完成这一过程曲轴转 180°,如右图所示	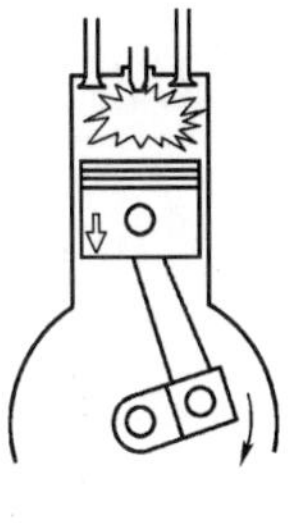
4. 排气行程	做功行程接近终了时,排气门开启,随活塞越过下止点向上止点移动,强制将缸内废气排出,活塞到达上止点附近时,排气过程结束。排气终了时,汽缸内气体压力稍高于大气压力,约为 0.105 ~ 0.115MPa,废气温度约为 600 ~ 900℃,完成这一过程曲轴转 180°,如右图所示	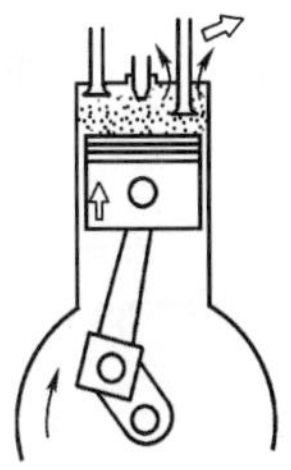

　　四冲程汽油机经过进气、压缩、做功、排气四个行程完成一个工作循环,在这个过程中,活塞上下往复运动四个行程,相应的曲轴旋转两周。一个循环结束后又开始下一个工作循环,如此周而复始,发动机连续运转,将燃料燃烧产生的能量转化为汽车的动力。

六、四冲程柴油机的工作原理

　　四冲程柴油机的工作循环也包括进气行程、压缩行程、做功行程和排气行程。和四冲程汽油发动机一样,四冲程柴油机的工作原理见表2-2。

四冲程柴油机的工作原理　　　　　　　　表2-2

行　程	工　作　原　理	
1. 进气行程	进气门打开,排气门关闭,活塞从上止点向下止点运动,活塞上方体积增大,产生吸力,空气经进气道和进气门吸入汽缸,如右图所示	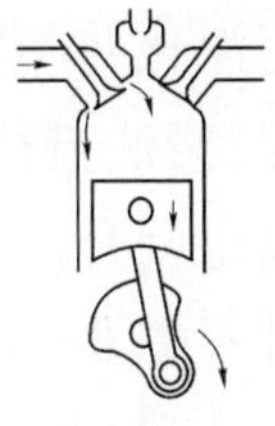

续上表

行　程	工作原理	
2.压缩行程	进、排气门关闭,活塞从下止点向上止点运动,汽缸内的空气被压缩,温度升高至柴油的自燃点以上(一般达到400～500℃),如右图所示	
3.做功行程	压缩行程将要结束前,喷油器将高压柴油喷入燃烧室,喷出的柴油在压缩空气的高温中自燃。汽缸内的气体压力和温度急剧升高,气体膨胀,推动活塞从上止点向下止点运动,带动曲轴旋转,如右图所示	喷油嘴
4.排气行程	进气门关闭,排气门打开,活塞从下止点向上止点运动,将汽缸内燃烧产生的废气排出汽缸,如右图所示	

七、四冲程柴油机和四冲程汽油机的区别

从工作原理表中可以看出,四冲程柴油机和四冲程汽油机工作原理一样,每个工作循环也是由进气、压缩、做功和排气四个行程所组成。但柴油与汽油性质不同,柴油机在可燃混合气的形成、着火方式等与汽油机有较大区别。

(1)进气行程:柴油机的进气行程与汽油机不同,柴油机进入汽缸的不是混合气,而是纯空气。

(2)压缩行程:柴油机的压缩行程也是进、排气门均关闭,活塞由下止点向上止点运动。与汽油机的压缩行程不同的是柴油机压缩的是纯空气,且由于柴油机压缩比大,压缩终了的温度和压力都比汽油机高。

(3)做功行程:柴油机的做功行程与汽油机的做功行程有很大不同,压缩行程末,喷油泵将高压柴油经喷油器以雾状形式喷入汽缸内的高温空气中,柴油迅速汽化并与空气形成可燃混合气。因为此时汽缸内的温度远高于柴油的自燃温度,柴油自行着火燃烧。在之后的一段时间内边喷油边燃烧,汽缸内的温度、压力急剧升高,推动活塞下行做功。工作过程中柴油是自行着火燃烧的,因此柴油机不需要点火系统。

(4)排气行程:柴油机排气行程与汽油机排气行程基本相同。

柴油机与汽油发动机对照见表2-3。

柴油机与汽油发动机对照表 表2-3

项 目	柴 油 机	汽 油 发 动 机
燃油	轻柴油	汽油
进气	纯空气	空气和汽油的混合气
供油方式	喷油泵	电控喷油器
输出功率的控制方法	改变供油量	改变可燃混合气量
点燃方式	自燃	电火花点火
压缩比	高(15~23)	低(7~10)
压缩压力	高(3~5MPa)	低(0.8~1.5MPa)
燃烧压力	高(6~9MPa)	低(3~6.5MPa)
燃烧最高温度	低(1800~2200K)	高(2200~2800K)
起动性	一般	好
发动机结构	机械强度要求高	机械强度要求低
发动机质量	重	轻
噪声	大	小

课题二 发动机总成的拆卸

一、工具、设备和材料准备

(1)迈腾B8汽车一辆(带CUGA发动机,图2-17)。

(2)汽车举升器一台。

(3)CUGA发动机拆装台架一个。

(4)常用工具一套,工具车一辆。

(5)工作台一个、零件摆放架一个。

(6)专用工具一套。

(7)润滑油收集器一台。

(8)冷却液收集器一台。

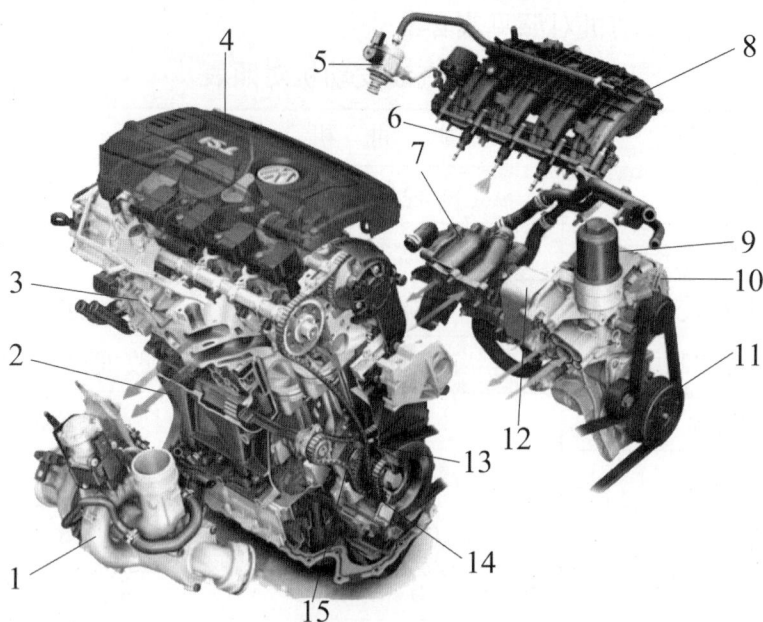

图 2-17　大众 CUGA 发动机

1-废气涡轮增压;2-汽缸体;3-汽缸盖;4-发动机盖;5-高压油泵;6-进气管喷油器;7-发动机温度调节执行元件;8-进气歧管;9-机油滤清器;10-发电机;11-空调压缩机;12-机油散热器;13-凸轮轴正时链;14-机油泵传动链;15-平衡轴正时链

注:大众 CUGA 发动机使用车型有迈腾 380TSI、高尔夫 GTI、辉昂 380TSI、帕萨特 380TSI、凌渡 2.0T、奥迪 A4L(B8)、Q540TFSI、斯柯达速派 380TSI。

(9)发动机拆装吊架一台。

二、作业前的准备

(1)将迈腾 B8 汽车停放在举升设备中间。

(2)将常用工具、专用工具连同工具车放在拆装过程中易于取用的位置。

(3)清洁场地。

(4)讲解安全注意事项和拆装注意事项。

三、注意事项

(1)举升器的使用,应严格按操作规程进行操作,并注意安全事项。

(2)拆卸发动机过程中断开或松开的所有电器插头,在安装时必须重新装回原位。

(3)拆卸过程不拆变速器,只将发动机总成向上吊出。

（4）抽取的冷却液和润滑油必须分别用干净的容器予以收集，用于处理或再使用。

（5）拆卸前应先关闭电源，拆下蓄电池搭铁线。

四、操作步骤

1.车辆准备

（1）汽车进入工位前，将工位清理干净，准备好相关器材。

（2）套上转向盘防尘罩（图2-18）、变速器操纵杆套和座位防尘罩（图2-19），铺设脚垫。

图2-18　转向盘防尘罩　　　　图2-19　座位防尘罩

（3）正确停放车辆，在车轮处放置车挡块，如图2-20所示，并拉好驻车制动器操纵杆，如图2-21所示。

图2-20　放置车轮挡块　　　　图2-21　拉紧驻车制动器操纵杆

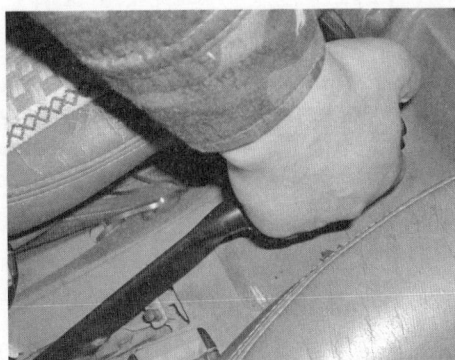

（4）打开发动机舱盖，安装磁性护垫，如图2-22所示。

2.车辆举升

（1）将车辆停放在举升器内。

（2）清洁发动机舱并对燃油油路进行泄压处理。

（3）使举升器的四个举升臂分别与车辆前后支撑点相接触,如图2-23所示。

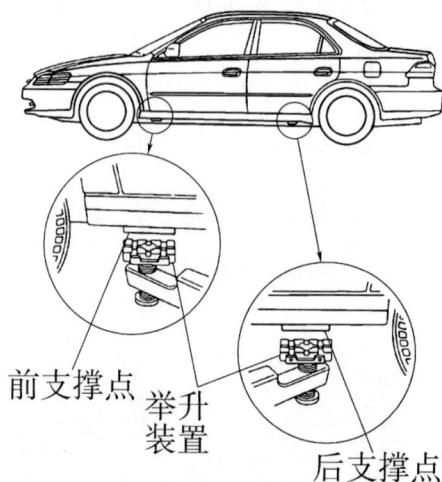

前支撑点　举升装置　后支撑点

图2-22　安装磁性护垫　　　　　图2-23　车辆举升

（4）举升车辆。当车辆的四个轮胎被举升至刚离开地面时,用手摇动车身,检查车辆支撑是否牢固可靠。

（5）车辆举升到所需高度后,检查各支点的固定情况,确认安全后再进行其他作业。

（6）拆装过程中根据需要随时调整举升高度。

小提示:下降时应先确认车辆不会压着人和其他物体。车下作业时,禁止过度用力推动车辆,以防车辆从支撑脚上滑下。

3.拆下发动机罩盖

拆下发动机罩盖固定螺栓,取下发动机罩盖。

4.拆下空气滤清器壳体

空气滤清器零件如图2-24所示。

（1）拆下空气导管盖板左右固定螺栓,松开盖板卡止装置(图2-25箭头所示),取下空气导管盖板,如图2-25所示。

（2）脱开冷却液管,松开卡止装置(图2-26箭头所示),取下空气导管的上部件,如图2-26所示。

（3）从空气滤波器壳体上拔下排水软管,松开进气软管卡箍,拆下进气软管,如图2-27所示。

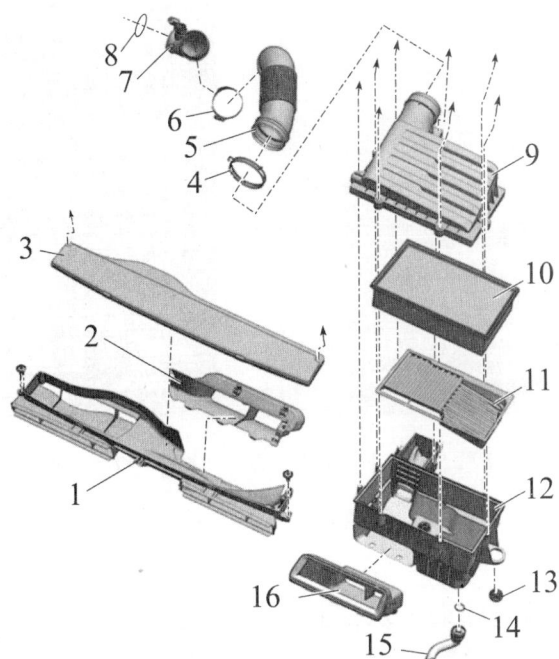

图 2-24　空气滤清器零件图

1-空气导管下部件;2-空气导管上部件;3-空气导管盖板;4-弹簧卡箍;5-进气软管;
6-螺旋卡箍;7-进气软管;8-密封环;9-空气滤清器盖;10-空气滤芯;11-嵌入件;
12-空气滤清器壳体;13-橡胶缓冲块;14-O 形圈;15-排水软管;16-空气导管

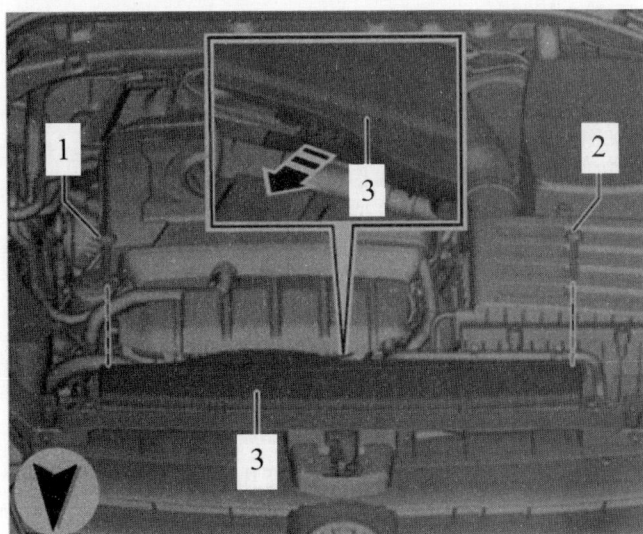

图 2-25　取下空气导管盖板

1-空气导管盖板左固定螺栓;2-空气导管盖板右固定螺栓;3-空气导管盖板

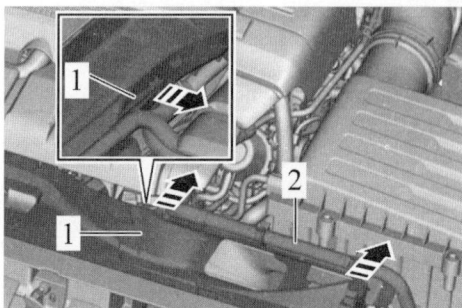

图2-26 取下空气导管的上部件

1-空气导管上部件;2-冷却液软管

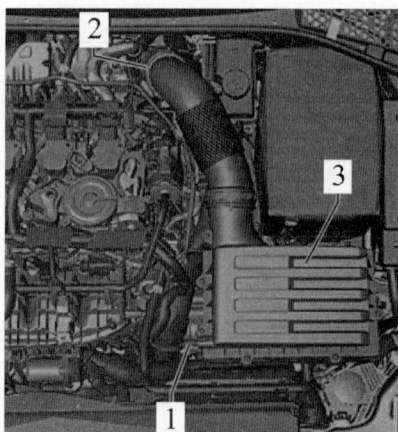

图2-27 拆空气滤波器壳体

1-真空软管;2-进气软管卡箍;3-空气滤波器壳体

(4)将空气滤波器壳体向上从橡胶支座上拔出,并翻出。

5.拆汽油软管

(1)释放燃油系统中的高压:

①打开点火开关,然后选择车辆诊断测试器上的以下菜单选项:

01-发动机电子系统 → 引导功能 → 01-释放燃油系统高压

②燃油压力将下降到规定值;

③关闭点火开关。

(2)脱开汽油软管接头,脱开管路固定卡子,将软管置于发动机上。

小提示:注意释放油压。

6.拆蓄电池支架

(1)打开蓄电池负极线上方的盖板,松开负极线固定螺母,取下负极线。

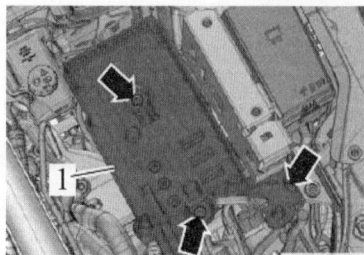

图2-28 拆蓄电池

1-蓄电池支架

(2)松开蓄电池正极线固定螺母,取下蓄电池正极线。

(3)将隔热套稍向上拉,将蓄电池向外拉出少许,取出蓄电池。

(4)松开蓄电池支架固定螺栓,拆下蓄电池支架,如图2-28所示。

7.拆散热器及冷却系统附件

发动机冷却系统管路连接图如图2-29所示。

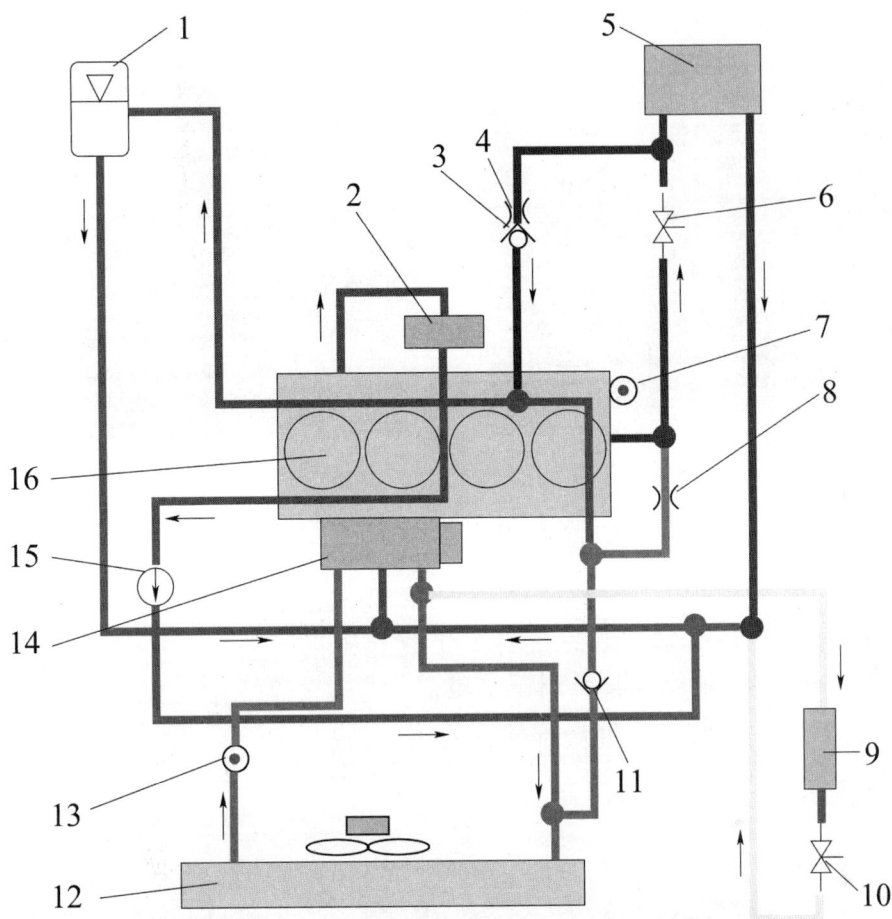

图 2-29　发动机冷却系统管路连接图

1-冷却液膨胀箱;2-涡轮增压器;3-止回阀;4-限流阀;5-热交换器;6-冷却液断流阀;7-冷却液温度传感器;8-限流阀;9-变速器冷却器;10-变速器冷却液阀;11-止回阀;12-散热器;13-出口冷却液温度传感器;14-冷却液泵;15-冷却液补给泵;16-汽缸

（1）旋开冷却系统冷却液膨胀箱盖。

注意:在发动机处于暖机状态时,冷却系统中存在过压。有被高温蒸汽和高温冷却液烫伤的危险。

（2）拆下左前和右前轮罩内板前部件,脱开冷却液温度传感器电线插接器。

（3）在发动机底部放置冷却液收集器。

（4）拆下散热器下水管抱箍,从散热器上拆下下冷却液管,如图 2-30 所示,放出冷却液。

(5)拔出固定夹,如图2-31箭头所示,从加热装置热交换器上拆下冷却液软管。

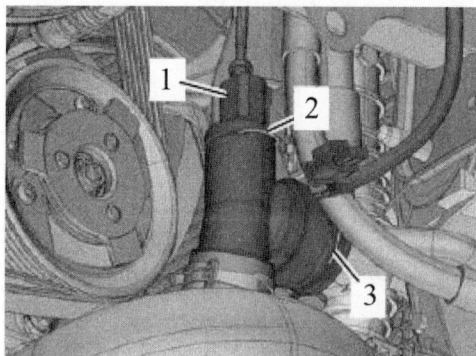

图2-30 拆下散热器下冷却液管
1-冷却液温度传感器;2-传感器固
定夹;3-抱箍

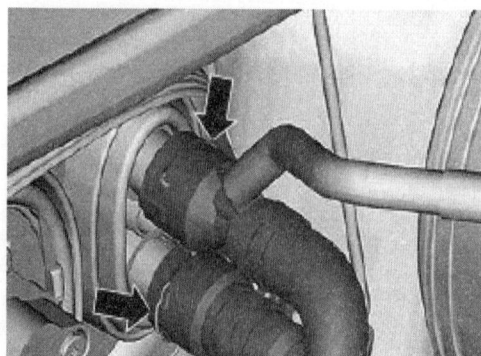

图2-31 冷却液软管固定夹

小提示:所抽取的冷却液必须用干净的容器予以收集,用于处理或再使用。冷却液是有毒液体,不能直接排到下水道。

(6)脱开供油软管和活性炭罐软管的接头,脱开卡子,如图2-32箭头所示,将二软管置于发动机边。

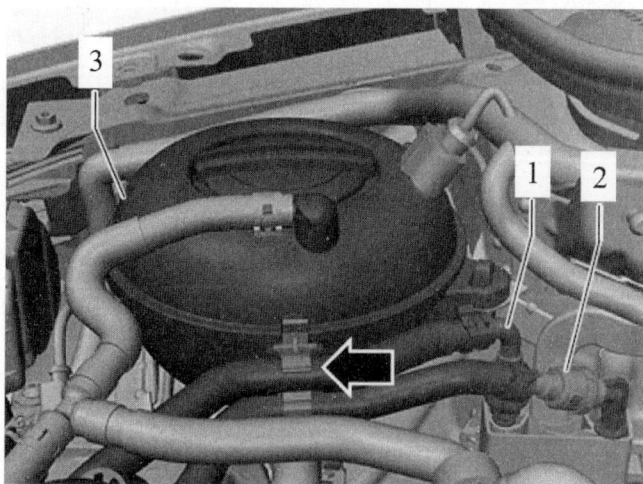

图2-32 脱开供油软管和活性炭罐软管
1-软管接头;2-软管接头;3-冷却液膨胀箱

注意:燃油系统有压力,打开系统前,用抹布围住连接处,然后小心地松开连接处,慢慢释放油压。

(7)松开两只软管卡箍,拆下蒸汽管和冷却液软管,松开软管固定卡箍,如

图 2-33 箭头所示,将冷却液软管置于车身上。

(8)脱开散热器上冷却液管抱箍,将上冷却液软管从散热器上拆下,如图 2-34 所示。

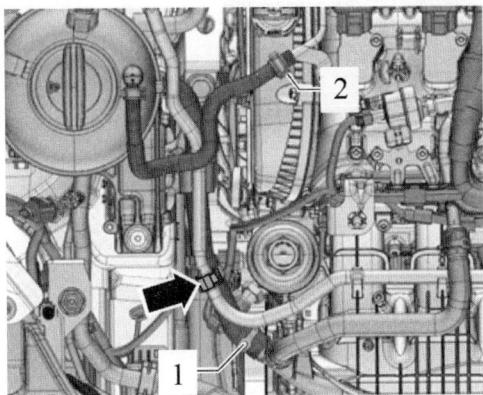

图 2-33　拆下蒸汽管和冷却液软管

1-蒸汽软管卡箍;2-冷却液软管卡箍

8. 拆发动机控制单元及发动机舱电控箱

(1)松开发动机控制单元支架的卡子,取下发动机控制单元。

(2)解锁发动机控制单元锁止卡,拔下电线插接器,如图 2-35 所示。

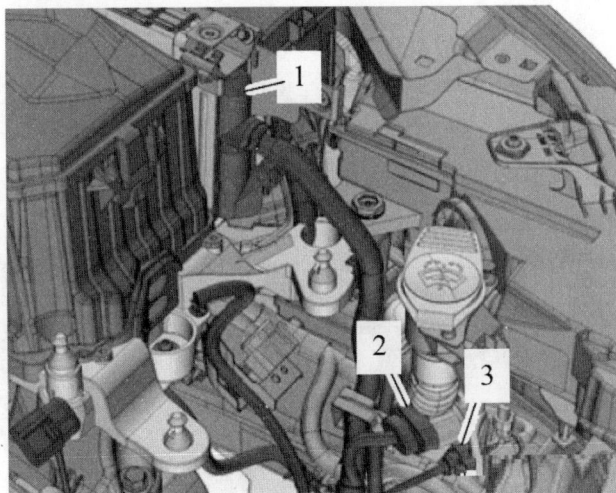

图 2-34　拆下散热器上冷却液管

图 2-35　拔下电线插接器

1-发动机控制单元;2、3-电线插接器

(3)将电线插接器 2 和 3 从支架中断开,脱开电线。

(4)脱开线束固定卡。

(5)松开卡子,取下发动机舱电控箱盖板,如图 2-36 所示。

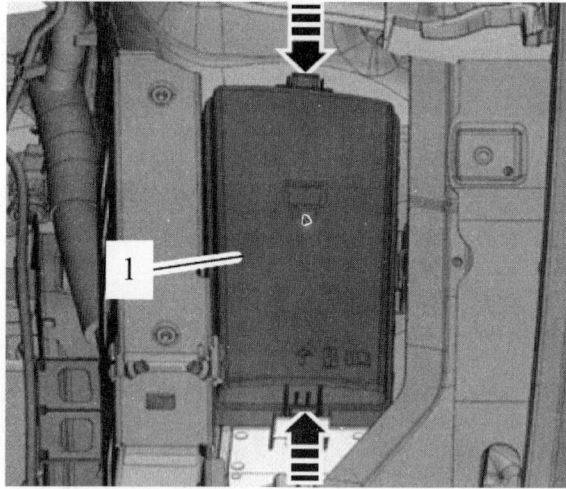

图 2-36　取下发动机舱电控箱盖板

1-电控箱盖板

（6）用螺丝刀松开卡子,将发动机舱电控箱向上拉。

9. 拆起动机连接电线

（1）脱开起动机上的电线插接器,如图 2-37 所示。

（2）将起动机上的 B＋电极保护套压回,并从起动机电磁开关上拆下 B＋电线,如图 2-37 所示。

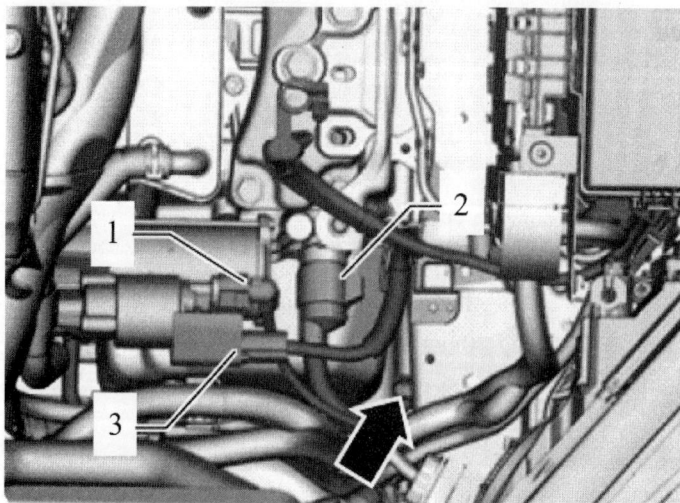

图 2-37　从起动机上脱开电线插接器

1-电线插接器;2-转速传感器;3-B＋电极保护套

（3）松开螺母,取下接地线。

10. 拆下变速器上的附件

(1)拧松变速器在发动机支座上的螺栓2圈。

(2)断开变速器控制单元的电线插接器。

(3)从变速器上拆下换挡操纵装置。

11. 拆下散热器风扇

(1)松开左侧增压空气软管的卡箍,取下软管。

(2)沿图2-38箭头A所示方向拔出锁止卡,拔下散热器风扇电线插接器。

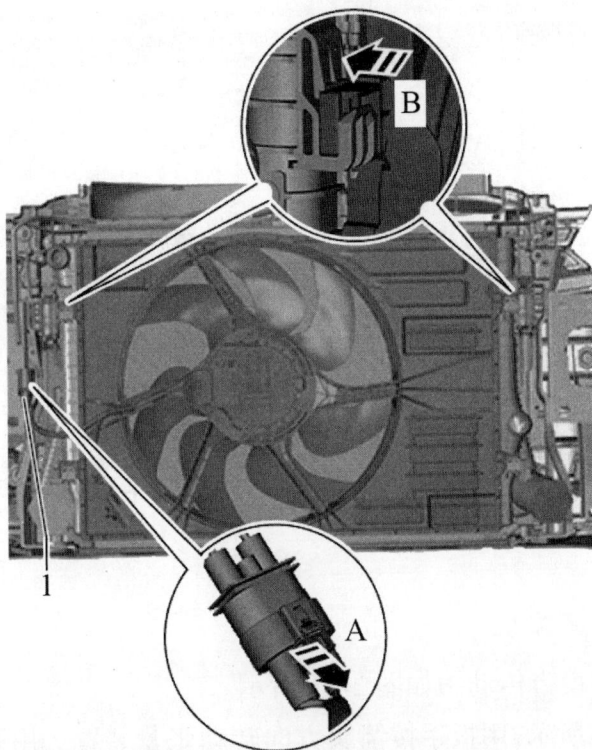

图2-38　拆下散热器风扇
1-散热器风扇电线插接器

(3)沿图2-38箭头B所示方向按压卡子,然后向上拔出散热器风扇并将其拆下。

12. 拆下下部附件

(1)拆下右侧增压空气软管,用密封塞密封管路接口,以防东西掉入。

(2)脱开冷却液软管卡子,取下冷却液软管。

(3)拧出空气导管固定螺栓,如图2-39箭头所示,松开空气导管卡箍,取下增压压力传感器电线插接器,取下空气导管。

(4)拆下机油压力传感器电线插接器。

(5)松开冷却液补给泵的固定螺母,如图2-40箭头所示,并将补给泵放在一旁。

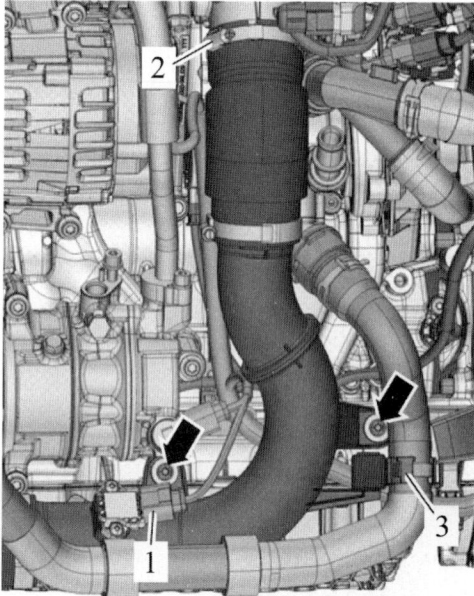

图2-39　取下空气导管

1-压力传感器;2-空气导管卡箍;3-冷却液软管卡子

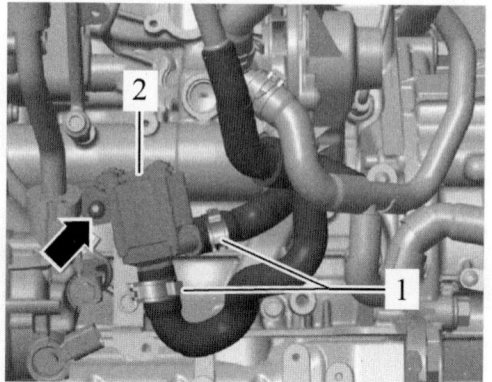

图2-40　拆冷却液补给泵

1-卡箍;2-冷却液补给泵

13.拆下空调压缩机

空调压缩机多楔带传动图如图2-41所示。

(1)如图2-42所示,用扳手按箭头方向转动张紧装置。用张紧装置定位棒,锁定张紧装置。

小提示:拆下传动带前做好方向记号,装复使用时应按原方向装回,以免损坏传动带。

(2)将多楔皮带从张紧装置上取下,然后松开张紧装置,必要时取下定位棒。

(3)脱开空调压缩机调节阀上的电线插接器。

(4)拧出空调压缩机固定螺栓。

(5)将空调压缩机连同连接的制冷剂软管从支架上取下,然后绑在右侧高处。注意不得过度拉伸、弯折或弯曲制冷剂管路和软管。

小提示:不拆卸制冷剂软管时,可以不回收或添加制冷剂。

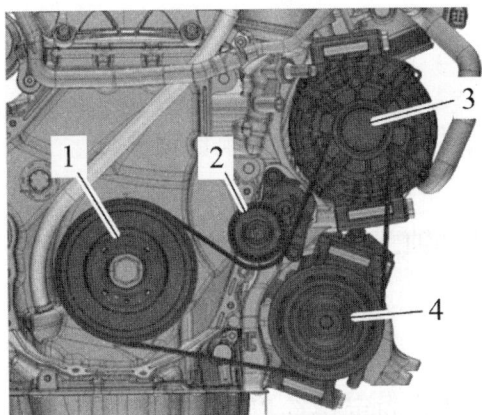

图 2-41　空调压缩机多楔带传动图

1-曲轴皮带轮;2-多楔带张紧装置;

3-发电机;4-空调压缩机

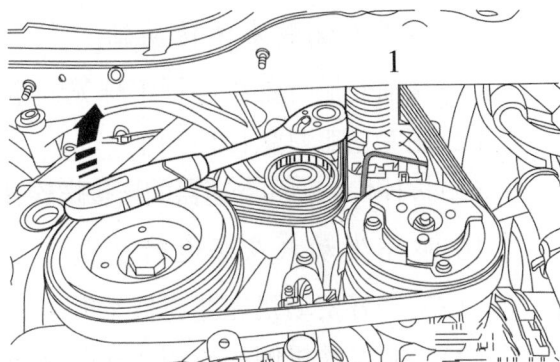

图 2-42　锁定张紧装置

1-定位棒

不要让空调软管承受空调压缩机重力,以防拉坏软管。

14.拆前排气管

(1)脱开氧传感器线束固定卡。

(2)从支架上脱开尾气催化净化器下游氧传感器、尾气催化加热装置的电线插接器,并断开电线插接器,如图 2-43 所示。

(3)拆下隔音垫。

(4)按下真空软管上的解锁按钮,将软管从真空泵上拆下,如图 2-44 所示。

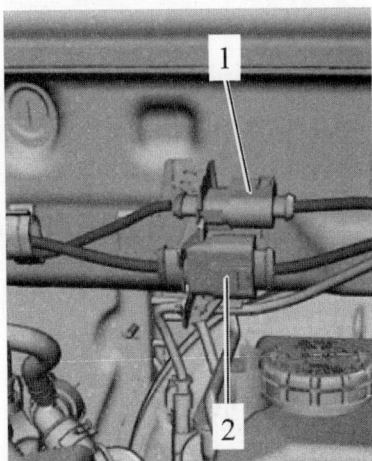

图2-43　脱开氧传感器电线插接器

1-氧传感器电线插接器;2-尾气
催化加热装置的电线插接器

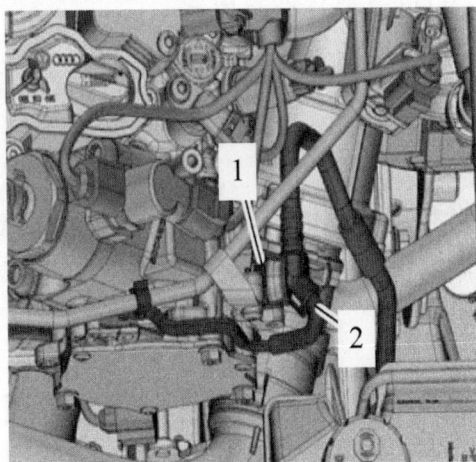

图 2-44　将软管从真空泵上拆下

1-解锁按钮;2-真空软管

(5)将前排气管与尾气催化净化器分离,以合适角度取出前排气管。

15．拆下左侧和右侧传动轴

(1)从前轮胎外部中心拆下球笼固定螺母,然后拆下3个外倾自锁螺母。

(2)用专用工具敲出传动轴。

(3)拆掉传动轴和变速器的连接螺栓,拔下传动轴,密封拆开部位,防止被污染。

16．取下发动机及变速器总成

(1)安装好发动机和变速器举升装置。

(2)松开发动机侧的机组支承座支架与车身的固定螺栓以及与支承座的固定螺栓,拆下支架。

(3)松开机组支承座与车身的固定螺栓,拧出发动机和变速器支座上的螺栓。

(4)松开变速器侧的机组支承座与车身的固定螺栓,拿下线束支架,同时松开机组支承座与车身的固定螺栓。

(5)小心地降下发动机和变速器总成,同时检查发动机、变速器和车身之间的所有管路和电线是否松开。松开冷却液软管夹,然后将冷却液软管从变速器油冷却器断开。

(6)用发动机密封塞密封打开的管路和接头。

(7)拆卸起动电机。

(8)旋出发动机与变速器的连接螺栓,将发动机和变速器分离。

(9)拆下离合器总成。

17．将发动机安装在专用拆装架上

小提示:将发动机安装在拆装架上时,发动机重心尽量靠近拆装台转轴中心。

短时间不用时,应使用支撑架将发动机支撑住,减少拆装架转轴受力;长时间不用时,应将发动机从拆装架上拆下。

课 题 三　　发动机总成的装车

一、工具、设备和材料准备

(1)迈腾 B8 汽车一辆(带 CUGA 发动机)。

（2）汽车举升器一台。

（3）CUGA 发动机拆装台架一只。

（4）常用工具一套、工具车一辆。

（5）工作台一个、零件摆放架一个。

（6）专用工具一套。

（7）润滑油收集器一台。

（8）冷却液收集器一台。

（9）发动机拆装吊架一台。

二、作业前的准备

（1）将迈腾 B8 汽车停放在举升设备中间。

（2）将常用工具、专用工具连同工具车放在拆装过程易于取用的位置。

（3）清洁场地。

（4）讲解安全注意事项和拆装注意事项。

三、注意事项

（1）举升器的使用应严格按操作规程进行操作，并注意安全。

（2）在发动机拆卸过程中断开或松开的所有电器插头，必须按原位装回。

四、操作步骤

1. 装上变速器

（1）安装定位销以便使发动机和变速器定位，装上离合器并按规定力矩拧紧。

（2）变速器输入轴上涂上薄薄的一层润滑脂，装上变速器。

小提示：发动机与变速器间的定位销应定位可靠。

装上变速器与发动机的连接螺栓，用扳手以规定的力矩拧紧连接螺栓（M12 螺栓拧紧力矩为 80N·m，M10 螺栓拧紧力矩为 40N·m）

小提示：离合器从动盘与飞轮的中心一致。

2. 吊装发动机总成

（1）用专用吊架和吊车将发动机和变速器总成导入发动机舱内。

（2）清理发动机周围的零件，防止被压损坏。

小提示：安装过程要小心,不能将管路和导线压坏。

发动机舱空间窄小,所有管路、导线都必须按原位置装回,并与运动部件及发热部件间留有足够的距离。

(3)预拧紧发动机支座与发动机支撑件的连接螺栓。

(4)预拧紧变速器支座与变速器支撑件的连接螺栓。

(5)拆卸并从发动机舱下部移出发动机安装支架。

3.安装传动轴

4.安装变速器换挡操纵机构

5.安装起动机及起动机电源线和控制线

6.安装前排气管

7.安装空调压缩机和多楔皮带

(1)安装空调压缩机,安装固定螺栓。

(2)安装多楔传动带。

小提示：多楔传动带应按原方向装回,以免损坏传动带。

(3)沿图2-45箭头所示方向,用棘轮扳手转动张紧装置并拉出定位棒。

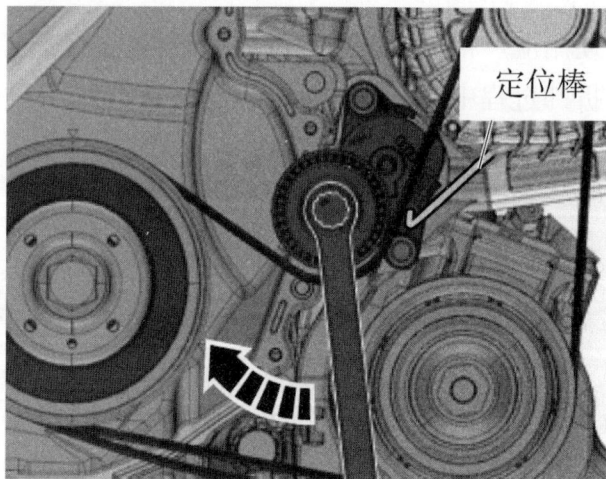

定位棒

图2-45　拉出定位棒

(4)松开张紧装置。

(5)检查多楔皮带是否安装到位。

(6)按规定力矩拧紧空调压缩机固定螺栓。

8.安装汽油软管

拆下汽油软管,安装软管抱箍。

9. 安装蓄电池及支架

(1)安装蓄电池支架,拧紧蓄电池支架固定螺栓。

(2)安装蓄电池,并固定。

(3)安装蓄电池正、负极导线。

10. 电气连接和电气敷设

(1)安装机油油位和机油温度传感器的电线插接器。

(2)安装冷却液继续补给泵,并用固定螺栓固定。

(3)取出发动机控制单元锁止卡,插上电线插接头,推入锁止卡锁止。

(4)将发动机控制单元的下缘插入支架,然后将发动机控制单元上缘卡入支架。

(5)确保发动机控制单元的凸耳卡入支架顶部和底部的槽口中。

11. 安装空气滤清器壳体

(1)将空气滤清器壳体装入橡胶支座。

(2)拆下进气软管,拧紧软管卡箍。

(3)插上排水软管。

(4)安装进气软管上部件,固定卡止装置。

(5)安装冷却液软管。

(6)安装空气导管盖板,固定盖板卡止装置,并用螺栓固定。

12. 安装增压空气软管

(1)安装左侧增压空气软管,并用卡箍固定。

(2)安装右侧增压空气软管,并用卡箍固定。

(3)安装增压进气软管,并用卡箍固定。

(4)插上增压压力传感器导线插接器。

(5)安装增压器冷却液管,并用卡箍固定。

13. 加注润滑油并查检油位

14. 装上冷却系统附件,加注冷却液

(1)安装散热器风扇及风扇电机电线插接器。

(2)将下冷却液软管装到散热器上。

(3)将冷却液软管装到加热装置热交换器上。

(4)将冷却液软管装在膨胀水箱上,用软管卡箍固定,如图2-46所示。

（5）将上冷却液软管插入散热器接口，推入上冷却液软管直听到卡住的声响，如图 2-47 所示。

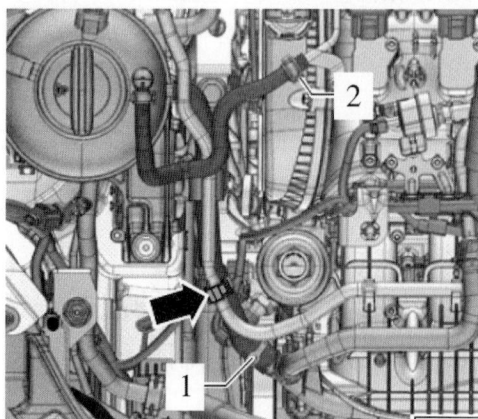

图 2-46　将冷却液软管装在膨胀箱上

1-蒸汽软管卡箍；2-冷却液软管卡箍

图 2-47　安装上冷却液软管

（6）安装左右侧前轮罩内板。

15.安装蓄电池及支架

（1）安装蓄电池支架，拧紧蓄电池支架固定螺栓，如图 2-48 所示。

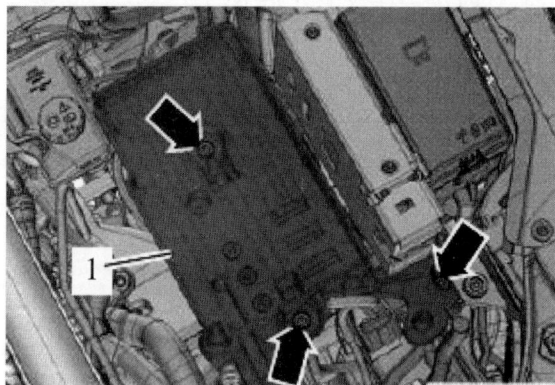

图 2-48　拆蓄电池

1-蓄电池支架

（2）装上并固定蓄电池。

（3）装上蓄电池正极线和搭铁线。

16.安装发动机舱盖

安装发动机舱盖，并用螺栓固定。

发动机主要螺栓表拧紧力矩见表 2-4。

发动机主要螺栓表拧紧力矩　　　　　　　　表2-4

部位、规格	螺栓、螺母	迈腾B8轿车CUGA发动机(N·m)	卡罗拉5A-FE发动机(N·m)
特殊部位	发动机支撑与副梁	40N·m+90°	64N·m
	发动机支架与发动机支撑	40N·m+90°	49N·m
	发动机扭力臂	50N·m	38N·m
	排气歧管与前排气管连接螺栓	20N·m	43N·m
缸体部位	变速器与发动机缸体	(7档双离合器变速器) M12——80N·m M10——40N·m	(MT) M12——64N·m M10——46N·m

项目三　曲柄连杆机构的结构与拆装

课 题 一　曲柄连杆机构的组成和主要部件的结构

一、曲柄连杆机构的作用和组成

曲柄连杆机构是往复活塞式内燃机将热能转变为机械能的主要机构,它的作用是将燃料燃烧后作用在活塞上的压力转变成曲轴的转矩,向外输出动力。曲柄连杆机构的组成如图 3-1 所示。

曲柄连杆机构可分为机体组、活塞连杆组、曲轴飞轮组三个组。机体组主要由汽缸盖、汽缸体、曲轴箱、汽缸衬垫、油底壳和汽缸套等不动件组成;活塞连杆组主要由活塞、活塞环、活塞销和连杆等运动件组成;曲轴飞轮组主要由曲轴、飞轮、扭转减振器和带轮等旋转件组成。

二、机体组主要部件的结构

发动机机体组是发动机的骨架,是发动机各机构、系统和各种附件的装配基体。机体组主要由汽缸体、汽缸盖、汽缸盖罩、汽缸衬垫、油底壳等组成,如图3-2所示。

1.汽缸体

发动机汽缸体与上曲轴箱常铸成一体,简称汽缸体,结构如图3-3所示,是发动机各机构安装的基础。

汽缸体上半部有若干个汽缸,上下有两个平面用以安装汽缸盖和油底壳,中部有水套。

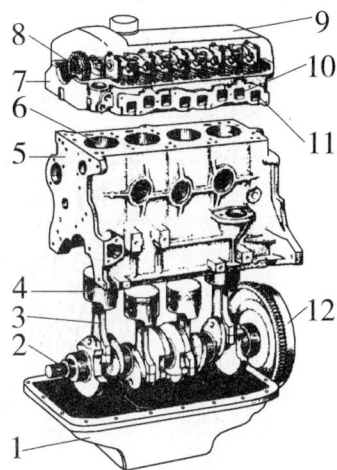

图3-1　曲柄连杆机构的组成

1-油底壳;2-曲轴;3-连杆;4-活塞;5-汽缸体;6-汽缸;7-汽缸盖;8-凸轮轴;9-汽缸盖罩;10-进气道;11-排气道;12-飞轮

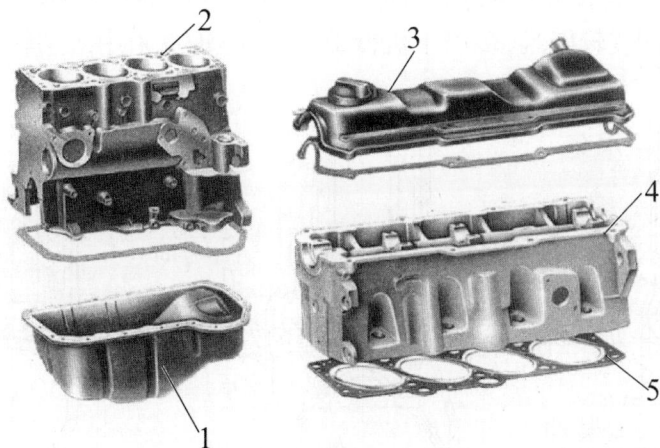

图3-2　机体组的组成

1-油底壳;2-汽缸体;3-汽缸盖罩;4-汽缸盖;5-汽缸衬垫

上曲轴箱的下部制有用于安装曲轴主轴承座孔,侧壁和前后壁上钻有将润滑油流向各轴承的主油道和分油道。

(1)根据上曲轴箱结构的不同,汽缸体可分为平分式、龙门式、隧道式三种,如图3-4所示。

汽缸体结构

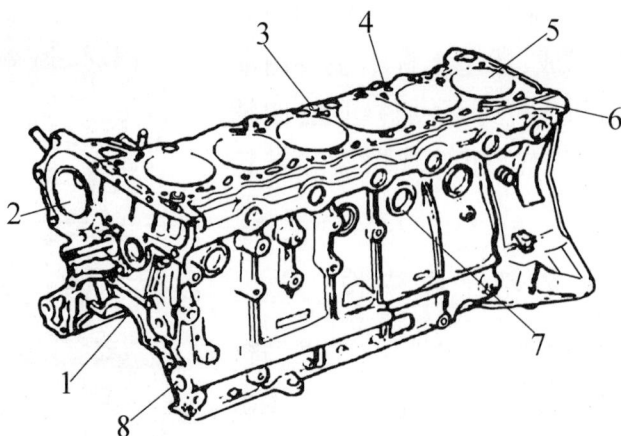

图 3-3　汽缸体的结构

1-主轴承座;2-水泵支座;3-汽缸体;4-缸盖螺栓孔;5-汽缸;6-水道;7-加强筋;8-主油道

平分式:曲轴轴线与汽缸体下平面在同一平面上,如图 3-4a)所示。平分式结构质量轻,但刚度小,与油底壳接合面密封困难,易发生漏油。

龙门式:曲轴轴线高于汽缸体下平面,如图 3-4b)所示。龙门式结构具有长度方向强度高的优点,广泛应用于多种发动机中。

隧道式:主轴承座孔不分开,如图 3-4c)所示。隧道式结构刚度最大,主轴承同轴度易保证,但拆装较困难,多用于机械负荷大、主轴承采用滚动轴承的发动机。

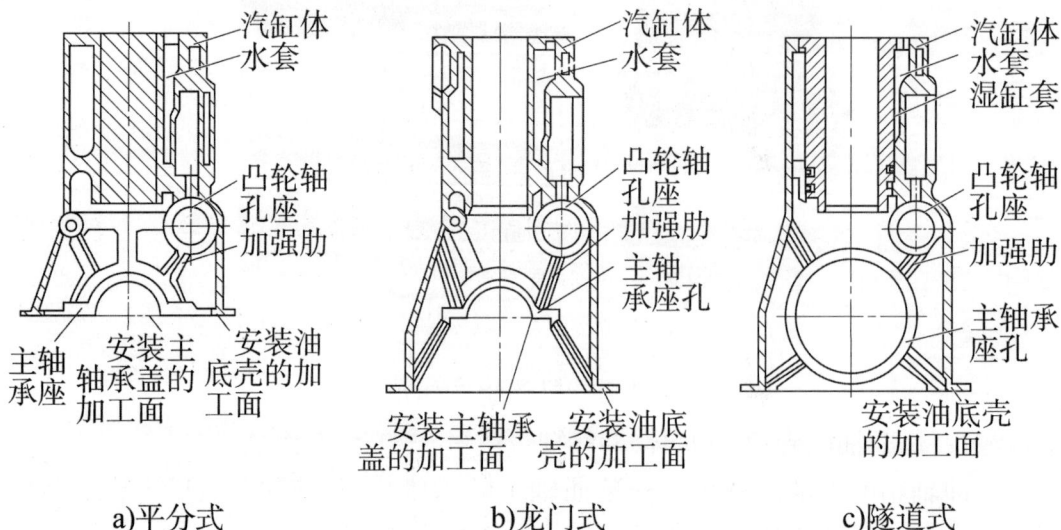

a)平分式　　　　　　b)龙门式　　　　　　c)隧道式

图 3-4　汽缸体的类型

汽缸体和上曲轴箱一般采用灰口铸铁、球墨铸铁或合金铸铁制造。为减轻质量、提高散热效果也有采用铝合金铸造。

（2）根据汽缸排列形式不同，汽缸体分直列式、V形、水平对置式等形式，如图3-5所示。

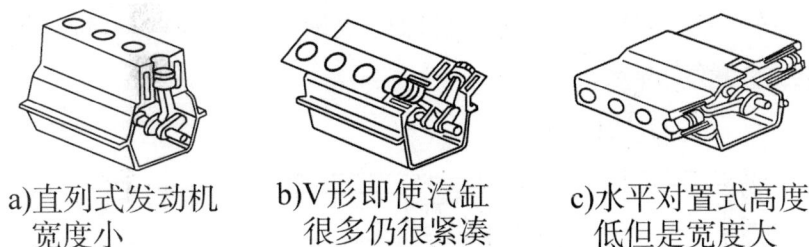

a)直列式发动机宽度小　　b)V形即使汽缸很多仍很紧凑　　c)水平对置式高度低但是宽度大

图3-5　汽缸排列方式及特点

直列式：各汽缸排成一直列，是最普通的汽缸排列方式。其特点是宽度较小，高度较高，发动机的总长度将随着汽缸数目增加而增加。

V形：汽缸呈V形排成两列。其特点是汽缸体长度和高度小、宽度较大、形状复杂。而且由于曲轴轴承减少，这种发动机的摩擦损失也有所降低。

水平对置式：汽缸分两列水平分布在曲轴的两侧。其特点是重心低、宽度大、发动机的平衡性好。

2. 汽缸

汽缸体内引导活塞作往复运动的圆柱形空腔称为汽缸。它要承受可燃混合气燃烧产生的压力和热量及活塞在汽缸内往复运动中产生的侧向压力，并且与高速运动的活塞接触而极易磨损，当磨损超过使用极限时就需要维修。为提高汽缸的耐磨性和方便维修，常在汽缸内镶入汽缸套。

汽缸根据汽缸套的结构不同，可分为干式缸套和湿式缸套两种。干式汽缸套如图3-6a）所示，外表面不直接与冷却液接触，其壁厚一般为1～3mm。为了保证散热效果和缸套的定位，缸套的外表面与汽缸体的缸套孔内表面均有较高的加工精度，并采用一定的过盈量将汽缸套装到缸套孔中。干式汽缸套的优点是不易漏水、漏气。缸心距小，结构紧凑，缸体结构刚度好。缺点是散热效果差，维修、更换不便。

湿式汽缸套的结构如图3-6b）和图3-6c）所示，其外表面与冷水直接接触，壁厚一般为5～9mm。湿式缸套利用缸套上部凸缘的下平面为轴向定位，以外圆柱表面的上、下支撑密封带径向定位。上支承密封带的直径略大，与缸套座孔配合较紧密。下支承密封带与缸套座孔配合较松，缸套装入座孔后，缸套顶面略高出汽缸体上平面0.05～0.15mm，这样在拧紧缸盖螺栓时，使缸套凸出部分与汽缸垫压得更紧,起到防止汽缸漏气和水套漏水的作用。为防止漏气、漏水,有的缸套凸缘平面处还加装有金属垫片。为了防止漏水,在缸套的下支撑密封带上装有1~3道耐油、耐热的橡胶密封圈。湿式汽缸套的优点是在汽缸体上没有封闭的水套,铸造较容易,修理更换方便,且散热效果较好。缺点是汽缸体的刚度差,易产生穴蚀,易漏气、漏水等。

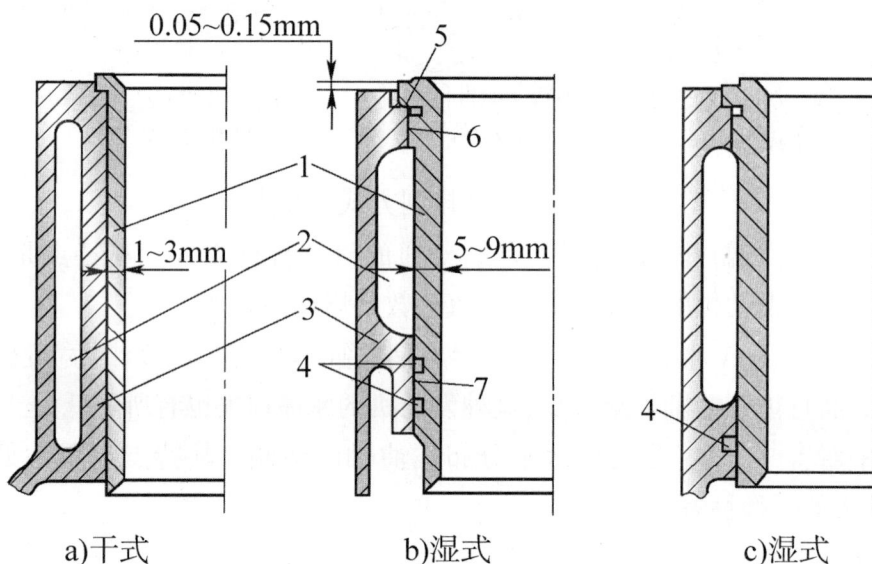

图3-6　汽缸套

1-汽缸套;2-水套;3-汽缸体;4-橡胶密封圈;5-凸缘平面;6-上支承密封带;7-下支承密封带

3. 汽缸盖与燃烧室

1) 汽缸盖

汽缸盖安装在汽缸体的上表面,与活塞一起形成燃烧室。汽缸盖内部有用于冷却燃烧室及周围区域的水套,其下端面上的冷却水道与汽缸体上的冷却水道相通,以保证冷却水的循环。汽缸盖上有进、排气门座,气门导管孔及进、排气通道等。汽缸盖两侧安装进、排气歧管。汽缸盖上还加工有安装火花塞(汽油机)或喷油器(缸内直喷汽油机和柴油机)的座孔,汽缸盖上部还有用与安装凸轮轴的轴承支座,为润滑凸轮轴,在缸盖上还设有与汽缸体相通的润滑油道,结构如图3-7所示。

2) 燃烧室

燃烧室是由活塞顶部及缸盖上相应的凹部空间组成。燃烧室要求结构紧凑,冷却面积小,有良好的进气、排气涡流。常见形状有盆形、倾斜盆形、楔形、半球形、双球形、多球形等类型,如图3-8所示。

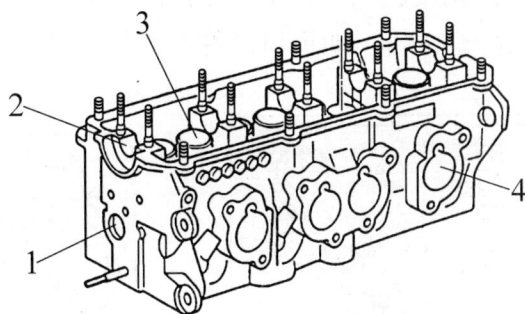

图3-7 发动机汽缸盖

1-水道;2-凸轮轴支座;3-液力挺柱座;4-进气道

a)盆形　　　b)倾斜盆形　　　c)楔形　　　d)半球形　　　e)多球形

图3-8 发动机燃烧室

4.汽缸衬垫

汽缸衬垫安装在汽缸盖和汽缸体之间,它是发动机中最重要的一种垫片,作用是保证汽缸盖和汽缸体间的密封,防止漏水、漏气与窜油。

汽缸衬垫常见有金属—石棉衬垫、金属骨架—石棉衬垫、纯金属衬垫等类型。

金属—石棉垫的结构是石棉中间掺入铜屑或钢丝,以加强导热,平衡汽缸体与汽缸盖的温度;石棉外包铜皮和钢皮,且在缸口、水孔、油道口周围用金属包边予以加强,以防被高温燃气烧坏,如图3-9a)和图3-9b)所示。这种衬垫压紧厚度为1.2~2.0mm,有很好的弹性和耐热性,能重复使用,但厚度和质量的均一性较差。

金属骨架—石棉衬垫的结构是用编织的钢丝网,如图3-9c)所示,或有孔钢板为骨架,如图3-9d)所示,外覆石棉及橡胶黏结剂压制而成,表面涂以石墨粉等润滑剂,只在缸口、油道口和水孔处用金属包边。这种缸垫弹性更好,但易黏结,一般一次性使用。

纯金属汽缸衬垫由单层或多层金属片(铜、铝或低碳钢)制成,如图3-9e)所示。为了确保密封,在缸口、水孔、油道口处冲有弹性凸筋。

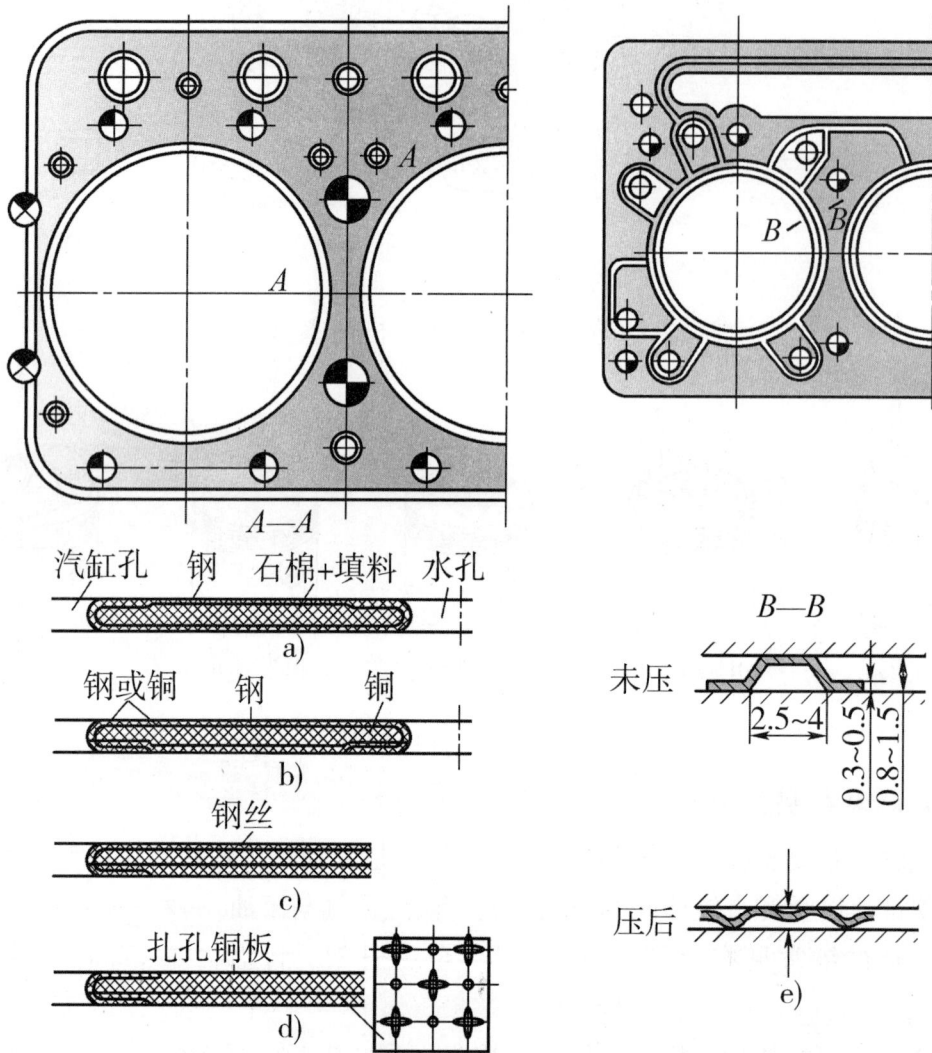

图3-9 汽缸衬垫结构(尺寸单位:mm)

5. 油底壳

油底壳又称下曲轴箱,结构如图3-10所示,其作用是储存和冷却润滑油并封闭曲轴箱。一般用薄钢板冲压而成。为防止汽车振动时油底壳油面产生较大的波动,内部设有稳油挡板。在底部装有的放油螺塞,为能吸附润滑油中的铁屑,放油螺塞带磁性。为防止曲轴箱与油底壳之间漏油,两者之间装有密封衬垫或涂有密封胶。

三、活塞连杆组主要部件的结构

活塞连杆组主要由活塞、活塞环、活塞销、活塞销卡环、连杆衬套、连杆、连杆轴瓦、连杆螺栓和连杆轴承盖等零部件组成,如图3-11所示。

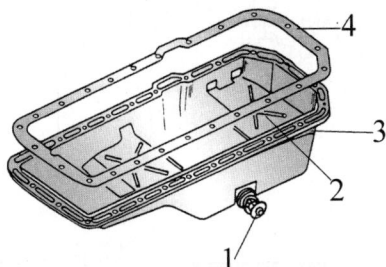

图 3-10 油底壳

1-放油螺塞;2-稳油挡板;
3-油底壳;4-密封衬垫

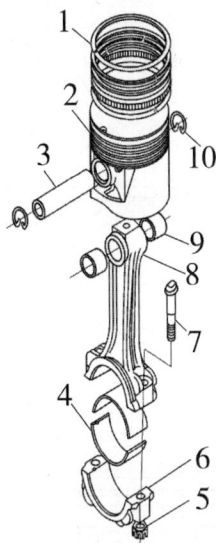

图 3-11 活塞连杆组的组成

1-活塞环;2-活塞;3-活塞销;4-连杆轴瓦;5-连杆螺母;6-连杆盖;7-连杆螺栓;8-连杆;9-连杆衬套;10-卡环

1.活塞

活塞的作用是承受汽缸中可燃混合气燃烧的压力,并将此力通过活塞销和连杆传给曲轴。此外,活塞还与汽缸盖、汽缸壁共同组成燃烧室。

活塞不仅与高温、高压的燃烧气体接触,还要在汽缸内高速地作往复运动,所以在材质、结构方面要求较高。目前汽车发动机广泛采用的活塞材料是铝合金,近年来柴油机活塞有采用灰铸铁材料。

活塞由活塞顶部、活塞头部、活塞裙部和活塞销座四部分组成,如图3-12所示。

(1)活塞顶部是燃烧室的组成部分,用来承受气体压力。为了提高刚度和强度,并加强散热能力,背面多有加强筋。为了满足不同的目的和要求,活塞顶有平顶、凸顶和凹顶等几种不同形状,如图3-13所示。

(2)活塞头部是指活塞顶到最后一道活塞环槽之间的部分,其作用是承受气体压力、防止漏气和将热量通过活塞环传给汽缸壁。活塞头部切有若干活塞环槽,用以安装活塞环。上面的 2~3 道环槽用来安装气环,最下面的一道环槽用来安装油环。油环槽的底部钻有若干小孔,用于将油环刮下的多余润滑油流回油底壳。

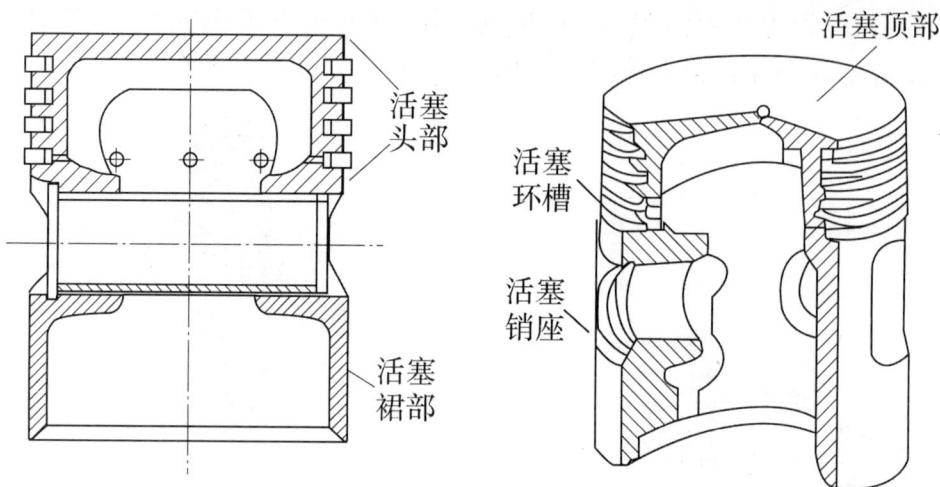

图 3-12　活塞的基本结构

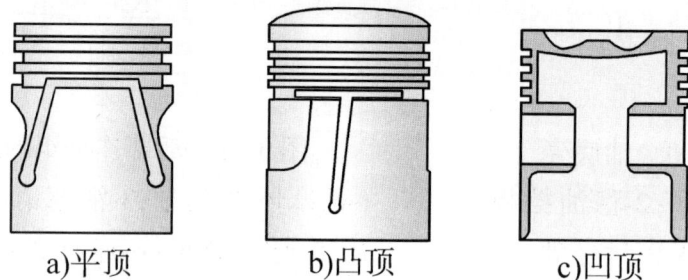

a)平顶　　　　　　b)凸顶　　　　　　c)凹顶

图 3-13　活塞顶部的形状

（3）活塞裙部是指活塞环槽以下的部分,其作用是引导活塞在汽缸中作往复运动,并承受侧向压力。

活塞安装在汽缸内后,活塞裙部与汽缸壁之间必须保持一定的间隙（0.03~0.06mm）,如图 3-14 所示。间隙过小,活塞热膨胀时可能被卡住;间隙过大,会导致活塞顶部的气体窜入曲轴箱和下部的润滑油窜入燃烧室或产生敲击声。

（4）活塞销座是活塞通过活塞销与连杆的连接部分。位于活塞裙部的上部,为厚壁圆筒结构。用以安装活塞销,并将活塞顶部气体作用力经活塞销传给连杆。销座孔内接近外端面处车有安放弹性卡环的卡环槽,卡环用来防止活塞销在工作中发生轴向窜动。

2.活塞环

活塞环包括气环和油环两种,如图 3-15 所示。

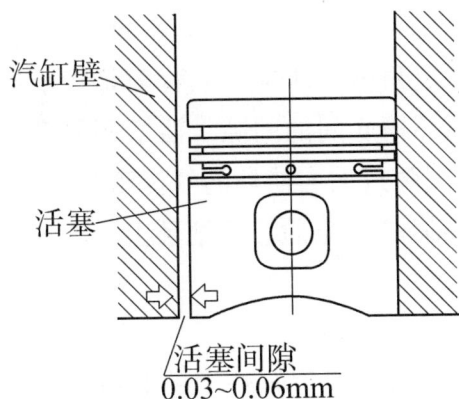

图 3-14　活塞间隙

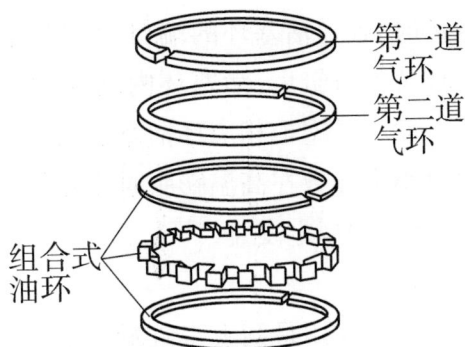

图 3-15　活塞环

1)气环

气环也称密封环,其作用是保证活塞与汽缸壁间的密封,防止燃烧室中的高温高压气体大量漏入曲轴箱;同时还可将活塞头部的热量传给汽缸壁,防止活塞过热。一般每个活塞上装有 2~3 道气环。

气环的断面形状多种多样,选择不同断面形状的气环组合,可以得到较好的密封效果和使用性能。常见的气环断面形状有图 3-16 所示几种。

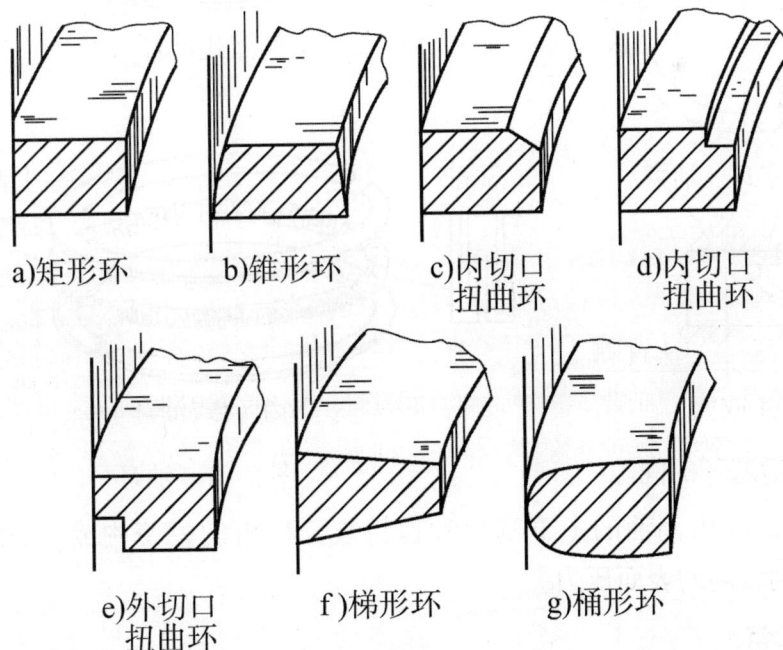

a)矩形环　　b)锥形环　　c)内切口扭曲环　　d)内切口扭曲环

e)外切口扭曲环　　f)梯形环　　g)桶形环

图 3-16　气环断面的形状

为保证活塞环在汽缸内能可靠工作,应保持有端隙、侧隙、背隙三个间隙,如图 3-17 所示。活塞环端隙是指活塞环随活塞装入汽缸后,两端头间的间隙,此间隙是为了防止活塞环受热膨胀卡死在汽缸内而设置的。为提高密封性能,安装活塞环时,各道活塞环的端口应相互错开一定角度。活塞环的背隙是指活塞与活塞环装入汽缸后,活塞环内圆柱面与活塞环槽底间的间隙。活塞环侧隙是指环的厚度与活塞上相应环槽宽度的差值,此间隙过大会使环的气体密封性下降,间隙过小会导致在高温膨胀时相互间发生"粘住"的危险。活塞环上一般还有朝上标记,应按规定安装。

2)油环

油环的作用是刮去汽缸壁上多余的润滑油,并将汽缸壁上的润滑油分布均匀。一般每个活塞上装有 1~2 道油环。

油环根据结构的不同分组合式油环和整体式油环两种类型,组合式油环结构如图 3-18 所示,其中组合式油环的接触压力高,对汽缸壁面适应性好,而且回油通路大,质量小,刮油效果明显,使用较广泛。

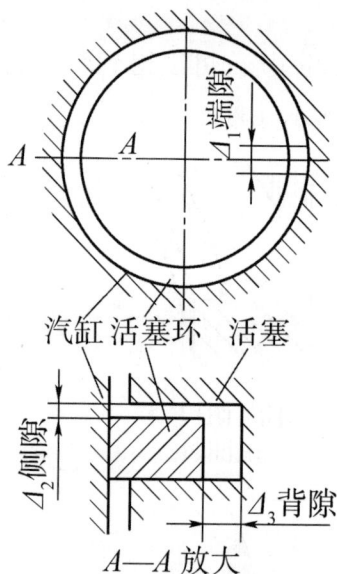

图 3-17　活塞环的间隙

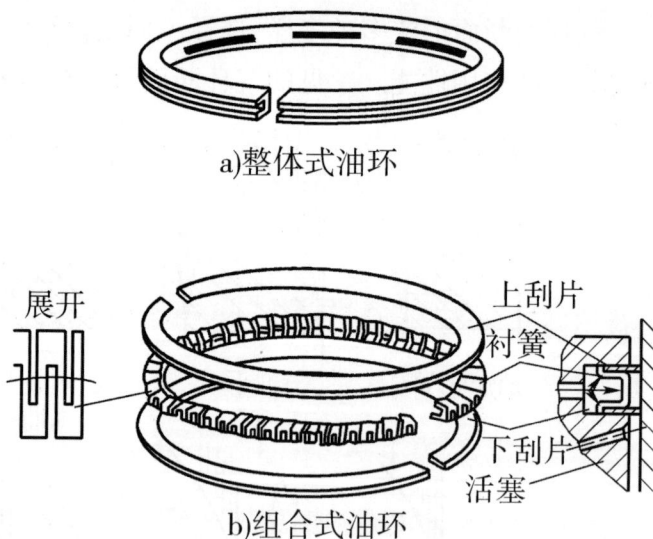

图 3-18　油环

组合式油环由刮油的上下刮片和保持表面压力的衬簧构成。通过使用衬簧,可以得到较高的表面压力。

3. 活塞销

活塞销的作用是连接活塞和连杆的小头,将活塞所承受的气体压力传递给连杆。活塞销呈中厚壁空圆筒形的形状,常见的内部结构形式有图 3-19 所示三种。

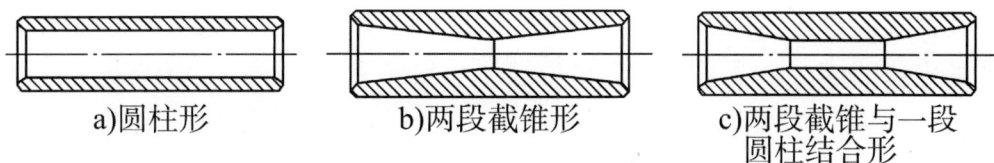

a)圆柱形　　b)两段截锥形　　c)两段截锥与一段圆柱结合形

图 3-19　活塞销的结构

活塞销与活塞销座孔和连杆小头的连接,配合方式有全浮式和半浮式两种,如图 3-20 所示。活塞在正常工作温度时,全浮式活塞销能在连杆小头轴承和活塞销座孔内自由转动,可以保证活塞销沿圆周方向磨损均匀,应用较普遍。为防止活塞销轴向窜动而损坏汽缸壁,在活塞销座孔的两端装有弹性卡环来限位。冷态时,活塞销与活塞销座孔为过渡配合,为了方便装配,可将铝合金活塞放入 80 ~ 90℃的水或油中加热后再安装。半浮式活塞销是通过过盈配合与连杆小头连接或用螺栓将活塞销夹紧在连杆小头内,活塞销只能在活塞销座孔内转动,因此连杆小头内没有轴承,活塞销座孔内也不装卡环。

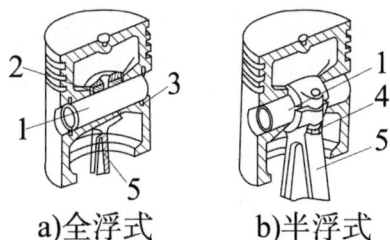

a)全浮式　　b)半浮式

图 3-20　活塞销的连接方式
1-活塞销;2-连杆小头轴承;3-活塞销卡环;4-螺栓;5-连杆

4. 连杆

连杆的作用是将活塞的往复运动转变为曲轴的旋转运动,并将活塞承受的力传给曲轴。连杆的质量要轻,但应具有足够的强度来承受发动机运转时的压力和拉力。

连杆的结构如图 3-21 所示,连杆由小头、杆身和大头组成。为了减小质量,杆身为工字形截面。

连杆小头用来安装活塞销以连接活塞,在全浮式连接的连杆小头内压有耐磨衬套。为了润滑活塞销和衬套,在连杆小头和衬套上设有集油孔或铣出集油槽。

连杆大头切分成杆身和连杆盖两部分,通过连杆螺栓与曲轴的连杆轴颈相连。连杆杆身和连杆盖侧面有配对记号,配对安装,不能装错。在连杆盖和连杆杆身上都有朝前标记,以免在组合时,装错连杆大头与连杆盖的方向。有些连杆盖上有定位销或定位套筒,在组合连杆总成时起定位用。

连杆大头上设有润滑油喷口,工作中喷口与曲轴连杆轴颈的油道对齐时,油道中的润滑油从喷口喷出,用以润滑、冷却汽缸壁和活塞受力较大的一侧。大头轴承孔内表面很光滑,以保证与连杆大头轴承的紧密贴合。大头上还铣有连杆轴承的定位凹槽。

5.连杆大头轴承

连杆大头轴承(也称连杆轴瓦)通过连杆盖安装在连杆大头与连杆轴颈间,这些轴承大多采用滑动轴承(平面轴承)。

一般连杆大头轴承是精密加工镶入式平面轴承,以软钢为背,内衬以轴承合金。

有些连杆大头轴承上设有通向连杆的润滑油喷射孔的油孔。为了便于安装,将连杆大头轴承分成上、下两半,分别称上、下轴瓦。在分开嵌入式上、下轴瓦上还设置有定位唇,与连杆大头上的凹槽相对应,用于轴承周向定位,如图 3-22 所示。

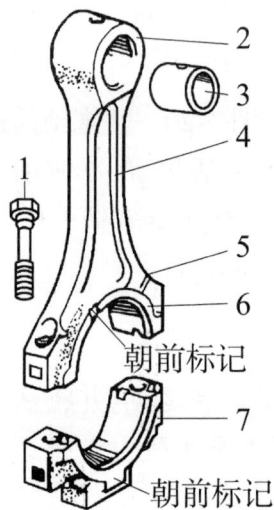

图 3-21　连杆的结构

1-连杆螺栓;2-连杆小头;3-连杆小头轴承;4-连杆杆身;5-润滑油喷口;6-连杆大头;7-连杆盖

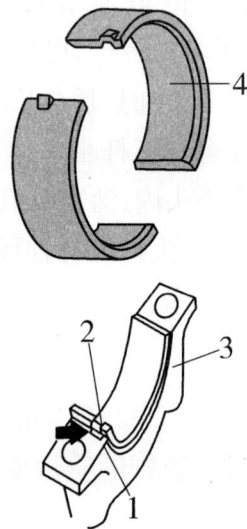

图 3-22　连杆大头轴承

1-凹槽;2-定位唇;3-连杆盖;4-轴瓦

四、曲轴飞轮组主要部件的结构

曲轴飞轮组主要由带轮、扭转减振器、正时齿轮、曲轴、飞轮、油封等主要零件组成,如图 3-23 所示。

1.曲轴

曲轴的作用是接受活塞连杆组传来的气体燃烧产生的压力,将活塞的往复运动转变为旋转运动,同时通过飞轮输出。一般由主轴颈、连杆轴颈、曲柄臂、平衡重、前端轴和后端凸缘等组成,如图3-24所示。

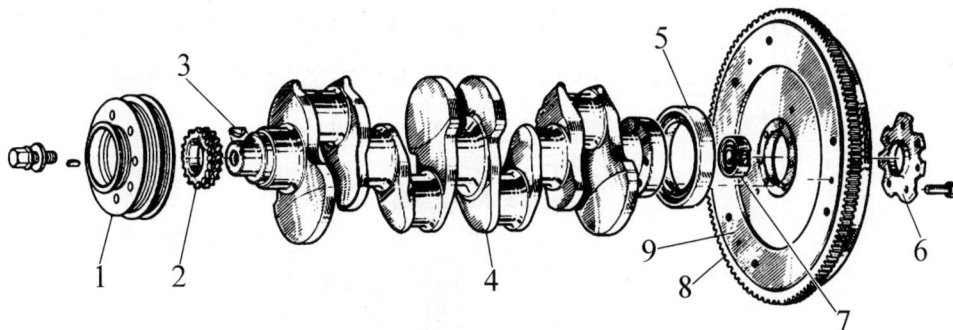

图3-23　曲轴飞轮组主要部件

1-曲轴带轮和扭转减振器;2-正时链轮;3-半圆键;4-曲轴;5-曲轴后油封;6-垫片;7-变速器第一轴轴承;8-飞轮齿圈;9-飞轮

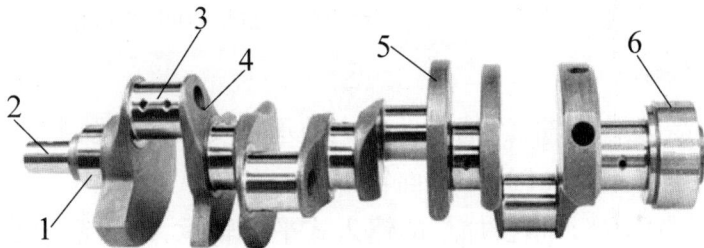

图3-24　曲轴的结构

1-主轴颈;2-曲轴前端;3-连杆轴颈;4-曲柄臂;5-平衡重;6-曲轴后端

曲轴前端是第一道主轴颈之前的部分,安装有驱动配气机构的曲轴正时齿轮、驱动水泵和交流发电机等辅机的曲轴带轮及扭转减振器等。曲轴的后端是最后一道主轴颈之后的部分,后端带有安装飞轮的凸缘盘,在后端部还安装了变速器第一轴的导向轴承。

曲轴主轴颈通过主轴承支撑在曲轴箱上,连杆轴颈与连杆大头相连。平衡重可以消除旋转部分重量的不平衡。曲轴主轴颈和连杆轴颈间有润滑油道,用于将曲轴主轴颈的一部分润滑油供应给连杆轴颈和连杆大头轴承润滑。

一个连杆轴颈和它两侧的主轴颈组成一个曲拐。曲拐的数量取决于发动机的汽缸数及其排列方式,直列发动机的曲拐数等于汽缸数,而V形排列和对置式发动机的曲拐数为汽缸数的一半。曲拐的相对位置取决于汽缸数、汽缸排列形式和发动机的工作顺序,在四冲程发动机中曲轴转动两圈720°每个汽缸都完成进气、压缩、做功、排气一个工作循环,各缸的做功间隔角为180°。四冲程直列四缸发动机曲轴曲拐的布置,如图 3-25 所示,汽缸从前到后的编号为:1 号缸、2 号缸、3 号缸、4 号缸,点火顺序是 1-3-4-2 或 1-2-4-3。四冲程直列六缸发动机各缸的做功间隔角为 120°,六个曲拐布置在互成 120°夹角的三个平面内,发动机工作顺序(或点火顺序)为 1-5-3-6-2-4 或 1-4-2-6-3-5,前者应用较为普遍。

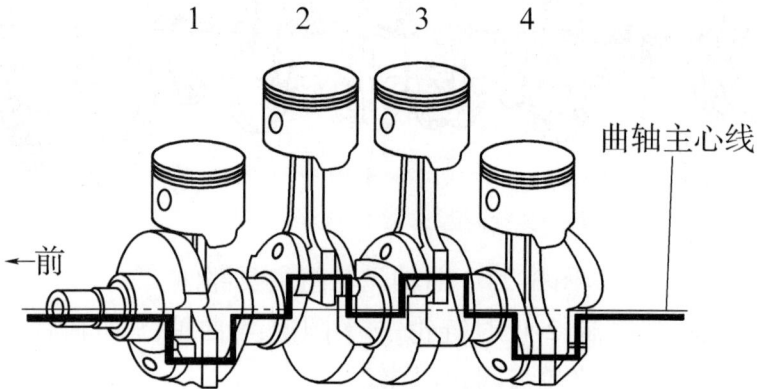

图 3-25　四冲程直列四缸发动机曲轴曲拐的布置

2.曲轴主轴承

曲轴主轴承(也称主轴瓦)通过曲轴主轴承盖安装在曲轴主轴颈和曲轴支承间,这些轴承通常采用滑动轴承(平面轴承)。

一般曲轴主轴承都是精密加工的镶入式平面轴承,以软钢为背,内衬以轴承合金。

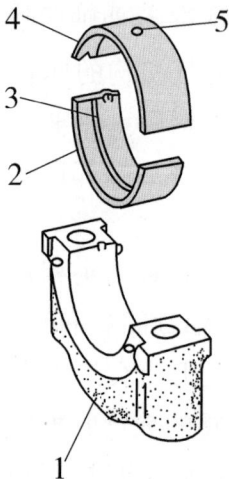

图 3-26　曲轴主轴承
1-主轴承盖;2-下轴瓦;3-环形油槽;4-上轴瓦;5-油孔

曲轴主轴承上有使润滑油流向连杆轴颈的油孔和环形油槽。为了便于安装,和连杆轴承一样,将曲轴主轴承分成上、下两半,分别称上、下轴瓦。在分开嵌入式上下轴瓦上还设置有定位唇,用于承轴周向定位,图 3-26 所示。

为防止曲轴轴向窜动,其中一道曲轴主轴承的两侧装有 4 片止推片或翻边主轴承进行轴向定位,如图 3-27 所示。止推片安装时,有减磨合金层的一面应朝向曲轴。

3.飞轮

飞轮是一个转动惯量很大的圆盘。其主要作用是储存做功行程的部分能量,以克服排气、进气和压缩三个行程的阻力,使发动机转速均匀和提高短时超载的能力。同时,飞轮还有将曲轴的动力传递给离合器的作用。

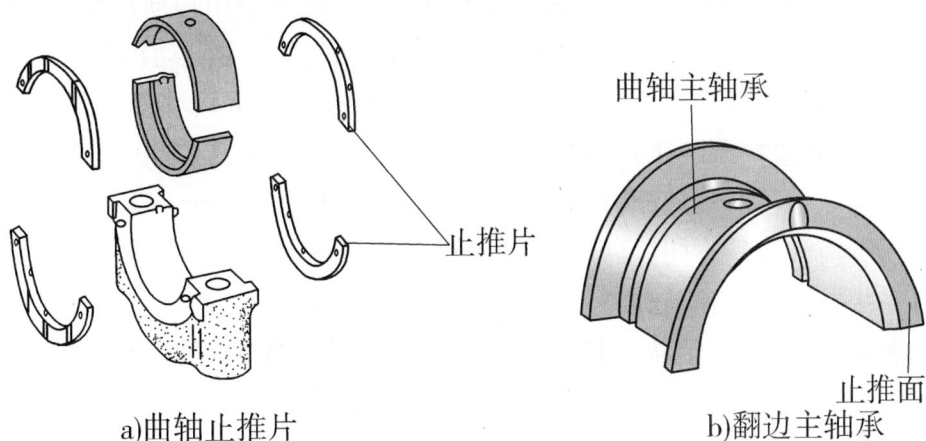

a)曲轴止推片

b)翻边主轴承

图 3-27　曲轴轴向定位片

为了使飞轮旋转时有尽可能大的转动惯量,同时自身的质量要轻,其一般结构为中心部分壁薄、外圆部分壁厚的铸铁或钢制成的圆盘状,如图 3-28 所示,其外缘上镶有齿圈,用于发动机起动时与起动机的小齿轮啮合,把起动机的旋转力传递给飞轮,飞轮的后端用于安装离合器。有些厂家在飞轮上还刻有第 1 缸上止点标记。

4. 平衡轴

当发动机处在工作状态时,活塞的运动速度非常快,而且速度很不均匀,当活塞位于上下止点位置时,其速度为零,但在汽缸中间位置的速度则达到最高。

图 3-28　飞轮的构造

由于活塞在汽缸内做反复的高速直线运动,因此必然会在活塞、活塞销和连杆上产生较大的惯性力,当曲轴转动一周,活塞上、下运动各一次,使发动机产生一上一下两次振动;汽缸每做功一次也会使曲轴加速转动一次,所以发动机的振动频率与发动机的转速有关。在振动理论上,常用多个谐振波振动来描述发动机的振动,其中振动频率与发动机转速相同的叫一阶振动,频率是发动机转速的 2 倍的叫二阶振动,依次类推,还存在三阶、四阶振动。但由于振动频率越高,振幅就越小,二阶以上的振动可以忽略不计。其中一阶振动占整个振动的 70% 以上,是振动的主要来源。

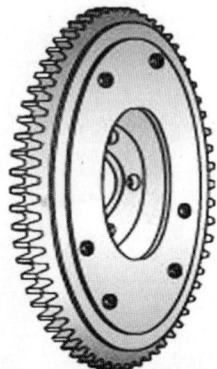

虽然连杆上的配重可以有效地平衡这些惯性力,但却只有一部分运动质量参与直线运动,另一部分参与了旋转。因而除了上下止点位置外,其他惯性力并

不能完全达到平衡状态,此时的发动机便产生了震动。

为了消除这种振动,设计者采用了很多方法,例如采用轻质的活塞、减少运动件的质量、提高曲轴的刚度、采用60度夹角的"V"形布置发动机等等。增加平衡轴也是这些办法其中之一,平衡轴就是一个装有偏心重块并随曲轴同步旋转的轴,利用偏心重块所产生的反向振动力,使发动机获得良好的平衡,降低发动机振动。平衡轴与曲轴的相对位置不能改变,安装时由正时记号保证。

根据平衡轴数量不同,可分为单平衡轴和双平衡轴两种,如图3-29所示。单平衡轴采用单一平衡轴,利用齿轮传动方式进行工作,通过曲轴旋转带动固连的平衡轴驱动齿轮、平衡轴从动齿轮以及平衡轴。单平衡轴可以平衡占整个振动比例相当大的一阶振动,使发动机的振动得到明显改善。由于单平衡轴结构简单,占用空间小,因而在单缸和小排量发动机中应用较为广泛。

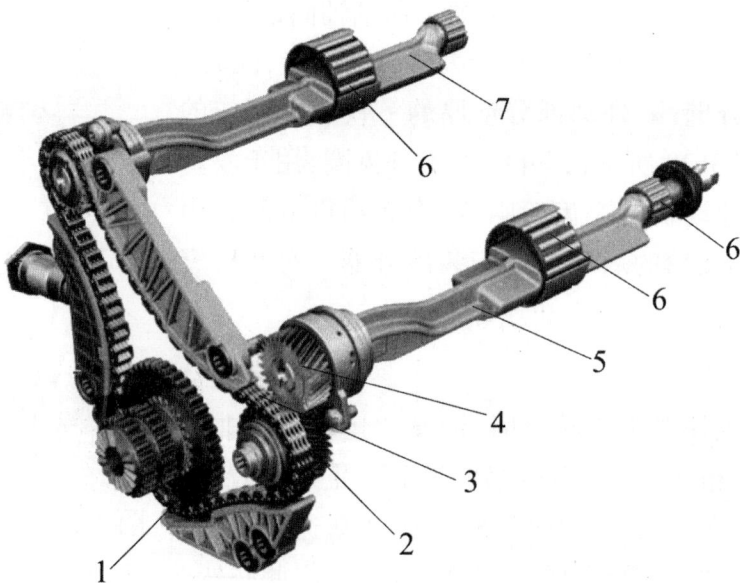

图3-29 平衡轴的结构

1-曲轴链轮;2-中间齿轮;3-传动链;4-平衡轴齿轮;5-右平衡轴;6-轴承;7-左平衡轴

而双平衡轴则采用的是链传动方式带动两根平衡轴转动,其中一根平衡轴与发动机的转速相同,可以消除发动机的一阶振动。另一根平衡轴的转速是发动机转速的2倍,可以消除发动机的二阶振动,从而达到更加理想的减振效果。由于双平衡轴的结构较为复杂、成本高、占用发动机的空间又相对较大,因此一般在大排量汽车上较为常用。

另外,还有一种双平衡轴布置方式,就是两个平衡轴与汽缸中心线成角度对称布置,旋转方向相反,转速与曲轴转速相同,用以平衡发动机的一阶往复惯性力,如图3-29所示就是这一类型。

5.扭转减振器

扭转减振器如图3-30所示,安装在曲轴的前端,用于吸收、衰减曲轴产生的扭转振动。

由于受到燃烧压力产生的力和零件运动的惯性力周期性变化,曲轴会发生扭转振动。如果扭转振动的频率与曲轴的固有振动频率接近时就容易引起共振,使扭转振动加剧,乘车舒适度下降,甚至造成曲轴和正时齿轮损坏,因此,一般的发动机都装有扭转减振器。汽车发动机常用的曲轴扭转减振器可以分为橡胶式扭转减振器及硅油式扭转减振器两类。

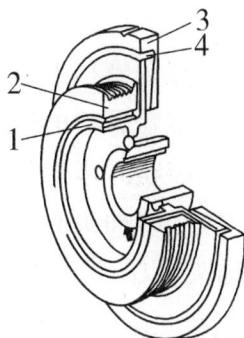

图3-30　橡胶式扭振减振器
1-橡胶;2-曲轴带轮;3-橡胶;
4-扭转振动惯性质量

课题二　发动机汽缸衬垫和汽缸盖的拆装

一、工具、设备和材料准备

(1)迈腾B8轿车一辆或CVGA发动机一台(带拆装台架)。

(2)常用工具一套,工具车一辆。

(3)工作台一个、零件摆放架一个。

(4)专用工具一套。

(5)刀口尺、厚薄规各一把。

二、作业前的准备

(1)将发动机拆装台架放在拆装室中间。

(2)将常用工具、专用工具连同工具车放在拆装过程中易于取用的位置。

(3)清洁工作台。

(4)讲解安全注意事项和拆装注意事项。

三、注意事项

(1)汽缸盖的拆装操作必须在冷态下进行。

(2)正时齿形带没安装前,不允许活塞处在上止点位置时转动凸轮轴,以防顶坏活塞和气门。

（3）汽缸盖螺栓的拆卸必须按规定的顺序进行。

（4）汽缸盖螺栓的安装必须按规定的顺序和一定的力矩分次扭紧。

（5）安装正时齿形带时,必须将正时标记对齐。

（6）拔导线插头时,应该使锁销脱离啮合后,再分开插头。不能直接拉扯线束断开插头,以防扯断导线,如图3-31所示。

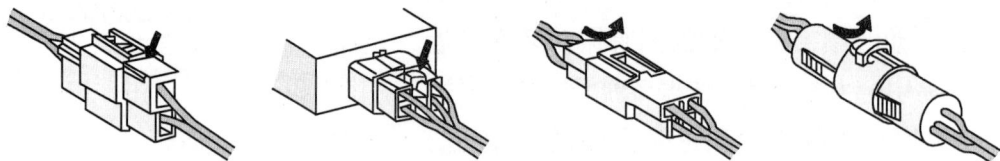

图3-31　电线插接器的拆拔

四、操作步骤

（一）汽缸盖和汽缸衬垫的拆解

迈腾B8轿车CUGA发动机分解图如图3-32所示。

图3-32　CUGA发动机分解图

1-废气涡轮增压器;2-汽缸体;3-汽缸盖;4-发动机盖;5-高压油泵;6-进气歧管喷油器;7-冷却液泵;8-进气歧管;9-机油滤清器;10-发电机;11-空调压缩机;12-机油散热器;13-凸轮轴正时链;14-机油泵传动链;15-平衡轴正时链

1.拆卸空气滤清器

空气滤清器分解图如图 3-33 所示。

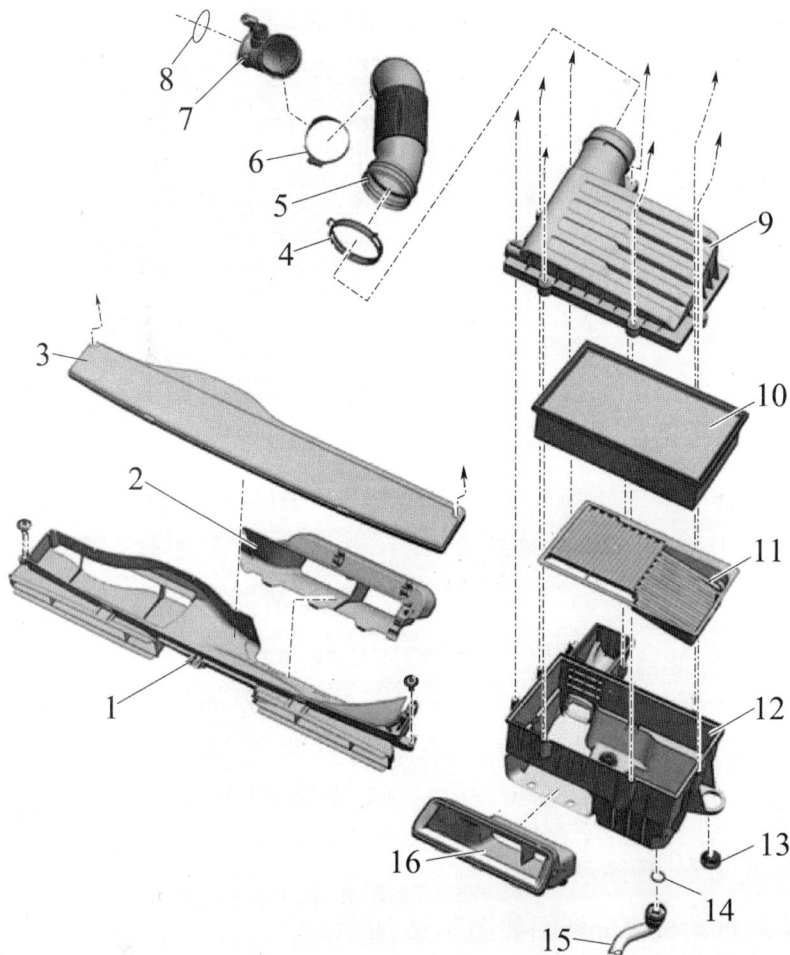

图 3-33　空气滤清器分解图

1-空气导管下部件;2-空气导管上部件;3-空气导管盖板;4-弹簧卡箍;5-进气软管;6-螺旋卡箍;7-进气软管;8-密封环;9-空气滤清器盖;10-空气滤芯;11-嵌入件;12-空气滤清器壳体;13-橡胶缓冲块;14-O形圈;15-排水软管;16-空气导管

(1)拆下发动机盖。

(2)拧出空气导管盖板固定螺栓,松开卡止装置,取下空气导管盖板。

(3)脱开冷却液软管,松开卡止装置,如图 3-34 箭头所示,取下空气导管上部件。

(4)从空气滤清器壳体上拔下真空软管,松开进气软管螺旋卡箍,拆下进气软管,如图 3-35 所示。

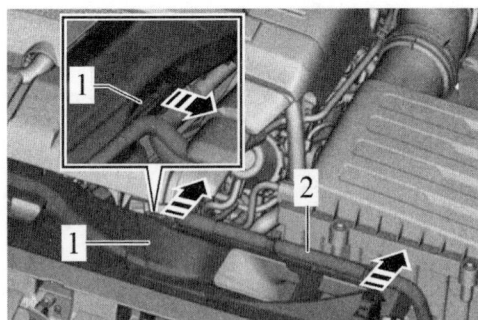

图 3-34　取下空气导管上部件

1-空气导管上部件;2-冷却液软管

图 3-35　拆空气滤清器盖

1-真空软管;2-软管螺旋卡箍;3-空气滤清器盖

(5)拆下空气滤清器盖固定螺栓,取下空气滤清器盖。

(6)取出空气滤芯和嵌入件。

(7)取出空气滤清器壳体和空气导管。

(8)视需要排出冷却液。

2.拆卸皮带轮侧传动机构

皮带轮侧传动机构分解图如图 3-36 所示。

(1)视需要拆下 4 只点火线圈。

注意:用粉笔或毡尖笔标记出多楔皮带转动方向,为重新安装做标记。

(2)松开多楔皮带时,应用棘轮扳手旋转张紧装置顺时针方向旋转张紧装置,将张紧装置用定位棒锁定。

(3)将多楔皮带从张紧装置上取下。

(4)将定位棒从多楔皮带张紧装置上拔出。

(5)拧出多楔皮带张紧装置固定螺栓,从机油滤清器支座上拉下多楔皮带张紧装置。

(6)拆卸发电机总成。

(7)脱开空调压缩机调节阀上的电线插接器。拧出螺栓,取下空调压缩机。

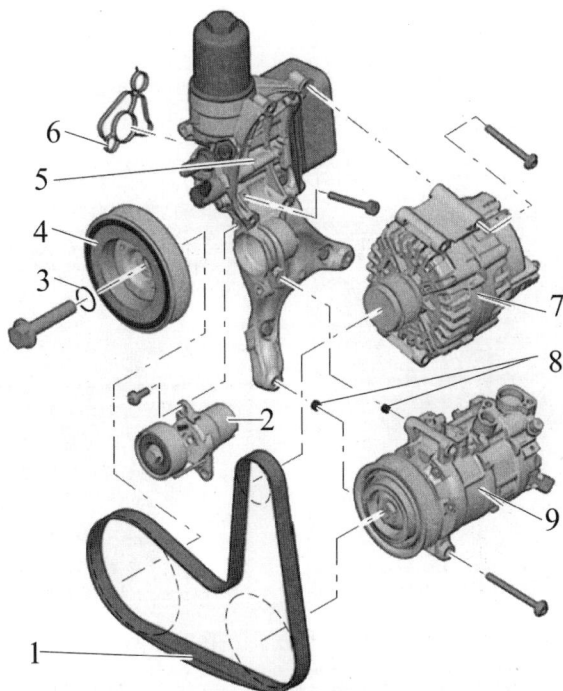

图 3-36　皮带轮侧传动机构分解图

1-多楔带;2-多楔皮带张紧装置;3-O 形圈;4-曲轴皮带轮;5-机油滤清器支座;
6-密封垫;7-交流发电机;8-空调压缩机定位套筒;9-空调压缩机

（8）拔下机油油压开关、机油低压开关、活塞冷却喷嘴控制阀电线插接器。

3.拆卸曲轴皮带轮

曲轴皮带轮与曲轴的连接关系如图 3-37 所示。

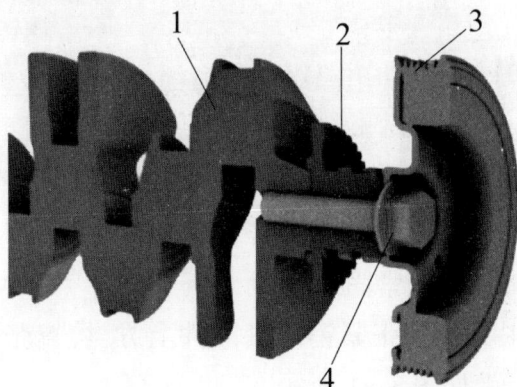

图 3-37　曲轴皮带轮与曲轴的连接关系

1-曲轴;2-正时链轮;3-曲轴皮带轮;4-皮带轮紧固螺栓

（1）在拆装之前,应先使1-4缸活塞处于上止点位置。用固定工具将曲轴皮带轮转到1缸上止点位置,如图3-38所示。

（2）一手用固定工具固定皮带轮,使曲轴皮带轮不动,另一手用工具将曲轴皮带轮紧固螺栓松开大约1/2圈,如图3-39所示。

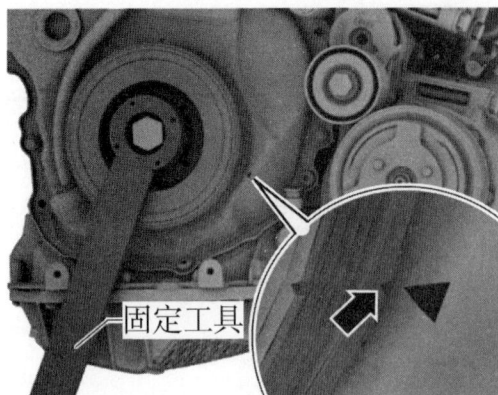

图3-38　将曲轴皮带轮转到上止点位置　　　图3-39　松开曲轴皮带轮的螺栓

（3）拧出正时链盖板上的2个紧固螺栓,用于固定定位座。

（4）将定位座如图3-40所示,放在曲轴皮带轮上,然后将滚花螺栓(图3-40箭头所示)手动拧紧。

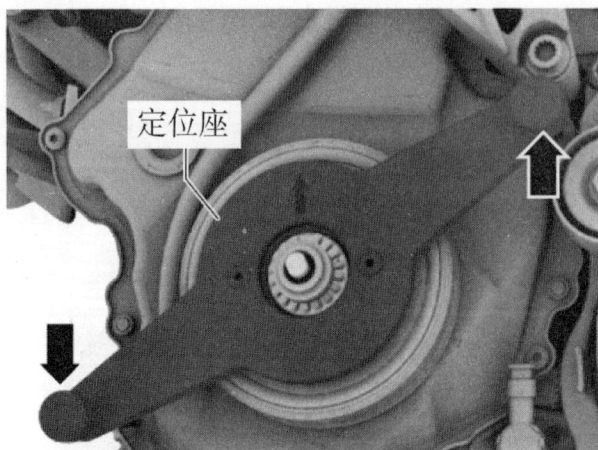

图3-40　安装定位座

（5）完全拧出曲轴皮带轮紧固螺栓。

（6）将检查旋转工具推到张紧销的紧固件上方,检查张紧件的位置,必要时转动夹紧螺钉调整位置,如图3-41所示。

（7）将张紧销拧入曲轴,然后用开口扳手拧紧夹紧螺钉,将链轮固定到曲轴上。

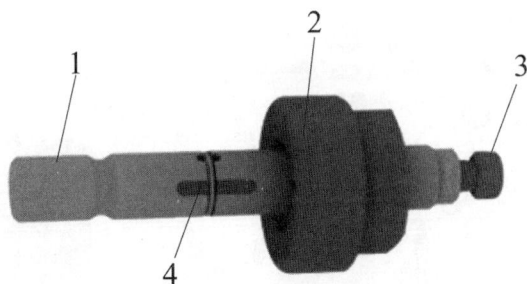

图 3-41　检查旋转工具

1-张紧销;2-检查旋转工具;3-夹紧螺钉;4-紧固件

(8)拧出定位座上的滚花螺栓,取出定位座和曲轴皮带轮。

小提示:为使拆装过程中可以转动曲轴,可将旋转工具套到张紧销上,并使旋转工具的平端在上止点时位于上方,将旋转工具用带肩螺母拧紧上,如图 3-42所示。

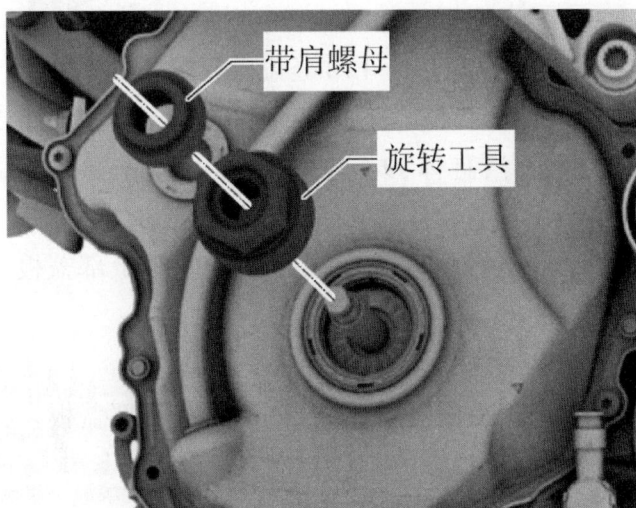

图 3-42　安装旋转工具

4.拆卸正时链盖板

正时链盖板分解图如图 3-43 所示。

(1)拔出进、排气凸轮轴调节阀的电线插接器。

(2)将干净的抹布置于凸轮轴调节阀下方,拧出调节阀固定螺栓,取下进、排气凸轮轴调节阀。

(3)旋出机油标尺导管固定螺栓,松开并拔出线束卡,将机油标尺导管从上部盖板上拉出,拔下机油标尺导管。

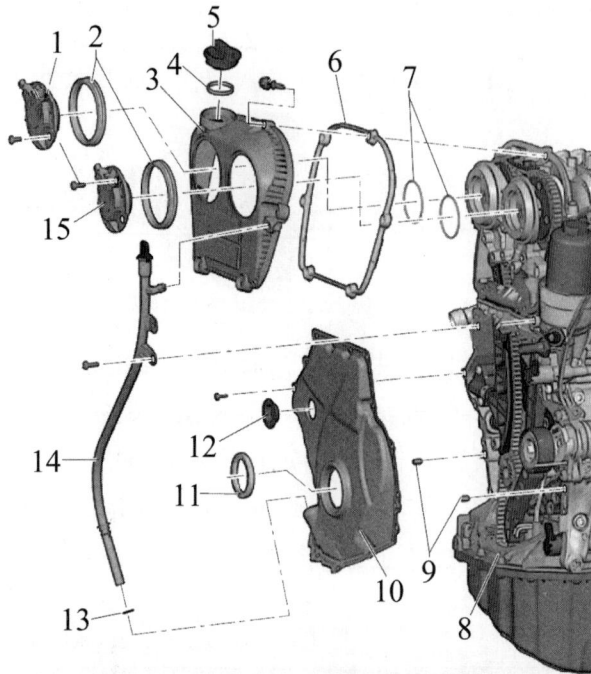

图 3-43　正时链盖板分解图

1-排气凸轮轴调节阀;2-密封环;3-正时链上部盖板;4-密封圈;5-加机油口盖;6-密封条;7、13-O形圈;8-汽缸体;9-定位销;10-正时链下部盖板;11-曲轴前油封;12-密封塞;14-机油尺导管;15-进气门凸轮轴调节阀

(4)拧出正时链上部盖板固定螺栓,并取下正时链上部盖板。

(5)排出发动机机油。

(6)从缸体上拆卸机油压力调节阀。

(7)拧出正时链下部盖板固定螺栓,取下正时链下部盖板。

5. 拆卸凸轮轴正时链

凸轮轴正时链分解图如图 3-44 所示。

(1)用专用工具转动曲轴皮带轮使第 1 缸活塞处于上止点位置。

(2)凸轮轴链轮的标记 1 必须对准标记 2 和 3,如图 3-45 所示。曲轴皮带轮上的缺口和正时链下方盖板上的标记(箭头)必须相互对正,如图 3-46 所示。

(3)用固定工具按顺时针方向转动,拆下左侧和右侧的控制阀(控制阀为左螺纹)。

(4)拧下轴承座固定螺栓,取下轴承座。

(5)用专用工具将链条张紧器的卡环压到一起,如图 3-47 所示,插入专用定位工具,固定链条张紧器。

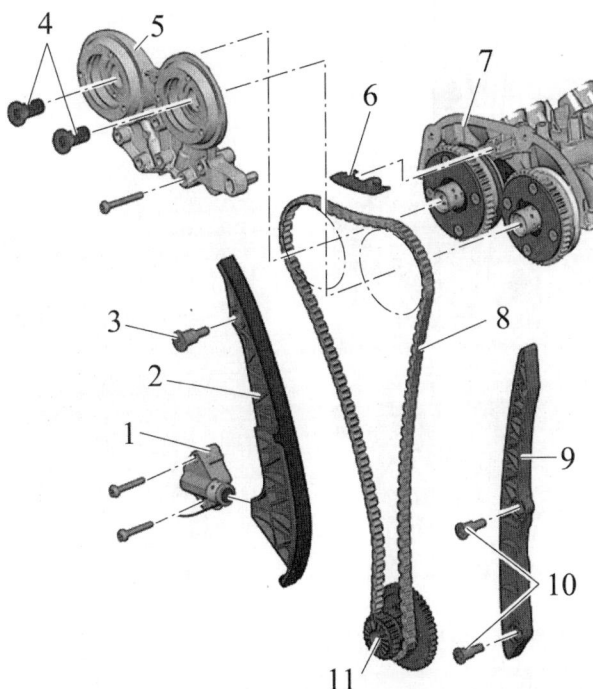

图 3-44 凸轮轴正时链分解图

1-张紧器;2-张紧轨;3-导向螺栓;4-控制阀;5-轴承座;6-上滑轨;7-汽缸盖罩;8-凸轮轴正时链;9-下滑轨;10-导向螺栓;11-三级链轮

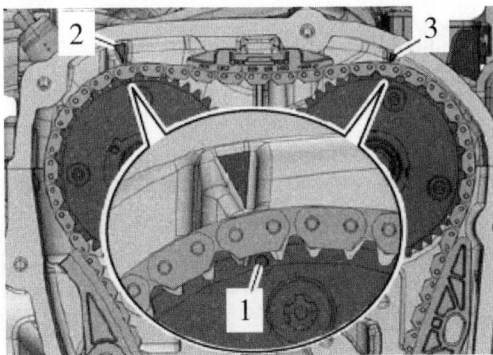

图 3-45 凸轮轴链轮的标记

1-凸轮轴链轮的标记;2-排气凸轮轴链轮的标记;3-进气凸轮轴链轮的标记

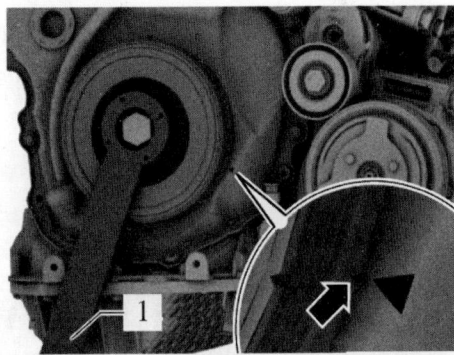

图3-46 曲轴皮带轮 1 缸上止点标记

1-固定工具

(6)用专用工具固定进、排气凸轮轴正时链轮,将排气凸轮轴,沿如图 3-48 所示箭头 A 的方向固定。

(7)拧出张紧轨螺栓,将张紧轨向下推。将凸轮轴沿顺时针继续旋转,直到凸轮轴专用固定工具推入链轮啮合齿 C,如图 3-48 所示。

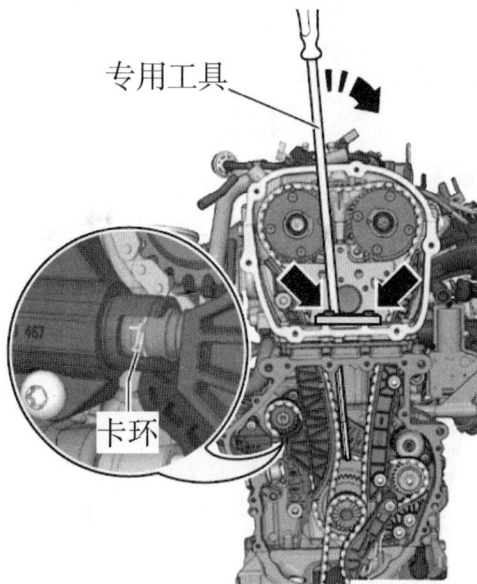

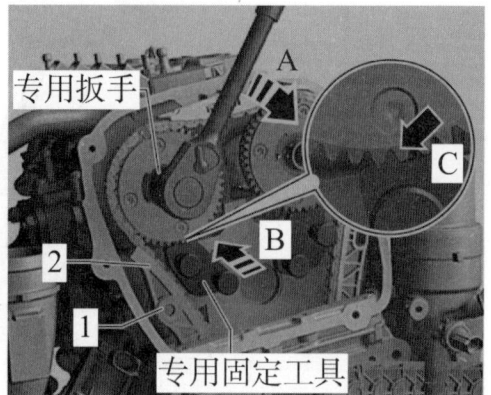

图 3-47　用专用工具将链条张紧器的
卡环压到一起

图 3-48　用专用工具固定进排气
凸轮轴正时链轮
1-螺栓;2-张紧轨

(8)用螺丝刀打开上滑轨卡子(如图 3-49 箭头所示),然后将上滑轨向前推开,取下上滑轨。

(9)拧下链条张紧器固定螺栓,拆下凸轮轴正时链条张紧器。

(10)沿箭头方向按压机油泵的传动链张紧器张紧卡箍并用定位销固定,拧出螺栓并拆下传动链张紧器,如图 3-50 所示。

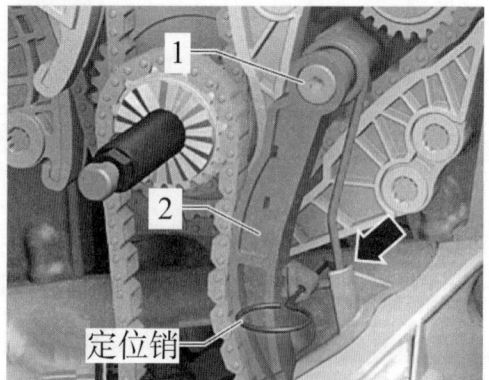

图 3-49　取下上滑轨
1-上滑轨

图 3-50　拆下传动链张紧器
1-螺栓;2-机油泵传动链张紧器

(11)拧出凸轮轴正时链下滑轨固定螺栓,取下下滑轨,如图 3-51 所示。

（12）将凸轮轴正时链从凸轮轴齿轮上取下，并挂到凸轮轴的销轴上。

（13）装上旋转工具并转动使"上止点位置"平端部位 1 指向上方，拧上带肩螺母，如图 3-52 所示。

图 3-51　拆下下滑轨

1-固定螺栓；2-下滑轨

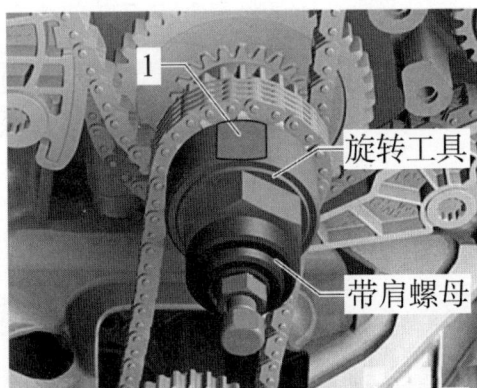

图 3-52　拧上带肩螺母

（14）拆卸平衡轴正时链的链条张紧器。

（15）拧出螺栓，拆卸平衡轴传动链张紧轨、上滑轨和下滑轨，如图 3-53 所示。

图 3-53　拆卸平衡轴传动链张紧轨、上滑轨和下滑轨

1-螺栓；2-平衡轴传动链张紧轨；3-平衡轴传动链上滑轨；4-平衡轴传动链下滑轨

(16)取出三级链轮,同时卸下机油泵驱动正时链。

(17)取下凸轮轴正时链和平衡轴传动链。

注意:凸轮轴正时链拆下后,不得旋转曲轴,以免损坏气门和活塞。

6.拆卸汽缸盖罩及凸轮轴

气门室罩盖分解图如图3-54所示,气门机构分解图如图3-55所示。

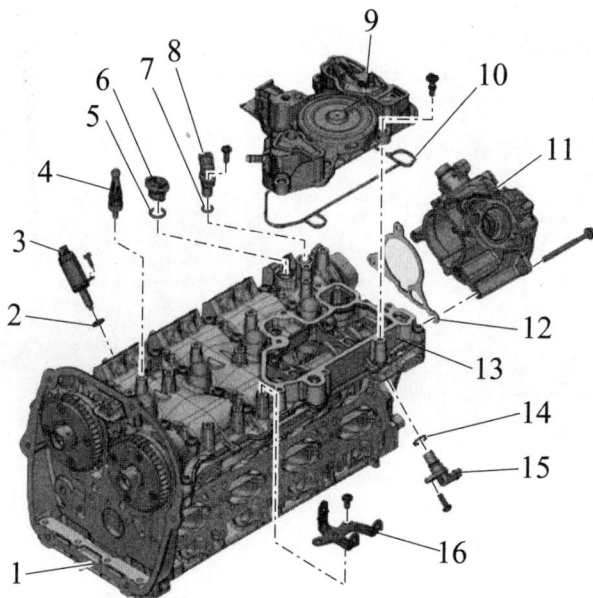

图3-54 气门室罩盖分解图

1-汽缸盖;2、5、7、14-O形圈;3-凸轮轴调节执行元件;4-发动机罩固定球头销;6-密封塞;8-霍尔传感器;9-油气分离器;10-密封垫;11-真空泵;12-密封垫;13-汽缸盖罩;15-霍尔传感器;16-活性碳罐电磁阀支架

(1)脱开汽缸盖罩上方的冷却液软管和导线。

(2)拔下点火线圈电线插接器,打开固定卡,脱开线束固定卡,如图3-56所示。

(3)拧下螺母,取下接地线。

(4)将点火线圈专用拔出工具插入点火线圈的开孔中,顺时针旋转滚花螺母,直至拔出器固定住,再用拔出工具小心地将点火线圈向上垂直拉出,如图3-57所示。

(5)拆下凸轮轴升程调节器固定螺栓,取下凸轮轴升程调节器,如图3-58所示。

(6)按下曲轴箱进气软管上的脱开锁止卡,然后脱开曲轴箱进气软管。

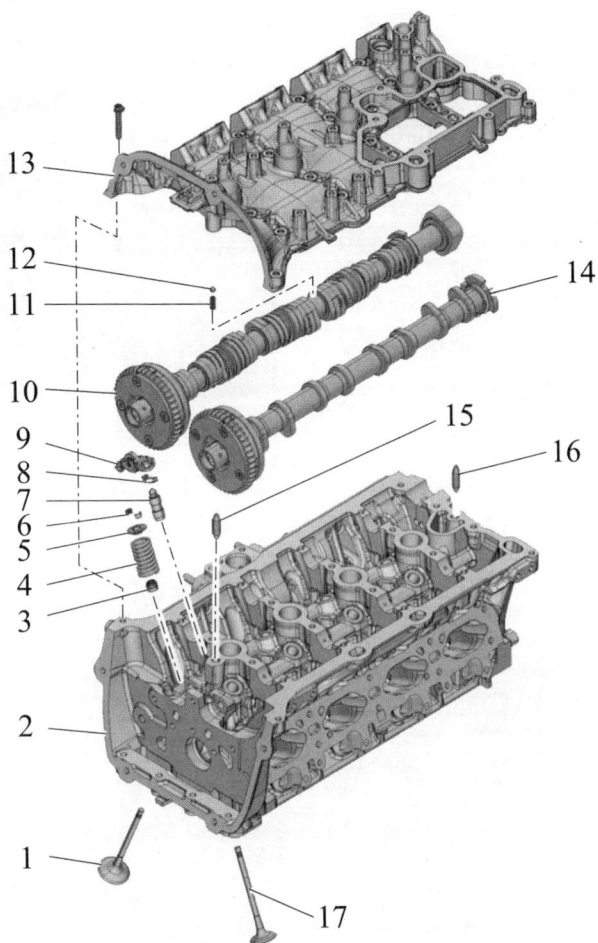

图 3-55　气门机构分解图

1-排气门;2-汽缸盖;3-气门杆密封件;4-气门弹簧;5-气门弹簧座;6-气门锥形锁片;7-液力挺杆;8-防松夹;9-滚子摇臂;10-排气凸轮轴;11-弹簧;12-滚珠;13-汽缸盖罩;14-进气凸轮轴;15-定位销;16-定位销;17-进气门

（7）拆下真空泵上的真空软管。

（8）拧出油气分离器固定螺栓,拆下油气分离器。

（9）拧出霍尔传感器固定螺栓,取出两个霍尔传感器。

（10）拆下活性炭罐电磁阀电线插接器和支架。

（11）用扳手把持住高压管连接件,用专用套筒,拧下燃油分配管上的活接头螺母,然后拆下高压管路。

注意:在车上作业时,必须给燃油系统泄压。用洁净的盖帽密封被打开的接头,确保无尘垢进入燃油系统。

（12）拧出真空泵固定螺栓,取下真空泵及高压油泵。

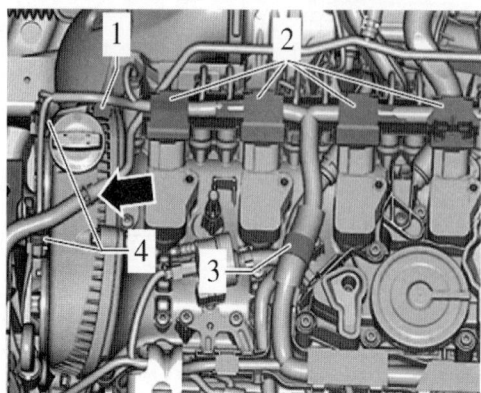

图 3-56　脱开线束固定卡

1-线束固定卡;2-点火线圈电线插
接器;3-固定卡;4-电线插接器

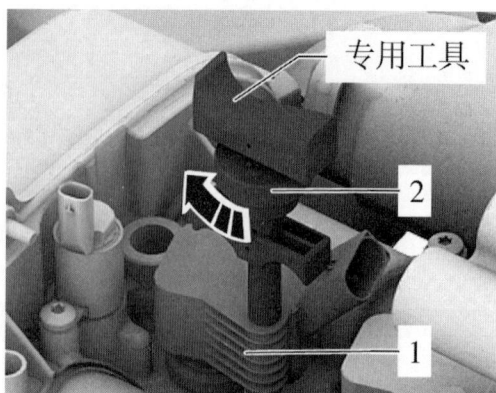

图 3-57　拆下点火线圈

1-点火线圈;2-滚花螺母

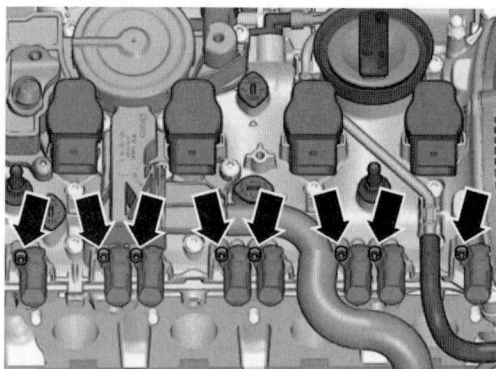

图 3-58　取下凸轮轴升程调节器

(13)按 1 至 6 顺序分次松开并旋出汽缸盖罩安装螺栓,取下汽缸盖罩,如
图 3-59 所示。

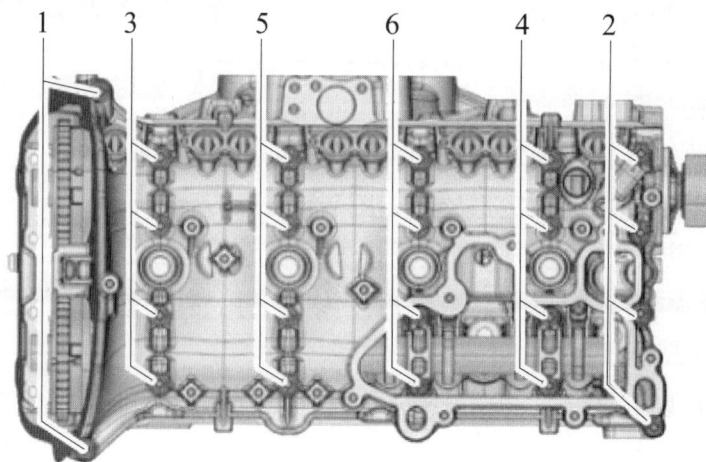

图 3-59　汽缸盖罩安装螺栓拆卸顺序

（14）取下凸轮轴。

7.拆卸废气涡轮增压器

废气涡轮增压器分解图如图 3-60 所示。

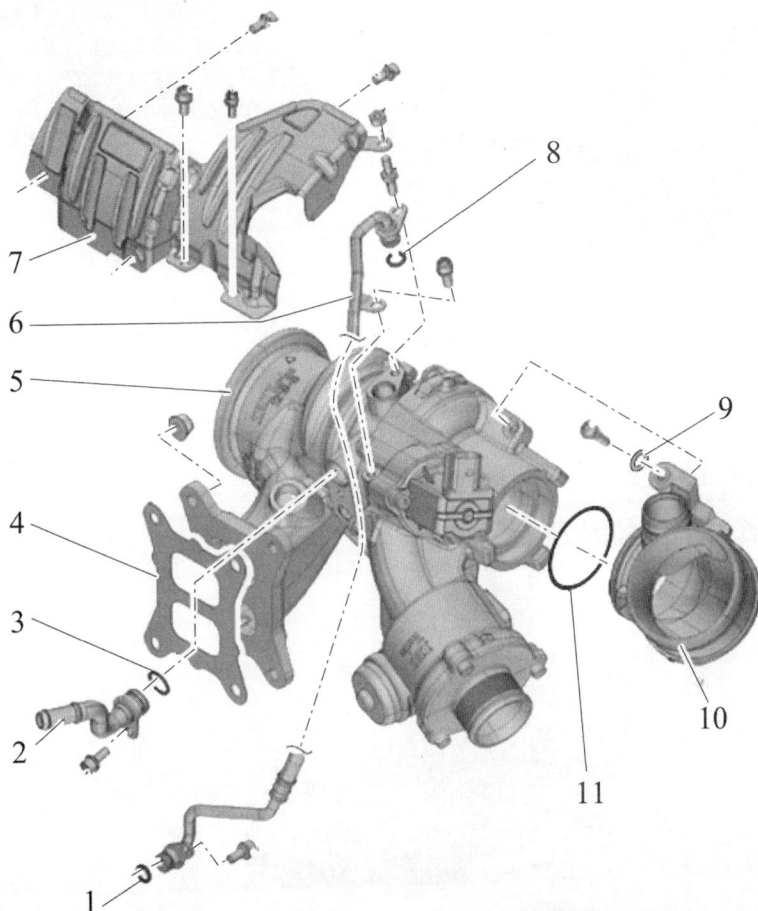

图 3-60　废气涡轮增压器分解图

1、3、8、9、11-O 形圈;2-冷却液供给管路;4-密封垫;5-废气涡轮增压器;6-润滑油供油管;7-隔热罩;10-进气管接头

（1）松开软管螺旋卡箍 2,拧下螺栓 1,然后将空气管从涡轮增压器上拔下,如图 3-61 所示。

（2）松开弹簧卡箍,拔下增压器上的两根冷却液水管。

（3）拆下托架固定螺栓,取下涡轮增压器托架。

（4）拧下螺栓,然后拔下冷却液回液管。

（5）松开软管夹,拧下螺栓,拔下冷却液连接管。

（6）拆下隔热罩固定螺栓,取下隔热罩,如图 3-62 所示。

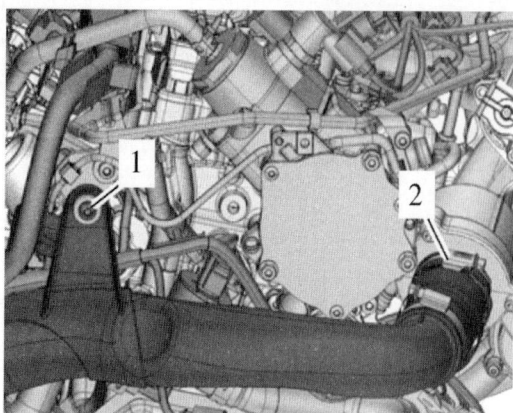

图3-61　将空气管从涡轮增压器上拔下

1-螺栓;2-软管螺旋卡箍

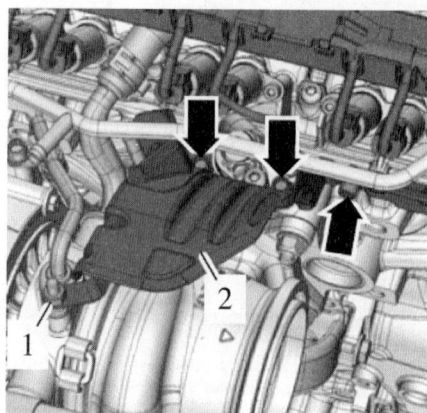

图3-62　取下隔热罩

1-隔热罩固定螺栓;2-隔热罩

（7）拆下废气涡轮增压器螺母，取下废气涡轮增压器。

8.拆卸进气歧管

进气歧管分解图如图3-63所示。

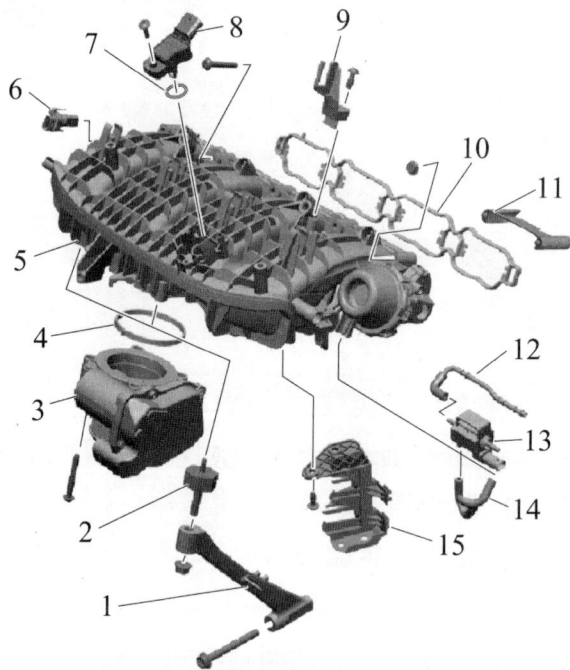

图3-63　进气歧管分解图

1-进气歧管支撑杆;2-橡胶金属支座;3-节气门控制单元;4-密封环;5-进气歧管;6-节气门电位计;7-O形圈;8-进气温度、压力传感器;9-电线插接器支架;10-密封条;11-通道隔离板;12-真空软管;13-节气门控制阀;14-真空软管;15-电线插接器支架

（1）拔下低压的燃油压力传感器、进气管传感器、进气歧管喷油器的电线插接器和中间电线插接器。

（2）脱开发动机吊环处的电线束。

（3）拧出燃油分配器上的螺栓、拧出电线插接器支架上的螺栓、小心地向上拔出燃油分配器和喷油器。

（4）脱开电线插接器，拔下固定夹，将喷油器从燃油分配器上拔出。

（5）将节气门控制阀电线插接器和真空软管从进气歧管节气门控制阀拔下。

（6）将霍尔传感器电线插接器从霍尔传感器上拔下。

（7）将节气门电位计电线插接器从节气门电位计拔下。

（8）将进气歧管固定螺母和螺栓拧下。

（9）拧下支架的螺钉，将进气歧管从汽缸盖取下。

9. 拆卸汽缸盖

（1）拔下用于机油压力开关、机油压力降低开关和活塞冷却喷嘴控制阀电线插接器。

（2）脱开空气导管上的电线束。

（3）按 1 至 10 的顺序交叉分次拧下汽缸盖螺栓，如图 3-64 所示。

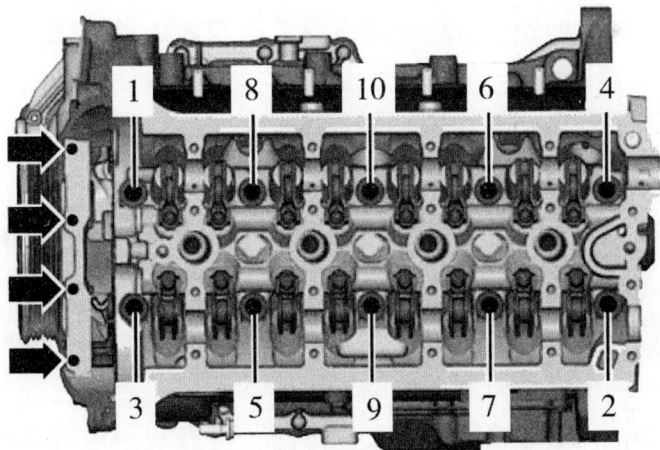

图 3-64　汽缸盖螺栓拆卸顺序

（4）取下汽缸盖，将其放到软垫板（泡沫塑料）上。

（5）取下汽缸垫。

（二）汽缸盖基本检查

小心地去除汽缸盖和汽缸体上的密封残余物，同时注意不要留下长条的划伤和刮痕。仔细去除残留砂屑和研磨残余物。

(1)清理燃烧室和进气道、排气道内的积炭。

(2)检查缸盖平面。用500mm刀口尺和厚薄规,从多处检查汽缸盖和汽缸体接合平面的平面度,如图3-65所示,并做好记录。汽缸盖和汽缸体接合平面的平面度最大不得超过0.05mm。

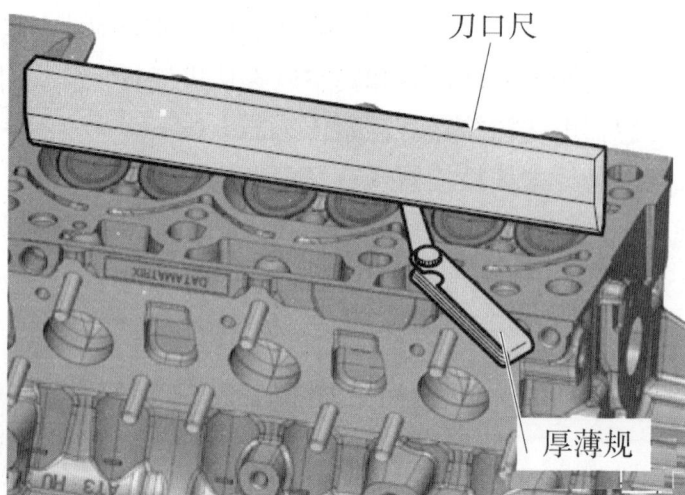

图3-65　检测汽缸盖和汽缸体接合平面

小提示:发动机在工作中出现过热或拆装过程方法不当,都会造成平面翘曲。汽缸体和汽缸盖接触面不平,会造成工作时漏气和发动机冷却液温度过高的故障。

(3)检查螺纹孔。汽缸体上的汽缸盖螺栓孔是否清洁、干净。螺纹损伤不多于两牙,根据需要用丝锥清洁螺纹。

小提示:汽缸体、汽缸盖螺栓盲孔中有油或冷却液等异物,在拧紧螺栓时容易损坏汽缸体。

(4)清洁汽缸。用干净的抹布清洁汽缸,使得汽缸内表面和活塞之间没有污垢和残留砂屑,避免污物和研磨残余物进入冷却液。

(5)小心地清洁汽缸盖和汽缸体的密封面,检查表面应无沟槽或刮痕(使用砂纸清理时,粒度不允许小于100)。

(三)汽缸盖和汽缸衬垫的安装

1.安装汽缸盖

(1)从包装中直接取出新的汽缸衬垫。

小提示:安装汽缸衬垫时须小心,损坏将会导致汽缸密封不严。

（2）用抹布小心清洁汽缸衬垫、汽缸盖和汽缸体接触表面，如图3-66所示。

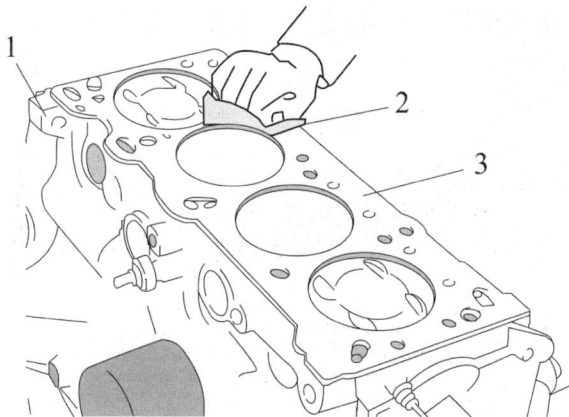

图3-66　清洁接触表面
1-汽缸体;2-抹布;3-汽缸衬垫

（3）检查汽缸盖螺栓孔，不能有油或赃物，必要时可以用压缩空气吹净。

（4）转动曲轴，使第1缸活塞处于上止点位置，再将曲轴再略微反向旋转，使第1缸活塞偏离上止点。

（5）将汽缸衬垫轻放在汽缸体上平面上。

小提示:注意汽缸体中的定位销位置;注意汽缸盖衬垫的安装位置，必须可以从进气侧读取零件号。

（6）装上汽缸盖。

（7）按图3-67所示顺序，用40N·m的力矩分次交叉预拧紧所有螺栓，接着用固定扳手按同样顺序将所有的螺栓继续转动1/4圈（90°），最后再次按同样顺序将所有螺栓继续转动1/4圈（90°）。

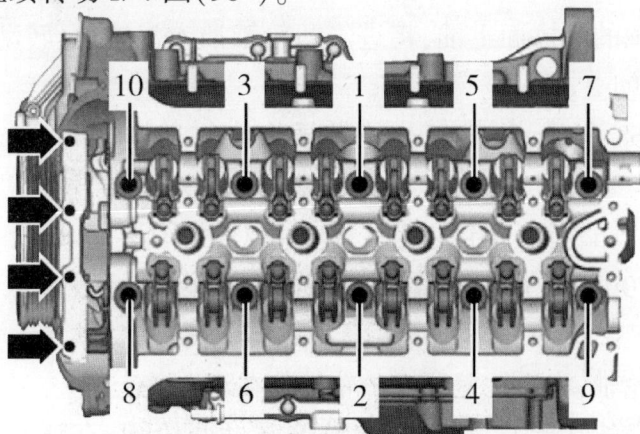

图3-67　汽缸盖螺栓拧紧顺序

(8)用8N·m的力矩从中间向两边顺序分次预拧紧图3-66中箭头所示螺栓,接着用固定扳手按同样顺序将箭头所示的螺栓继续转动1/4圈(90°)。

常见车型汽缸盖螺栓扭紧力矩,见表3-1。

汽缸盖螺栓扭紧力矩　　　　　　　　　　表3-1

发动机型号	第一次扭紧力矩(N·m)	第二次扭紧力矩	第三次扭紧力矩	转　　动
迈腾 CUGA 发动机	40	1/4 圈(90°)	1/4 圈(90°)	—
丰田 1ZR-FE 发动机	45	1/4 圈(90°)	1/8 圈(45°)	—
凯越 F16D3	45	70°	70°	50°

(9)对铸铁汽缸盖,必须在发动机热态时将汽缸盖螺栓按规定力矩再复紧一次。

小提示:安装汽缸盖时必须在冷态下进行,并确保所有表面与汽缸盖螺栓都已清洁。

2. 安装凸轮轴及汽缸盖罩

(1)将汽缸的活塞移到上止点位置并将曲轴再略微反向旋转。

(2)清除汽缸盖罩凹槽中以及密封面上的密封剂残留物,清洁密封面,必须使其无油脂。

(3)检查滚子摇臂,所有滚子摇臂都必须正确地位于气门杆末端上。

(4)给凸轮轴的摩擦面上油,将进气凸轮轴插入汽缸盖,转动凸轮轴,使第4缸的两凸轮顶尖朝上。

(5)如图3-68所示,将排气凸轮轴插入汽缸盖罩,凸轮 A 和 B 必须相互推动。

(6)转动排气凸轮轴,直到标记 A 和 B 相对,如图3-69所示。

(7)如图3-70所示,在汽缸盖罩的干净密封面上涂敷密封胶,密封剂条厚度为 2～3mm。

(8)固定凸轮轴,将汽缸盖罩及凸轮轴装在汽缸盖上。

(9)用手略微按压汽缸盖罩,同时略微转动凸轮轴,直到汽缸盖罩"无应力地"贴在汽缸盖上。

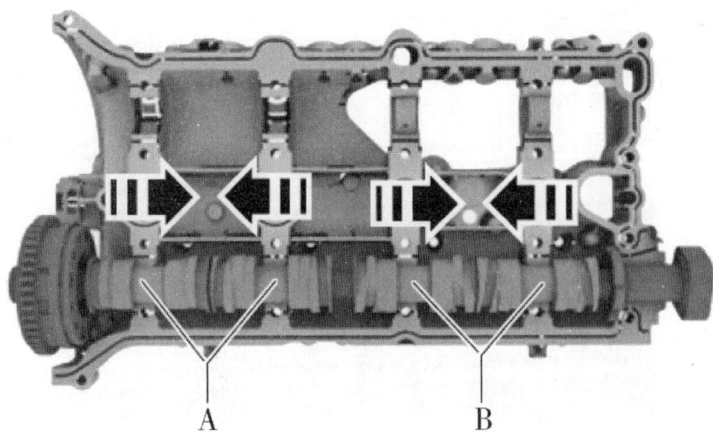

图 3-68 将排气凸轮轴插入汽缸盖罩

图 3-69 转动排气凸轮轴,直到标记 A 和 B 相对

图 3-70 在汽缸盖罩密封面上涂敷密封胶

（10）用手拧入汽缸盖罩固定螺栓，按照 1 至 6 的顺序用扭矩扳手以 8N·m +90°的力矩分多次拧紧汽缸盖罩固定螺栓，如图 3-71 所示。

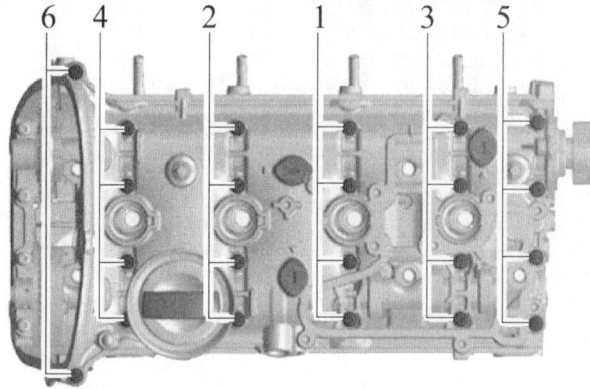

图 3-71　汽缸盖罩固定螺栓拧紧顺序

（11）清洁真空泵密封面，转动真空泵的从动件，使其在安装真空泵时卡入凸轮轴的凹槽中，如图 3-72 所示。

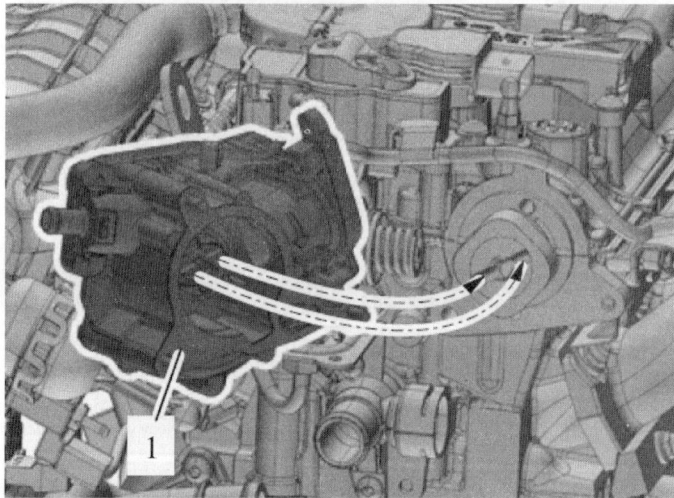

图 3-72　安装真空泵

1-真空泵

（12）装上真空泵的密封件，插入 2 个螺栓并将带密封件的真空泵装到汽缸盖上，同时确保其齐平地紧贴凸缘，并以 8N·m +180°的力矩拧紧真空泵固定螺栓。

（13）转动曲轴，直到高压油泵滚子挺杆位于最低点，将高压泵插入真空泵，并以 20N·m 力矩交叉分次拧紧真空泵固定螺栓。装上高、低压油管和燃油压力调节阀电线插接器。

（14）装上油气分离器、曲轴箱进气软管和活性炭罐电磁阀上的软管。

3.装凸轮轴正时链

(1)如图 3-73 所示,用进气凸轮轴专用扳手将进气凸轮轴沿箭头 A 方向转动,直到标记 1 和 2 相对。将凸轮轴锁止装置推入链轮啮合齿 B。

(2)如图 3-74 所示,将排气凸轮轴用专用扳手沿箭头 A 方向转动,直到标记 1 和 2 相对,将凸轮轴锁止装置推入链轮啮合齿 B,标记 2 略微向右错位。

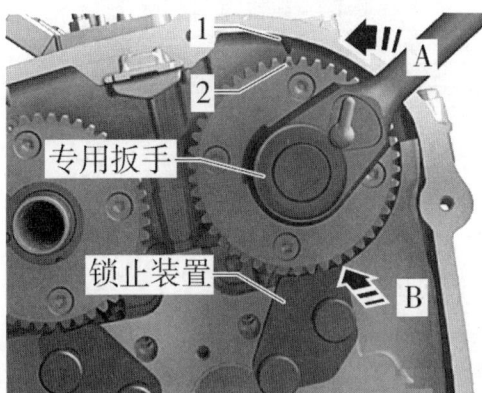
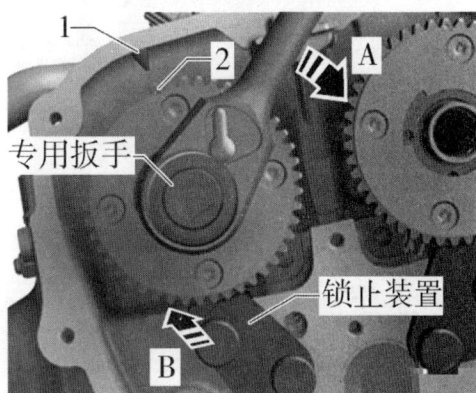

图 3-73　安装进气凸轮轴锁止装置　　图 3-74　安装排气凸轮轴锁止装置

(3)将曲轴转至"上止点位置",旋转工具平端部位 1 指向上方,如图 3-75 所示。

注意:在凸轮轴正时链安装好之前不能转动曲轴和凸轮轴,以免损坏气门和活塞。

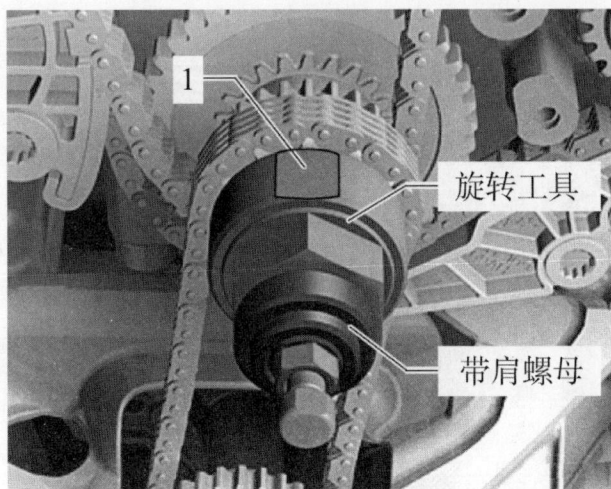

图 3-75　将曲轴旋转工具的转至上止点位置

（4）将带彩色链节的凸轮轴正时链挂到凸轮轴销轴上。

（5）将凸轮轴正时链放到进、排气凸轮轴和曲轴上,彩色链节（箭头）定位到链轮的标记上,如图 3-76 所示。

（6）安装凸轮轴正时链下滑轨并拧紧固定螺栓,如图 3-77 所示。

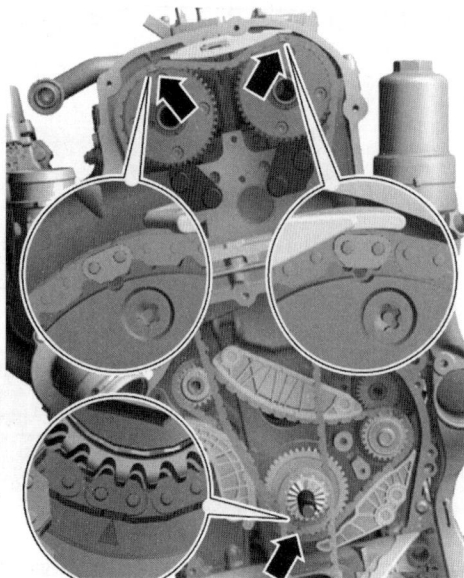

图 3-76　将凸轮轴正时链放到进、
　　　　　排气凸轮轴和曲轴上

图 3-77　　安装滑轨
　　　　1-螺栓;2-下滑轨

（7）安装凸轮轴正时链上滑轨。

（8）如图 3-78 所示,将排气凸轮轴沿顺时针（箭头 A）方向略微转动,并将凸轮轴锁止装置从链轮的啮合齿中推出 B。

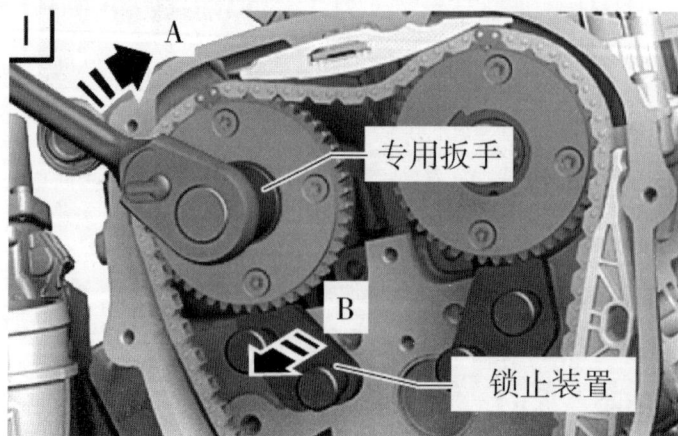

专用扳手

锁止装置

图3-78　将进气凸轮轴锁止装置从链轮的啮合齿中推出

（9）如图3-79所示，将排气凸轮轴沿逆时针方向（C-方向）转运，直到正时链紧贴到上滑轨上，将凸轮轴固定在这个位置，装上张紧轨，并拧紧张紧轨固定螺栓，然后松开凸轮轴。

（10）安装链条张紧器，并拧紧固定螺栓，如图3-80所示。

图3-79　装上张紧轨

1-上滑轨;2-张紧轨;3-固定螺栓

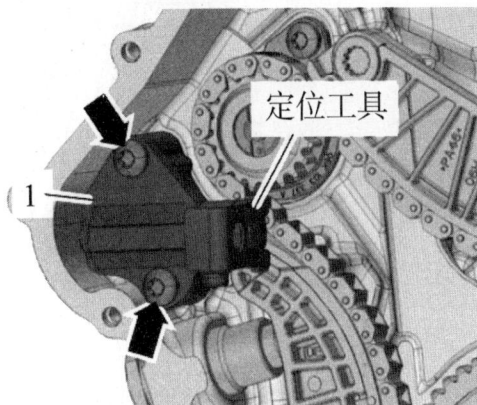

图3-80　安装链条张紧器

1-链条张紧器

（11）将进气凸轮轴沿反时针方向转动，直到凸轮轴锁止装置可以从链轮的啮合齿中推出，然后松开凸轮轴，拆下凸轮轴锁上装置。

（12）拧入如图3-81箭头所示螺栓，并以8N·m+90°的力矩拧紧螺栓。

（13）用发动机机油润滑轴承孔，套上轴承座。注意不得倾斜。

（14）用手拧入轴承座固定螺栓，用4N·m+180°拧紧力矩按1至6的顺序分次拧紧轴承座固定螺栓，如图3-82所示。

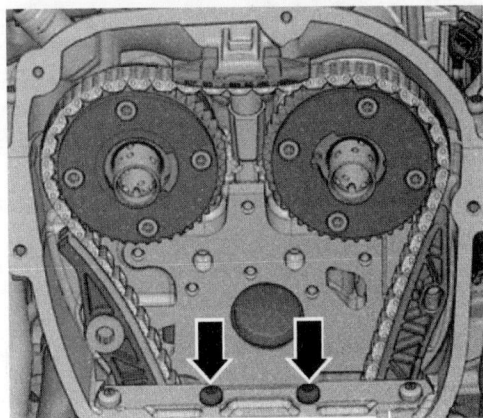

图3-81　拧紧螺栓

图3-82　套上轴承座

（15）装上进、排气凸轮轴控制阀（左旋螺纹），并以35N·m的力矩拧紧。

(16)取下张紧器定位工具,如图3-83所示。

(17)装上三级链轮两面(箭头)必须相对,如图3-84所示。

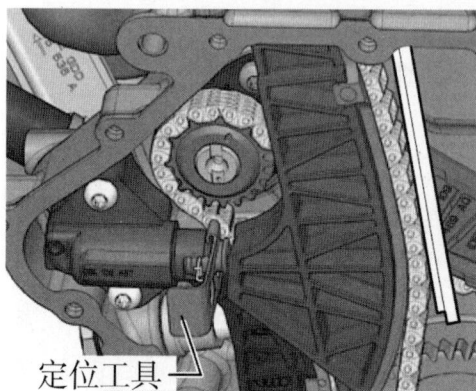

图3-83　取下张紧器定位工具　　图3-84　三级链轮两面箭头必须相对

(18)装上机油泵驱动装置的正时链。

(19)安装机油泵链条张紧器,钢丝夹必须在开口中(箭头)紧贴油底壳上部件,紧固张紧器固定螺栓并去除定位销,如图3-85所示。

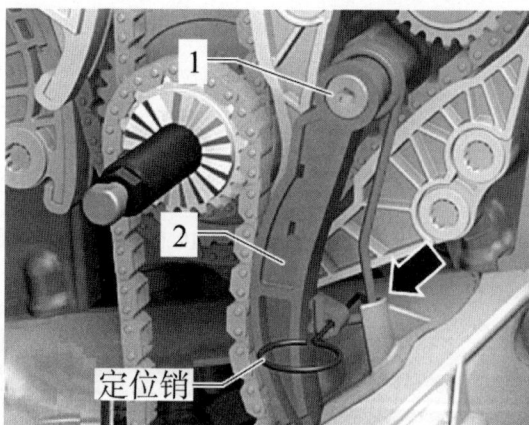

图3-85　安装机油泵链条张紧器

1-固定螺栓;2-机油泵链条张紧器

(20)转动曲轴两圈,使第1缸再次回到上止点位置,检查标记位置和皮带的张紧情况。

注意:链条传动装置拆装后必须用车辆诊断测试器进行"维修链条传动机构后的匹配"。

4.安装正时链盖板及曲轴皮带轮

(1)拧下带肩螺母,并取下旋转工具。

（2）用平刮刀除去汽缸体和下部盖板上的密封剂残余物，清洁密封面上的机油和油脂。

（3）在下部盖板的边缘涂敷厚度为 2～3mm 硅胶密封剂，立即装上正时链下部盖板并以 8N·m + 45°的拧紧力矩（铝螺栓 4N·m + 45°）拧紧螺栓。

（4）装上曲轴皮带轮，将曲轴皮带轮放在上止点位置，安装时注意链轮齿的轮廓，如图 3-86 所示。

（5）如图 3-87 所示，将旋转工具 A 套到张紧销上，此时六角管路连接件指向曲轴皮带轮。

（6）如图 3-87 所示，套上带肩螺母 B，此时略微来回移动曲轴皮带轮，以检查曲轴皮带轮是否正确装入齿的轮廓中。

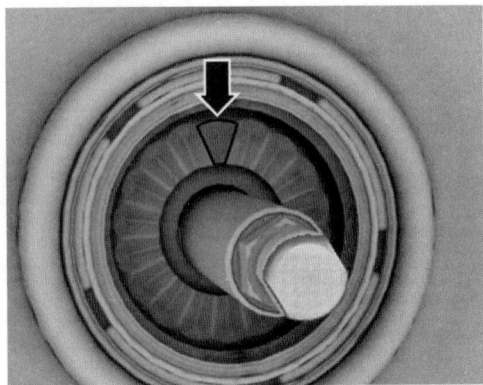

图 3-86　注意链轮齿的轮廓

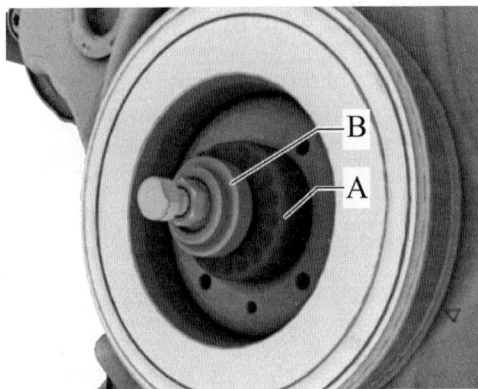

图 3-87　套上带肩螺母

（7）拧紧带肩螺母，直到曲轴皮带轮无法旋转。

（8）如图 3-88 所示，将定位座放在曲轴皮带轮上，然后用滚花螺栓（箭头）手动固定。

（9）如图 3-89 所示，拧下带肩螺母 A 并松开夹紧螺栓 B。

（10）拧出张紧销，然后将旋转工具取下。

（11）拧出滚花螺栓，取下定位座，相应位置装上两个下部盖板固定螺栓。

（12）装上曲轴皮带轮，装上用润滑油润滑后的 O 形圈，用专用工具以 150N·m + 90°的力矩拧紧曲轴皮带轮的螺栓。

（13）将上部盖板装到汽缸盖上并用手拧上螺栓，同时确保衬垫正确地紧贴汽缸盖。交叉分次以 9N·m 的力矩拧紧上部盖板固定螺栓。

（14）在进、排气凸轮轴调节阀密封面上的密封环上涂敷发动机机油，装上进、排凸轮轴调节阀，并以 9N·m 的力矩交叉分次拧紧调节阀固定螺栓。

(15)装上机油压力调节阀,并拧紧调节阀固定螺栓。

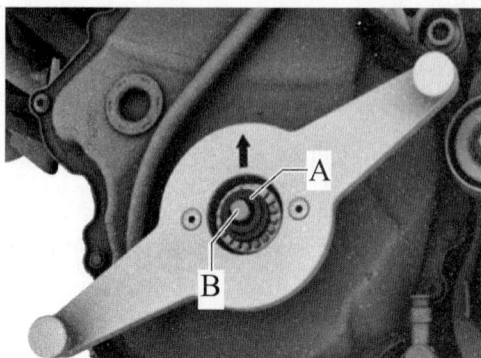

图3-88　将定位座放在曲轴皮带轮上　　图3-89　拧下带肩螺母并松开夹紧螺栓

(16)装上机油滤清器支座,以20N·m+90°的力矩分次交叉拧紧机油滤清器支座的螺栓。

(17)安装发动机机油冷却器。

(18)用专用工具装上机油滤清器。

5.安装废气涡轮增压装置

(1)将涡轮增压器装上汽缸盖,并以规定力矩拧紧固定螺母。

(2)装上涡轮增压器托架。

(3)装上供油管路和回油管路。

(4)装上冷却液连接管。

(5)装上曲轴箱通气风软管。

(6)装上隔热罩。

6.安装进气歧管

(1)将进气歧管安装到汽缸盖上,然后紧固电线插接器的支架螺钉。

(2)用扳手以9N·m从内到外对角分次均匀地紧固进气歧管固定螺栓。

(3)装上喷油器和燃油分配器,并以9N·m的力矩拧紧燃油分配器固定螺栓。

7.安装皮带轮侧传动机构

(1)装上交流发电机。

(2)装上多楔皮带张紧装置。

(3)装上空调压缩机,装上固定螺栓。

(4)装上多楔传动带。

小提示:多楔传动带应按原方向装回,以免损坏。

（5）沿顺时针方向用棘轮扳手转动张紧装置并拉出定位棒,如图 3-90 所示。

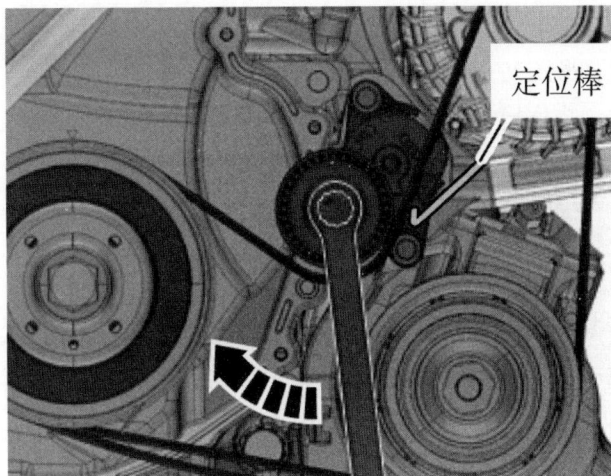

图 3-90　取出定位棒

（6）松开张紧装置。

（7）检查多楔皮带是否安装到位。

（8）按规定力矩拧紧空调压缩机固定螺栓。

8.安装空气滤清器

（1）装上空气导管和空气滤清器壳体。

（2）装上嵌入件、空气滤清器滤芯。

（3）装上进气软管和空气滤清器盖,以 1.5N·m 的力矩扭紧空气滤清器盖固定螺栓。

（4）装上空气导管下部件和上部件。

（5）安装冷却水管和真空管。

（6）安装各传感器的电线插接器。

（7）安装发动机盖罩。

（8）视需要加注机油和冷却液。

课题三　活塞连杆组的拆装

一、工具、设备和材料准备

（1）大众 CUGA 发动机一台(带拆装台架)。

(2)常用工具一套,工具车一辆。

(3)工作台一个、零件摆放架一个。

(4)专用工具一套。

(5)内径量表、千分尺、塞尺各一把。

二、作业前的准备

(1)将发动机拆装台架放在拆装室中间。

(2)将常用工具、专用工具连同工具车放在拆装过程易于取用的位置。

(3)清洁工作台。

(4)讲解安全注意事项和拆装注意事项。

三、注意事项

(1)拆卸、安装活塞时一定要注意各缸标记,若无标记必须做标记。

(2)活塞、连杆都有规定的朝向,安装时朝前标记不能错。

(3)安装活塞销时要用专用工具或将活塞加热到80~90℃进行。

(4)活塞销挡圈开口要与活塞销孔上的缺口错开。

(5)三道环的开口要错开120°。

(6)活塞环选配应符合原厂型号,要与活塞尺寸相符合。

(7)连杆盖与连杆大头轴承是配对零件,安装时应按原位配对安装。连杆大头轴承更换时应上下轴瓦一起更换。

(8)所有工作中需要润滑的零件(如连杆轴颈、活塞与汽缸表面、活塞环及活塞销等)表面,安装时都应涂上润滑油加以润滑。

四、操作步骤

(一)活塞连杆组的拆解

活塞连杆组分解图如图3-91所示。

1.拆卸汽缸盖和汽缸衬垫

见项目三中的课题二。

2.拆卸冷却液泵及冷却液调节装置

冷却液泵及冷却液调节装置分解图如图3-92所示。

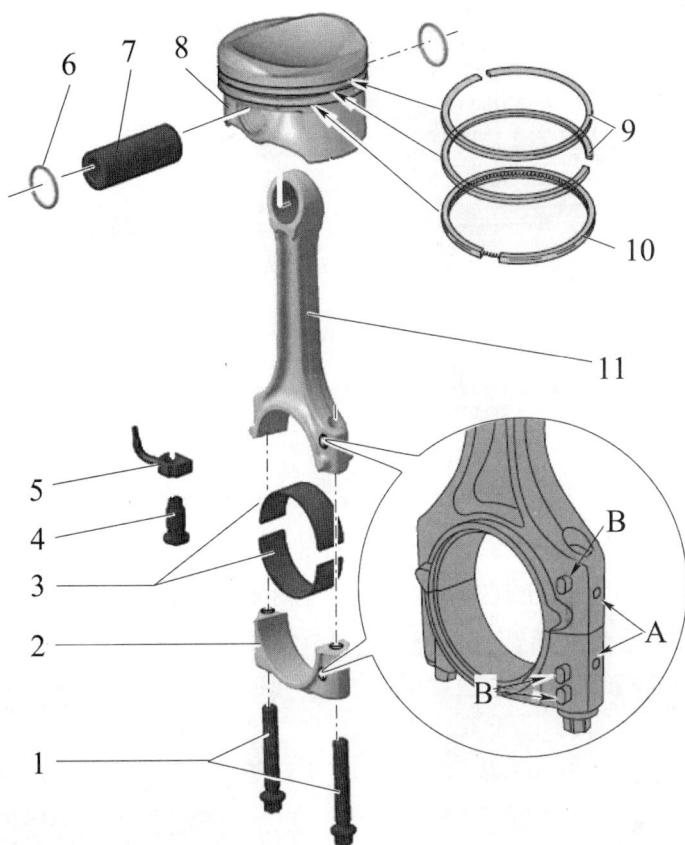

活塞连杆组组成

图 3-91　活塞连杆组分解图

1-连杆螺栓;2-连杆轴承盖;3-连杆轴承;4-安全阀;5-机油喷嘴;6-卡环;7-活塞销;8-活塞;9-气环;10-油环;11-连杆

(1)松开并取下空气导管的下部件,如图 3-93 所示。

(2)松开增压空气软管螺旋卡箍(图 3-94 箭头),并向下将增压空气软管拆下。

(3)脱开空气导管上的电线束固定卡,松开螺旋卡箍,拧出螺栓,取下增压空气导管,如图 3-95 所示。

(4)拔出冷却液接头固定夹,拔出上部冷却液接头并推到一侧,如图 3-96 所示。

(5)脱开油压开关上的电线插接器,拆下油压开关,如图 3-97 所示。

(6)拧出冷却液泵齿形皮带护罩固定螺栓,取下冷却液泵齿形皮带护罩,如图 3-97 所示。

(7)用固定支架反向固定曲轴皮带轮。

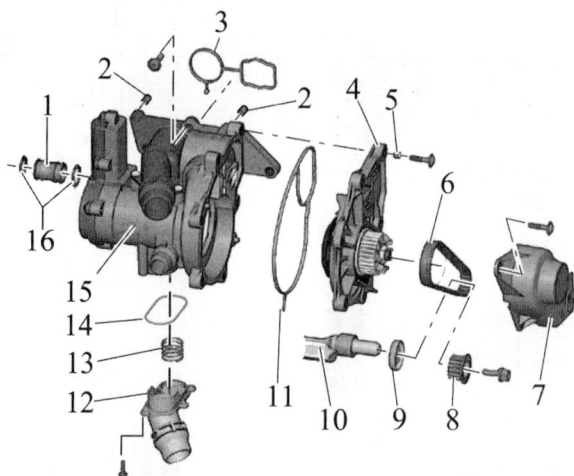

图 3-92 冷却液泵及冷却液调节装置分解图

1-连接套管;2-定位销;3-密封垫;4-曲轴皮带轮;5-冷却液泵;6-齿形皮带;7-冷却液齿形皮带盖罩;8-齿形皮带的驱动轮;9-进气侧平衡轴密封圈;10-进气侧平衡轴;11-密封垫;12-管接头;13-弹簧;14-密封垫;15-发动机温度调节装置;16-O 形圈

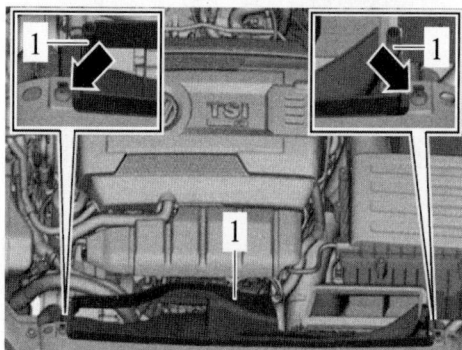

图 3-93 取下空气导管的下部件

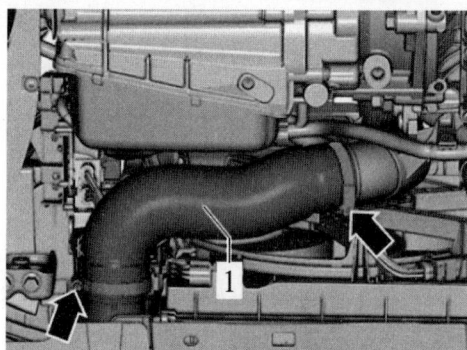

图 3-94 拆下增压空气软管

1-增压空气软管

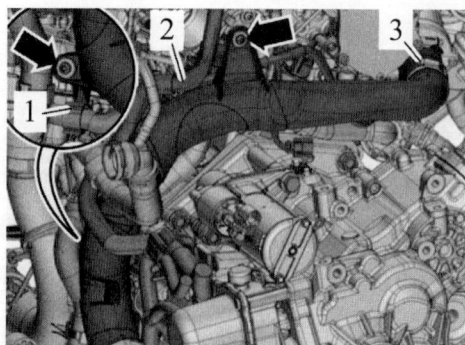

图 3-95 取下增压空气导管

1-电线束固定卡;2-电线束固定卡;3-螺旋卡箍

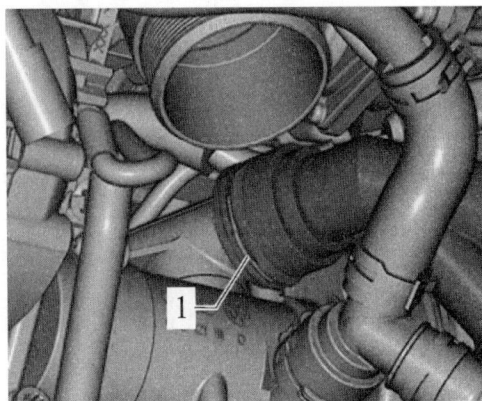

图 3-96　拔出上部冷却液管
1-冷却液接头固定夹

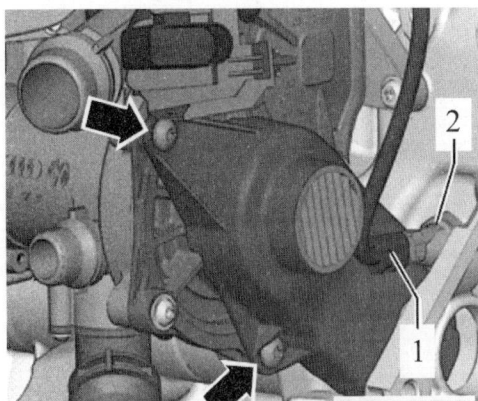

图 3-97　取下冷却液泵齿形皮带护罩
1-电线插接器;2-油压开关

（8）用扭矩扳手和套筒松开冷却液泵驱动轮上的螺栓并转动旋出,取下驱动轮、齿形皮带,如图 3-98 所示。

（9）如图 3-99 所示,脱开电线插接器 2、3 和 4。拧出导线支架紧固螺栓并将支架置于一侧。

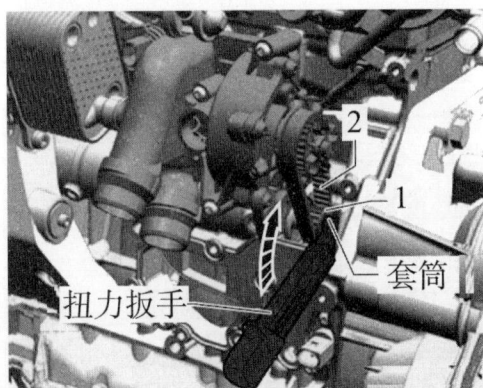

图 3-98　取下冷却液泵齿 4 形皮带
1-齿形带轮;2-齿形皮带

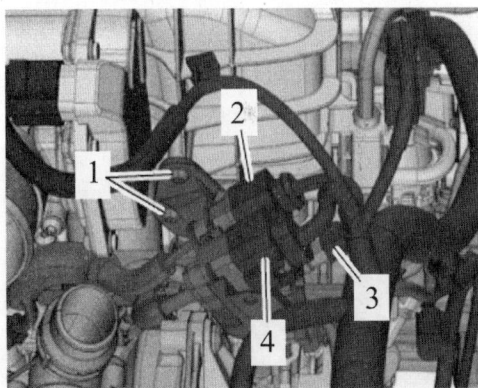

图 3-99　将导线支架置于一侧
1-导线支架紧固螺栓;2、3、4-导线
电线插接器

（10）脱开线束卡子,并将线束置于一旁。

（11）拧下冷却液泵固定螺栓并将冷却液泵从发动机温度调节装置上取下,如图 3-100 所示。

（12）拆下节气门控制单元。

（13）拧下进气歧管上的冷却液管固定螺栓,拆下冷却液软管,如图 3-101 所示。

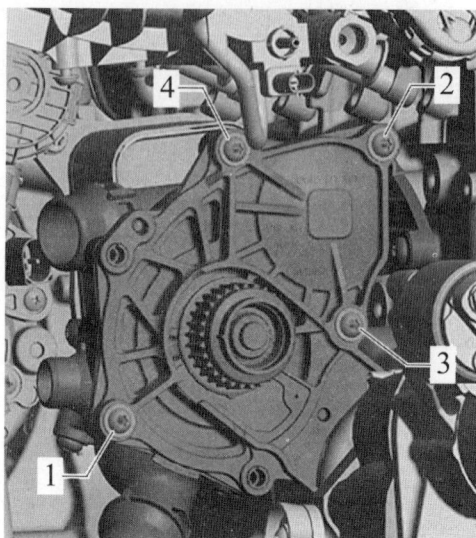

图 3-100　取下冷却液泵

1、2、3、4-螺栓

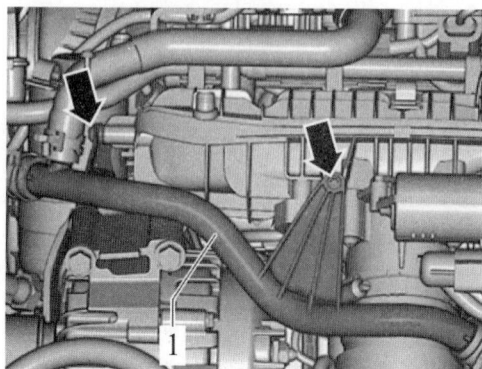

图 3-101　拆下冷却液软管

1-冷却液管

（14）从发动机温度调节装置上拔出电线插接器，如图 3-102 所示。

（15）按图注顺序拧出温度调节装置固定螺栓，将发动机温度调节装置从对中销上取下并从发动机机油散热器上拔出，如图 3-103 所示。

图 3-102　拔出电线插接器

1-电线插接器

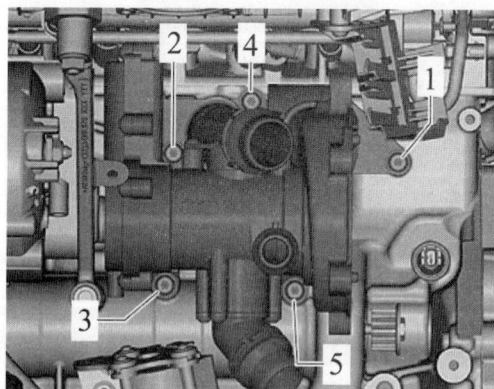

图 3-103　拆下温度调节装置

（16）用专用工具拆下机油滤芯。

（17）拧出机油尺导管螺栓，将导管从正时链上部盖板处松开。

（18）脱开线束固定卡。

（19）拧出滤清器支座固定螺栓，拆下机油滤清器支座和机油散热器，如图 3-104 所示。

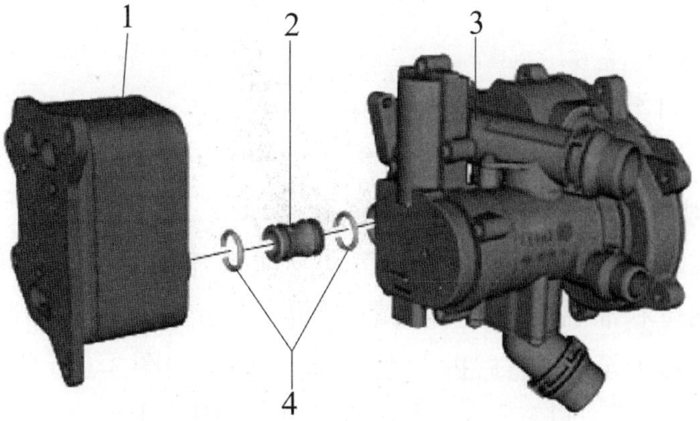

图 3-104　拆下机油滤清器

1-机油散热器;2-连接套管;3-温度调节装置;4-O 形圈

3.拆卸油底壳及机油泵

油底壳分解图如图 3-105 所示。

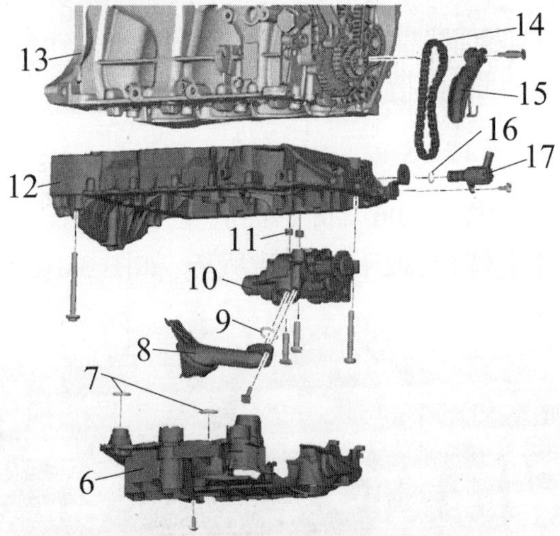

图 3-105　油底壳分解图

1-机油油位和机油温度传感器;2-密封圈;3-放油螺塞;4-密封垫圈;5-油底壳下部件;
6-机油防溅板;7、9、16-O 形圈;8-吸油管;10-机油泵;11-定位销;12-油底壳上部件;
13-汽缸体;14-机油泵链条;15-机油泵链条张紧器;17-机油压力调节阀

（1）视需要将机油收集器置于油底壳下方,拆下油底壳上的放油螺塞,将润滑油放入收集器。

小提示:废润滑油中包含有有机化学和金属污染物,处理不当将会造成土壤、水的污染。收集后,可以进行净化处理后再循环使用,或用于工业燃料,变废为保。但收集时不能与防冻液、汽油等混合。

（2）转动发动机拆装翻转架手柄,转动发动机,使发动机底部朝上。

（3）松开油位和油温传感器固定螺母,拆下油位和油温传感器。

（4）拧下螺栓1至20,然后拆下油底壳下部件,如图3-106所示。

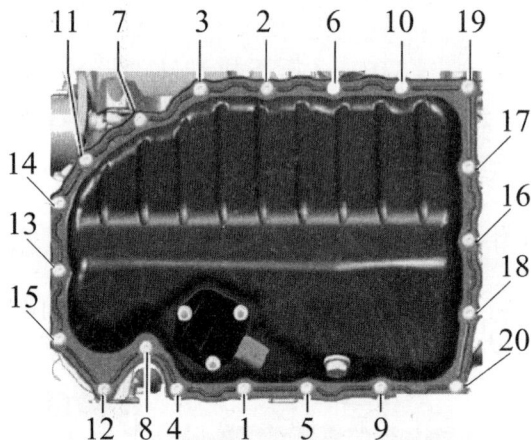

图3-106　拆下油底壳下部件

（5）拧下防溅板固定螺栓,取下机油防溅板,如图3-107所示。

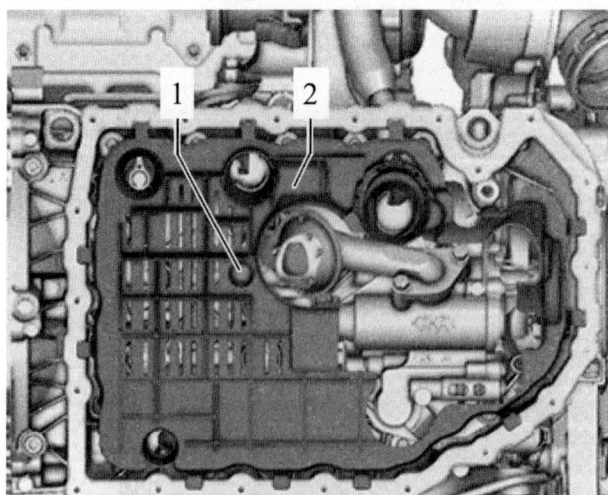

图3-107　拆下机油防溅板
1-防溅板固定螺栓;2-机油防溅板

（6）用装配工具按顺时针方向拉动链条张紧装置的弹簧,然后用锁销将链条张紧装置锁止。

（7）拧下机油泵固定螺栓,取下机油泵。

（8）拆下油底壳上部件固定螺栓,取下油底壳上部件。

4. 拆卸活塞连杆组

（1）转动发动机拆装翻转架手柄,转动发动机,使发动机平卧。

（2）标出活塞的安装位置和所属汽缸。

（3）转动曲轴将1、4缸活塞转到下止点位置。

（4）检查汽缸口,如磨损较大或积炭过多,形成台阶,应用缸口铰刀将缸口的凸起切掉,如图3-108所示,以免拆卸活塞时折断活塞环或划伤表面。

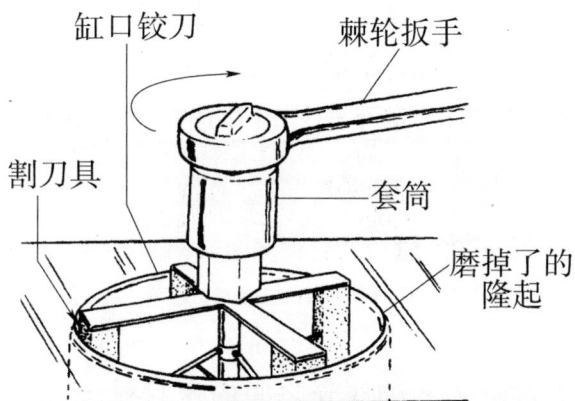

图3-108 缸口铰刀将缸口的凸起切掉

（5）用扭力扳手分两次拧松连杆螺栓,取下连杆螺栓。

（6）取下连杆盖,并按顺序放好。如不能直接取下连杆盖,可用橡胶锤或木锤左右敲击连杆盖侧面或连杆螺栓端部,将活塞从缸体上方取出。

（7）用橡胶锤或手锤木柄推出活塞连杆组(应事先刮去汽缸上的台阶,以免损坏活塞环)。

（8）取出活塞连杆组后,应将连杆盖、连杆螺栓按原位装回,并注意连杆的朝向标记和缸位标记。朝向标记应朝向曲轴带轮端。

小提示: 拆下时应检查活塞、连杆、连杆盖上的缸位标记和朝向标记,如无标记,则需做上缸位标标记,以防装复时错位。

（9）用同样方法拆下2、3缸活塞连杆组件。

5. 分解活塞连杆组

（1）用活塞环拆装钳拆下活塞环,如图3-109所示,观察活塞环上的标记,并使"TOP"朝向活塞顶。

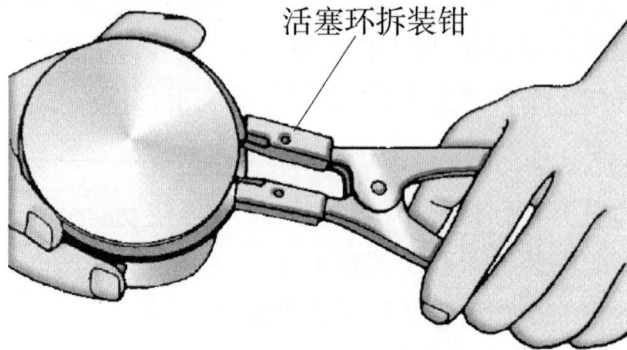

图3-109　用活塞环拆装钳拆下活塞环

(2)用卡环钳从活塞销孔两端取下活塞销卡环。

(3)用专用冲头拆下活塞销,使活塞和连杆分离。

(4)拆下连杆大头的螺栓,取下连杆盖和连杆大头轴承,并将连杆盖、轴承,分缸放好,不能混错。

(二)活塞连杆组的检查

1.清洁

(1)用铲刀铲去汽缸体和油底壳之间的密封衬垫,小心不要损坏油底壳凸缘。

(2)清洁汽缸壁、汽缸体上、下平面。

(3)清洁活塞顶部、活塞环槽和活塞头部积炭。

(4)清洁活塞环、活塞销、连杆和轴承。

2.检查活塞销的磨损情况和活塞销与连杆小头的配合间隙

活塞销与连杆间应转动自如,无明显的间隙。

3.活塞环开口间隙的检查

(1)用活塞将活塞环推入汽缸内,如图3-110所示。如果小修或维护检查活塞环时,须将活塞环推到稍超过活塞环行程、距汽缸下止口约15～20mm处(磨损很少的部位)。

(2)用塞尺测量活塞环开口间隙,如图3-111所示。开口间隙超过磨损极限应更换活塞环。

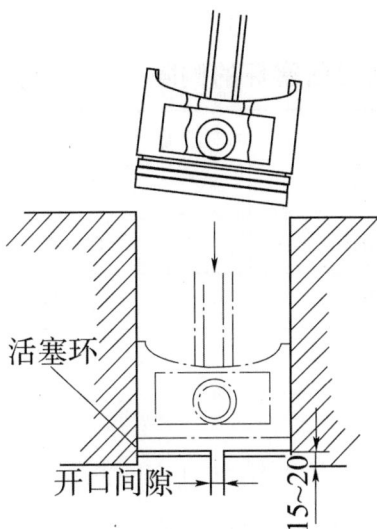

图 3-110 用活塞将活塞环
推手汽缸内

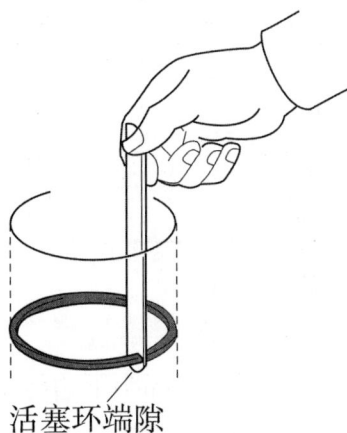

图 3-111 塞尺测量活塞环
开口间隙

小提示:小修和车辆维护中更换活塞环时,汽缸未经镗削,缸径上大、下小,如果在汽缸上部测量环的开口间隙合适,当其运行到汽缸缸径较小的下部时,间隙变小或无间隙,会使活塞环折断,引起拉缸事故。

大众迈腾 B8 轿车 CUGA 发动机活塞环开口间隙规定值,见表3-2。

大众迈腾 B8 轿车 CUGA 发动机活塞环开口间隙规定值 表 3-2

活 塞 环	开口间隙(mm)	磨损极限(mm)
第一道气环	0.3 ~ 0.4	0.8
第二道气环	0.4 ~ 0.5	0.8
油环	无法测量	

4. 活塞环侧隙的检查

(1)清洁活塞环及活塞环槽。

(2)将环放在环槽内,用塞尺测量活塞环侧隙,如图 3-112 所示。如活塞环侧隙超过磨损极限,应视需要更换活塞环或活塞。

小提示:活塞环侧隙过大影响密封,过小会使其卡死在环槽内。测量时若侧隙过小,可将活塞环放在平板的细砂布上研磨,或用平板玻璃涂以磨料和机油,将活塞环平放研磨。

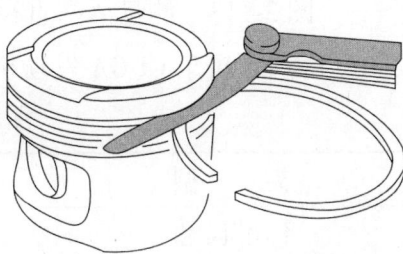

图 3-112 检查活塞环侧隙

迈腾 B8 轿车 CUGA 发动机活塞环的侧隙,见表 3-3。

迈腾 B8 轿车 CUGA 发动机活塞环的侧隙 表 3-3

活 塞 环	侧隙（mm）	磨损极限（mm）
第一道气环	0.06 ~ 0.09	0.2
第二道气环	0.03 ~ 0.06	0.15
油环	0.06 ~ 0.09	0.2

5. 检查活塞间隙

（1）活塞直径测量。

清洁活塞,在活塞裙部距下边缘 15mm 处与活塞销垂直方向测量,如图 3-113 所示。与标准尺寸的偏差最大为 0.04mm,过大应更换活塞。活塞基本尺寸为 82.42mm。

（2）汽缸内径测量。

清洁汽缸后,使用 50 ~ 100mm 的内径量表,在上、中、下三个位置上进行横向 A 和纵向 B 垂直测量,如图 3-114 所示,测量值与标准尺寸的最大偏差为 0.08mm。超过极限应进行缸体大修。汽缸基本尺寸为 82.51mm。

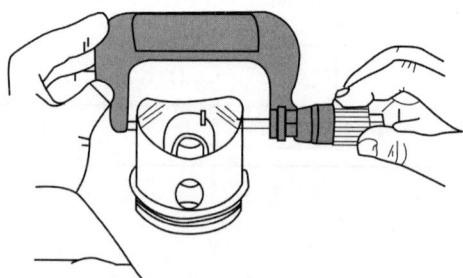

图 3-113　测量活塞直径　　　　图 3-114　测量汽缸直径

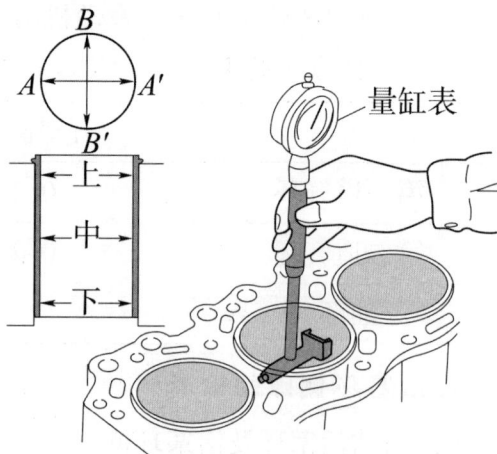

迈腾 B8 轿车 CUGA 发动机活塞与汽缸的标准尺寸,见表 3-4。

活塞与汽缸的标准尺寸 表 3-4

类　　型	活塞（mm）	汽缸（mm）
标准尺寸	82.42	82.51
修复尺寸	82.92	83.01

6.连杆径向间隙测量

(1)清洁轴颈和轴承。

(2)将活塞连杆组装入汽缸(可以先不安装活塞环)。

(3)截取相应长度的塑料间隙规,将间隙规放在曲轴连杆轴颈上。

(4)套上连杆盖,装上连杆螺栓,并用扭力扳手以 45N·m + 90° 的力矩拧紧。切勿转动曲轴。

(5)拆下连杆盖,用塑料间隙规封套上的刻度来测量塑料线间隙规最宽部位的宽度,如图 3-115 所示。

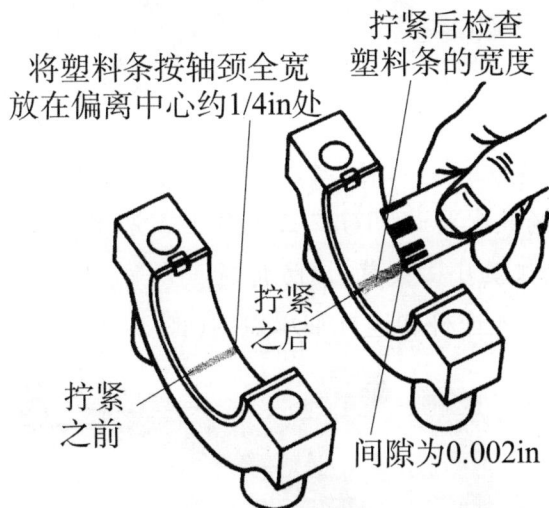

图 3-115　检测连杆的径向间隙

(6)检测连杆的径向间隙,径向间隙为 0.02 ~ 0.06mm,极限间隙为 0.09mm。超过极限需更换轴承。

(7)拆下活塞连杆组并清洁连杆轴颈和连杆大头轴承。

(三)活塞连杆组安装

1.活塞连杆组件装合

(1)用卡环钳将其中一只活塞销卡环装到活塞销孔的一端。

(2)将活塞放在热水或油中加热到约 80 ~ 90℃。

(3)将活塞与连杆的朝前标记对齐,并使活塞与连杆的活塞销孔对齐,用拇指将活塞销推入活塞,连接活塞和连杆。

小提示:活塞上的朝前标记与连杆上的朝前标记应在同一侧。

(4)用卡环钳装上另一活塞销卡环。

小提示:活塞销两端面与活塞销卡簧之间有一定的间隙,应将卡簧钢丝直径的2/3卡入环槽内。

(5)用活塞环拆装钳将活塞环装入相应的活塞环槽内,如图3-116所示。

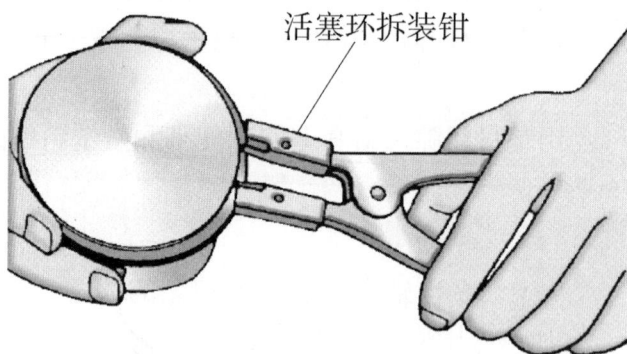

活塞环拆装钳

图3-116　用活塞环拆装钳装上活塞环

小提示:活塞环的装配标记"TOP"必须朝上。活塞环是容易脆断的零件,安装时一定要使用专用工具小心安装,以防折断。

(6)将轴瓦居中插入连杆和连杆轴承盖内(图3-117)。

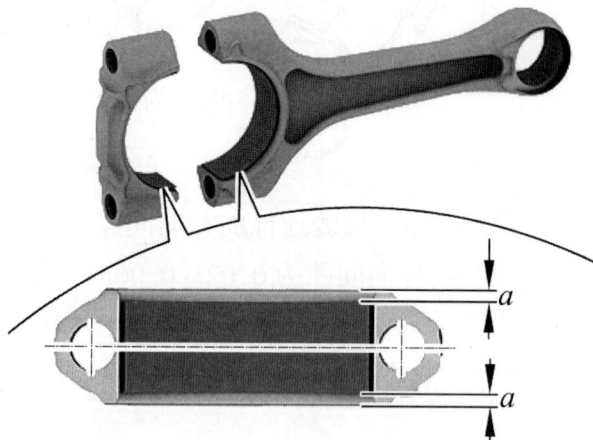

a

a

图3-117　左右尺寸必须一致

注:a值需一致

2.活塞连杆组装入汽缸

(1)转动拆装台支架,使缸体平卧。

(2)清洁曲轴轴颈和连杆轴颈。

(3)彻底清洗活塞连杆组各零件,并用压缩空气吹干净。

(4)清洁在各汽缸壁,并涂上润滑油。

（5）在活塞环上涂以润滑油，再将各道活塞环开口方向错开120°，第一道环开口方向远离主受力面并与活塞销中心线错开45°。

（6）再分别在活塞裙部、活塞销和连杆大头轴承表面涂以润滑油。

（7）转动曲轴使1、4缸连杆轴颈处于下方位置，再将1、4缸的活塞连杆组件装入汽缸。

小提示：活塞裙部箭头和连杆的朝前标记必须朝向发动机正时链端。

（8）用活塞环抱箍缩紧活塞环后，将活塞连杆总成放入汽缸，再用锤柄或木棒将活塞连杆组件轻轻打入汽缸中，如图3-118所示。当连杆大头接近曲轴轴颈时，要用手托住连杆大头，并继续敲击活塞顶部，使之装配到位。

小提示：在将活塞装入汽缸时，应保证活塞环和汽缸壁得到充分润滑，否则发动机安装后可能会造成因密封不良而不能起动。

（9）先润滑螺纹和接触表面，然后装上连杆盖。连杆和连杆盖上的组合标记要对齐，如图3-119所示。

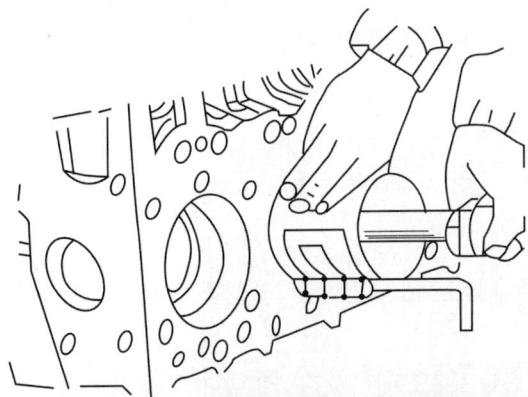

图3-118　活塞连杆组装入汽缸

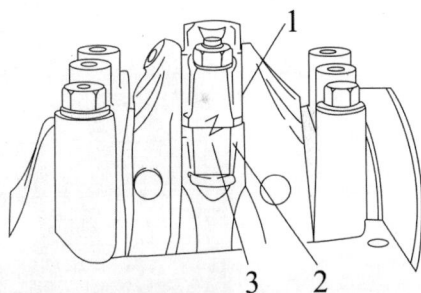

图3-119　连杆和连杆盖上的组合标记
1-连杆盖；2-连杆；3-组合标记

（10）装上连杆螺栓，用公斤扳手将连杆螺栓分次交叉扭紧到40N·m+90°，检查测量连杆的轴向间隙，如图3-120所示。轴向间隙为0.1～0.35mm，极限间隙为0.4mm。超过极限应进行修理。

（11）用标记笔在连杆螺栓上作好标记，再用扳手将螺栓拧紧90°。

（12）转动曲轴两圈，应无卡滞现象。

小提示：各缸连杆大头轴承和连杆盖不能混装，应按拆卸时做的标记装回原位。连杆盖上的标记应朝向发动机传动链端。每装好一组活塞连杆，都应转动曲轴几圈，检查有无不正常情况。转动中应无卡滞和过重现象，否则应查明原

塞尺

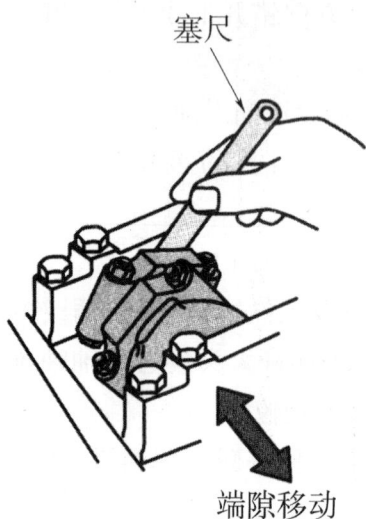

端隙移动

图 3-120　检查测量连杆的轴向间隙

因,予以排除。

(13)以同样的方法和要求将其余各缸活塞连杆组件装入相应汽缸。

3.装上油底壳及机油泵

(1)清除汽缸体下平面和油底壳上部件上的残留密封剂。

(2)检查油底壳上部和汽缸曲轴箱中的油道是否有脏污。

(3)给油底壳上部的洁净密封表面涂以硅酮密封剂。

(4)在汽缸体和下部正时链盖之间涂以硅酮密封剂。

(5)立即安装油底壳上部件,然后按图 3-121 所示的 1 至 18 顺序拧紧螺栓。

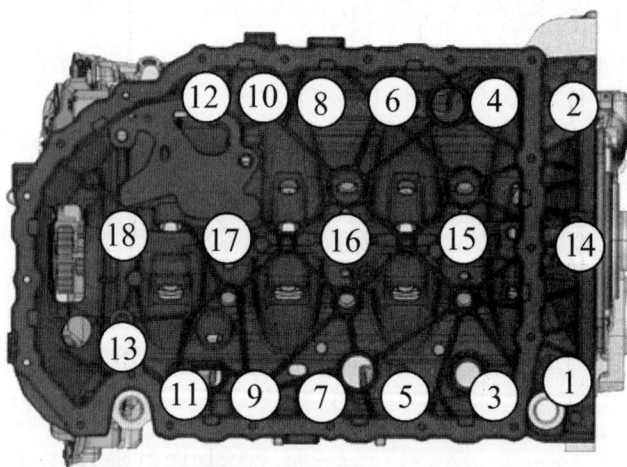

图 3-121　油底壳上部件螺栓安装顺序

①以 8N·m 的力矩拧紧 1 至 18 号螺栓。

②继续旋转 1、2 号螺栓 180°。

③继续旋转 3 至 13 号螺栓 45°。

④继续旋转 14 号螺栓 180°。

⑤继续旋转 15 至 18 号螺栓 90°。

(6)确认用于机油泵定心的两个定心套应完好。

（7）清洁检查吸油管中的滤网和油底壳上部中的回油孔。

（8）将机油泵链轮引导到传动链中。装上机油泵齿链和机油泵,拧上紧固螺栓将油泵固定。

（9）装上机油泵链条张紧器,调整好张紧力后,拧紧张紧器固定螺栓。

（10）转动曲轴,检查机油泵链条张紧力。

（11）装上曲轴箱防溅挡板,并用固定螺栓固定。

（12）清洁缸体与油底壳下部件的接触面,并在接触面上均匀地涂上密封胶。在5min内装上油底壳下部件,按规定顺序以8N·m＋90°的力矩拧紧油底壳固定螺栓。

（13）转动发动机拆装架,使发动机上部朝上。

4. 安装冷却液泵及温度调节装置

（1）用冷却液浸润O形圈和温度调节装置密封垫。

（2）检查汽缸体上有两个定位销,应完好。

（3）将连接套管装入机油冷却器。

（4）将发动机温度调节装置推到连接套管上,沿定位销推入汽缸体。

（5）按照1至5的顺序以9N·m的力矩分次拧紧发动机温度调节装置的螺栓,如图3-122所示。

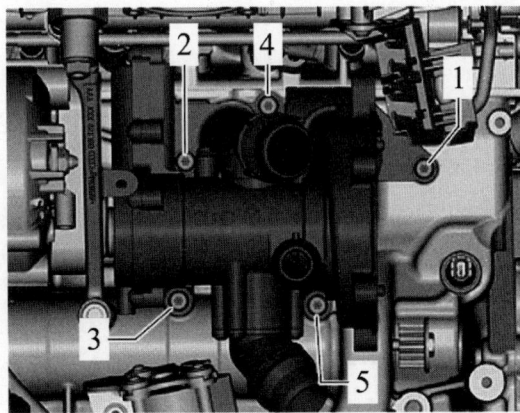

图3-122　安装发动机温度调节装置

（6）安装冷却液泵并装上齿形皮带,如图3-123所示。注意检查中心定位销以及密封垫的位置正确。

（7）在挂上齿形皮带后,按照1至4的顺序以9N·m的力矩拧紧冷却液泵螺栓。

（8）装上冷却液泵齿形皮带罩,并以9N·m的力矩拧紧固定螺栓。

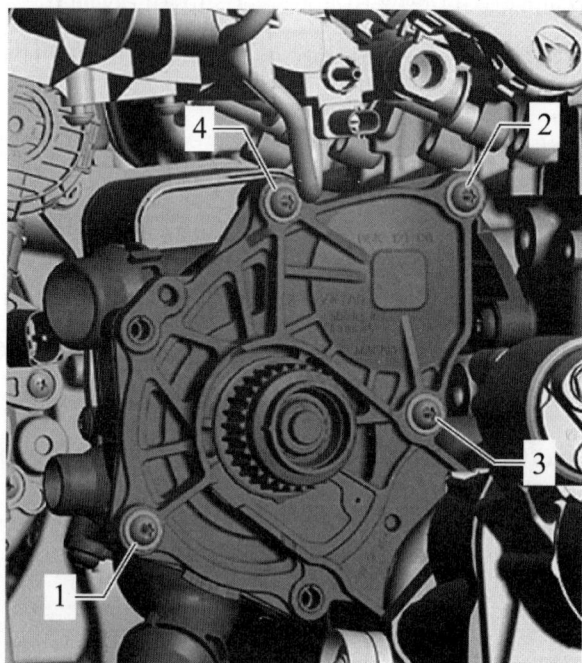

图 3-123　安装冷却液泵

5. 安装汽缸盖和汽缸衬垫

见项目三中的课题二。

课题 四　曲轴飞轮组的拆装

一、工具、设备和材料准备

(1) CUGA 发动机一台(带拆装台架)。

(2) 常用工具一套,工具车一辆。

(3) 工作台一个、零件摆放架一个。

(4) 专用工具一套。

二、作业前的准备

(1) 将发动机拆装台架放在拆装室中间。

(2) 将常用工具、专用工具连同工具车放在拆装过程易于取用的位置。

（3）清洁工作台。

（4）讲解安全注意事项和拆装注意事项。

三、注意事项

（1）拆卸曲轴轴承盖时,应按规定的顺序进行拆装。

（2）安装曲轴轴承盖时,应按规定的顺序和拧紧力矩拧紧。

（3）曲轴轴承盖拆卸前应检查上面的位置序号,如没有应做好标记,确保安装时能装回原来位置。

（4）曲轴轴承盖有规定安装方向,安装时朝前标记必须朝向曲轴前端。

（5）曲轴拆下后应水平放置。

（6）曲轴止推片有油槽的一面必须朝轴承盖外侧安装。

（7）安装时的确保零件的清洁。

（8）所有工作中需要润滑的零件（如曲轴主轴承、止推片等）表面,安装时都应涂上润滑油加以润滑。

（9）所有主轴承座安装时都应装回原位。

四、操作步骤

迈腾 B8 轿车 CUGA 发动机曲轴飞轮组零件图如图 3-124 所示。

（一）曲轴飞轮组的拆解

1. 拆卸汽缸盖和汽缸衬垫

见项目三中的课题二。

2. 拆卸活塞连杆组

见项目三中的课题三。

3. 拆卸飞轮及后油封凸缘

飞轮组件分解图如图 3-125 所示。

注意:为了避免双质量飞轮在拆卸时被损坏,不允许用气动扳手或冲击式螺钉机来旋出固定螺栓,只允许用手拆卸螺栓。

（1）转动双质量飞轮 B,使螺栓 A 位于钻孔中心（箭头）,如图 3-126 所示。

注意:在旋转螺栓 A 时,勿将螺栓头脱开在双质量飞轮钻孔中心（箭头）处,以避免继续旋转时螺栓头损坏双质量飞轮。

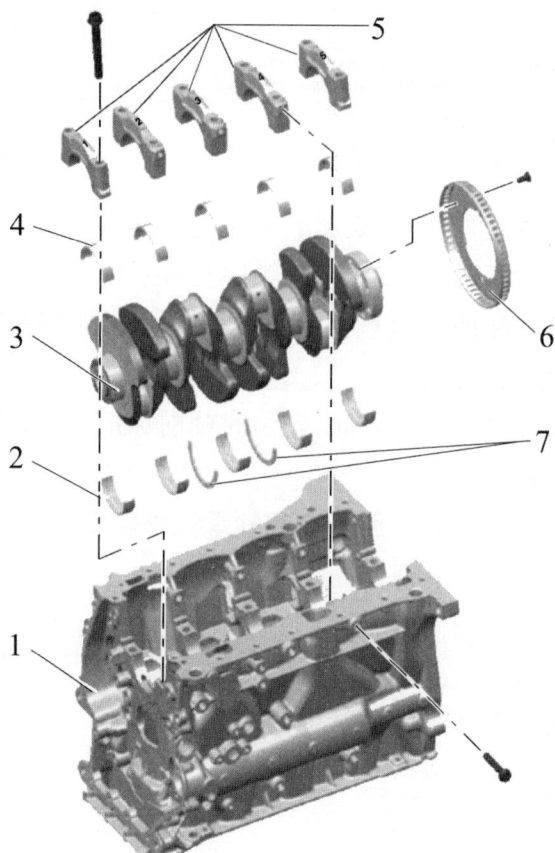

图 3-124 迈腾 B8 轿车 CUGA 发动机曲轴飞轮组零件图

1-汽缸体;2-主轴承(上轴瓦);3-曲轴;4-主轴承(下轴瓦);5-主轴承盖;6-发动机转速传感器脉冲轮;7-曲轴止推片

（2）用专用夹具固定飞轮,防止拆卸固定螺栓时飞轮转动,如图 3-127 所示。

（3）松开并拆下飞轮螺栓,取下飞轮。

（4）将隔板从后油封凸缘和空心定位销上取下,如图 3-128 所示。

（5）拧出后油封凸缘固定螺栓取下后油封凸缘。

4. 拆卸曲轴

迈腾 B8 轿车 CUGA 发动机曲轴飞轮组分解零件图如图 3-129 所示。

（1）按图 3-130 的顺序分次均匀地旋出主轴承盖螺栓。

（2）按顺序拆下主轴承盖侧向固定螺栓(图 3-130 箭头 A 所示),取下曲轴主轴承盖。视需要用橡胶锤左右敲击主轴承盖,松动后取出轴承盖。

小提示:拆卸过程中应注意不要损坏轴承盖与缸体的接触面。拆下的下轴瓦和轴承盖应成组摆放,安装时应按原位装回。

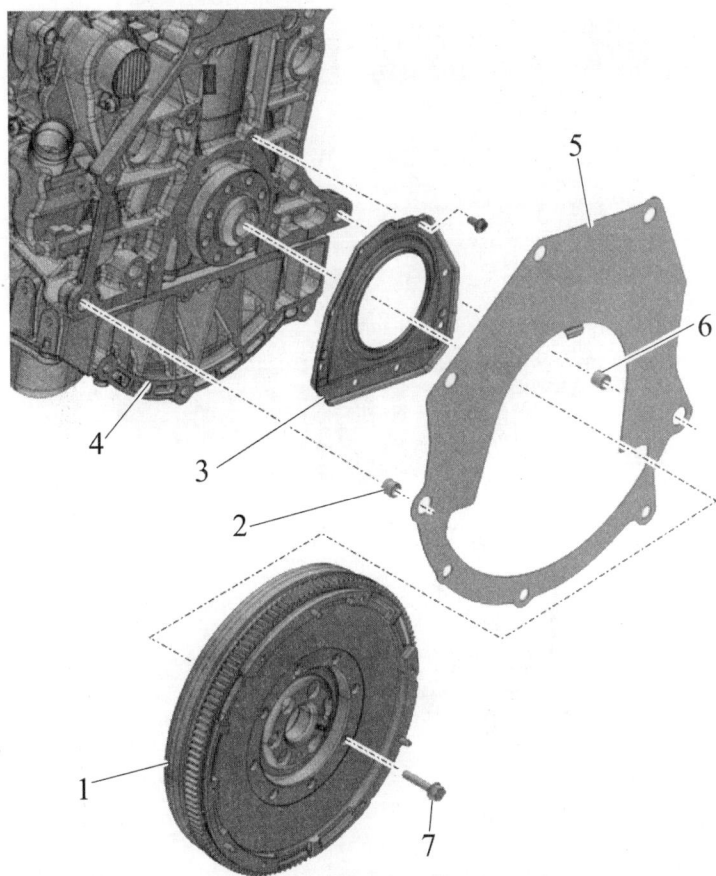

图 3-125　飞轮组件分解图

1-飞轮;2-定位套;3-后油封凸缘;4-汽缸体;5-隔板;6-定位套;7-螺栓

图 3-126　转动双质量飞轮 B,使
螺栓 A 位于钻孔中心

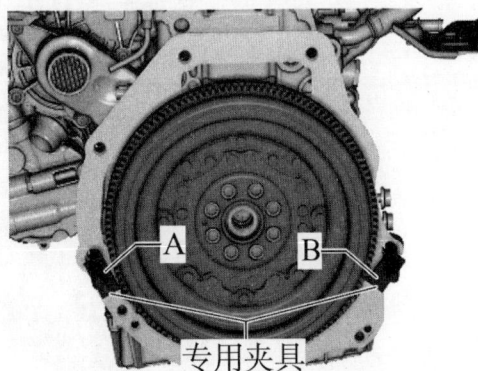

图 3-127　用专用夹具固定飞轮

图 3-128　取下隔板

图 3-129　迈腾 B8 轿车 CUGA 发动机曲轴飞轮组零件图

1-汽缸体;2-主轴承(上轴瓦);3-曲轴;4-主轴承(下轴瓦);5-主轴承盖;6-发动机
转速传感器脉冲轮;7-曲轴止推片

（3）抬下曲轴。

（4）取下缸体轴承座上的五道上轴瓦,按正确的顺序摆放好轴瓦。

（5）从第三道曲轴座上取下二曲轴止推片。

小提示:在主轴承上做好安装位置标记,安装时应按原位装回。

（6）拆下转速传感器脉冲轮固定螺栓,从曲轴上取下转速传感器脉冲轮。

（7）将安全阀用套筒扳手拧出,取下用于冷却活塞的机油冷却喷嘴,如图 3-131 所示。

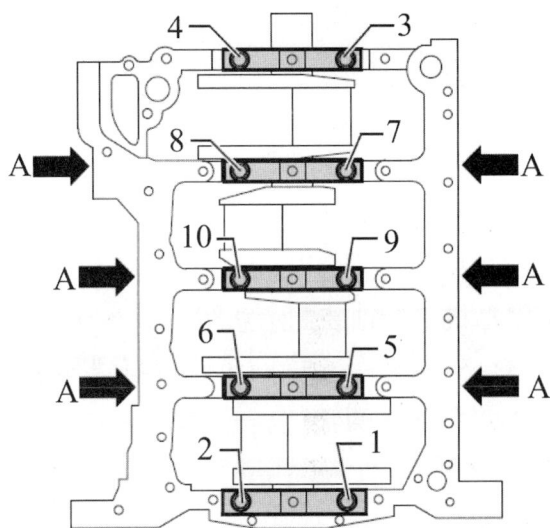

图 3-130　松开并拆下曲轴主轴承盖

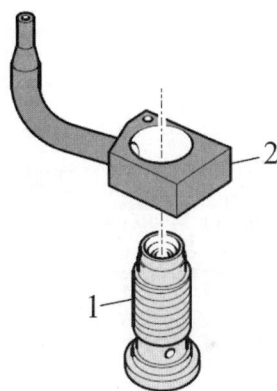

图 3-131　冷却活塞的机油冷却喷嘴
1-安全阀;2-机油冷却喷嘴

（8）将滚针轴承用拉拔器和从曲轴后端承孔中拉出。

5. 拆卸平衡轴

迈腾 B8 轿车 CUGA 发动机平衡轴装配示意图如图 3-132 所示,安装位置如图 3-133 所示。

（1）从平衡轴尾端旋出冷却液泵齿形皮带驱动轮固定螺栓(左旋转螺),取下冷却液泵齿形皮带驱动轮。

（2）拆下中间轴齿轮固定螺栓,如图 3-134 所示,取下中间轴齿轮。

（3）取出中间轴,取下中间轴 O 形圈,如图 3-135 所示。

（4）旋出进气侧平衡轴螺栓和排气侧平衡轴螺栓,如图 3-136 所示,并拔出两根平衡轴。

（5）取下排气侧平衡轴管。

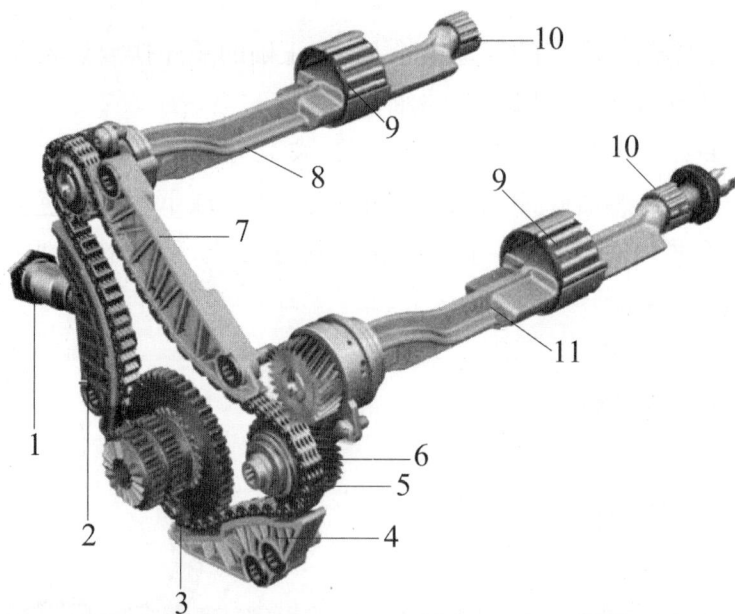

图 3-132　迈腾 B8 轿车 CUGA 发动机平衡轴装配示意图

1-螺旋张紧器;2-张紧轨;3-曲轴链轮;4-下滑轨;5-传动链;6-中间齿轮;7-上滑轨;
8-排气侧平衡轴;9-滚针轴承;10-滚针轴承;11-进气侧平衡轴

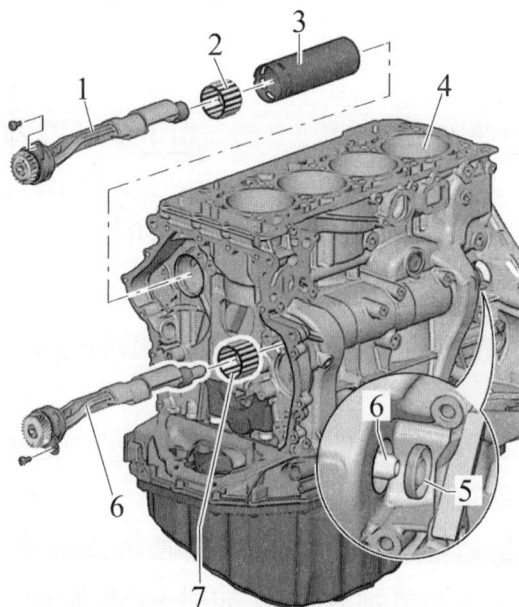

图 3-133　CUGA 发动机平衡轴安装位置图

1-排气侧平衡轴;2-滚针轴承;3-平衡轴管;4-汽缸体;5-进气侧平衡轴密封圈;6-进
气侧平衡轴;7-滚针轴承

图 3-134　拆卸中间轴齿轮　　　　图 3-135　取出中间轴
1-中间轴齿轮固定螺栓;2-中间轴齿轮　　　1-O 形圈;2-中间轴

图 3-136　拔出平衡轴

1-排气侧平衡轴螺栓;2-进气侧平衡轴螺栓

(6)从平衡轴上取下滚针轴承。

(二)曲轴飞轮组的检查

1.曲轴的尺寸

用千分尺测量主轴颈和连杆轴颈的尺寸,应符合表 3-5 的要求。

2.检查主轴颈径向间隙

检查主轴颈径向间隙,如图 3-137 所示,径向间隙为 0.017 ~ 0.037mm,极限间隙为 0.15mm。超过极限值应更换轴承。

迈腾 B8 轿车 CUGA 发动机主轴颈和连杆轴颈的尺寸　表 3-5

尺　寸	主轴颈（mm）	连杆轴颈（mm）
标准	$58.00^{-0.022}_{-0.042}$	$47.80^{-0.022}_{-0.042}$
一级	$57.75^{-0.022}_{-0.042}$	$47.55^{-0.022}_{-0.042}$
二级	$57.50^{-0.022}_{-0.042}$	$47.30^{-0.022}_{-0.042}$
三级	$57.25^{-0.022}_{-0.042}$	$47.05^{-0.022}_{-0.042}$

（1）清洁轴颈和轴承。

（2）截取相应长度的间隙规，将塑料间隙规放在曲轴连杆轴颈上。

（3）把轴承盖放在曲轴轴颈上并以 $65N \cdot m + 90$ 力矩交叉分次将其紧固。切勿转动曲轴。

（4）拆下轴承盖并使用塑料间隙规封套上的刻度来测量塑料线间隙规的宽度，测量塑料间隙规最宽部位的宽度，如图 3-137 所示。

3. 测量曲轴的轴向间隙

检查曲轴轴向间隙，如图 3-138 所示，轴向间隙为 0.007 ~ 0.23mm，极限间隙为 0.30mm。超过极限值应曲轴止推片。

（1）将百分表用通用百分表支架固定在汽缸体上，然后对着曲轴臂调到约 2mm 的预紧量。

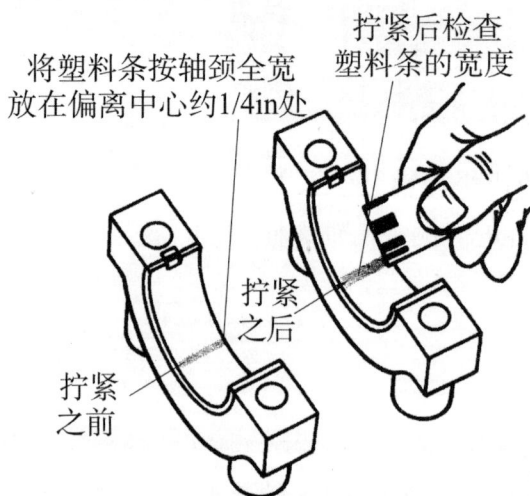

图 3-137　检查主轴颈径向间隙　　　　图 3-138　检查曲轴轴向间隙

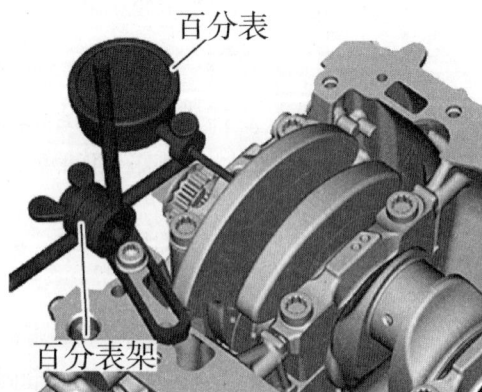

（2）将曲轴用手压向百分表，将百分表调到"0"。

（3）从百分表上推开曲轴，读取测量值。

(三)曲轴飞轮组的装复

1. 装上曲轴

(1)机油冷却喷嘴的导向边缘对准汽缸体的加工面,以27N·m的力矩拧紧安全阀。

注意:机油冷却喷嘴的喷口方向。

(2)将转速传感器脉冲轮用螺栓固定在曲轴上,并用规定力矩将螺栓拧紧。

(3)清洁曲轴后端中的轴承座,然后薄薄地涂一层润滑脂,用专用芯棒将滚针轴承敲入曲轴。

(4)检查滚针轴承的安装深度($a = 2.0$mm),如图3-139所示。

(5)将主轴承的上轴瓦按拆下时的位置标记分别装入各轴承座孔中,注意主轴承的凸起部分与缸体主轴承承孔的凹槽对齐。

(6)在轴承的工作表面涂以润滑油。

(7)在曲轴各道主轴颈上涂以润滑油,并将曲轴装入缸体。

小提示:不要碰撞主轴承,以免造成主轴承表面损伤。

(8)将两片曲轴止推片装在第三道主轴承承孔的两侧中。

小提示:有耐磨合金层的一面相背安装。

(9)将主轴承的下轴瓦装入主轴承盖。注意主轴承的凸起部分与主轴承盖的凹槽对齐,如图3-140所示。

图3-139 检查滚针轴承的安装深度

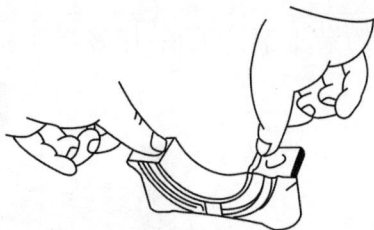

图3-140 将主轴承的下半片装入主轴承盖

（10）将各道主轴承盖的轴承内表面涂以润滑油,装上各道主轴承盖。用橡胶锤敲击主轴承盖,使之入位。

小提示: 主轴承盖上的凸点应朝前。

（11）用扭力扳手,按如图3-141所示的顺序,分别拧紧各道主轴承盖的螺栓。主轴承盖螺栓的拧紧力矩为65N·m+90°。

（12）用扭力扳手,以20N·m+90°的力矩,分次拧紧侧面的6颗螺栓A,如图3-141所示。

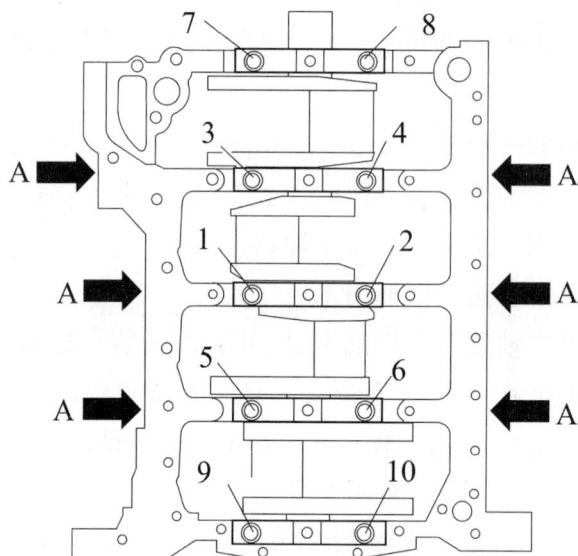

图3-141 主轴承盖螺栓拧紧顺序

（13）转动曲轴两周,检查曲轴是否安装正确。

小提示: 每紧一道主轴承盖螺栓,都应转动曲轴几圈,转动中不得有过重现象,否则要查明原因,及时排除。

2. 安装平衡轴

（1）装上滚针轴承,用发动机机油涂敷进气侧平衡轴支座,如图3-142所示。

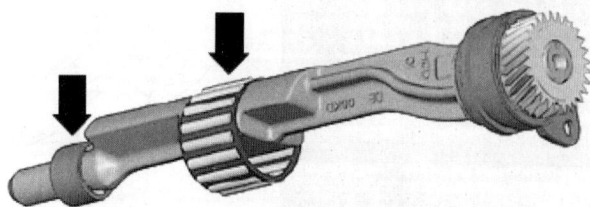

图3-142 安装滚针轴承

（2）将进气侧平衡轴装入汽缸体,并拧紧固定螺栓。

（3）将涂敷发动机机油。

（4）用发动机机油润滑中间轴和O形圈并插入，中间轴的配合销必须位于汽缸体的承孔中，如图3-143所示。

（5）用颜色标记中间齿轮的齿面。

（6）推入中间齿轮，进气侧平衡轴上的标记必须位于中间齿面的标记之间，如图3-144所示。

图 3-143 装上中间轴

1-O形圈;2-中间轴

图 3-144 进气侧平衡轴上的标记于中间齿面标记

（7）用25N·m+90°的拧紧力矩，拧紧中间齿轮的固定螺栓。

（8）检查中间齿轮、进气侧平衡轴的标记，应保证正确。

（9）装上排气侧平衡轴管，平衡轴管凹口必须指向链条一侧，如图3-145所示。

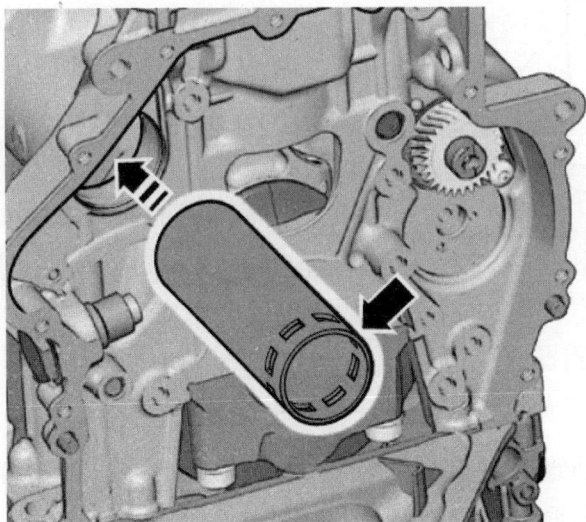

图 3-145 装上排气侧平衡轴管

（10）用发动机机油涂敷平衡轴支座，安装排气侧平衡轴。

（11）检查平衡轴是否平放到曲轴箱上，拧紧排气侧平衡轴固定螺栓。

3. 安装活塞连杆组

见项目三中的课题三

4. 装上机油泵及油底壳

(1)确认用于机油泵定心的两个定心套应完好。

(2)清洁检查吸油管中的滤网和油底壳上部中的回油孔。

(3)将机油泵链轮引导到传动链中。装上机油泵齿链和机油泵,拧上紧固螺栓将油泵固定。

(4)装上机油泵链条张紧器,调整好张紧力后,拧紧张紧器固定螺栓。转动曲轴,检查机油泵链条张紧力。

(5)装上曲轴箱防溅挡板,并用固定螺栓固定。

(6)清洁缸体与油底壳的接触面,并在接触面上均匀地涂上密封胶。在5min内装上油底壳,按规定顺序的力矩拧紧油底壳固定螺栓。

(7)转动发动机拆装架,使发动机上部朝上。

5. 安装后油封凸缘及飞轮

(1)用专用工具将后油封装入后油封凸缘的承孔中,如图3-146所示。

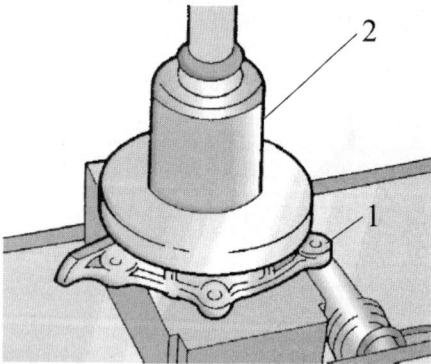

图3-146 用专用工具将后油封装入油封凸缘

1-曲轴后油封凸缘;2-专用工具

(2)用平刮刀或转动的塑料刷去除汽缸体上的密封剂残留物。

(3)清洁密封面,必须使其无油脂。

(4)从前部标记处切下管状喷嘴(喷嘴直径约2mm)。如图所示在密封凸缘的干净密封面上涂敷一层厚度为2~3mm硅胶密封剂。

注意:后油封凸缘必须在涂敷硅胶密封剂后5min内安装。密封剂带不允许比规定的更厚,否则多余的密封剂会进入油底壳并且堵塞进油管中的滤网。

(5)将装配套插到曲轴轴颈,用机油润滑油封口,将后油封凸缘通过推到曲轴轴颈上。以9N·m的力矩分次交叉拧紧后油封凸缘固定螺栓,取下导向套。

注意:安装后油封凸缘后必须让密封剂干燥约30min,然后才允许加注发动机机油。

(6)将中间板挂到后油封凸缘上,然后推到空心定位销上,如图3-147所示。

（7）装上飞轮,转动双质量飞轮,使螺栓位于钻孔中心,装上飞轮螺栓。

注意:为了避免双质量飞轮在拆卸时被损坏,不允许用气动扳手来旋出飞轮螺栓,只允许用手拆卸螺栓。

（8）用专用夹具固定飞轮,以60N·m+90°的力矩交叉分次拧紧飞轮螺栓。

6.安装汽缸盖和汽缸衬垫

见项目三中的课题二。

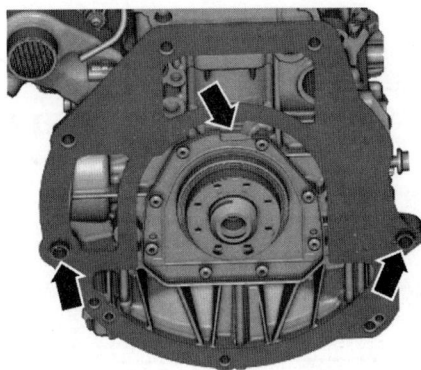

图3-147 安装隔板

发动机曲柄连杆机构主要螺栓拧紧力矩,见表3-6。

发动机曲柄连杆机构主要螺栓拧紧力矩 表3-6

螺栓、螺母	迈腾B8轿车CUGA发动机	卡罗拉5A-FE发动机
汽缸盖螺栓	40N·m+90°+90°	29N·m+90°+90°
汽缸盖罩螺栓	9N·m+90°	7.8N·m
主轴承盖螺栓	65N·m+90°	60N·m
连杆盖螺栓	45N·m+90°	29N·m
飞轮与曲轴紧固螺栓	60N·m+90°	78N·m(手动变速器)
进气歧管与汽缸盖连接螺栓	9N·m	19N·m
曲轴带轮与曲轴	150N·m+90°	127N·m
汽缸盖排气口与增加器、排气歧管与汽缸盖连接螺栓	25N·m	34N·m

项目四　配气机构的结构与拆装

🔖 **学习目标**

完成本项目学习后,你应当能:

1. 知道配气机构的作用、组成;
2. 知道配气机构主要零部件的作用与结构;
3. 知道配气相位和可变配气正时机构作用与工作原理;
4. 能正确完成正时链的拆装,并掌握拆装的技术要求;
5. 能正确完成凸轮轴、气门的拆装,并掌握拆装的技术要求;
6. 会查阅汽车技术相关资料;
7. 具有环保意识和知识,会正确处理废料。

💿 **建议课时**

12 课时。

课 题 一　配气机构的结构与工作原理

一、配气机构的作用和分类

1. 配气机构的作用

配气机构的作用是按照发动机的工作循环和点火次序的要求,定时地开闭进、排气门、向汽缸供给可燃混合气(汽油机)或新鲜空气(柴油机),并及时排出废气。

进入汽缸内的可燃混合气越多,则发动机发出的功率越大,可燃混合气或新鲜空气充满汽缸的程度,用充气效率η_v来表示。所谓充气效率就是在进气行程中,实际进入汽缸内的可燃混合气或新鲜空气的质量与在大气压力状态下充满汽缸工作容积的可燃混合气或新鲜空气的质量之比。

$$\eta_v = \frac{M}{M_o} \tag{4-1}$$

式中:M——进气过程中,实际充入汽缸的气体质量;

　　　M_o——在大气压力下,充满汽缸工作容积的气体质量。

充气效率越高,表明充入汽缸的新气量越多,燃烧后放出的热量越多,发动机发出的功率就越大。因此,配气机构首先要保证进气充分,进气量尽可能地多;同时,废气要排除干净,因为汽缸内残留的废气越多,进气量将会越少。现代汽车发动机为了提高充气效率,常采用加大进气门直径、采用多气门、可变配气相位、进行谐振控制等技术。

充气系数总小于1,一般为0.8~0.9。

2.配气机构的分类

四冲程汽车发动机大都采用气门式配气机构,其机构形式多种多样,配气机构的分类如图4-1所示。

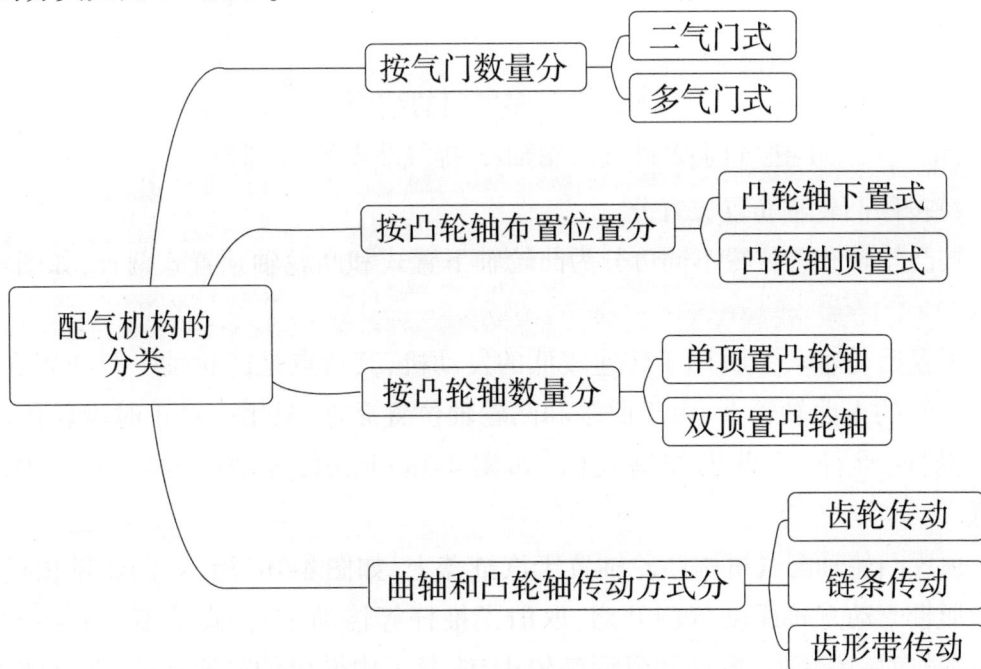

图4-1　配气机构的分类

1) 按照气门的数量分

按每缸气门数目不同分为二气门式和多气门式两种。二气门发动机每个汽缸有一个进气门和一个排气门,为提高进行效率一般进气门直径较大。多气门式发动机,又分为三气门式、四气门式和五气门式几种。三气门式发动机每缸由一个排气门和两个进气门组成,四气门式发动机每缸各有二个进气门和二个排气门、五气门式发动机每缸由两个排气门和三个进气门组成。现代汽车发动机为提高充气效率,普遍采用每缸四五个气门,如图4-2所示,其中以四气门发动机为数最多。

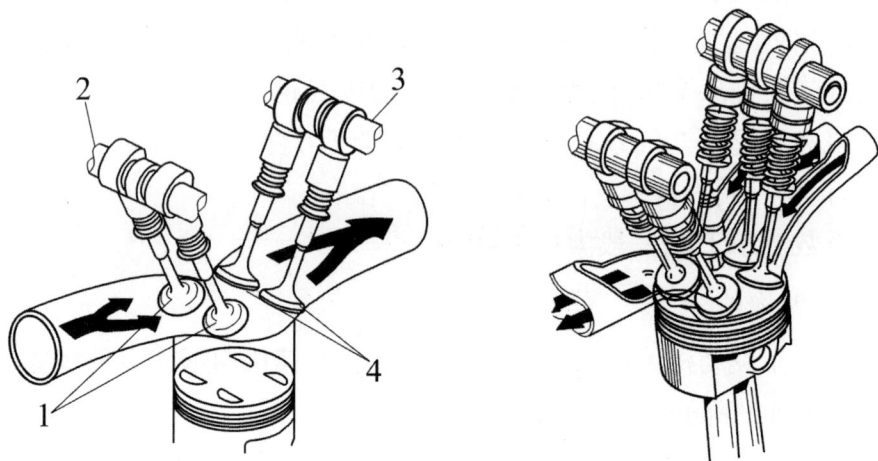

图4-2 多气门的结构

1-进气门;2-进气凸轮轴;3-排气凸轮轴;4-排气门

2) 按照凸轮轴布置位置分

按凸轮轴布置位置不同可分为凸轮轴下置式和凸轮轴顶置式两种,如图4-3所示。

下置凸轮轴大多数用于转速较低的发动机,其特点是凸轮轴平行布置在曲轴的一侧的上曲轴箱上,由于曲轴和凸轮轴位置靠近,只用一对正时齿轮传动,再经挺杆、推杆、摇臂去控制气门,如图4-3a)所示,传动机构零件多,刚度较低。

顶置凸轮轴配气机构凸轮轴置于汽缸盖上,如图4-3b)所示,凸轮轴由链条或齿形带驱动直接驱动气门开启,取消了推杆等传动件,提高了整个系统的刚度。工作时,惯性力、振动和变形都较小,改善了内燃机的高速性能,在高转速、高性能的内燃机上获得更多的应用。

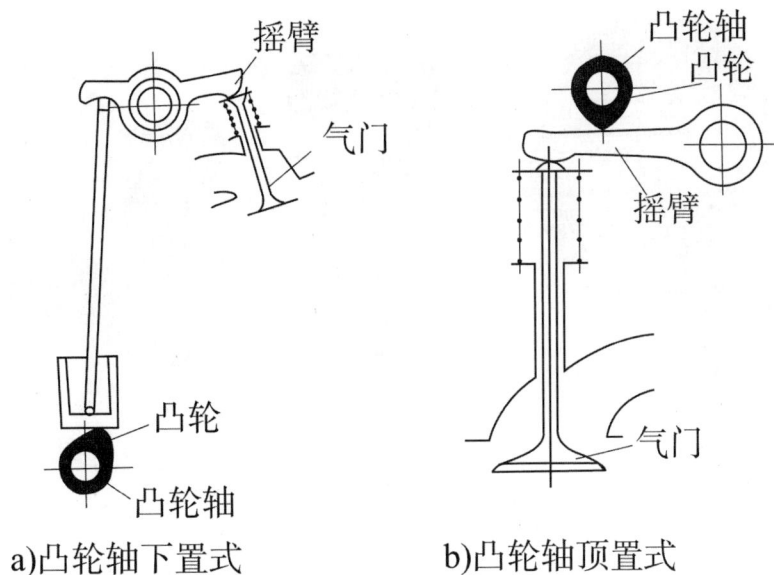

a)凸轮轴下置式　　　　　　　b)凸轮轴顶置式

图 4-3　凸轮轴布置形式

3）按照凸轮轴的数量分

按照凸轮轴的数量来分,配气机构有单顶置凸轮轴驱动(SOHC)和双顶置凸轮轴驱动(DOHC)两种,如图 4-4 所示。

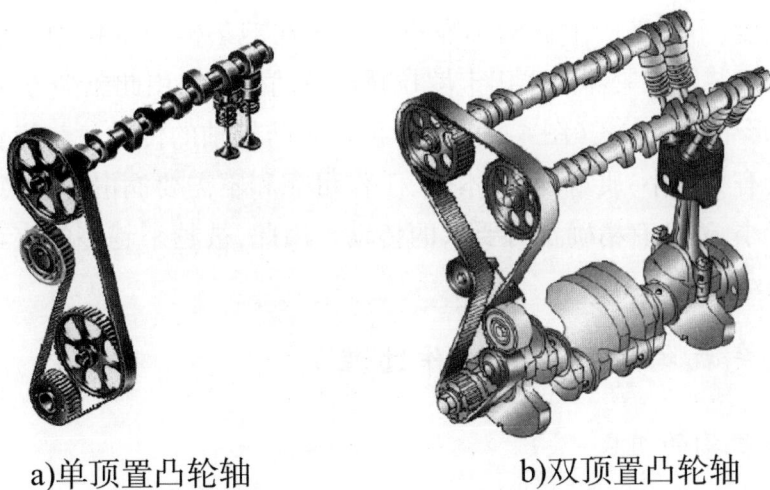

a)单顶置凸轮轴　　　　　　　b)双顶置凸轮轴

图 4-4　凸轮轴的数量

4）按曲轴和凸轮轴的传动方式分

按曲轴和凸轮轴的传动方式不同分为齿轮传动式、链条传动式和齿形带传动式三种形式,如图 4-5 所示。

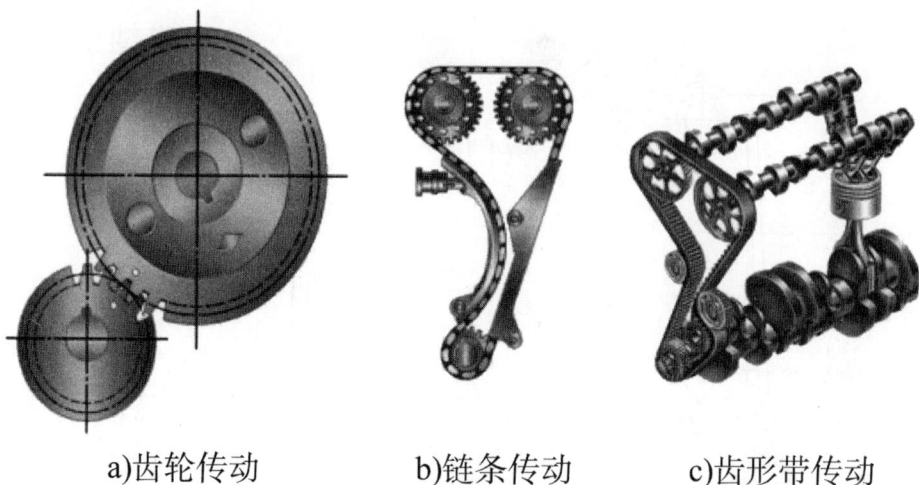

a)齿轮传动   b)链条传动   c)齿形带传动

图4-5　凸轮轴的传动方式

（1）齿轮传动方式。齿轮传动方式用于下置式凸轮轴的传动。汽油机一般只用一对正时齿轮，即曲轴正时齿轮和凸轮轴正时齿轮。柴油机需要同时驱动喷油泵，所以增加一个中间齿轮，如图4-6所示。为了保证正确的配气正时和喷油正时，在传动齿轮上刻有定时记号，装配时必须对正记号。

（2）链条传动方式（图4-7），用于顶置式凸轮轴的传动，尤其是顶置式凸轮轴的高速汽油机采用链条传动。链条一般为滚子链，工作可靠性高，工作时应保持一定的张紧度，不使其产生振动和噪声。为此在链条传动机构中装有导链板并在链条的松边装置张紧器。丰田卡罗拉轿车发动机即采用此驱动方式。

（3）齿形带传动方式（图4-8），用于顶置式凸轮轴的传动。与齿轮和链传动机构相比具有噪声小、质量轻、成本低、工作可靠和不需要润滑等优点。另外，齿形带伸长量小，适合有精确正时要求的传动。因此，被越来越多的汽车发动机特别是轿车发动机所采用。

二、配气机构的组成和工作过程

1.配气机构的组成

配气机构由气门组和气门传动组组成。不同的驱动方式结构组成区别较大。

凸轮轴下置式配气机构组成如图4-9所示，气门组包括气门、气门座、气门导管、气门弹簧和气门弹簧座等部件。气门传动组包括曲轴正时齿轮、凸轮轴正时齿轮、凸轮轴、挺柱、推杆、摇臂、摇臂轴等部件。

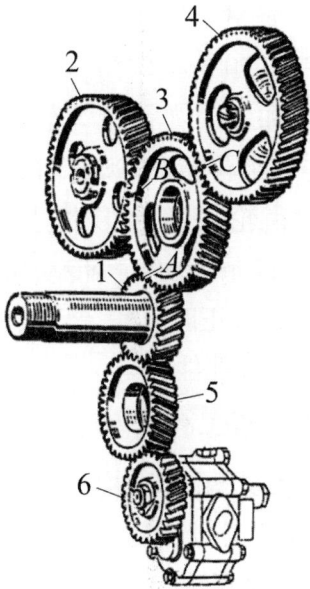

图 4-6　齿轮传动方式

1-曲轴定时齿轮;2-凸轮轴定时齿轮;3、5-中间齿轮;4-油泵定时齿轮;6-机油泵传动齿轮

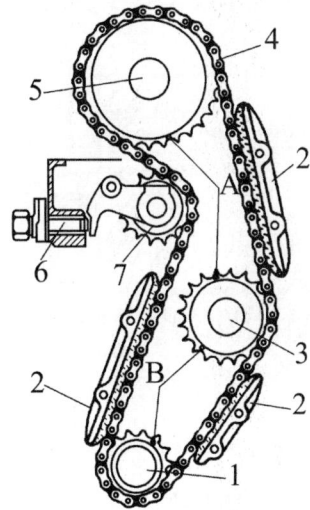

图 4-7　链条传动方式

1-曲轴正时链轮;2-导链板;3-中间链轮;4-链条;5-凸轮轴正时链轮;6-液压张紧器;7-张紧轮;A、B-定时记号

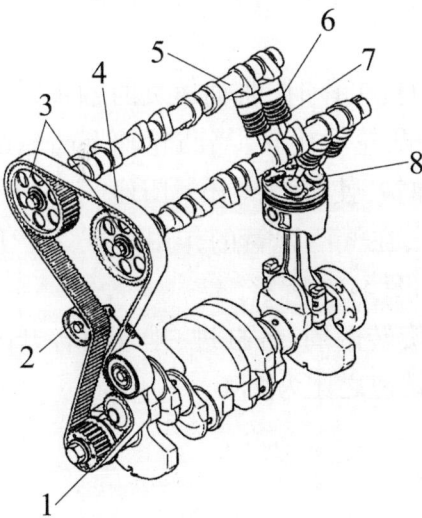

图 4-8　齿形带传动方式

1-曲轴正时齿形带轮;2-张紧轮;3-凸轮轴正时齿形带轮;4-正时齿形带;5-凸轮轴;6-挺柱;7-气门弹簧;8-气门

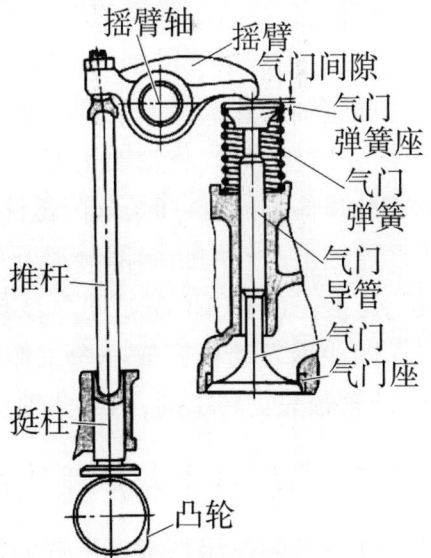

图 4-9　凸轮轴下置式配气机构的组成

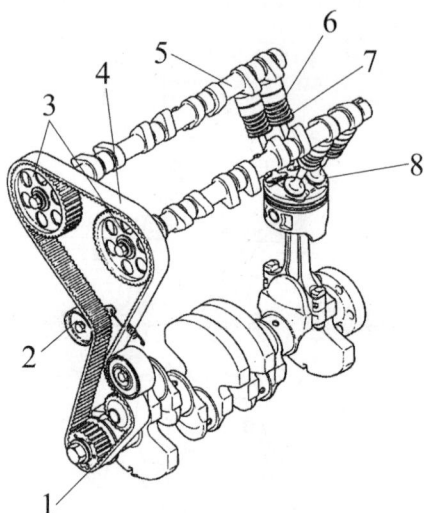

图 4-10 凸轮轴顶置式配气
机构的组成

1-曲轴正时齿形带轮;2-张紧轮;
3-凸轮轴正时齿形带轮;4-正时
齿形带;5-凸轮轴;6-挺柱;7-气
门弹簧;8-气门

凸轮轴顶置式配气机构的组成,如图 4-10 所示,气门组包括气门、气门座、气门导管、气门弹簧和气门弹簧座等部件。齿形带传动气门传动组包括凸轮轴、曲轴正时齿轮、凸轮轴正时齿轮、正时齿形带、张紧轮、气门挺柱等部件。链条传动气门传动组包括曲轴正时链轮、凸轮轴正时链轮、链条、张紧轮、凸轮轴、气门挺柱等部件。

2. 配气机构的工作过程

凸轮轴下置式配气机构,发动机工作时,曲轴通过曲轴正时齿轮、凸轮轴正时齿轮带轮带动凸轮轴旋转,当凸轮轴上凸轮的凸起部分顶住挺柱时,挺柱向上运动,带动推杆推动摇臂,使摇臂绕摇臂轴摆动,摇臂的另一端压缩气门弹簧,使气门离开气门座,气门开启。当凸轮轴上凸轮的凸起部分离开挺柱时,在气门弹簧的作用下气门回到至气门座上,摇臂、推杆和挺柱回位,气门关闭,完成进气或排气过程,如图 4-9 所示。

凸轮轴顶置式齿形带传动配气机构,发动机工作时,曲轴通过曲轴正时齿形带轮、正时齿形带、凸轮轴正时齿形带轮带动凸轮轴旋转,当凸轮轴上凸轮的凸起部分顶住气门挺柱时,气门挺柱压缩气门弹簧,使气门离开气门座,气门开启。当凸轮轴上凸轮的凸起部分离开气门挺柱时,在气门弹簧的作用下气门上升至气门座上,气门关闭,完成进气或排气过程,如图 4-10 所示。

四冲程发动机完成一个工作循环,曲轴旋转两周,各缸进、排气门各开闭一次,凸轮轴只需转 1 周,因此曲轴与凸轮轴的转速之比为 2∶1。

三、气门组主要零部件的结构

气门组的作用是实现汽缸的密封。由气门、气门座、气门导管、气门油封、气门弹簧和气门弹簧座、气门锁夹等机件组成。气门组的组成以及各零件间的装配关系,如图 4-11 所示。

1. 气门

气门主要起到控制进、排气道的开闭作用。

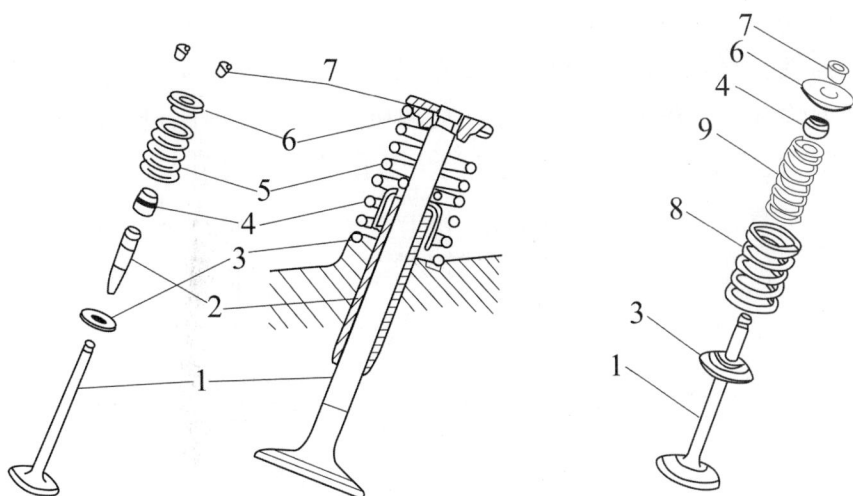

a)单气门弹簧结构　　　　　　　b)双气门弹簧结构

图 4-11　气门组的组成

1-气门;2-气门导管;3-下气门弹簧座;4-气门油封;5-气门弹簧;6-上气门弹簧座;
7-气门锁夹;8-气门弹簧;9-内气门弹簧

气门是在高温、高压、润滑困难等条件下工作,这就要求气门具有足够的强度、刚度、耐磨、耐高温、耐腐蚀等特性。通常进气门采用合金钢(铬钢或镍铬等)制成,排气门采用耐热合金钢(硅铬钢等)制成。

气门的结构,如图 4-12 所示,主要由头部和杆身两个部分组成。

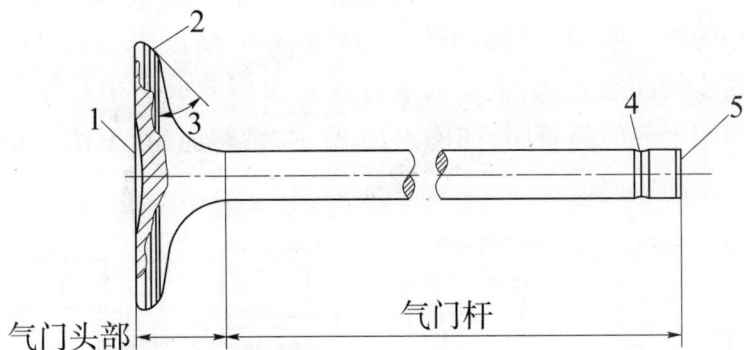

图 4-12　气门的结构

1-气门顶面;2-气门锥面;3-气门锥角;4-气门锁夹槽;5-气门尾端面

气门顶面有平顶、凸顶和凹顶等形状,如图 4-13 所示。目前应用最多的是平顶气门如图 4-13a),其结构简单,制造方便,受热面积小,进、排气门都可采用。

气门头部与气门座圈的接触面是一个圆锥斜面,这个斜面与气门顶部平面

之间的夹角称为气门锥角,如图 4-14 所示,一般为 45°,也有 30°的。为保证气门
有足够的强度,头部边缘应保持有一定厚度,一般为 1~3mm,以防工作中冲击损
坏和被高温烧蚀。考虑到排气阻力对发动机性能的影响比进气阻力小得多,为
减小进气阻力,增加进气量,一般进气门头部直径比排气门大。

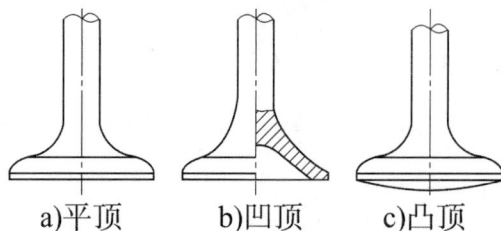

a)平顶　　　b)凹顶　　　c)凸顶

图 4-13　气门顶面的形状

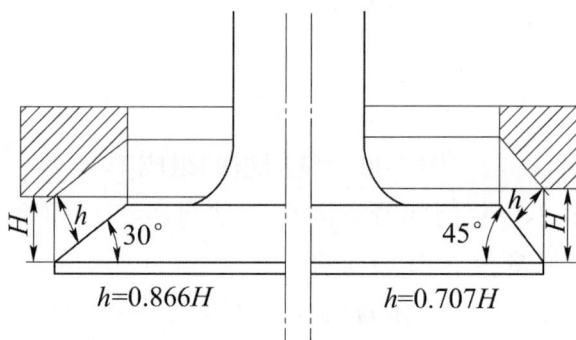

$h=0.866H$　　　$h=0.707H$

图 4-14　气门锥角

气门杆与气门头部制成一体,装在气门导管内起导向作用,杆身与头部采用
圆滑过渡连接。气门杆部有较高的加工精度和且表面光滑,以减小磨损,与气门
导管保持较小的配合间隙,并起到良好的导向和散热作用。气门杆尾端的形状
决定气门弹簧座的固定方式,常见固定方式是用剖分成两半且外表面为锥面的
气门锁夹来固定上气门弹簧座,如图 4-15 所示,结构简单,工作可靠,拆装方便,
因此得到了广泛的应用。

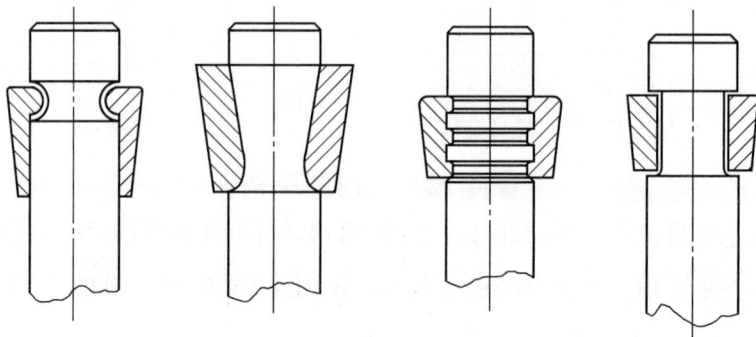

图 4-15　气门弹簧座的固定

2. 气门座

汽缸盖上的进、排气道与气门锥面相接合的部位称为气门座,如图 4-16 所示。气门座与气门头部密封锥面配合密封汽缸,此外,气门座圈对气门起到散热作用。气门座的锥角与气门锥角相适应,以保证两者紧密座合,可靠地密封。为保证良好密合,装配前还应将气门与气门座的密封锥面互相研磨,研磨好的零件不能互换。大多数发动机的气门座是用耐热合金钢或合金铸铁单独制成气门座圈,然后压入汽缸盖中,以提高使用寿命和便于修理更换。

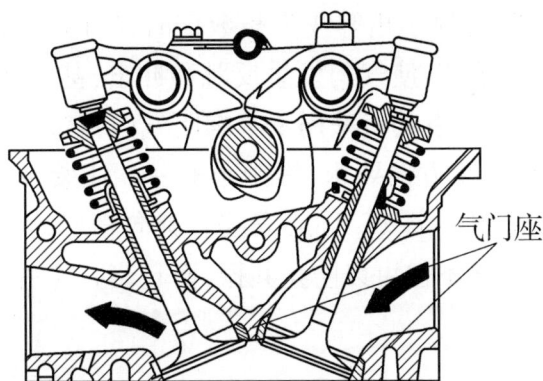

图 4-16　气门座

3. 气门导管

气门导管,如图 4-17 所示,是对气门起导向作用,保证气门作直线往复运动,使气门与气门座紧密贴合,并为气门杆散热。气门导管通常单独制成零件,再压入缸盖的孔中。由于润滑较困难,导管一般用含石墨较多的铸铁或粉末冶金制成,以提高自润滑性能。气门与气门导管为间隙配合,从而保证气门杆能在气门导管中自由运动。

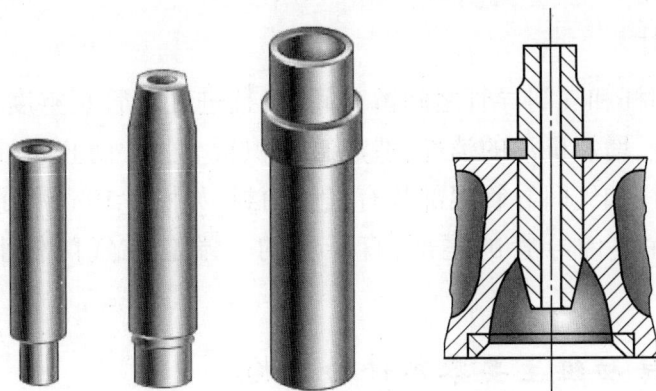

图 4-17　气门导管

4.气门弹簧

气门弹簧的作用是使气门能自动回位关闭,保证气门与气门座的座合压力,并防止气门在发动机振动时因跳动而破坏密封。为保证上述作用的实现,气门弹簧的刚度一般都很大,而且在安装时进行了预紧压缩。气门弹簧是圆柱形螺旋弹簧,其一端支撑在汽缸盖的下气门弹簧座上,而另一端则压靠在气门杆端的上气门弹簧座上,弹簧座用锁片固定在气门杆的末端,如图4-18所示。

气门弹簧一般为等螺距圆柱形螺旋弹簧,如图4-18a)所示。当气门弹簧的工作频率与其固有的振动频率相等或为整数倍时,气门弹簧就会发生共振。共振时将使配气定时遭到破坏,使气门发生反跳和冲击,甚至使弹簧折断。为了防止出现共振现象,目前有些发动机采用不等螺距气门弹簧如图4-18b)所示,以防发生共振,这类弹簧有安装方向要求,螺距小的一端应装在汽缸盖一侧,不能装错。也有许多发动机采用一个气门同心安装有旋向相反的两根弹簧的双弹簧结构,如图4-18c)所示,这样不但可以防止共振,而且当一个弹簧折断后,另一个仍可维持工作。

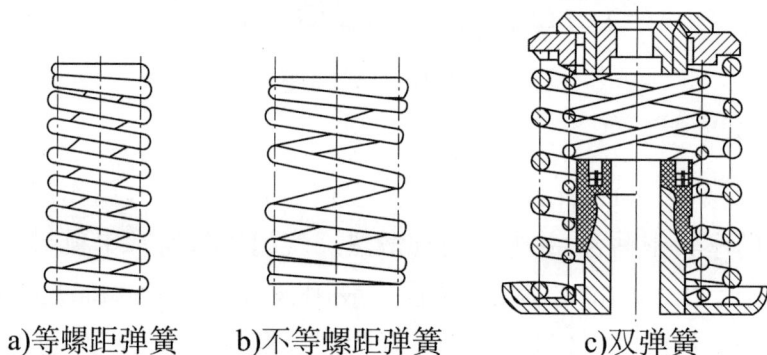

a)等螺距弹簧　　　b)不等螺距弹簧　　　　　c)双弹簧

图4-18　气门弹簧

5.气门油封

因为在气门杆和气门导管之间留有间隙,且进气歧管真空度较大,机油容易窜入燃烧室燃烧,增加机油的消耗,造成缸内积炭。为了防止机油从气门杆处进入汽缸,在气门杆和气门导管尾部装有气门油封,如图4-19a)所示。气门油封直径大的一端套在气门导管的尾部,直径小的一端套在气门杆上,如图4-19b)所示。

四、气门传动组主要零部件的结构

气门传动组的作用是按发动机配气相位要求的时间及时开启和关闭气门,

并保证规定的开启时间和开启高度。由于气门驱动形式和凸轮轴位置的不同,气门传动组的零件组成差别很大。凸轮轴顶置式配气机构,齿形带传动气门传动组由凸轮轴、曲轴正时齿轮、凸轮轴正时齿轮、正时齿形带、张紧轮、气门挺柱等部件组成。链条传动气门传动组由曲轴正时链轮、凸轮轴正时链轮、链条、张紧轮、凸轮轴、气门挺柱等部件。

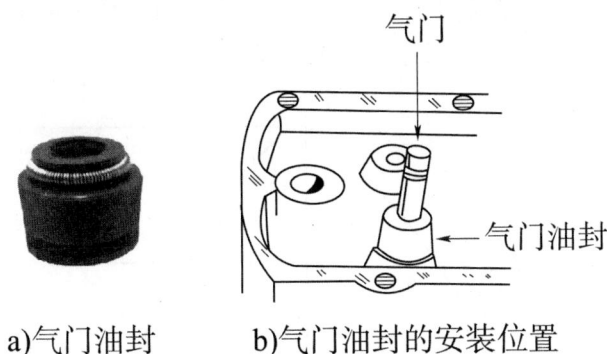

a)气门油封　　b)气门油封的安装位置

图 4-19　气门油封

1. 凸轮轴

1)凸轮轴结构

凸轮轴是用来控制各缸气门的开启和关闭,使其符合发动机的工作顺序、配气相位及气门开度的变化规律等要求。凸轮轴的结构如图 4-20 所示,由进、排气凸轮、凸轮轴轴颈等组成。

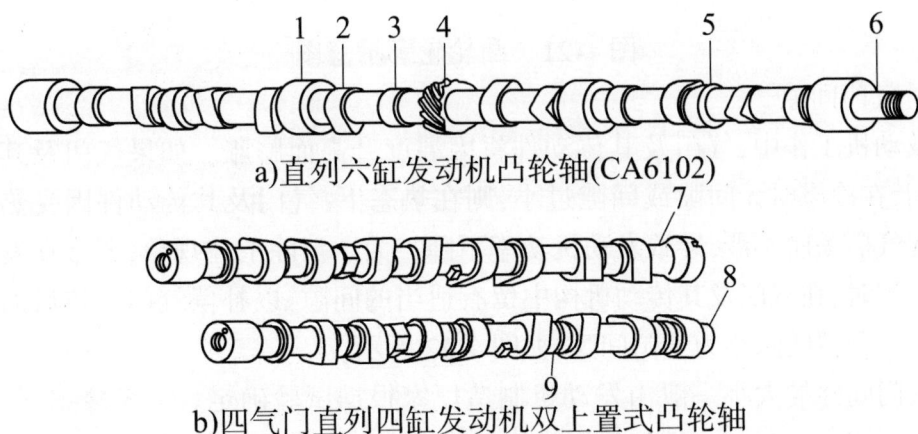

a)直列六缸发动机凸轮轴(CA6102)

b)四气门直列四缸发动机双上置式凸轮轴

图 4-20　凸轮轴的结构

1-凸轮轴轴颈;2-进气凸轮;3-排气凸轮;4-分电器驱动齿轮;5-偏心轮;6-键槽;
7-进气凸轮轴;8-排气凸轮轴;9-油槽

2)凸轮的形状

凸轮的轮廓应保证气门开启和关闭的持续时间符合配气相位要求,且有合适的升程及其升降过程的运动规律。凸轮的轮廓形状如图4-21所示,O为凸轮轴的轴心,圆弧EA为凸轮的基圆,圆弧AB和DE为凸轮的缓冲段,缓冲段中凸轮的升程(升程即轮廓型线上某点较基圆半径凸出的量)变化速度较慢,圆弧BCD为凸轮的工作段,此段升程较快,C点时升程最大(图中A值),它决定了气门的最大开度,不同机型凸轮的升程变化规律不同。

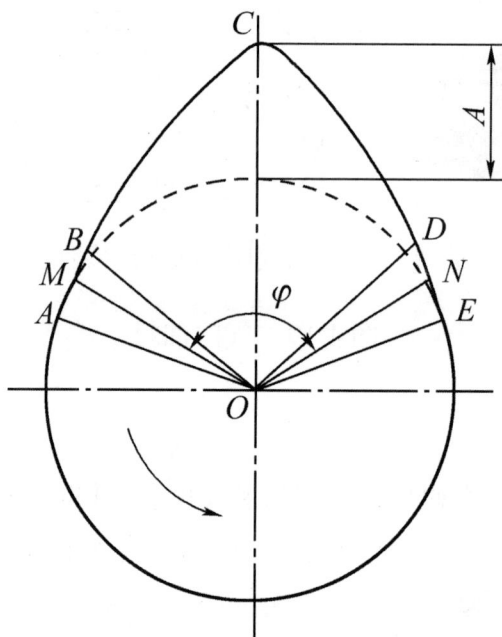

图4-21 凸轮轮廓示意图

3)气门间隙

发动机工作中,气门及其传动件将因温度升高而膨胀。如果气门及其传动件之间,在冷态时无间隙或间隙过小,则在热态下,气门及其传动件因受热膨胀而引起气门关闭不严,导致发动机功率下降。为了消除上述现象,通常在发动机冷态装配时,在气门及其传动机构中留有适当的间隙,以补偿气门受热后的膨胀量。这一预留间隙称为气门间隙,如图4-22所示。

气门间隙的大小一般由发动机制造厂家根据试验确定。一般冷态下,气门间隙为0.20~0.25mm,排气门间隙偏大一点。间隙过小,则气门受热膨胀,导致气门关闭不严、漏气,使发动机功率下降,甚至气门烧坏。间隙过大,则使气门最大开度减小,开启延续时间缩短,影响充气效率,且加剧传动件间的撞击,加速零件磨损,增加噪声。为了能够检查与调整气门间隙,一般在摇臂(或挺柱)上装有调整螺钉与锁紧螺母。调整时,先松开锁紧螺母,然后将规定厚度的塞尺插入气门杆端与摇臂之间来回拉动,同时拧动调整螺钉,直到塞尺有轻微阻力为止,再拧紧锁紧螺母。

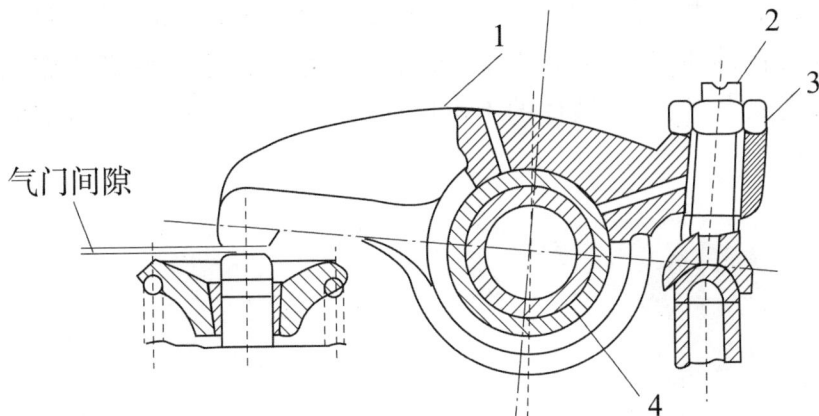

图 4-22　气门间隙

1-摇臂;2-调整螺钉;3-锁紧螺母;4-摇臂轴

2. 挺柱

挺柱的作用是将凸轮的推力传给推杆或气门,同时还承受凸轮轴旋转所施加的侧向力。气门挺柱根据结构不同可分为普通挺柱和液压挺柱。

1)普通挺柱

普通挺柱常见的形式有筒式和滚轮式两种,如图 4-23 所示。筒形挺柱的下部钻有通孔,便于筒内收集的润滑油流出以对挺柱底面和凸轮加强润滑。底面为凹球形,与推杆下方的凸球形配合。滚轮式挺柱由于滚轮的转动,传力灵活,使滚轮与凸轮间的摩擦阻力和侧向力小,但结构复杂,质量大,多用于柴油机中。

a)菌形平面挺柱　　　b)吊杯形平面挺柱　　　c)滚轮式挺柱

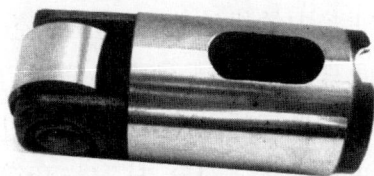

图 4-23　普通挺柱

2)液压挺柱

轿车发动机普遍采用液压挺柱,液压挺柱的长度能自动调整,所以不需预留气门间隙,也没有气门间隙调整装置。如图4-24所示。其工作原理是当凸轮轴转动,凸轮的凸起部分与挺柱顶面接触时,挺柱在凸轮推动力作用下向下移动,高压腔内的机油被压缩,单向球阀在压力差和球阀弹簧的作用下关闭,高、低压油腔被分开,由于液体的不可压缩性,整个挺柱如同一个刚体下移挺开气门。

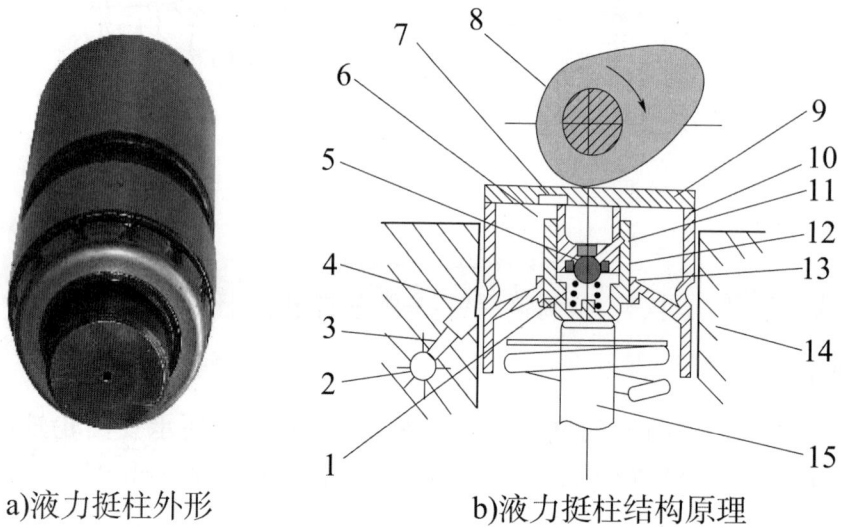

a)液力挺柱外形　　　　　b)液力挺柱结构原理

图4-24　液力挺柱

1-高压油腔;2-缸盖油道;3-油量孔;4-斜油孔;5-球阀;6-低压油腔;7-键形槽;8-凸轮轴;9-挺柱体;10-柱塞焊缝;11-柱塞;12-套筒;13-弹簧;14-缸盖;15-气门杆

当凸轮的凸起部分离开挺柱顶面时,挺柱在气门弹簧作用下渐渐回位,开始高压油腔继续封闭,直到挺柱体上的环形油槽与汽缸盖上的斜油孔对齐,汽缸盖油道中的机油进入挺柱的低压油腔,高压油腔的油压下降,单向球阀打开,低压油腔中的机油流入高压油腔,使两腔连通。此时,液压挺柱的顶面仍然和凸轮表面紧贴,从而起到了补偿气门间隙的作用。

当气门受热膨胀时,通过柱塞与套筒之间的间隙,高压油腔内的机油向低压油腔泄漏一部分,柱塞与套筒产生相对运动,从而使挺柱自动"缩短",保证气门关闭紧密。这样,采用了液压挺柱可消除气门间隙。

3.推杆

在下置式凸轮轴的配气机构中设有推杆,如图4-25所示,其作用是将挺柱传来的作用力传给摇臂。安装在挺柱和摇臂之间。它是配气机构中最易弯曲的零件，要求有足够的刚度，为减少上下运动的惯性，质量要轻，常用硬质铝合金制造。

4. 摇臂和摇臂轴

摇臂的功用是将推杆或凸轮传来的作用力，改变方向后传给气门使其开启。摇臂是一个双臂杠杆，以摇臂轴为支点，两臂不等长，如图 4-26 所示。短臂端加工有螺纹孔，用来拧入气门间隙调整螺钉，长臂端加工成圆弧面，是推动气门的工作面。

摇臂通过摇臂轴支承在摇臂轴支座上，摇臂轴支座安装在汽缸盖上，摇臂轴为空心管状结构，如图 4-27 所示。

摇臂与推杆端、摇臂与摇臂轴间的润滑可采用来自挺杆座、挺杆、推杆、摇臂内油道或来自汽缸盖、摇臂内孔的压力机油润滑。为了防止摇臂的窜动，在摇臂轴上每两摇臂之间都装有弹簧。

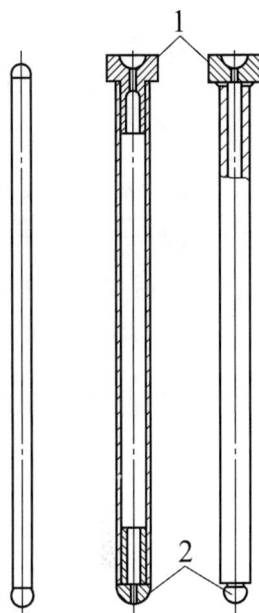

图 4-25　推杆
1-球座;2-球头

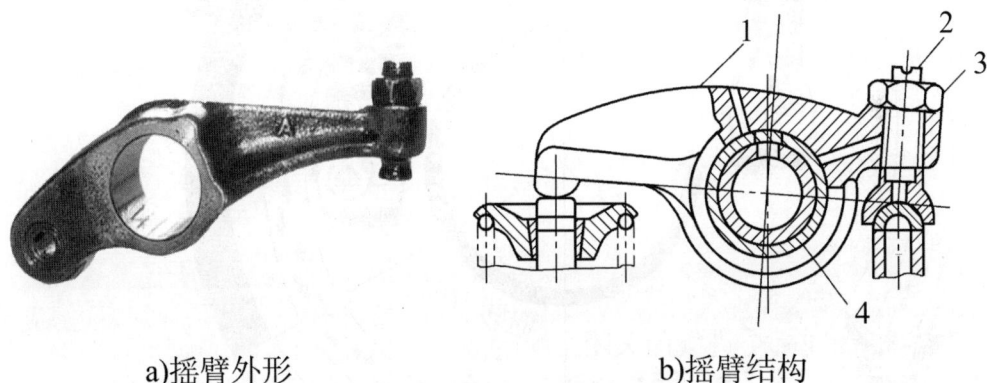

a)摇臂外形　　　　　　b)摇臂结构

图 4-26　摇臂
1-摇臂;2-调整螺钉;3-锁紧螺母;4-摇臂轴

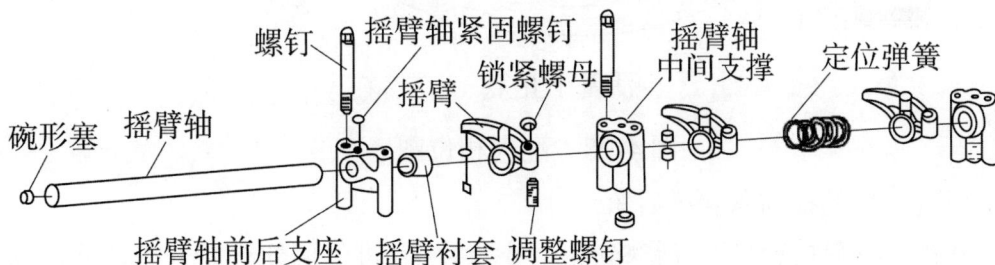

图 4-27　摇臂组

五、配气相位与可变配气正时机构

1.配气相位

由于发动机转速很高,活塞每一行程所经历的时间十分短促,在这样短的时间内要使进气充分、排气干净是比较困难的。为了延长进、排气的时间,改善换气过程,提高发动机的性能,进、排气门均采用早开和迟闭的方法。

配气相位是进、排气门的实际开闭时刻用相对于上、下止点曲轴转角的环形图来表示。这种图形称为配气相位图,如图4-28所示。

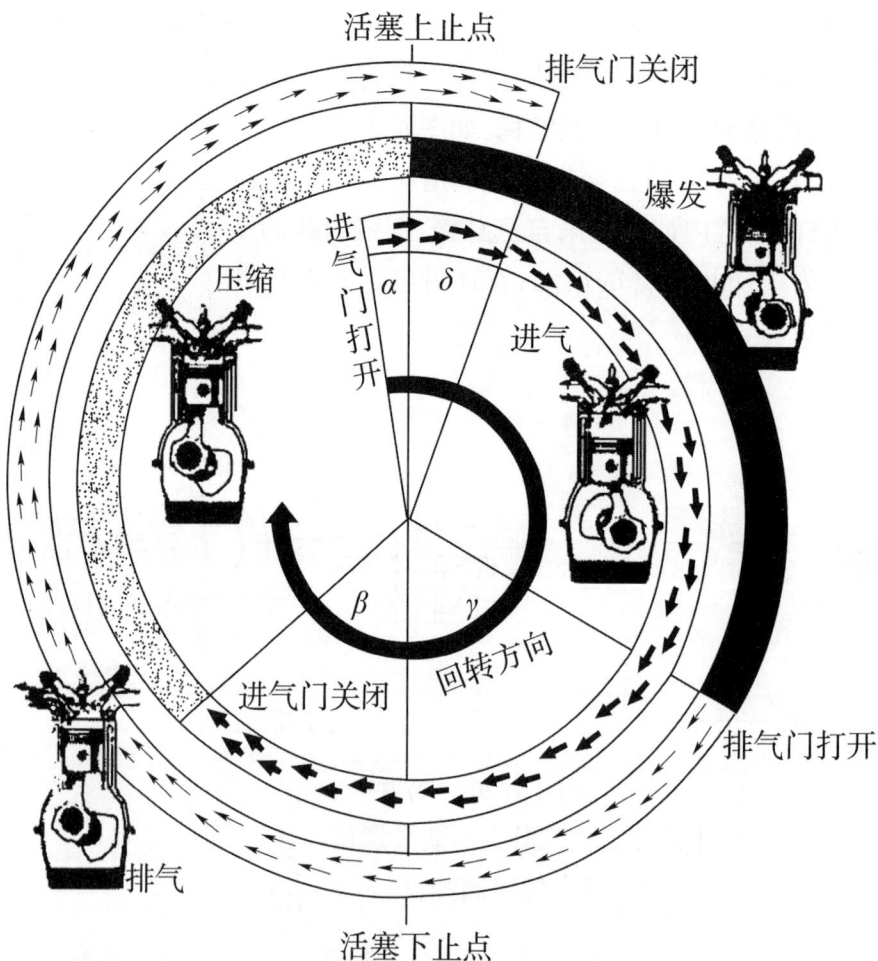

图4-28 配气相位图

1)进气门的提前角和滞后角

在排气行程接近终了,活塞到达上止点之前,进气门便开始开启。从进气门开始开启到上止点所对应的曲轴转角称为进气提前角,用 α 表示。α 一般为

$10°\sim30°$。进气门早开,使得活塞到达上止点开始向下运动时,因进气门已有一定开度,所以可较快地获得较大的进气通道截面,减少进气阻力。

在进气行程下止点过后,活塞进入压缩行程,上行一段,进气门才关闭。从下止点到进气门关闭所对应的曲轴转角称为进气滞后角,用 β 表示。β 一般为 $40°\sim80°$。进气门晚关,是因为活塞到达下止点时,由于进气阻力的影响,汽缸内的压力仍低于大气压,且气流还有相当大的惯性,仍能继续进气。

进气门开启持续时间内的曲轴转角,即进气持续角为 $\alpha+180°+\beta$。

2)排气门提前角和滞后角

在做功行程的后期,活塞到达下止点前,排气门便开始开启,从排气门开始开启到下止点所对应的曲轴转角称为排气提前角,用 γ 表示。γ 一般为 $40°\sim80°$。恰当的排气门早开,汽缸内还有 $300\sim500$kPa 的压力,做功作用已经不大,可利用此压力使汽缸内的废气迅速地自由排出。等活塞到达下止点时,汽缸内只剩 $110\sim120$kPa 的压力,使排气行程所消耗的功率大为减小。此外,高温废气的早排,还可以防止发动机过热,但 γ 角不能过大。

在活塞越过上止点后,排气门才关闭,从上止点到排气门关闭所对应的曲轴转角称为排气滞后角,用 δ 表示。δ 一般为 $10°\sim30°$。由于活塞到达上止点时,汽缸内的压力仍高于大气压,且废气气流有一定的惯性,所以排气门适当晚关可使废气排得较干净。

排气门开启持续时间内的曲轴转角,即排气持续角为 $\gamma+180°+\delta$。

由于进气门早开和排气门晚关,就出现了一段进排气门同时开启的现象,称为气门叠开。同时开启的角度,即进气门提前角与排气门滞后角之和($\alpha+\delta$),称为气门叠开角。

2. 可变配气正时机构

早期的发动机的配气相位通常是固定不变的,只能在某一发动机工况下性能最佳,其他工况发动机性能没有得到充分发挥。现代汽车发动机普遍采用可变配气相位,进气门的开、闭时间可被调节。发动机转速高时,增大进气门的升程,提前开启和延迟关闭进气门,以提高发动机的功率;发动机转速低时,减少进气门的升程,延迟开启和提前关闭进气门,以提高发动机的转矩,以满足发动机对经济性、动力性和减少排放污染的要求。可变配气相位机构是发动机设计的新技术,近十几年来发展迅速。可变配气相位机构主要有电磁式、液压式和机械式三大类。比较有代表性的是:本田可变气门配气相位和气门升程电子控制系统(VTEC 系统)、大众车系链条式可变配气正时机构和丰田车系智能可变配气正时系统(VVT-i 系统)。

1)大众车系可变气门正时机构 VVT 原理

采用双顶置凸轮轴、4 气门结构。排气凸轮轴通过正时齿形皮带与曲轴相连接,进、排凸轮轴之间采用链条驱动,链条上装有油压张紧器,如图 4-29 所示。可变相位调节器是在液压紧链器的基础上,加装了用 ECU 控制的电磁阀,形成了一个配气相位调节机构,如图 4-30 所示。

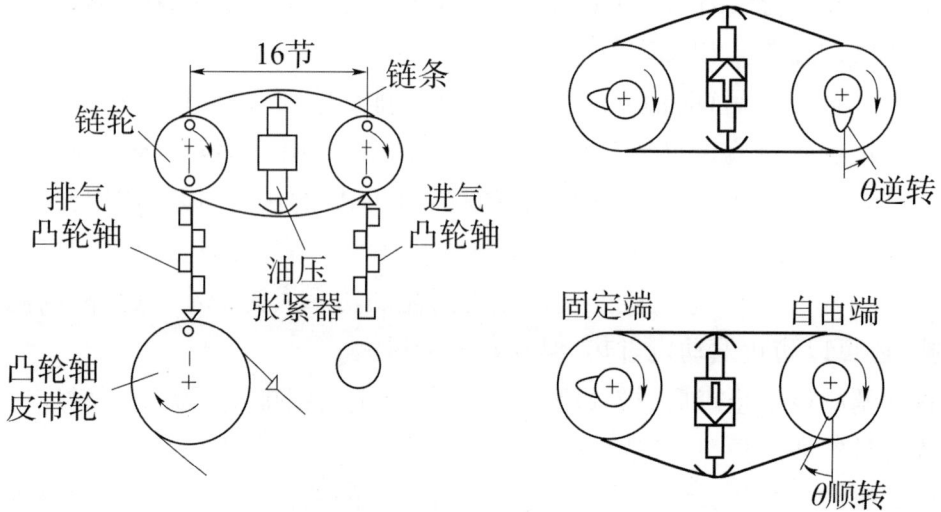

图 4-29　链条式配气相位工作原理图

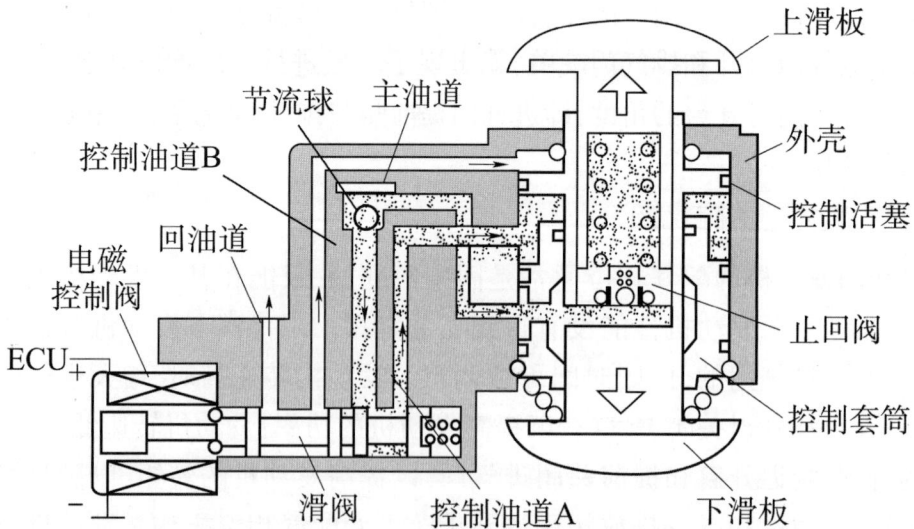

图 4-30　配气相位调节机构

当发动机转速低于 1300r/min 时,电磁控制阀不通电,进气凸轮轴即反向转动一定角度 θ,进气门早开角度变小,进、排气门的重叠角变小,防止发动机回火,低速运转平稳;当发动机转速高于1300r/min时,电磁控制阀通电,进气凸轮轴即正向转动一定角度 θ,进气门提前角变大,进、排气门的重叠角变大,废气排出率加大,提高了容积效率和转矩值;当发动机转速高于3600r/min时,电磁控制阀又断电,调节工作结束,进气门又回到不提前的位置,晚开和晚关角度加大,可利用气体的惯性能量,提高功率值。

大众车系可变气门正时机构的特点是只改变进气门开、关时间的早晚,配气相位角值不变,只是开启时间和关闭时间同时改变,总的开启时间没有变化,(低速时早开、早关,重叠角加大;高速时晚开、晚关,重叠角减小),进气门升程不改变。

2)大众第三代 EA888 发动机可变气门升程控制系统

大众可变气门可变升程控制系统原理图,如图4-31所示。

(1)凸轮轴构造。

为了在排气凸轮轴上两个不同的气门升程之间相互切换,凸轮轴上安装有 4 个可移动的滑动凸轮,滑动凸轮带有内花键,可以在带有花键的凸轮轴上轴向左右移动。每个滑动凸轮上带有两对升程不同的凸轮和两个滑动槽。每个滑动凸轮由两个执行器控制,控制单元可以控制执行器,使执行器的金属销与滑动凸轮上的滑动槽接合,移动凸轮轴上的滑动凸轮,实现两种升程进行切换。

凸轮轴中的弹簧加载式球体将滑动凸轮锁定在其各自的端部位置。凸轮轴的滑动槽和轴向推力轴承会限制滑动凸轮的移动极限位置。大众可变气门升程凸轮轴构造如图4-32所示。

(2)执行器。

在两个执行器(电磁阀)的协助下,排气凸轮轴上的每个滑动凸轮都可在两个切换位置之间被来回移动。每个汽缸的一个执行器将滑动凸轮切换到大的气门升程工作,另一个执行器将滑动凸轮切换到小的气门升程工作。

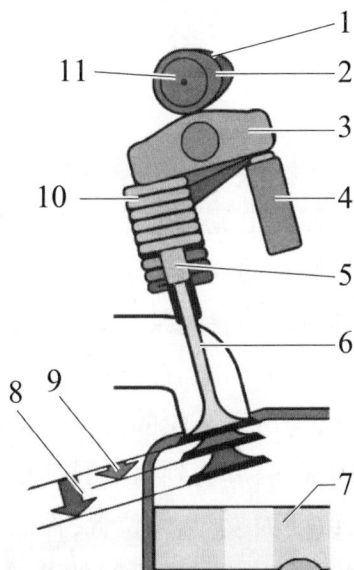

图 4-31　大众可变气门可变升程控制系统原理图

1-大凸轮轮廓;2-小凸轮轮廓;3-滚动摇臂棘爪;4-液压挺柱;5-气门导管;6-排气门;7-活塞;8-大开启行程;9-小开启行程;10-气门弹簧;11-排气凸轮轴

每个执行器由发动机控制单元通过主继电器控制,执行器的位置结构与原理如图 4-33 所示。

图4-32 大众可变气门升程凸轮轴

1-滑动凸轮;2-带外花键的排气凸轮轴;3-用球体和弹簧锁定滑动凸轮

当控制电流通过其中的一个执行器的电磁线圈时,相应执行器的金属销被伸长。伸长的金属销接合到滑动凸轮的相应滑动槽中,通过凸轮轴旋转经滑动槽推动滑动凸轮向某一方向轴向移动,到预定位置后,金属销在滑动槽的复位斜面作用下缩回。当控制电流进入另一执行器电磁线圈时,另一执行器的金属销被伸长,与滑动凸轮的另一滑动槽结合,凸轮轴旋转经滑动槽推动滑动凸轮向另一方向轴向移动,到另一预定位置。这样滑动凸轮就能根据需要在凸轮轴来回移动,改变大、小凸轮位置,控制气门,实现不同升程。

(3)发动机转速低时的凸轮轴位置及切换。

发动机在较低转速负荷下的凸轮轴位置及切换,如图4-34 所示。

发动机在较低转速负荷下工作时,控制电流流入右侧执行器电磁线圈,右执行器金属销伸长,与滑动凸轮右侧滑动槽结合、滑动凸轮转动使滑动槽带动滑动凸轮向左移动,将滑动凸轮的大凸轮离开滚动摇臂棘爪上方,小凸轮移至滚动摇臂棘爪上方,气门由小凸轮控制,沿着较小的凸轮轮廓上下移动,升程减小,如图4-34 所示。通过凸轮轴中的弹簧加载式球体被固定在此位置。

(4)发动机在部分负载和全负载下的凸轮轴位置及切换。

发动机在部分负载和全负载下的凸轮轴位置及切换,如图4-35 所示。

发动机在部分负载和全负载下工作时,排气门需要最大的气门升程。为达到此目的,左侧执行器被启动,左执行器金属销伸长。金属销通过左侧滑动槽将滑动凸轮向右移动,滑动凸轮上的小凸轮离开滚动摇臂棘爪上方,大凸轮移至滚动摇臂棘爪上方,气门由大凸轮控制,沿着较大的凸轮轮廓上下移动,升程增大,如图4-35所示。通过凸轮轴中的弹簧加载式球体被固定在此位置。

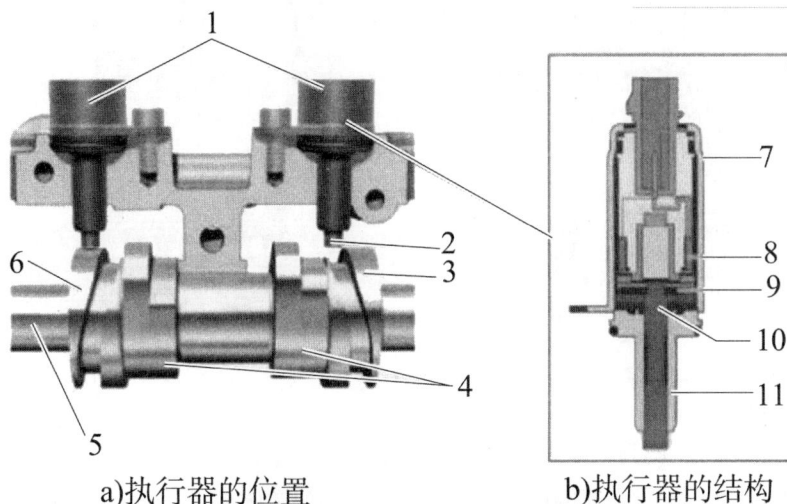

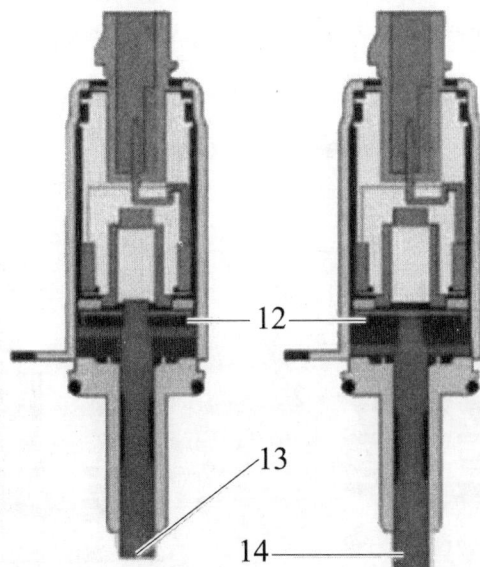

a)执行器的位置　　　　　　　　b)执行器的结构

图4-33　执行器的位置结构与原理图

1-执行器(电磁阀);2、10-金属销;3、6-复位斜面;4-滑动凸轮;5-排气凸轮轴;7-壳体;8-电磁线圈;9-永久磁铁;11-导管;12-永久磁铁;13-缩入的金属销;14-伸出的金属销

3)本田可变气门配气相位和气门升程电子控制系统(VTEC系统)

VTEC系统全称是可变气门正时和升程电子控制系统,如图4-36所示。它能随发动机转速、负荷、冷却液温度等运行参数的变化,而适当地调整配气正时和

气门升程,使发动机在高、低速下均能达到最高效率。

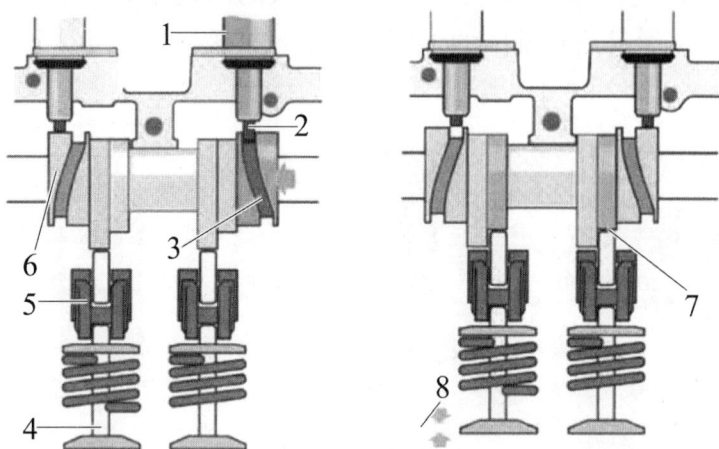

图4-34　发动机转速低时的凸轮轴位置及切换

1-执行器;2-金属销;3-滑动槽;4-气门;5-滚动摇臂棘爪;6-滑动凸轮;7-滚动摇臂棘爪在小凸轮上运行;8-小行程开启

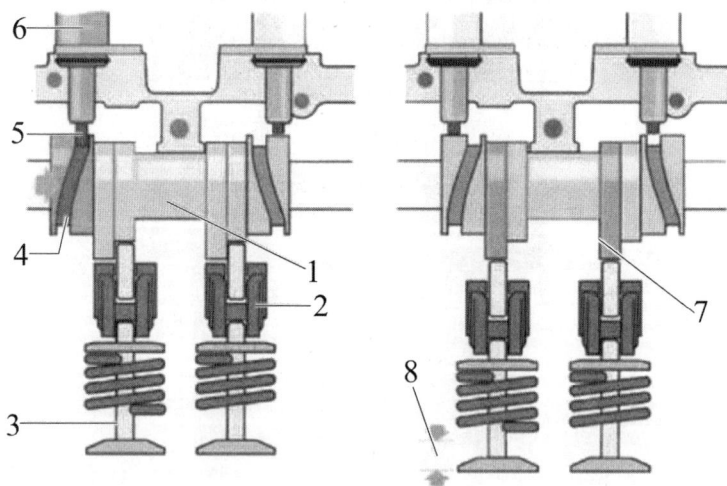

图4-35　发动机在部分负载和全负载下的凸轮轴位置及切换

1-滑动凸轮;2-滚轮摇臂棘爪;3-气门;4-滑动槽;5-金属销;6-执行器;7-滚轮摇臂棘爪在大凸轮上运行;8-大气门开度

　　装有VTEC机构的发动机,每个汽缸均有二个进气门和排气门。只是它的两个进气门有主次之分,即主进气门和次进气门,分别由主凸轮和次凸轮通过主、次摇臂来驱动。主、次摇臂之间设有一个中间摇臂,它不与任何气门接触。

发动机低速运转时,ECM 无工作指令,油道内无控制油压,各摇臂中的柱塞都在各自的柱塞孔中,各摇臂独自摆动,互不影响。主摇臂随主凸轮开闭主进气门,次凸轮推动次摇臂微开次进气门;中间摇臂只是"空摆",不参加工作,如图 4-37 所示。

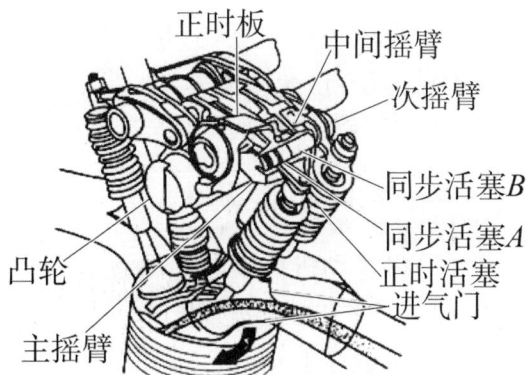

图 4-36　VTEC 机构

发动机高速运转时,当发动机转速达到 2300 ～ 2500r/min 时,车速达到 10km/h 以上时;节气门开度达到 25% 以上时;冷却液温度在 60℃ 以上时。ECM 指令 VTEC 电磁阀开启液压油道,油压推动正时柱塞、同步柱塞和限位柱塞移动,将三个摇臂栓为一体,由中间凸轮经中间摇臂驱动二个气门同步工作,如图 4-37 所示。由于中间凸轮的升程大于另外两个凸轮,且凸轮的相位角也加大,主次进气门都大升程和大配气相位角地工作,功率明显的提高。

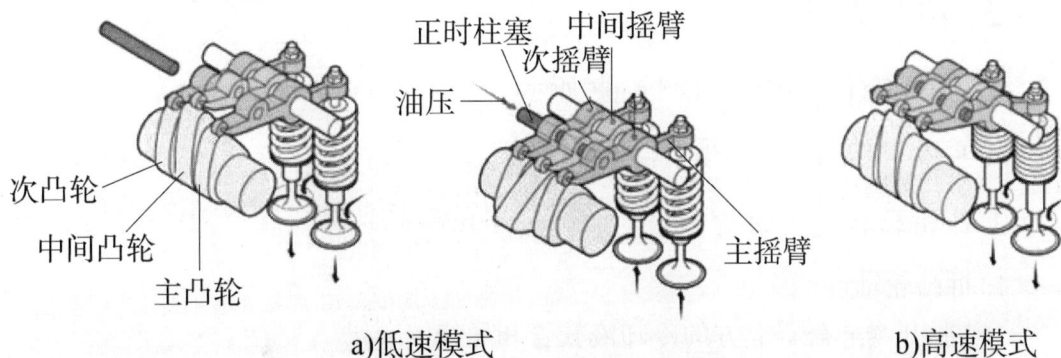

a)低速模式　　　　　　　　　　b)高速模式

图 4-37　VTEC 机构工作原理

当发动机转速降低达到气门正时需要再次变换时,电脑再次发出信号,打开 VTEC 电磁阀压力开关,使压力机油泄出,气门再次回到低速工作模式。

课题二　凸轮轴和气门的拆装

一、工具、设备和材料准备

(1)迈腾 B8 轿车 CUGA 发动机(带拆装台架)一台。

(2)组合工具一套、扭力扳手、锤子、螺丝刀、百分表、工具车一辆。

(3)工作台、零件摆放架一个。

(4)气门专用拆装工具。

二、作业前准备

(1)将发动机拆装台架放置可靠。

(2)清洁工作台架及工具。

(3)讲解安全和拆装注意事项。

三、注意事项

(1)拆卸前应注意观察曲轴、凸轮轴正时链轮上的标记。

(2)拆装凸轮轴轴承盖时应按规定的顺序,并按规定的力矩拧紧。

(3)拆卸气门前应注意观察记号(如无应做上记号)。

(4)安装凸轮轴时应先润滑凸轮轴轴颈。

四、操作步骤

凸轮轴和气门分解图,如图4-38所示。

1. 正时链的拆卸(见项目三课题二)

2. 凸轮轴和气门的拆卸

1)拆凸轮轴

(1)脱开汽缸盖罩上方的冷却液软管和导线。

(2)拔下点火线圈电线插接器,打开固定卡,脱开线束固定卡,如图4-39所示。

(3)拧下螺母,取下接地线。

(4)拔下所有点火线圈上的电线插接器。

(5)将点火线圈专用拔出工具插入点火线圈的开孔中,顺时针旋转滚花螺母,直至拔出器固定住,再用拔出工具小心地将点火线圈向上垂直拉出,如图4-40所示。

(6)拆下凸轮轴升程调节器固定螺栓,取下凸轮轴升程调节器,如图4-41所示。

(7)按下曲轴箱通风软管上的脱开锁止卡,然后脱开曲轴箱通风软管。

(8)拆下真空泵上的真空软管。

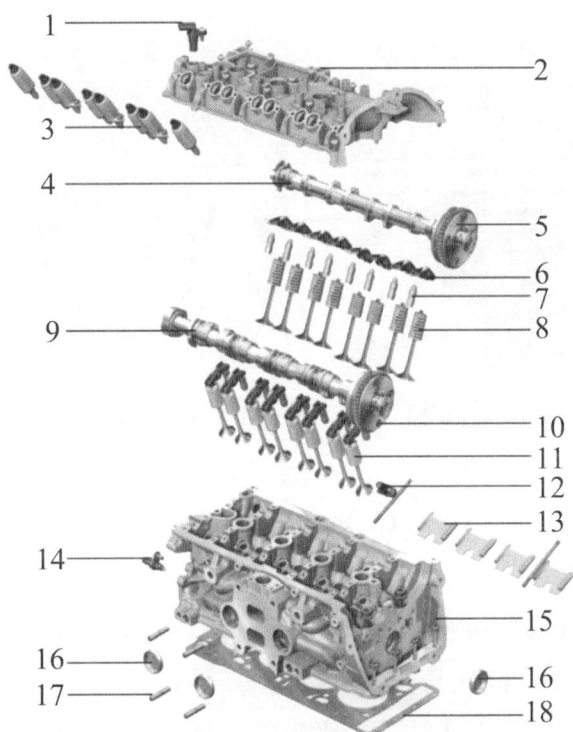

图 4-38　凸轮轴和气门分解图

1-霍尔传感器;2-缸盖罩盖;3-气门行程控制执行器;4-进气凸轮轴;5-进气凸轮轴调节器;6-摇臂;7-挺柱;8-进气门;9-排气凸轮轴;10-排气凸轮轴调节器;11-排气门;12-霍尔传感器 G40;13-进气隔板;14-冷却液温度传感器;15-汽缸盖;16-防冻闷盖;17-排气管螺栓;18-汽缸垫

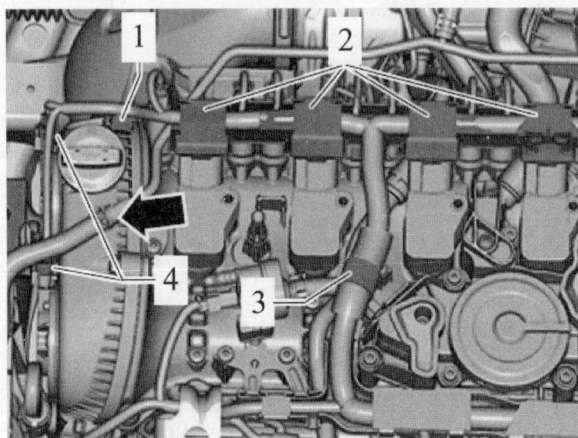

图 4-39　脱开线束固定卡

1-线束固定卡;2-点火线圈电线插接器;3-固定卡;4-电线插接器

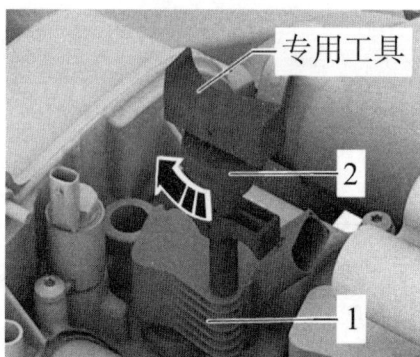

图 4-40　拆下点火线圈

1-点火线圈;2-滚花螺母

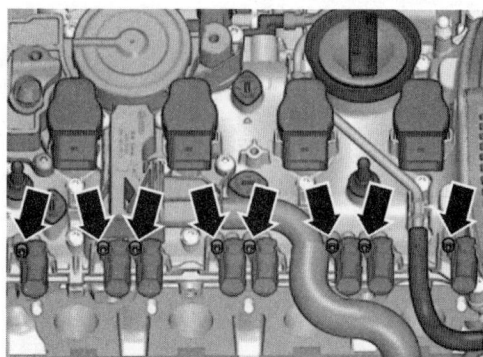

图 4-41　取下凸轮轴升程调节器

(9)拧出油气分离器固定螺栓,拆下油气分离器。

(10)拧出霍尔传感器固定螺栓,取出两只霍尔传感器

(11)拆下活性炭罐电磁阀电气电线插接器和支架。

(12)用扳手把持住高压管连接件。

(13)用专用套筒,拧下燃油分配管上的活接头螺母,然后拆下高压管路。

注意:在车上作业时,必须给燃油系统泄压。

用洁净的盖帽密封被打开的接头,确保无尘垢进入燃油系统。

(14)拧出真空泵固定螺栓,取下真空泵及高压油泵。

(15)按1至6顺序分次松开并旋出汽缸盖罩安装螺栓,取下汽缸盖罩,如图 4-42 所示。

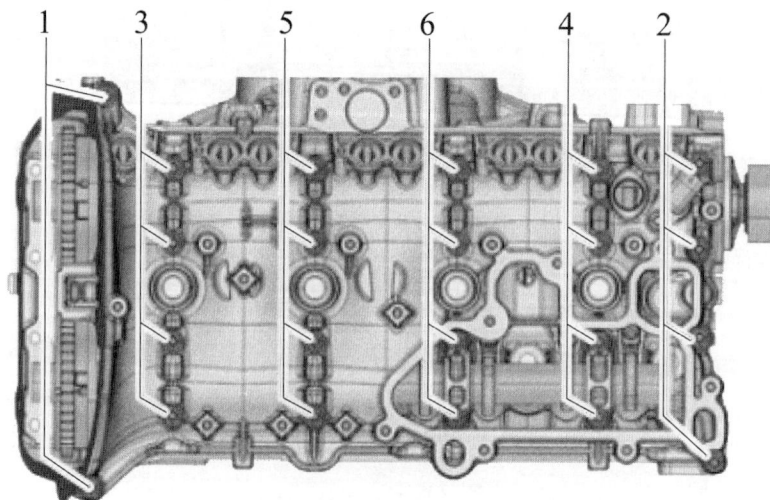

图 4-42　汽缸盖罩安装螺栓拆卸顺序

（16）取下凸轮轴。

（17）取出滚子摇臂并将其放到一块干净的垫板上。注意，不要混淆滚子摇臂。

2）拆汽缸盖（见项目三课题二）

3）拆气门组件

（1）将汽缸盖摆放在工作台上的木块上。

（2）取下液压挺柱，并按顺序摆放整齐。

（3）用气门专用拆装工具压缩气门弹簧，取下气门锁夹，如图 4-43 所示。

（4）取下各缸气门并按顺序摆放整齐。

小提示：气门拆卸时应做好安装标记，安装时应装回原位。

（5）取下气门弹簧和气门弹簧座。

（6）用专用工具拆下气门油封，如图 4-44 所示。

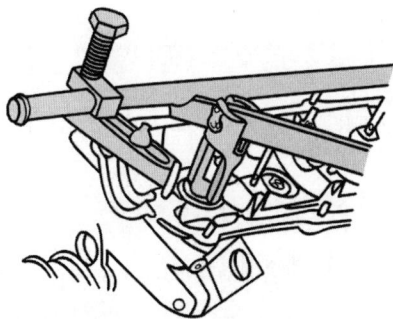

图 4-43　拆卸气门　　图 4-44　拆下气门油封

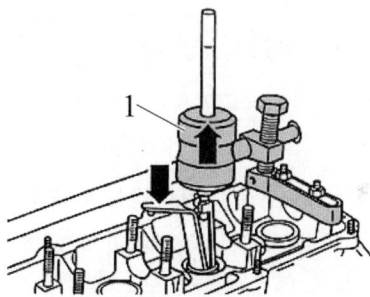

1-专用工具

3. 配气机构的清洁检查

1）检查正时链

如果怀疑原因凸轮轴正时链被拉过长，可以按照以下方法检查。

（1）拆卸右侧轮罩内板或右侧轮罩内板。

（2）从正时链上盖板上取下密封塞，如图 4-45 箭头所示，必须更换密封塞。

（3）沿发动机转动方向转动曲轴，直至链条张紧器活塞沿图 4-46 箭头所示方向最大限度伸出。

（4）数出可见的活塞齿数，可见齿数是指位于张紧器壳体（如图 4-46 箭头所示）右侧的所有的齿数。

（5）如果可见齿数超过 7 个，则必须更换正时链。

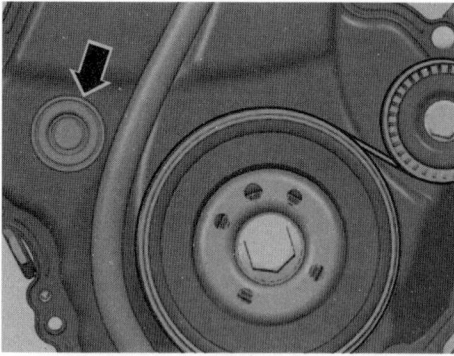

图 4-45 取下密封塞

图 4-46 数出可见的活塞齿数

2)检查配气相位

(1)拆下正时链上盖板。

(2)沿发动机运转方向转动曲轴,直至标记 – 1 – 和 – 2 – 几乎位于上方。

(3)拆卸第一缸点火线圈和火花塞。

(4)将千分表转接头拧入火花塞螺纹内,直至极限位置。

(5)将千分表用加强件插入到极限位置,用锁紧螺母如图 4-47 箭头所示固定住。

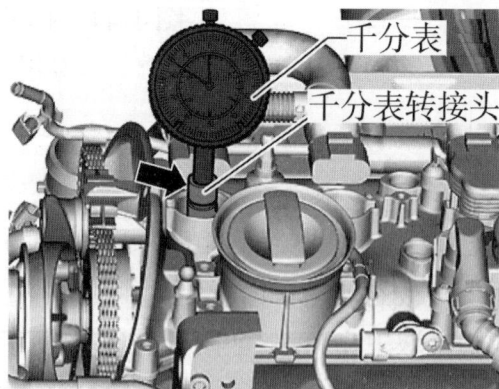

图 4-47 安装千分表

(6)缓慢地沿发动机转动方向旋转曲轴直至千分表指针打到极限。

小提示:在指针达到极限部位(指针回返点)时,活塞位于"上止点"。

注意:如果曲轴转动偏离"上止点"位置,则必须将曲轴再次沿发动机转动方向再次转动 2 圈,不能逆向转动发动机。

(7)检查曲轴皮带轮缺口必须对准正时链下盖板上如图 4-48 箭头所示标记。

(8)检查凸轮轴链轮的标记 1 必须对准汽缸盖上的标记 2 和 3,如图 4-49 所示。

3)气门的清洁检查

(1)清除气门头部和进排气道的积炭。

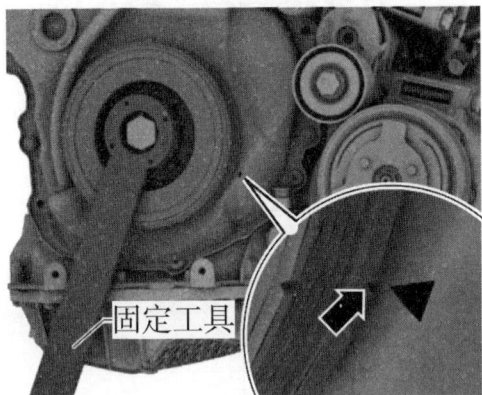

图 4-48 曲轴皮带轮正时标记

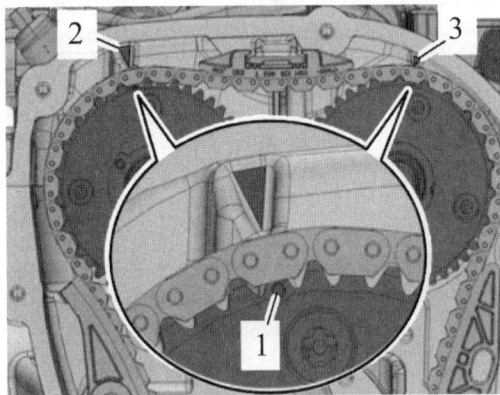

图 4-49 检查凸轮轴链轮正时标记

(2)清洁气门、气门座。

(3)检视气门锥形工作面及气门杆的磨损、烧蚀及变形情况,视情况更换气门。

(4)检查气门头圆柱面的厚度,如图 4-50 所示,应大于 1.0mm。

(5)检查气门尾部端面。该端面在工作时经常与气门摇臂碰擦,需检视此端面的磨损情况,有无凹陷现象。

4)气门导管的清洁检查

(1)清洗气门导管。

(2)检查气门杆与气门导管的间隙。将气门插入气门导管中。使气门的末端与导管平齐检查有无晃动,用百分表测量,如图 4-51 所示,晃动量应符合要求。

5)气门弹簧的清洁检查

(1)清洁气门弹簧、气门弹簧座。

(2)检查气门弹簧的自由长度 L。如图 4-52 所示,用游标卡尺测量气门弹簧的自由长度。

(3)检查气门弹簧端面与其中心轴线的垂直度,如图 4-53 所示。其极限值为

2.0mm,如该间隙超限,则必须更换气门弹簧。

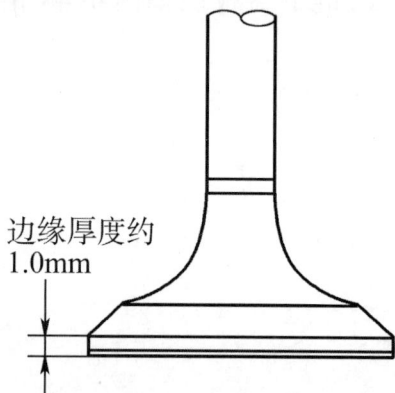

图4-50 检查气门头圆柱面的厚度

边缘厚度约1.0mm

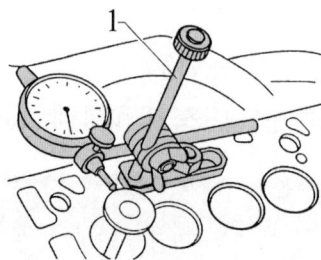

图4-51 检查气门杆与气门
导管的间隙
1-百分表及架

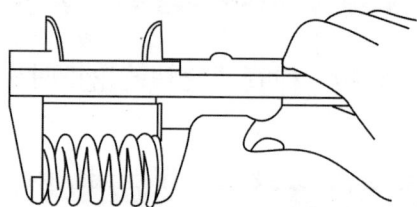

图4-52 检查气门弹簧的自由长度

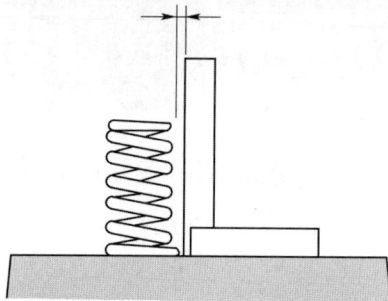

图4-53 检查气门弹簧端面与其
中心轴线的垂直度

6)凸轮轴轴向间隙的检查(图4-54)。

(1)在安装了梯形架的情况下进行测量,将要测量的凸轮轴放入梯形架内。

(2)将百分表用表架固定在汽缸盖上,用手将凸轮轴压向百分表,将百分表调零。

(3)将凸轮轴从百分表中顶出,读出测量值,轴向间隙:0.05~0.17mm。

4.凸轮轴和气门的安装

1)安装气门

(1)在气门的头部和杆部涂上润滑油,将气门按拆卸时的原位置插入气门导管。

(2)在气门杆上套上塑料套,新气门油封上涂上润滑油,用专用工具装上新油封,如图4-55所示。

（3）装上下气门弹簧座、气门弹簧和上气门弹簧座。

（4）用专用工具压缩气门弹簧,装上气门锁夹。

小提示:气门一定要按原位装回。安装时应在气门头部和杆部涂上润滑油。

2）安装汽缸盖和汽缸盖衬垫

（1）在安装汽缸盖之前,要将曲轴转动到第一缸活塞的上止点位置。

（2）装上汽缸盖衬垫和汽缸盖。

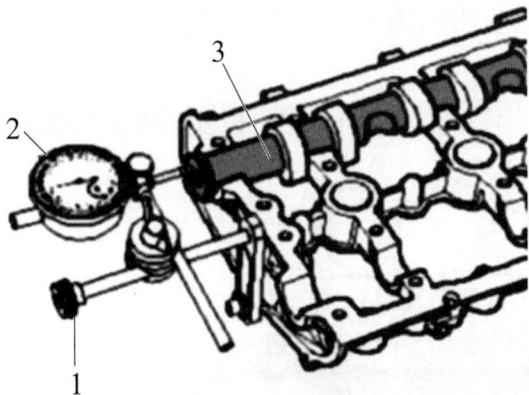

图 4-54　检查凸轮轴轴向间隙

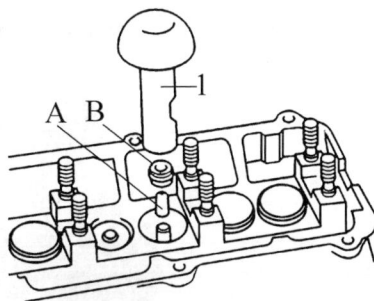

图 4-55　装气门油封

1-专用工具;A-套上塑料套;

B-气门油封上涂上润滑油

小提示:注意汽缸体中的定位销位置。

注意:汽缸盖衬垫的安装位置,必须可以从进气侧读取零件号。

（3）按照图 4-56 所示的顺序,用 40N·m 的力矩分次交叉预拧紧所有螺栓按,接着用固定扳手按同样顺序将所有的螺栓继续转动 1/4 圈（90°）,最后再次按同样顺序将所有螺栓继续转动 1/4 圈（90°）。

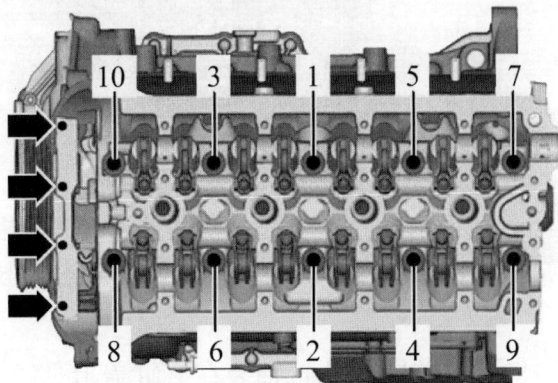

图 4-56　汽缸盖螺栓安装顺序

（4）用 8N·m 的力矩从中间向两边顺序分次预拧紧图 4-56 中箭头所示螺

栓,接着用固定扳手按同样顺序将箭头所示的螺栓继续转动1/4圈(90°)。

3)安装凸轮轴及汽缸盖罩

(1)将汽缸1的活塞移到上止点位置并将曲轴再略微反向旋转。

(2)清除汽缸盖罩凹槽中以及密封面上的密封剂残留物,清洁密封面,必须使其无油脂。

(3)检查滚子摇臂,所有滚子摇臂都必须正确地位于气门杆末端上。

(4)给凸轮轴的摩擦面上油,将进气凸轮轴插入汽缸盖,转动凸轮轴,使第4缸的两凸轮顶尖朝上。

(5)如图4-57所示,将排气凸轮轴插入汽缸盖罩,凸轮对A和B必须相互推动。

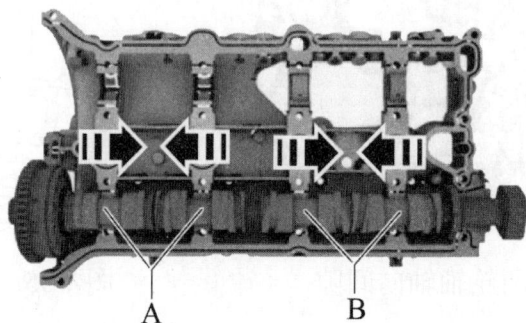

图4-57 将排气凸轮轴插入汽缸盖罩

(6)转动排气凸轮轴,直到标记A和B相对,如图4-58所示。

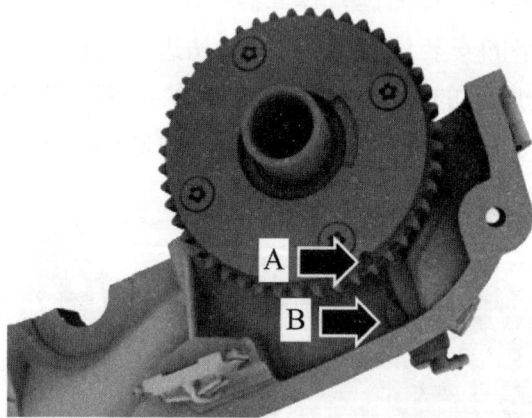

图4-58 转动排气凸轮轴,直到标记A和B相对

(7)如图4-59所示,在汽缸盖罩的干净密封面上涂敷密封胶,密封剂条厚度为2~3mm。

(8)固定凸轮轴,将汽缸盖罩及凸轮轴装在汽缸盖上。

(9)用手略微按压汽缸盖罩,同时略微转动凸轮轴,直到汽缸盖罩"无应力地"贴在汽缸盖上。

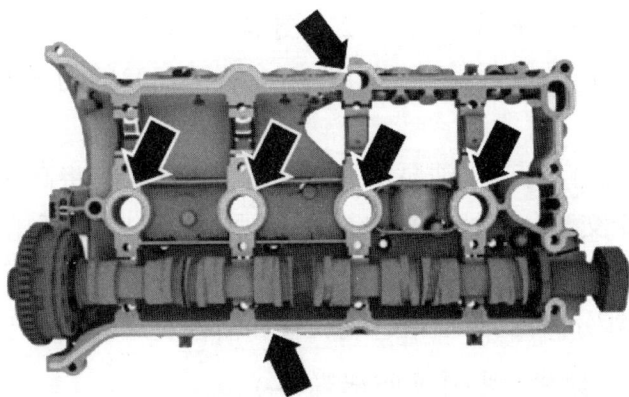

图 4-59　在汽缸盖罩密封面上涂敷密封胶

（10）用手拧入汽缸盖罩固定螺栓，按照 1 至 6 的顺序用扭矩扳手以 8N·m +90°的力矩分多次握紧汽缸盖罩固定螺栓，如图 4-60 所示。

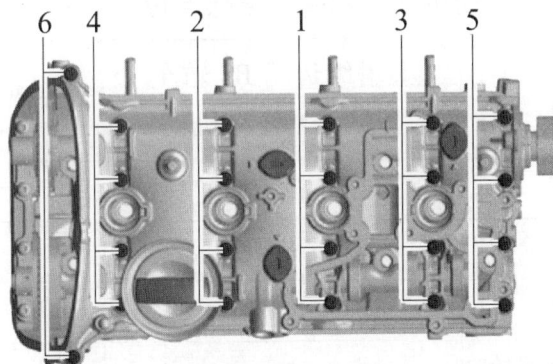

图 4-60　汽缸盖罩固定螺栓拧紧顺序

（11）清洁真空泵密封面，转动真空泵的从动件，使其在安装真空泵时卡入凸轮轴的凹槽中，如图 4-61 所示。

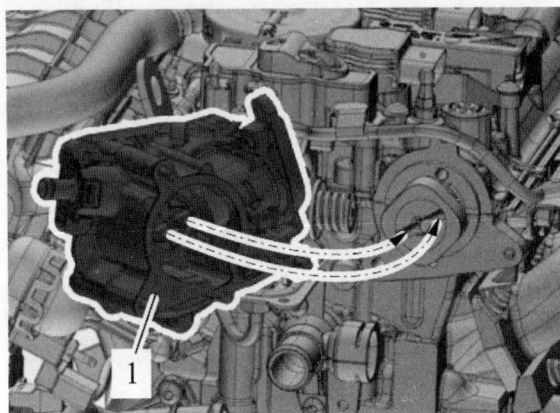

图 4-61 安装真空泵

1-真空泵

(12)装上真空泵的密封件,插入2个螺栓并将带密封件的真空泵装到汽缸盖上,同时确保其齐平地紧贴法兰,以8N·m+180°的力矩拧紧真空泵固定螺栓。

(13)转动曲轴,直到高压油泵滚子挺杆位于最低点,将高压泵插入真空泵,并以20N·m力矩交叉分次拧紧真空泵固定螺栓。装上高、低压油管和燃油压力调节阀电线插接器。

(14)装上油气分离器、曲轴箱进气软管和活性炭罐电磁阀上的软管。

5. 装凸轮轴正时链(见项目四课题二)

6. 安装皮带轮侧传动机构(见项目三课题二)

发动机配气机构主要螺栓拧紧力矩,见表4-1。

发动机配气机构主要螺栓拧紧力矩　　　　　表4-1

螺栓、螺母	桑塔纳迈腾 B8 轿车CUGA 发动机	卡罗拉 5A-FE 发动机
凸轮轴轴承座	4N·m+180°	13N·m
汽缸盖罩紧固螺栓	8N·m+90°	7.8N·m
控制阀(左旋)	35N·m	
凸轮轴正时皮带轮螺栓		59N·m
张紧器固定螺母	4N·m+90°	37N·m
滑轨固定螺栓	20N·m	

项目五 汽油机燃料供给系统的结构与拆装

课题一 汽油机燃料供给系统的组成和主要部件结构原理

一、汽油机燃料供给系统的功用和分类

汽油机燃料供给系统的功用是根据发动机各工况对可燃混合气的不同要求,配制一定数量和浓度的可燃混合气,将其供给汽缸,并将燃烧做功后产生的

废气排入大气中。

1.电控燃油喷射系统的功用

空气经空气滤清器滤去杂质之后,通过进气管道流经空气流量传感器、节气门进入进气总管,再经各缸进气歧管,进入汽缸。ECU 根据空气流量传感器、发动机转速和节气门位置传感器等传感器检测的信息确定喷油量,并对喷油器发出指令,将燃油喷入各个进气歧管或汽缸中,与空气混合形成合适浓度的可燃混合气,在汽缸内由火花塞点火燃烧做功。系统如图 5-1 所示。

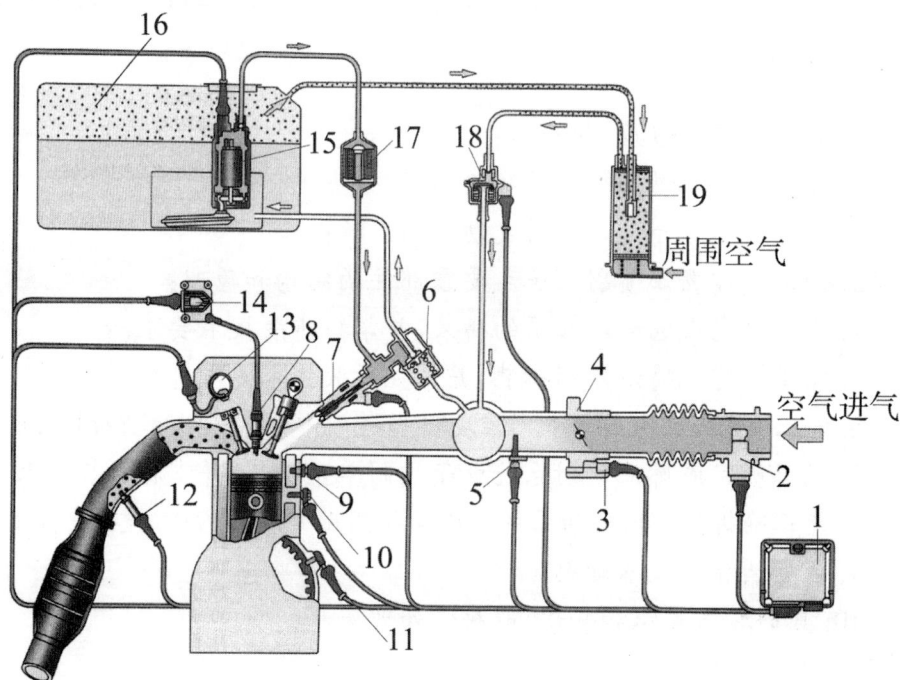

图 5-1 电控燃油喷射系统示意图

1-发动机控制单元(ECU);2-空气流量传感器;3-节气门位置传感器;4-节气门体;5-进气温度传感器;6-燃油压力调节器;7-喷油器;8-火花塞;9-冷却液温度传感器;10-爆振传感器;11-发动机转速传感器;12-氧传感器;13-凸轮轴位置传感器;14-点火控制器;15-电动燃油泵;16-燃油箱;17-燃油滤清器;18-炭罐电磁阀;19-炭罐

2.电控燃油喷射系统的分类

电控燃油喷射系统有许多不同的类型,分类如图 5-2 所示:

(1)按喷射位置分类

根据燃油的喷射位置,电控燃油喷射系统可以分为是缸外喷射、缸内喷射、混合喷射三种。

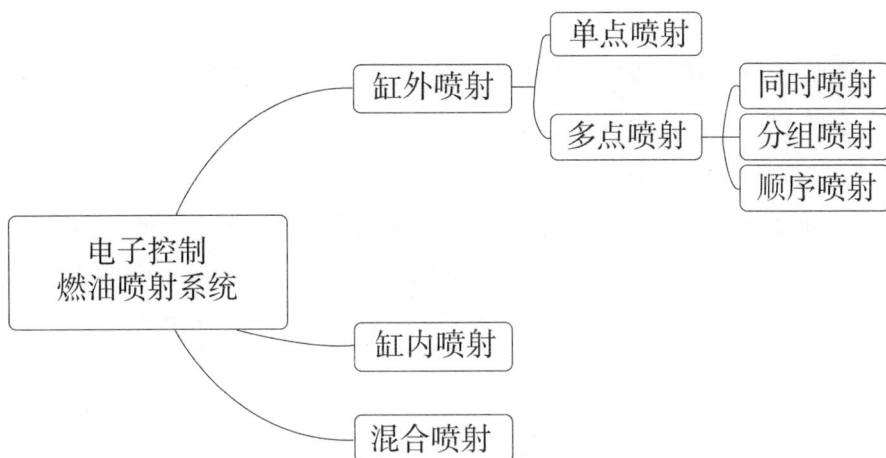

图5-2　电控燃油喷射系统的分类

缸外喷射(也称歧管喷射),如图5-3所示,喷油器安装在进气歧管上,将燃油喷在进气歧管内,在进气行程时与空气一起吸入到汽缸。优点:在缸外喷射更加有利于汽油与空气的混合,同时也能更精准地控制空气和汽油的比例。缺点:缸外喷射不能保证喷油嘴喷出来的所有汽油都会进入到汽缸中燃烧,部分汽油会粘附在歧管壁上。

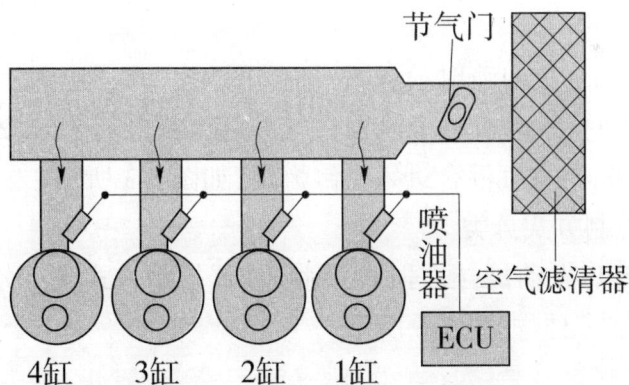

图5-3　缸外多点喷射(MPI)

缸内喷射(GDI)也称缸内直喷,如图5-4所示,喷油器安装在汽缸盖上,直接把燃油喷入汽缸与汽缸内的空气混合燃烧。优点:因为汽油是直接喷入到了汽缸,所以可以避免汽油粘附在歧管上。同时还能提高压缩比,提高发动机的效率。缺点:因为汽油直接喷入汽缸,汽油和空气充分混合的时间大大减少,导致混合气燃烧不充分产生积炭。

混合喷射也称双喷射,将缸外喷射和缸内喷射两种技术相结合,即缸外歧管喷射和缸内直喷同时使用在一款发动机上。在冷机时,中小负荷采用进气道喷射,以减少 HC 和颗粒物的生成。热机时,小负荷区域采用进气道喷射,中小负荷采用进气道喷射加直喷模式。以降低 NO_x 和颗粒物的生成。发动机高速运转时采用缸内直喷,提高的发动机工作效率。

(2)按喷油器的数量分

根据喷油器的数量的不同,缸外喷射又可分为单点喷射和多点喷射。

单点喷射(SPI),如图5-5所示,发动机节气门上方装有一个或两个喷油器,将燃油喷入进气管,与空气混合后进入进气歧管,分配各汽缸燃烧,单点喷射在目前的汽车中运用很少。

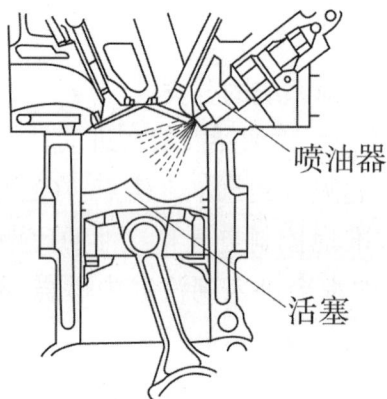

图 5-4　缸内喷射示意图　　图5-5　单点喷射示意图

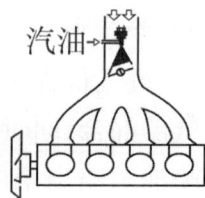

多点喷射(MPI),发动机每个汽缸进气歧管上都装有一个喷油器,燃油直接喷射到进气门前方,与空气混合进入汽缸燃烧,如图5-3所示。

(3)按喷射控制方式分类

多点喷射(MPI)发动机,根据 ECU 对喷油器控制方式又可分为同时喷射、分组喷射和顺序喷射三种,如图5-6所示。

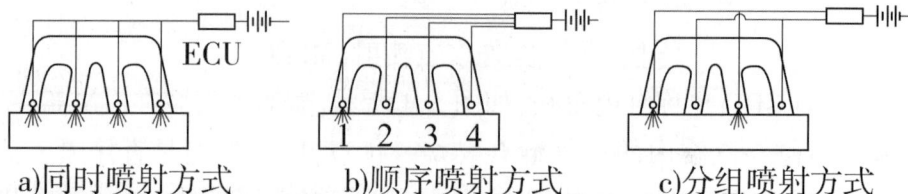

a)同时喷射方式　　　b)顺序喷射方式　　　c)分组喷射方式

图 5-6　喷射方式示意图

同时喷射:发动机每旋转一周,各缸喷油器同时喷油一次。

顺序喷射:发动机运转过程中,各缸喷油器按照做功顺序,依次喷射燃油。

分组喷射:发动机所有汽缸分为两组,各组喷油器依次交替喷射燃油。

二、电控燃油喷射系统的组成

电子控制燃油喷射式燃料供给系统由燃油供给系统、空气供给系统、排气系统和电子控制系统4大部分组成,如图5-7所示。

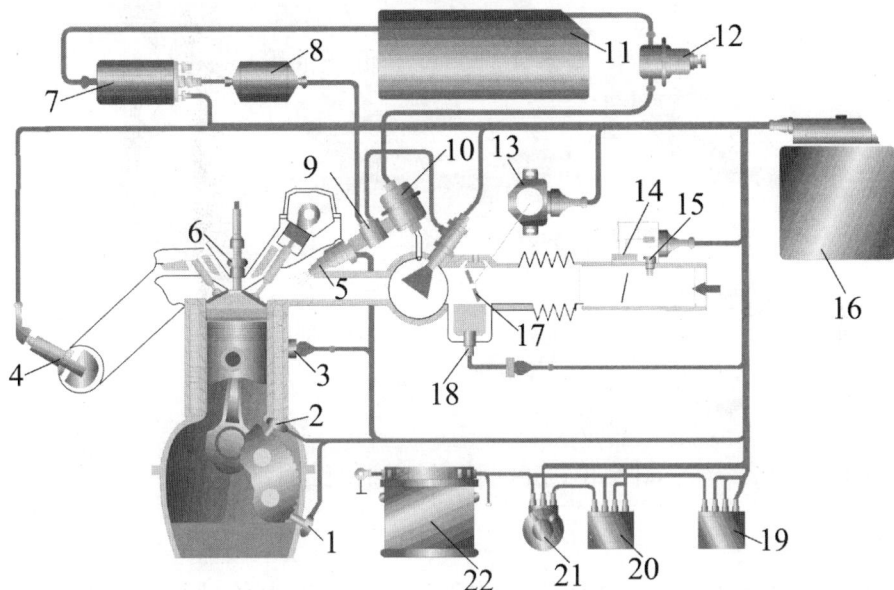

图5-7　电控燃油喷射系统的组成

1-发动机转速传感器;2-凸轮轴位置传感器;3-冷却液温度传感器;4-氧传感器;5-喷油器;6-火花塞;7-电动燃油泵;8-燃油滤清器;9-燃油分配管;10-燃油压力调节器;11-燃油箱;12-油压脉动缓冲器;13-节气门位置传感器;14-空气流量传感器;15-进气温度传感器;16-发动机控制单元(ECU);17-节气门;18-怠速控制阀;19-油泵继电器;20-主继电器;21-点火开关;22-蓄电池

1.燃油供给系统

燃油供给系统要完成燃油的储存、输送、滤清的功能。缸外喷射和缸内喷射的燃油供给系统有较大区别。

缸外喷射系统主要包括汽油箱、电动燃油泵、汽油滤清器、压力调节器、分配管、喷油器、油管等。

缸内喷射燃油供给系统主要由汽油箱、电动燃油泵、汽油滤清器、高压泵、高压泵驱动凸轮、燃油压力调节器、压力限制阀、燃油压力传感器、燃油低压传感器、高压油管、油轨、高压喷油器、低压油管等组成,如图5-8所示。

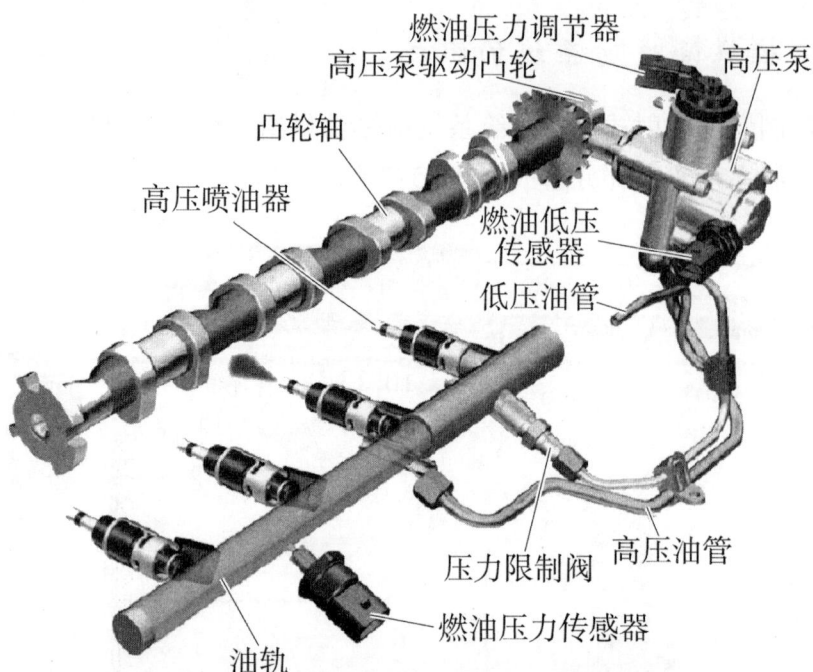

图 5-8　缸内喷射燃油供给系统

2. 空气供给系统

主要包括空气滤清器、空气流量传感器(进气压力传感器)、节气门体、怠速控制阀、进气歧管等。

3. 排气系统

主要包括排气歧管、排气管、三元催化转换器、消声器等。

4. 电子控制系统

主要包括发动机转速传感器、凸轮轴位置传感器、节气门位置传感器、水温传感器、氧传感器、电控单元和执行器等。执行器包括喷油器、电动燃油泵、节气门定位器、燃油压力调节器等。

三、电控燃油喷射系统主要部件结构原理

(一) 缸外喷射燃油供给系统主要部件的结构原理

缸外喷射燃油供给系统工作时,电控单元控制汽油泵电动机运转,汽油从油箱中被泵出,泵出来的汽油通过汽油滤清器过滤汽油中的杂质,干净的汽油进入分配管,压力调节器调节系统压力,多余的汽油通过回油管流回油箱,喷油器则根据 ECU 发出的

指令,将计量后的燃油喷入各进气歧管,汽油与进入发动机内的空气进行混合,形成可燃混合气。缸外喷射燃油供给系统由汽油箱、电动燃油泵、汽油滤清器、燃油分配管、燃油压力调节器、燃油压力缓冲器和喷油器组成。如图5-9所示。

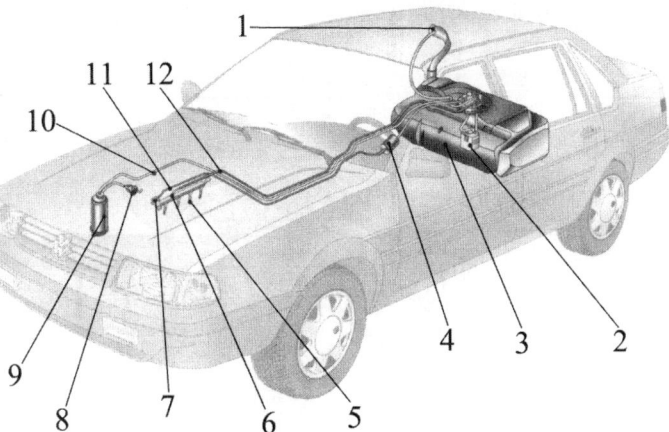

图5-9　燃油供给系统组成图

1-加油口;2-电动燃油泵;3-燃油箱;4-燃油滤清器;5-喷油器;6-燃油分配管;7-燃油压力调节器;8-活性炭罐电磁阀;9-活性炭罐;10-燃油箱油气排放管;11-供油管;12-回油管

1. 燃油箱

燃油箱用来存储燃油,由钢板或塑料制成,外形因车而异,其容积大小与发动机排量和车型有关。燃油箱上主要安装有电动燃油泵、油量传感器、供油管、回油管、蒸汽管、加油管等组成,燃油箱如图5-10所示。

2. 活性炭罐

为减少汽油蒸汽对大气的污染,现代汽车上多设有燃油蒸汽吸收装置活性炭罐。将活性炭罐通过通气软管与燃油箱连接,将汽油蒸汽引入炭罐,吸附在活性炭颗粒上。发动机工作时,电子控制单元根据条件,控制炭罐控制电磁阀打开,将吸附在活性炭颗粒上的汽油蒸气吸入汽缸燃烧,如图5-11所示。

3. 电动燃油泵

电动燃油泵的作用是把燃油从燃油箱吸出并提高燃油压力,供给燃油供给系统使用。电动燃油泵结构原理,如图5-12所示。直流电机通电后带动油泵运转,油泵叶轮带动叶轮中的燃油一起高速旋转,燃油在离心力的作用下,产生压力,从出油口泵出,打开止回阀,进入燃油系统燃油管。同时在油泵进油口处产生一定的真空,将油箱内的燃油吸入油泵。油泵内部还设有滤网、安全阀和止回阀。滤网的作用是滤去燃油中的杂质,以防损坏油泵或堵塞油管。止回阀的作用是使发动机熄火后,油路内燃油仍然保持一定压力,减少气阻现象,便于发动机起动。限压阀是一种保护装置,防止输出的油压过高。电动燃油泵大多安装在燃油箱内,也有部分汽车安装在车架上。

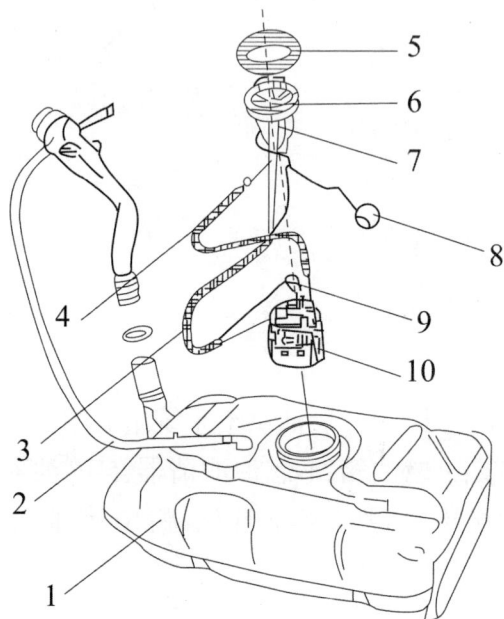

图 5-10　汽油箱

1-燃油箱;2-加油通气管;3-回油管;4-供油管;5-紧固大螺母;6-通气管(通炭罐);
7-密封圈;8-油量传感器;9-导线;10-电动燃油泵

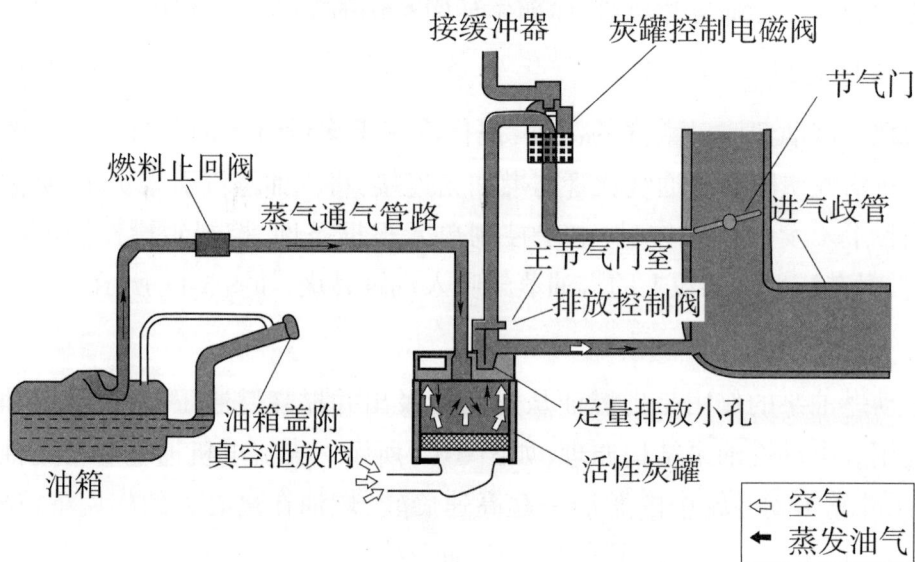

图 5-11　活性炭罐燃油蒸汽吸收装置

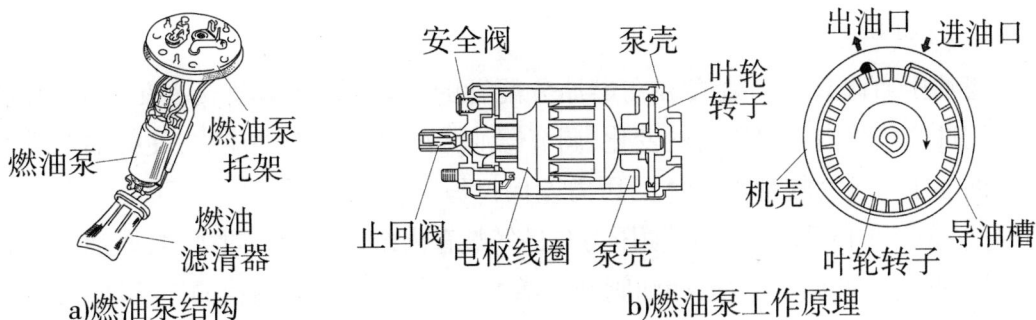

图 5-12　电动燃料泵结构原理

4. 燃油滤清器

燃油滤清器可清除燃油中的水分和杂质, 防止喷油器阻塞, 减少机件磨损。燃油滤清器大多采用过滤式结构, 其结构原理如图 5-13 所示。它是一次性使用, 要定期更换, 一般更换周期是 15000km。

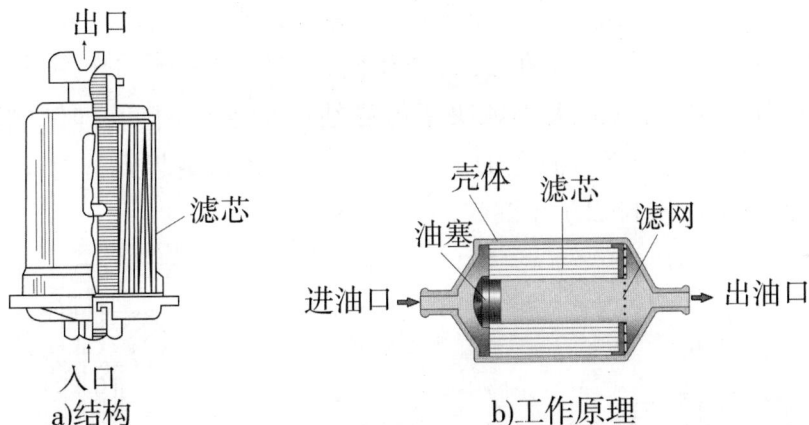

图 5-13　燃油滤清器

5. 燃油分配管

燃油分配管的作用是缓冲平衡油压, 使各缸喷油器进油压力一致。喷油器直接插在燃油分配管中, 燃油分配管的一端装有燃油压力调节器, 如图 5-14 所示。

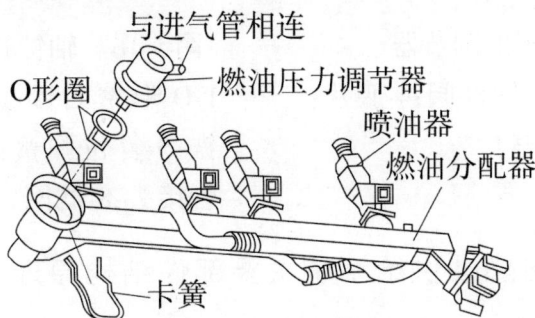

图 5-14　燃油分配管

6.燃油压力调节器

燃油压力调节器一般安装在燃油分配管的一端,部分车型安装在燃油箱内。它根据进气歧管内绝对压力的变化,调节燃油分配管内的燃油压力,使喷油器进油口处的油压与进气歧管内气体的压力差保持恒定,使喷油量仅取决于喷油器的开启时间,如图5-15所示。当燃油压力与进气歧管内绝对压力差过大时,燃油推动膜片克服弹簧弹力,向上运动,回油阀开度增大,从回油口流回油箱的燃油增加,压力下降。反之,则回油阀开度变小,从回油口流回油箱的燃油减少,压力上升。

7.喷油器

喷油器是发动机电子控制系统中的一个重要执行元件,它接收ECU的喷油控制指令,适时适量地将雾状燃油喷入进气歧管。它安装在燃油分配管上,由轴针、针阀、衔铁、复位弹簧及电磁线圈组成,如图5-16所示。当电磁线圈通电时,产生吸力使衔铁和轴针克服复位弹簧弹力上移,针阀打开,燃油从喷孔中喷出。当电磁线圈断电时,电磁吸力消失,衔铁和轴针在复位弹簧的作用下复位,针阀关闭,喷油停止。喷油量的大小取决于电磁线圈的通电时间,即针阀的打开时间。喷油器上的滤网用于过滤燃油中的杂质,O形密封圈起到密封作用,上部密封圈防止漏油,下部密封圈防止漏气。

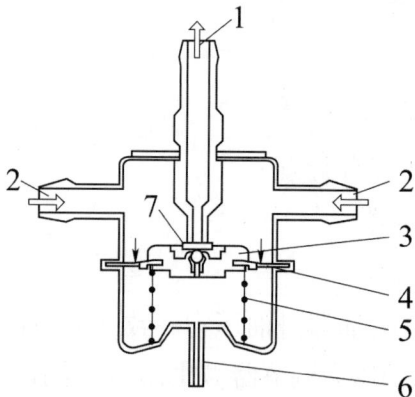

图5-15 燃油压力调节器
1-回油口;2-进油口;3-回油阀;4-膜片;
5-弹簧;6-真空管;7-阀门

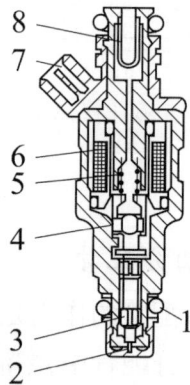

图5-16 轴针式喷油器结构示意图
1-O形密封圈;2-轴针;3-针阀;4-衔铁;5-复位弹簧;6-电磁线圈;7-进油管接头;8-滤网

(二)缸内喷射燃油供给系统主要部件结构原理

缸内喷射燃油供给系统主要有汽油箱、电动燃油泵、汽油滤清器、高压泵、燃油压力调节器、压力限制阀、燃油压力传感器、燃油低压传感器、高压油管、高压喷油器、低压油管等组成。工作中,电动油泵将油箱内的汽油经汽油滤清器过滤后输送到高压油泵,高压油泵将低压汽油加压到10Mpa以上的压力,并将其送入高压油轨,分配给高压喷油器。在压缩上止点前,高压喷油器将燃油喷入各个汽缸内。缸内直喷发动机可以实现分层充气模式、均质充气模式、均质稀薄充气模式三种工作模式,以提高发动机的动力性和经济性,减少排放污染。

1.高压油泵

高压油泵的作用是将来自低压油路600kPa的燃油经过高压泵加压至10MPa左右变成高压燃油,供给高压油轨。一般安装在汽缸盖上,由凸轮轴上的驱动凸轮(一般有二角、三角或四角多种)驱动,它主要由滚轮、滚轮挺柱、柱塞、柱塞弹簧、进油阀、止回阀、燃油压力调节器等组成,如图5-17所示。

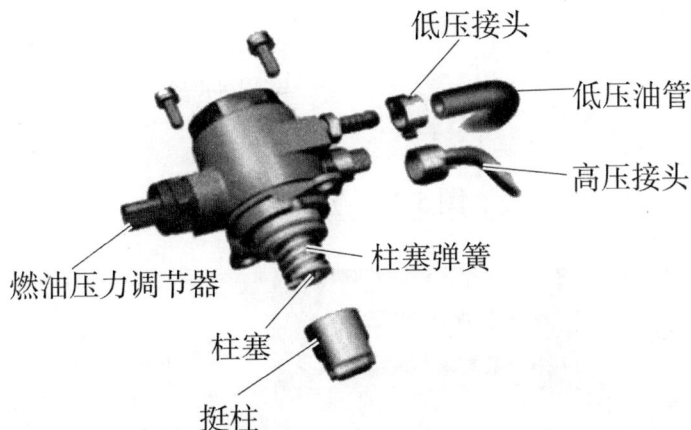

图 5-17 高压油泵

进油过程,如图5-18所示:燃油压力调节器在整个工作过程中由发动机ECU控制,当进油阀控制线圈通电时,产生磁场,克服弹簧弹力将进油阀打开,同时油泵柱塞在柱塞弹簧的作用下向下运动,柱塞上方容积增大,产生真空,燃油从低压接头吸入。

回油过程,如图5-19所示:当油泵柱塞在凸轮轴的高压泵驱动凸轮顶动下向上运动时,如进油阀控制线圈还在通电,进油阀仍然打开,柱塞上方燃油经进油阀流回低压接口处的缓压器,油压不能上升。缓压器的作用是吸收这个过程的压力波动。

供油过程,如图5-20所示:柱塞向上运动过程中,如进油阀控制线圈不通电,进油阀在进油阀弹簧和高压油的作用下关闭,柱塞上方的压力立即升高,高压燃油打开止回阀从高压接头流出。控制进油阀控制线圈的通电时间就可以调节高压燃油的压力,通电时间越长,油压越低,反之油压越高。

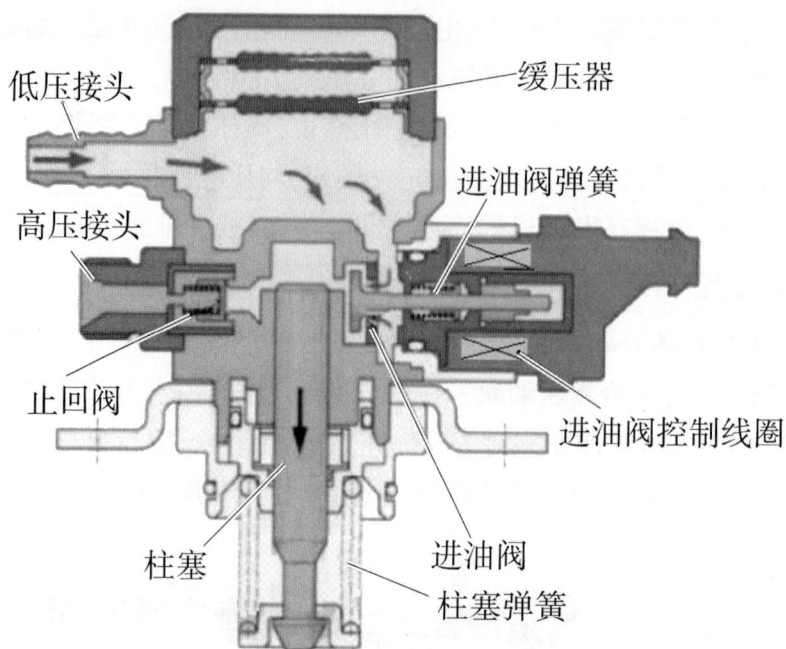

图 5-18　进油过程

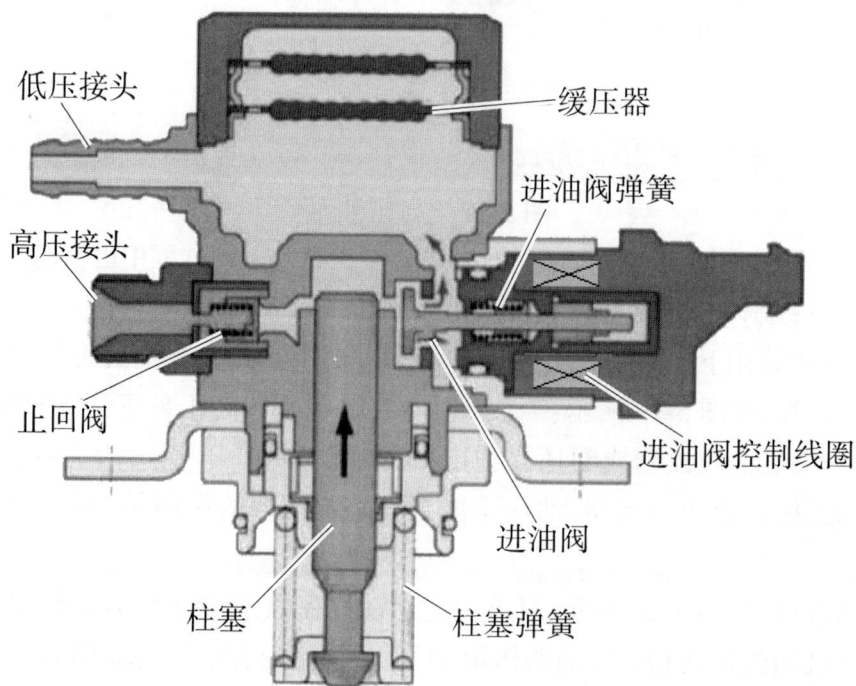

图 5-19　回油过程

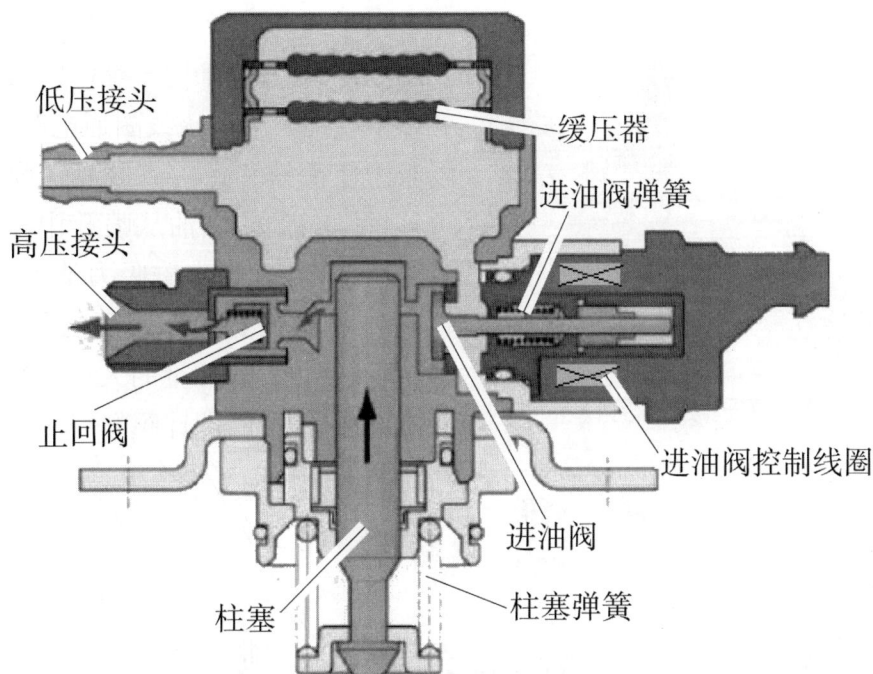

图 5-20　供油过程

2. 油轨

经过高压油泵加压后的燃油,经高压油管进入高压油轨。油轨起一定的稳定压力作用。高压喷油器的进油端套装在油轨上。油轨安装在汽缸盖上,油轨上还装有燃油压力传感器和压力限制阀,如图 5-21 所示。

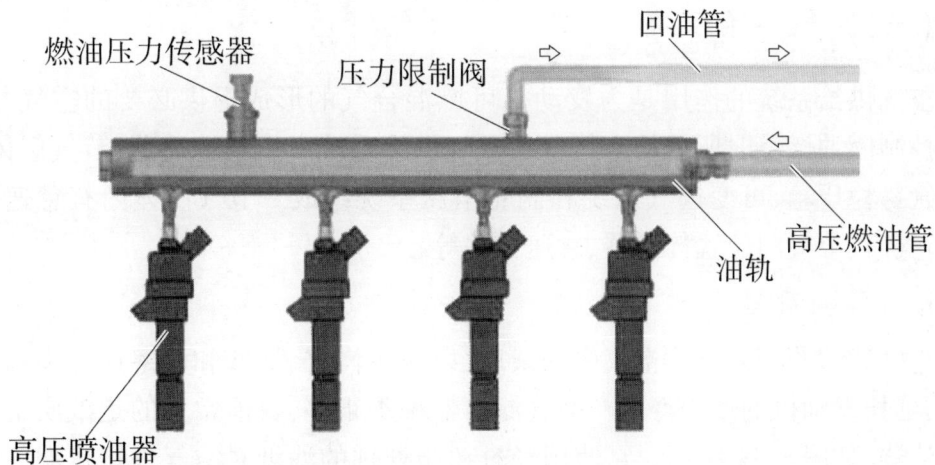

图 5-21　高压油轨结构

3. 高压喷油器

高压喷油器安装于汽缸盖上,直接将燃油喷入汽缸内,使其与汽缸内的压缩空气混合,外形如图5-22所示。由喷嘴、密封圈、针阀、衔铁、电磁线圈、复位弹簧及细滤器等组成,如图5-23所示,喷嘴上有多个喷孔。当电磁线圈通电时,产生磁场吸力使衔铁和针阀克服复位弹簧弹力上移,针阀打开,燃油从喷孔中喷出。当电磁线圈断电时,电磁吸力消失,衔铁和针阀在复位弹簧的作用下复位,针阀关闭,喷油停止。喷油量的大小取决于电磁线圈的通电时间,即针阀的打开时间。

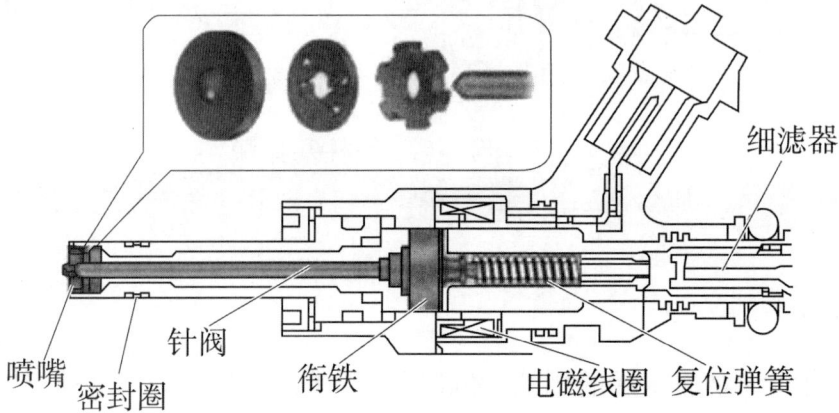

图5-22　高压喷油器外形

图5-23　高压喷油嘴结构

(三) 空气供给系统

空气供给系统的作用是为发动机可燃混合气的形成提供必要的空气,并计量和控制燃油燃烧时所需的空气量。空气供给系统由空气滤清器、节气门体、进气歧管与稳压箱、可变进气系统和涡轮增压系统组成。节气门体内有怠速调节器、节气门、节气门位置传感器、怠速开关等。

1. 空气滤清器

空气滤清器用来过滤空气中的杂质,以减少汽缸、活塞和活塞环等零部件的磨损,延长发动机的使用寿命。空气滤清器种类很多,目前常见的是纸质干式空气滤清器,如图5-24所示。它使用经过树脂处理的滤纸对空气进行过滤。纸质干式空气滤清器,一般可连续使用10000~50000km。

2. 怠速控制器

怠速控制器的功能就是通过改变旁通进气量或直接操纵节气门的方式(节

气门直动式),改变怠速时的进气量,调节怠速转速。旁通进气量调节方式的怠速控制器又分为步进电机型、旋转电磁阀型、占空比控制型真空开关阀和开关控制型真空开关阀等多种。现代汽车越来越多采用节气门直动式怠速控制器。

3. 节气门体

节气门体,如图5-25所示,是调节控制吸入发动机空气量的部件,主要由节气门拉索滑轮、节气门、节气门位置传感器、怠速控制器(电动机)、怠速开关等组成。怠速工况时,发动机电子控制单元可以通过怠速控制器控制怠速转速;其他工况时,可以通过控制加速踏板、节气门拉索带动节气门拉索滑轮,控制节气门的开度,调节进气量的大小,改变发动机的输出功率。

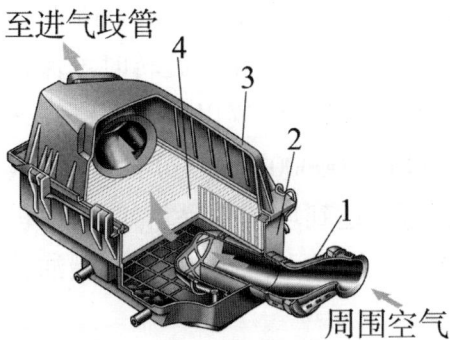

至进气歧管

图5-24　空气滤清器
1-带粗滤器进气管组件;2-空气滤清器下壳体;3-空气滤清器上壳体;4-纸质滤芯

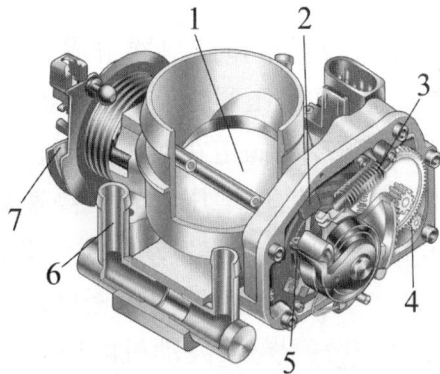

图5-25　节气门体
1-节气门;2-节气门位置传感器;3-应急运转弹簧;4-怠速控制器(电动机);5-怠速开关;6-暖水管;7-节气门拉索滑轮

4. 进气歧管

进气歧管结构,如图5-26所示,其作用是将空气或可燃混合气引入汽缸,并尽可能保证各缸进气量的均匀性和充分性,多为铝合金或铸铁制造。有些汽车为减少进气脉动,在进气歧管前还设有稳压箱。

5. 废气涡轮增压系统(Turbo)

废气涡轮增压系统是利用排气行程排出的高温高压气体的动能,驱动排气涡轮高速旋转,带动同轴的进气涡轮同速旋转,将进气道内的空气压入汽缸,增加了汽缸的进气量,提高进气效率,从而使发动机的功率得到提升。其结构原理如图5-27所示。

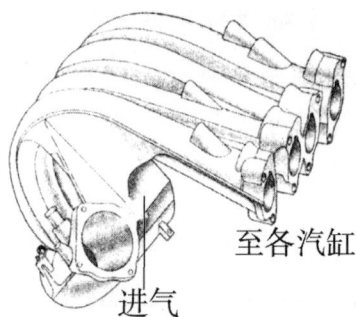

图 5-26　进气歧管

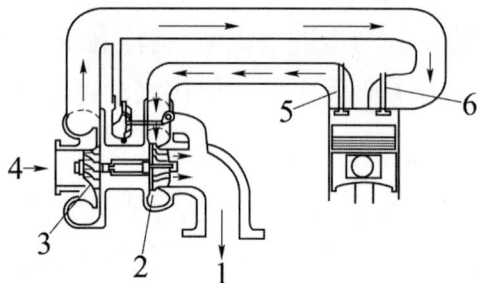

图 5-27　废气涡轮增压工作原理图
1-排气口;2-排气涡轮;3-进气涡轮;4-进气口;5-进气门;6-排气门

系统由增压器和控制器组成。排气涡轮与进气涡轮通过增压器轴刚性连接,这部分称作增压器转子。增压器转子通过浮动轴承(转子高速旋转时可保证摩擦阻力矩较小)固定在增压器中。发动机工作时,排出的废气以一定角度高速冲击涡轮机叶轮,使增压器转子高速旋转(最高可达 200000 低转/分钟)。压气机叶轮的高速旋转使得发动机进气管内的气压升高,达到增压效果。如此,在进气过程中,空气经增压器增压密度增大,使更多的空气进入汽缸。这样,燃油就可以更加充分的燃烧,发动机的动力更强劲。

控制器主要可以实现增压压力限制控制、增压空气循环控制和增压器冷却系统控制。

增压压力限制控制,发动机控制单元依据当前发动机转速、负荷要求,对增压压力限制电磁阀进行脉宽控制,使部分废气从废气旁通阀排出,调节流过涡轮的废气量,从而有效控制进气增压压力,使之与发动机工况相适应。

增压空气循环控制,当发动机工况急剧变化或其他因素引起增压压力急剧上升时,如急加速后又急松油门,发动机控制单元控制增压空气再循环电磁阀使增压器前后的气体导通,保持压力平衡。该控制可有效避免收油门时产生气体噪声及造成叶轮击伤,同时能使涡轮增压器保持在较高的转速,使增压器在需要时能更迅速地向发动机提供所需的增压压力,减小涡轮增压器的"迟滞"现象。

增压器冷却系统控制,涡轮增压器由于长时间处于高温环境中,热量积累较为严重。在发动机停止工作后,其机械水泵停止工作,此时为有效保护增压器,需额外给与增压器冷却。因此,废气涡轮增压系统一般具备电子水泵延时关闭功能,即在发动机停止工作后,电子水泵持续运行一段时间(如 8min),以此确保增压器热量耗散,实施保护。

（四）排气系统

排气系统的作用是及时彻底地将混合气燃烧产生的废气经转化、消声排入大气。排气系统由排气歧管、排气消声器和三元催化转化器组成。如图5-28所示。

1.排气歧管

从汽缸排气孔到各缸排气管交汇处的管道总成叫作排气歧管，一般有铸铁制成，如图5-29所示。现代汽车有把排气歧管设置在汽缸盖内，与冷却水接触，以利于冷车时发动机水温的快速提升和降低废气涡轮增压装置的温度。

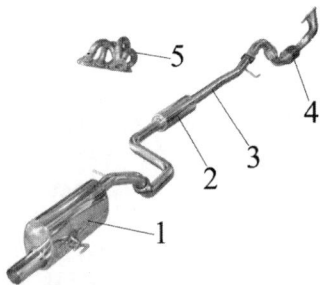

图5-28 排气系统
1-排气消声器;2-中间消声器;3-排气管;
4-三元催化转化器;5-排气歧管

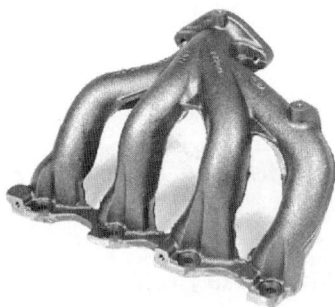

图5-29 排气歧管

2.三元催化转化器（TWC）

TWC结构如图5-30所示，内部是以陶瓷材料为基体的蜂窝直列管状结构，表面采用白金系列催化剂镀膜。在一定温度下这种催化剂可以将一氧化碳（CO）、碳氢化合物（HC）、氮氧化合物（NO_x）通过氧化还原反应变成对人体无害的二氧化碳（CO_2）、水（H_2O）和氮气（N_2）。目前大多数汽油发动机车辆上都配备该装置，使尾气排放达到环保标准。

3.排气消声器

排气消声器的作用是消除废气中残余的火星及火焰，降低排气噪声。结构如图5-31所示。

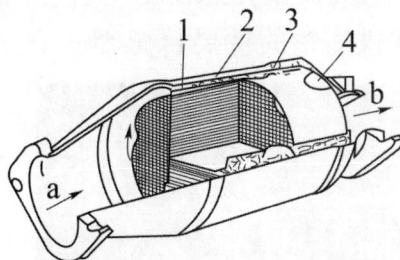

图5-30 三元催化转化器
1-涂有催化剂层的陶瓷体;2-壳体;3-网状支承体;4-密封垫;a-处理前废气;b-处理后的废气

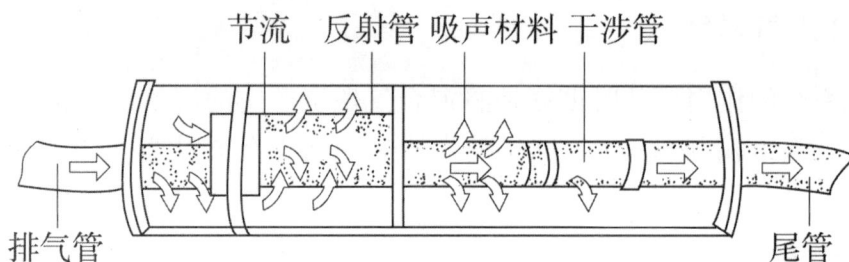

图 5-31　综合式消声器结构图

(五) 电子控制系统

电子控制系统的作用是用各种传感器将工作状况转换成电信号输送给 ECU，经实时处理与计算后，再向各执行器发出命令，控制最佳喷油时刻、喷油量和点火时刻等，使发动机在各种工况下都处于最佳的工作状态，此外还有自诊断、失效保护和备用程序等功能。电子控制系统由传感器、电子控制单元(ECU)和执行器 3 部分组成。

1. 传感器

传感器是用来测量或检测反应发动机各种运行状态下的实时信息，包括物理量、电量和化学量等，并将这些信息转换成计算机能够接收的电信号输送给发动机控制单元进行逻辑运算处理。常见的传感器有空气流量传感器、进气压力传感器、凸轮轴位置传感器、发动机转速传感器、冷却液温度传感器、进气温度传感器、节气门位置传感器、氧传感器和大气压力传感器等。另外还有各类开关、继电器等。

1) 空气流量传感器(MAF)

空气流量传感器是实时检测发动机进气量，并向 ECU 提供信息，来确定基本供油量的重要传感器。它一般安装在空气滤清器和节气门体之间，如图 5-32 所示。目前常用的有热线式和热膜式两种。

空气流量传感器结构，如图 5-33 所示。内部的发热元件在工作状态下保持一定的温度，当空气流经时，带走发热元件表面热量。为了保持发热元件的温度，控制电路会加大热线的电流，弥补热量损失。检测出该电流的大小就可以推算出进入发动机的空气量。

图5-32　空气流量传感器位置图

2）进气压力传感器（MAP）

进气压力传感器是检测进气歧管的压力，并产生信号输送至ECU，ECU可根据该压力信号和转速信号推算出发动机的进气量。常见的半导体压敏电阻式传感器，如图5-34所示，该传感器一般安装在振动量较小的车身处，用橡胶软管作为取气管与进气总管相连。

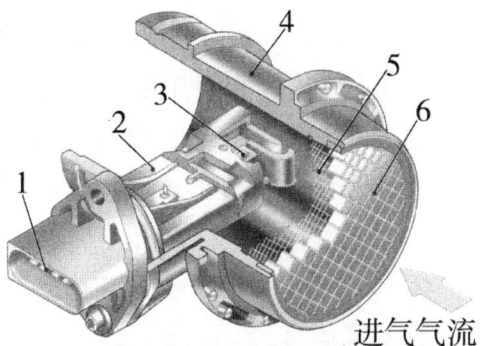

图5-33　空气流量传感器的结构
1-插头；2-混合电路盒；3-发热元件；4-壳体；5-滤网；6-导流格栅

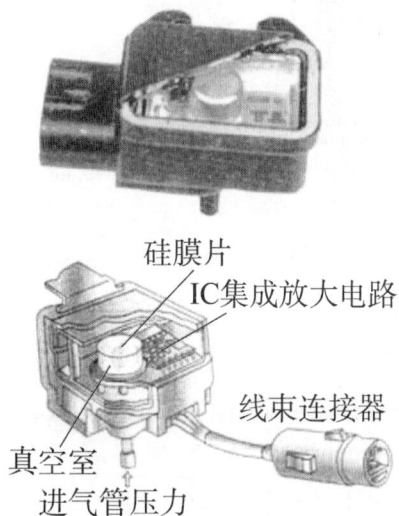

图5-34　进气压力传感器

3）凸轮轴位置传感器和发动机转速传感器（CKP/TDC）

凸轮轴位置传感器和发动机转速传感器是向ECU提供发动机转速、曲轴转角位置及汽缸行程位置信号，以此确定发动机的基本喷油时刻、基本喷油量及点火时刻。这两类传感器都属于转速传感器，常见有磁电式、霍尔式和光电式三种类型。一般安装部位有曲轴前端、曲轴后端、飞轮上、凸轮轴前端或分电器内。

（1）磁电式曲轴转速传感器

磁电式曲轴转速传感器如图5-35所示，它由磁感应线圈、磁铁和信号盘构成，当信号盘与曲轴同步旋转时，由于空气间隙的改变，使磁感应线圈内的磁通量改变，由此传感器产生交变的自感电动势，控制单元根据交变电压信号产生频率判断曲轴转速。信号盘上共60齿，在一处缺两齿，此处标记为1缸活塞上止点前72°，它作为发动机控制单元判断曲轴转角位置的基准标记。

（2）霍尔式转速传感器

霍尔式转速传感器由霍尔基片、磁铁和信号盘组成。原理如图5-36所示，传

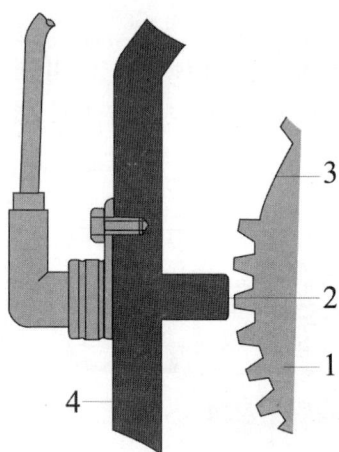

感器转子由凸轮轴或曲轴驱动,转子上有与缸数相同的叶片,当叶片转动时,磁力线被隔断,霍尔电压下降接近0,在分电器转动一周过程中,传感器输出和汽缸数相同的矩形电压脉冲信号。常见的霍尔电压有5V、9V、12V三种规格。

（3）光电式转速传感器

光电式转速传感器如图5-37所示,它由两对发光二极管、光敏三极管和一个遮光信号盘组成,当遮光信号盘旋转时,盘上的弧形槽会交替阻断从发光二极管射向光敏三极管的光线,使光敏三极管导通或截止,由此产生脉冲信号。信号盘上的弧形槽数目与汽缸数相同,它产生各缸活塞到达上止点的基准信号及转速信号(N_e信号);光盘内圈只有一个弧形槽,它产生第一缸活塞到达上止点的基准信号。

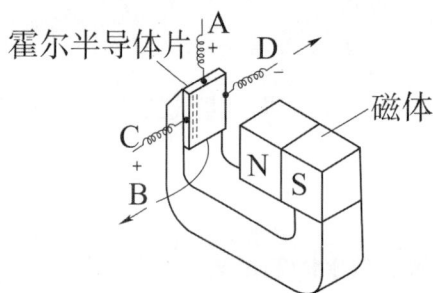

图5-35　磁电式转速传感器原理

1-信号盘;2-磁感应线圈;3-齿缺;4-缸体

a)转子叶片离开气隙时　　b)转子叶片进入气隙时

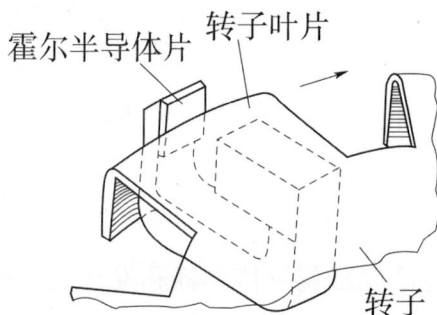

图5-36　霍尔式转速传感器工作原理

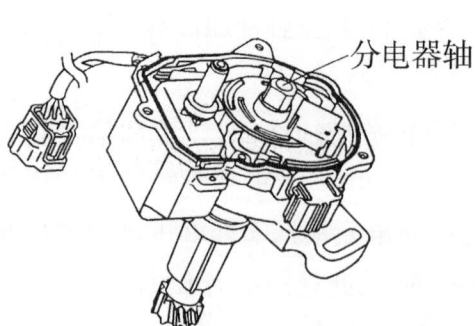

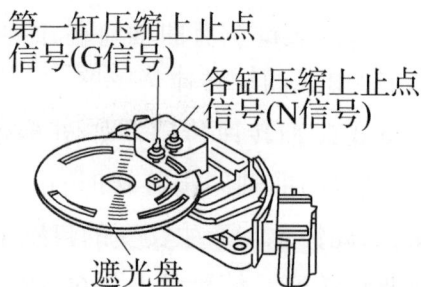

a)结构图　　　　　　b)安装在分电器内的光电式转速传感器

图5-37　光电式转速传感器结构示意图

4）温度传感器

温度传感器,如图 5-38 所示,用于检测空气或和冷却液的温度,并输送给 ECU 作为修正喷油量的参考依据。其内部是一个负温度系数的热敏电阻,其阻值能随温度的变化而变化,由此产生温度变化的电压信号。常用的有进气温度传感器（THA）和冷却液温度传感器（THW）。进气温度传感器通常安装在空气滤清器内、进气歧管和空气流量传感器上。冷却液温度传感器通常安装在发动机水套上或水泵循环水道上。

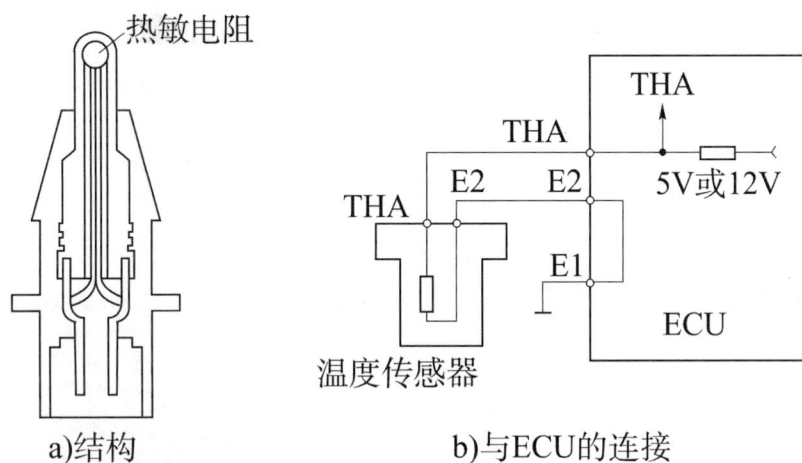

a)结构　　　　　　b)与ECU的连接

图 5-38　温度传感器及其连接电路

5）节气门位置传感器（TPS）

节气门位置传感器安装在节气门体上,与节气门轴相连,检测节气门开度的大小,确定发动机的负荷。它可将节气门开度大小、息速或全负荷状态的信号转换成电压信号输送给 ECU,对喷油量、点火提前角和息速转速进行最优的控制。

常见的节气门位置传感器原理,如图 5-39 所示,由一个息速开关和一个线性可变电阻组合而成,息速开关用来判断是否处于息速状态,线性可变电阻用来检测节气门的开度。

6）氧传感器（O_2S）

常见氧传感器是二氧化锆元件制成,结构如图 5-40 所示。一般安装在排气管上,用于检测尾气中氧的浓度。如果混合气过浓,尾废气中没有氧气,传感器两极产生高的电动势;如果混合气过稀,尾废气中有氧气,传感器两极产生电动势降低。ECU 根据此信号自动调节喷油量,使混合气浓度始终处于理想状态。目前许多车辆在三元催化转化器还安装有副传感器,用于判断三元催化转化器转换有害废气的能力。

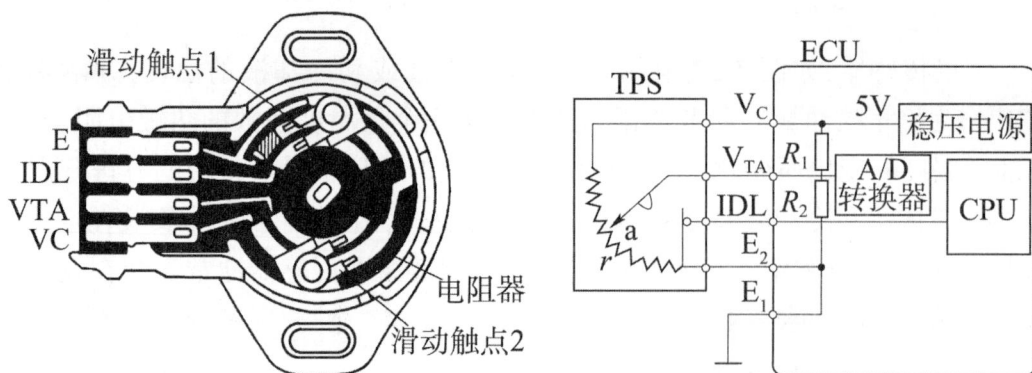

图 5-39　节气门位置传感器原理

2. 电子控制单元(ECU)

接受各种传感器输送的工况信号,经过内部固化程序运算、判断后,确定适合发动机运转工况的参数,控制各执行元件的动作,使发动机始终处于最佳工作状态。主要由输入回路、A/D 转化器,逻辑运算器和输出回路组成,结构如图 5-41 所示。

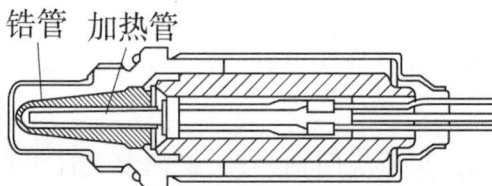

图 5-40　氧传感器

图 5-41　电子控制单元(ECU)

3. 执行器

将 ECU 发送来的控制电信号转化为元件动作,实现控制过程。有电动燃油泵、喷油器、继电器、活性炭罐电子阀、EGR 阀、急速控制装置和二次空气喷射泵等。

课题二　电动燃油泵的拆装

一、工具、设备和材料准备

(1)郎逸 1.6L 汽车一辆(带 CDE 发动机)。

（2）常用工具一套，工具车一辆。

（3）工作台一个、零件摆放架一个。

（4）专用工具一套、朗逸轿车维修手册一套。

（5）棉纱布若干。

二、作业前的准备

（1）将车辆正确停放在工位上。

（2）将常用工具、专用工具连同工具车放在拆装过程中易于取用的位置。

（3）清洁工作台。

（4）讲解安全注意事项和拆装注意事项。

三、注意事项

（1）燃油泵拆装前应进行油路泄压操作。

（2）远离电源及产生明火部位。禁止使用手机。

（3）实习操作应进行防静电保护。

（4）使用后的棉纱应妥善处理。

（5）场地内消防器材检查完备。

（6）拔导线插头时，应该在可靠地使锁销脱离啮合后，再分开插头。不能直接拉扯线束断开插头，以防扯断导线，如图 5-42 所示。

（7）油箱存油最多允许 1/2，必要时用燃油抽吸装置排空油箱。

（8）松开连接位置前要彻底清洁连接位置及其周围区域。

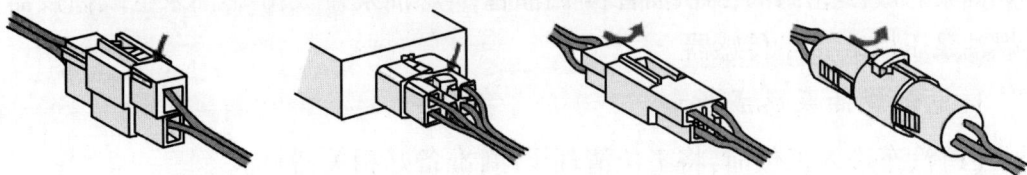

图 5-42　导线插头的分离

（9）将拆下零部件放在干净的垫子上并盖住，不要使用纤维材质的抹布。

（10）如果无法立即进行维修或装复，应仔细将已打开部件盖住或密闭。

（11）只允许安装干净的零件，安装前才直接从包装中取出的配件。

（12）对于打开的装置尽可能不使用压缩空气进行清洁处理，且尽可能不移动车辆。

四、操作步骤

燃油泵安装在燃油箱内,燃油泵结构示意图如图 5-43 所示。

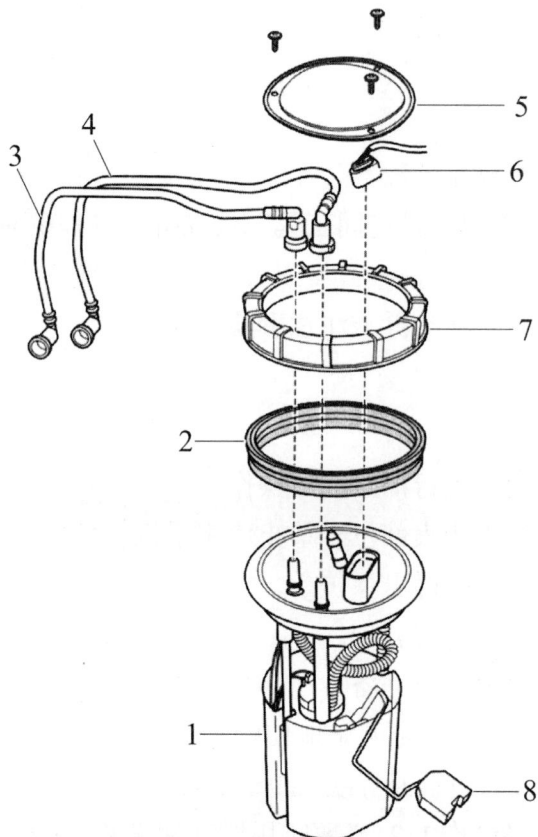

图 5-43　燃油泵总成结构

1-燃油泵总成;2-密封圈;3-供油管;4-回油管;5-燃油泵盖板;6-燃油泵电线插接器;
7-燃油泵压板;8-油量传感器

1. 电动燃油泵总成拆卸

(1)汽车进入工位前,将工位清理干净,准备好相关器材。

(2)套上转向盘防尘罩、变速器操纵杆套和座位防尘罩,铺设脚垫。

(3)正确停放车辆,放置好车轮垫块,并拉紧驻车制动器。

(4)打开发动机舱盖,安装磁性护垫。清洁发动机舱并对燃油油路进行泄压处理。

泄压方法一:松开燃油分配管的进油接头,用棉纱布包裹进行泄压。

泄压方法二:拔掉燃油泵熔断丝,启动发动机直至自动熄火即可。

(5)断开蓄电池的搭铁线。

小提示:请检查收音机是否有密码。如有必要,应先查询防盗编码。

(6)揭开座椅下的地毯。

(7)拆下地毯下的燃油箱密封凸缘的盖板,如图5-44所示,并清洁。

(8)从密封凸缘上拆下供油管、回油管,再拔下端子电线插接器,如图5-45所示。

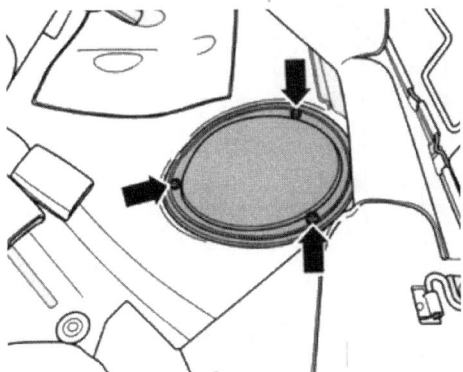

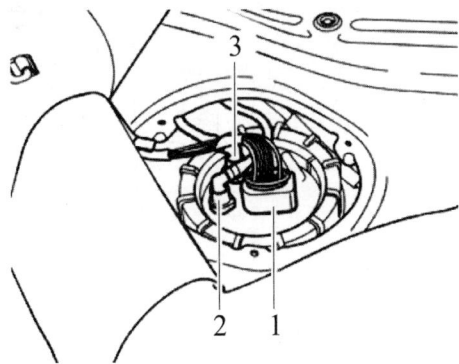

图5-44　拆下燃油箱密封凸缘盖板　图5-45　拆下油管及燃油泵电线插接器
1-端子电线插接器;2-回油管;3-供油管

小提示:拆下供油管、回油管和通气管后,应用洁净塑料膜封闭管路口,避免燃油系统受污。

(9)用专用工具旋下燃油泵压板,如图5-46所示。

小提示:拆下大螺母前一定要对大螺母周边进行清洁,以免灰尘等进入燃油箱内。

(10)从燃油箱开口处拉燃油泵总成及橡胶密封件。

(11)用螺丝刀撬开卡子,把燃油泵从壳体中取出,如图5-47所示。

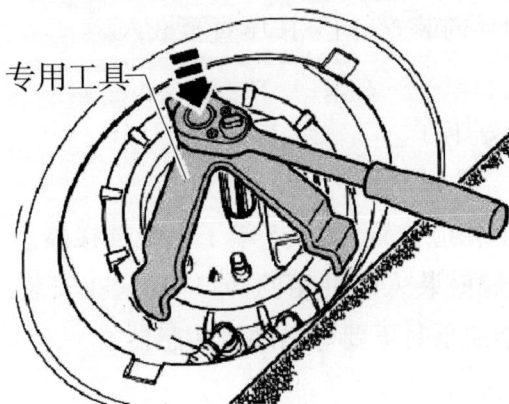

图5-46　拆卸燃油泵压板　　图5-47　把燃油泵从壳体中取出

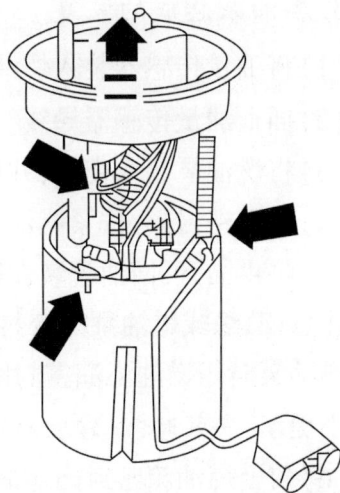

（12）从壳体内脱开并拔出导线3、4、5,如图5-48所示。

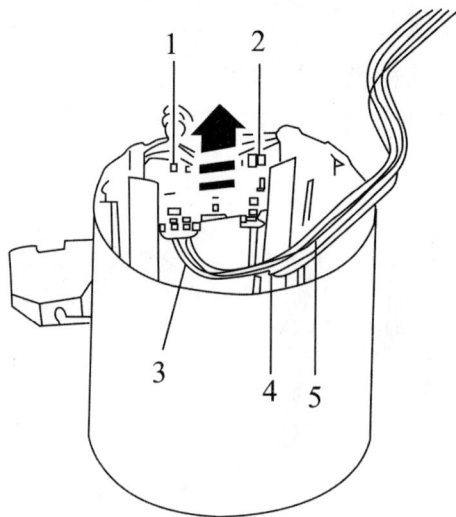

图5-48　拆油量传感器

1-固定板固定卡;2-固定板固定卡;3-导线;4-导线;5-导线

(13)用螺丝刀抬起固定板,向上拔出油量传感器。

2.燃油泵总成基本检查

(1)检查燃油泵总成各插接器有无破损、锈蚀。

(2)检查各密封橡胶件有无破损、变形。

(3)检查燃油软管有无破损、老化。

(4)检查燃油存量传感器有无变形、锈蚀、松动,浮子体是否完好无损。

3.燃油泵总成的装复

(1)将油量传感器装入燃油泵壳体的导向装置,向下按压直至嵌入。

(2)插上油量传感器导线。

(3)将燃油泵装入壳体,并压到位,卡好卡子。

(4)装上密封圈,拧紧燃油泵压板。

(5)将供油管、回油管装在密封凸缘上相应位置,插上5端子电线插接器。

注意:凸缘或燃油泵的密封环应在干燥时装入燃油箱的开口中,只在安装凸缘或燃油泵时用燃油沁润密封圈。安装燃油泵时不要弯曲油量传感器。

小提示:安装时,注意燃油软管的固定位置。

(6)装上燃油箱密封凸缘的盖板,装上后座椅。

(7)连接蓄电池搭铁线。

（8）将发动机控制单元与节气门控制单元匹配。

（9）恢复车容并试车。

（10）清洁场地、整理工具并妥善处理使用过的棉纱布。

（11）将工具车放到指定位置。

课 题 三　　喷油器的拆装

一、工具、设备和材料准备

（1）朗逸1.6L汽车一辆（带CDE发动机）。

（2）喷油器检测试验台一部。

（3）常用工具一套、工具车一辆。

（4）工作台一个、零件摆放架一个。

（5）朗逸轿车维修手册一套。

（6）棉纱布若干。

二、作业前的准备

（1）将车辆正确停放在工位上。

（2）将常用工具连同工具车放在拆装过程易于取用的位置。

（3）清洁工作工位。

（4）讲解安全注意事项和拆装注意事项。

三、注意事项

（1）喷油器拆装前应进行油路泄压操作。

（2）远离电源及产生明火部位。

（3）实习操作应进行防静电保护。

（4）使用后的棉纱应妥善处理。

（5）场地内消防器材检查完备。

（6）拔电线插接器时,应该在可靠地使锁销脱离啮合后,再分开电线插接器。不能直接拉扯线束断开电线插接器,以防扯断导线。

（7）松开连接位置前要彻底清洁连接位置及其周围区域。

（8）将拆下零部件放在干净的垫子上并盖住，不要使用纤维材质的抹布。

（9）如果无法立即进行维修或装复，应仔细将已打开部件盖住或密闭。

（10）只允许安装干净的零件，安装前直接从包装中取出的配件。

（11）对于打开的装置尽可能不使用压缩空气进行清洁处理，且尽可能不移动车辆。

四、操作步骤

喷油器、燃油分配管及燃油压力调节器结构示意图，如图5-49所示。

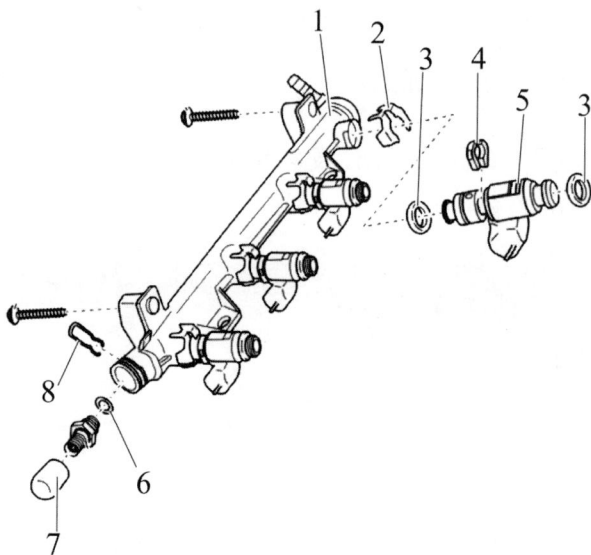

图5-49　燃油分配管、喷油器和燃油压力调节器的结构

1-燃油分配管;2-卡簧;3-O形圈;4-卡簧;5-喷油器;6-O形圈;7-排气阀;8-卡子

1.喷油器总成拆卸

（1）清洁发动机舱，并清除喷油器周围的污垢并对燃油油路进行泄压处理。

（2）从熔断丝盒中取下燃油泵熔断丝。

（3）拔下各缸喷油器电线插接器，如图5-50所示。注意禁止使用螺丝刀等类似器具撬。

（4）脱开进油路与燃油分配管的连接，封闭管路，避免燃油系统受污染。

小提示:在拆开管路接头前应进行泄压，以防高压燃油飞溅引发火灾。

（5）拧松燃油分配管支架上的两个固定螺栓，用手转动各缸喷油器，双手托于燃油分配管两端，取下燃油分配管支架和喷油器。

小提示:拆下分配管支架和喷油器后，应用干净的棉布封闭喷油器安装孔，防止异物进入汽缸。

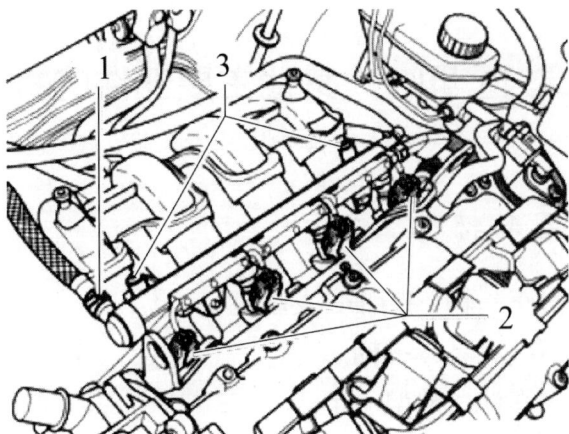

图 5-50　拔下喷油器电线插接器

1-进油管;2-喷油器电线插接器;3-固定螺钉

(6)用螺丝刀取下喷油器安装卡簧,将喷油器从燃油分配管上依次取下。

2.基本检查

(1)检查燃油管路是否有老化、破裂。

(2)检查燃油管路抱箍是否损坏、松动。

(3)检查喷油器上下 O 形密封圈是否老化、变形和破损。

(4)使用喷油器试验台对各缸喷油器进行密封性、喷油量、喷射雾化进行检查。

3.喷油器的装复

(1)清除喷油器密封圈区域的积炭,并清洁。

(2)O 形密封圈须更换并使用汽油进行湿润。

(3)将喷油器插入分配管,安装好固定卡簧。

(4)装上喷油器和分配管,并拧紧分配管支架上的两个固定螺栓。

注意喷油器的朝向。

(5)装上进油管。

(6)插上所有喷油器电线插接器。

(7)装回燃油泵熔断丝。

(8)恢复车容并试车。

(9)清洁场地、整理工具并妥善处理使用过的棉纱布。

(10)将工具车放到指定位置。

课题四　其他主要部件的拆装

一、工具、设备和材料准备

(1)朗逸1.6L汽车一辆(带CDE发动机)。

(2)常用工具一套、工具车一辆。

(3)工作台一个、零件摆放架一个。

(4)专用工具一套、朗逸轿车维修手册一套。

(5)棉纱布若干。

二、作业前的准备

(1)将车辆正确停放在工位上。

(2)将常用工具、专用工具连同工具车放在拆装过程易于取用的位置。

(3)清洁工作台。

(4)讲解安全注意事项和拆装注意事项。

三、注意事项

(1)燃油系统拆装前应进行油路泄压操作。

(2)远离电源及产生明火部位。

(3)实习操作应进行防静电保护。

(4)使用后的棉纱应妥善处理。

(5)场地内消防器材检查完备。

(6)拔电线插接器时,应该在可靠地使锁销脱离啮合后,再分开电线插接器。不能直接拉扯线束断开电线插接器,以防扯断导线。

(7)松开连接位置前要彻底清洁连接位置及其周围区域。

(8)将拆下零部件放在干净的垫子上并盖住,不要使用纤维材质的抹布。

(9)如果无法立即进行维修或装复,应仔细将已打开部件盖住或密闭。

(10)只允许安装干净的零件,安装前直接从包装中取出的配件。

(11)对于打开的装置尽可能不使用压缩空气进行清洁处理,且尽可能不移动车辆。

四、操作步骤

(一)燃油滤清器总成拆装

大众朗逸汽车1.6LCDE发动机燃油滤清器如图5-51所示,安装在车身下面指定位置。

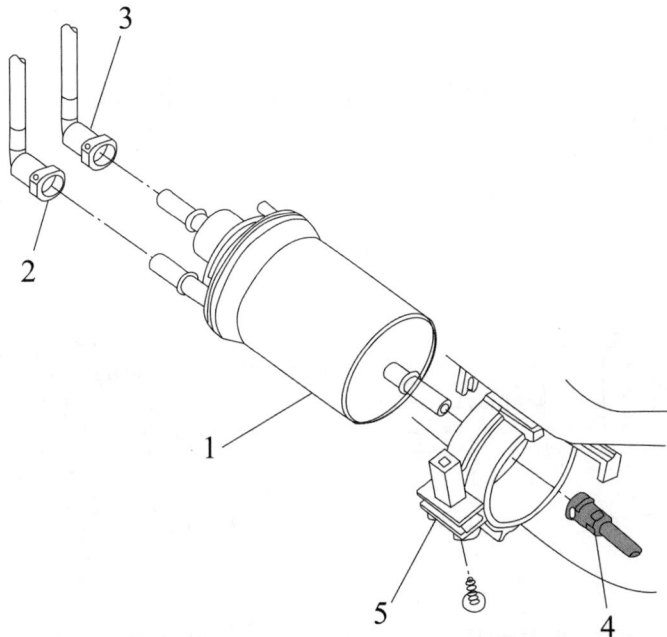

图 5-51　燃油滤清器安装图

1-燃油滤清器;2-出油管;3-回油管;4-进油管;5-支架

1.燃油滤清器的拆卸

(1)汽车进入工位前,将工位清理干净,准备好相关器材。

(2)套上转向盘护套、变速器操纵杆套和座位套,铺设脚垫。

(3)正确停放车辆,并拉好驻车制动器。

(4)打开发动机舱盖,安装磁性护垫,清洁发动机舱并对燃油油路进行泄压处理。

(5)断开蓄电池的搭铁线。(请检查收音机是否有密码。如有必要,应先查询防盗编码。)

(6)升起举升机至合适位置,并确定安全锁止机构正常。

(7)清洁燃油滤清器总成安装区域。

(8)将汽油收集盘置于燃油滤清器下方。

(9)松开燃油滤清器托架固定螺栓,如图5-52所示,取下燃油滤清器支架总成。

(10)松开燃油滤清器进油管、回油管和出油管抱箍,并用棉纱包裹接头,拔下进、出油管和回油管。

(11)倾倒出燃油滤清器内残留燃油至容器内。

(12)取出旧燃油滤清器,并更换上新的燃油滤清器。

2.燃油滤清器装复

(1)装上滤清器,并用固定螺丝固定,注意滤清器超额分配上的销钉必须嵌入导向件的凹槽中,如图5-53所示。

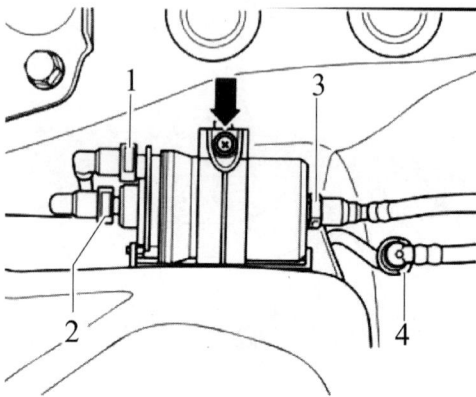

图5-52　拆下固定螺栓

1-回油管;2-出油管;3-进油管;4-通气管

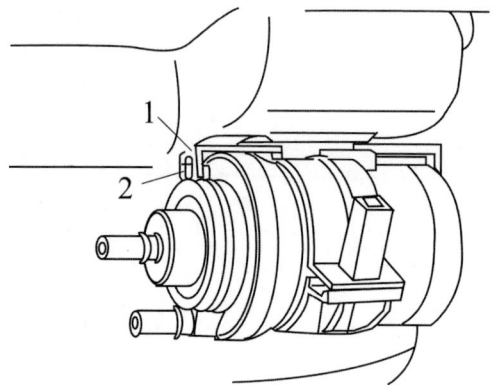

图5-53　装上滤清器

1-销钉;2-导向件凹槽

(2)装上燃油滤清器抱箍,装上进、出油管和回油管。

小提示:安装时燃油滤清器壳体上的箭头标志应与燃油流动方向一致。燃油软管抱箍须更换新件。

(3)平稳降落升降机,并恢复车容试车。

(4)清理工位并整理工具。

(5)妥善处理废弃棉纱及废油和废件。

(二)活性炭罐的拆装

活性炭罐安装在右前轮罩下,如图5-54所示,拆卸及安装时应拆下右前轮罩的挡板。

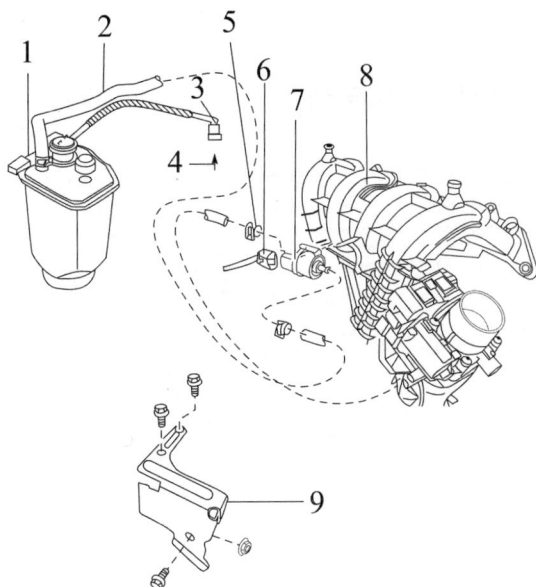

图 5-54　活性炭罐的装配图

1-活性炭罐;2-真空管(通进气歧管);3-燃油蒸汽管(通燃油箱);4-通燃油箱;5-夹箍;6-电线插接器;7-活性炭罐电磁阀;8-进气歧管;9-活性炭罐固定支架

1.活性炭罐的拆卸

(1)压下真空管抱箍,拔下活性炭罐上方的真空管,如图 5-55 所示。

(2)拔下活性炭罐上方的燃油蒸汽管。

(3)拆下活性炭罐支架的固定螺栓,拆下固定支架,如图 5-56 所示。

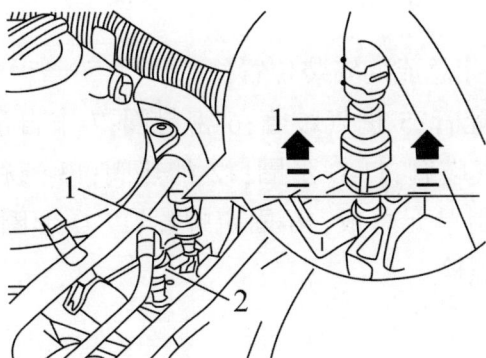

图 5-55　拔下活性炭罐上方的真空管

1-燃油蒸汽管;2-真空管

图 5-56　拆下活性炭罐固定支架

1-固定螺栓;2-固定螺栓

(4)取下活性炭罐。

2.活性炭罐的装复

(1)装上活性炭罐,用固定螺栓固定活性炭罐支架。

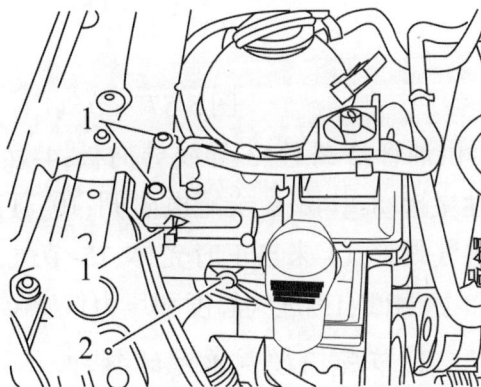

（2）装上活性炭罐上方的燃油蒸汽管和真空管。

（三）节气门控制单元的拆装

节气门控制单元总成位置图，如图 5-57 所示。

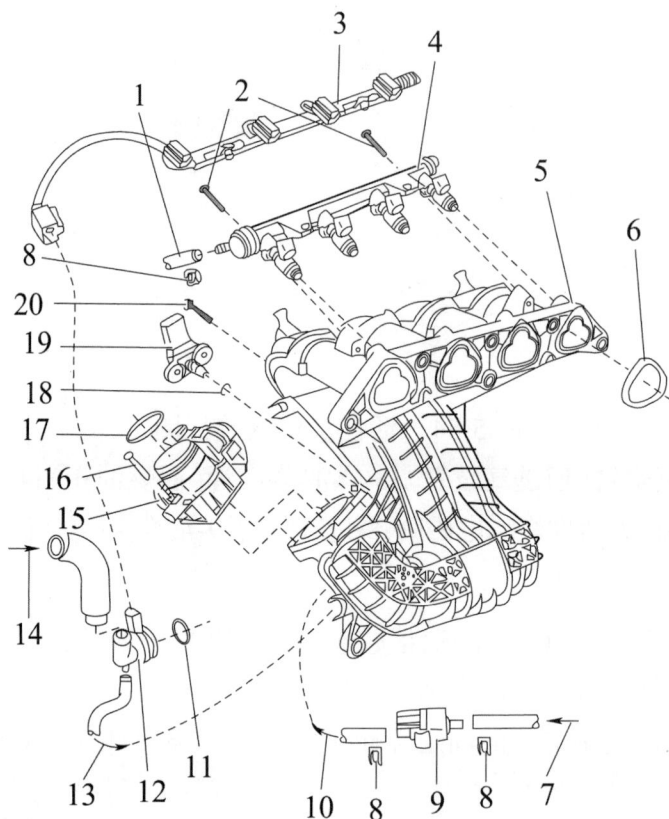

图 5-57　节气门控制单元总成的安装位置

1-供油管;2-螺栓;3-导线导向板;4-燃油分配管;5-进气歧管;6-密封圈;7-来自活性炭罐;8-卡箍;9-炭罐电磁阀;10-通往进气歧管;11-O 形圈;12-加热阀;13-通往进气歧管;14-来自正时壳体;15-节气门控制单元总成;16-固定螺栓;17-O 形圈;18-密封圈;19-进气温度和压力传感器;20-螺栓

1. 节气门控制单元的拆卸

（1）汽车进入工位前，将工位清理干净，准备好相关器材。

（2）正确停放车辆，并拉好驻车制动器。

（3）打开发动机舱盖，安装磁性护垫，清洁发动机舱。

（4）拆下空气滤清器和空气软管。

（5）拔下节气门控制单元插导线接头（图 5-58）。

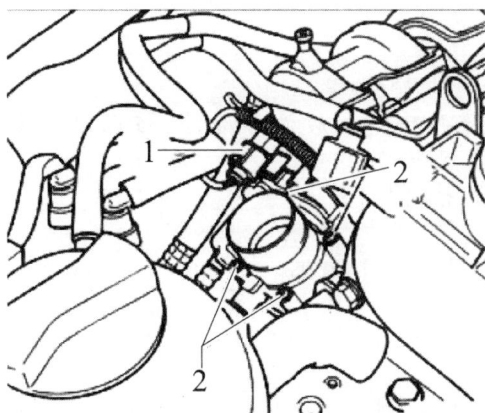

图 5-58　拔下节气门传感器插接头

1-节气门控制单元插导线接头;2-固定螺栓

(6)使用内六角扳手拆下节气门控制单元固定螺栓,取下节气门控制单元。

2.节气门控制单元的清洁

(1)用手打开节气门并用一个适当的物体将它固定在打开位置。

(2)使用专用清洗剂的刷子仔细清洗节气门壳体的进气道。

(3)用无毛抹布擦干节气门壳体。

3.节气门控制单元的装复

(1)等待节气门壳体的清洗剂完全蒸发。

(2)装上节气门控制单元,并用按规定将螺栓拧紧。

(3)装上进气软管,并卡上抱箍。

小提示:更换抱箍应更换新件,安装时按原印痕位置装回抱箍。

安装进气管时不要使用含硅树脂的密封剂,防止吸入发动机,损坏氧传感器。

(4)装上空气滤清器。

(5)进行节气门匹配并清除故障代码。如图 5-59 和图 5-60 所示。

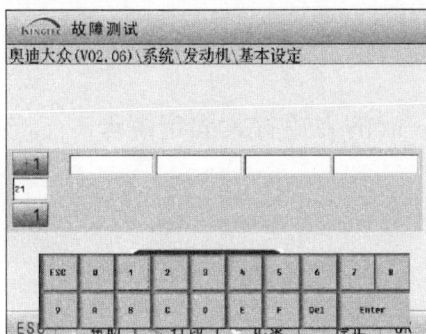

图 5-59　基本设定

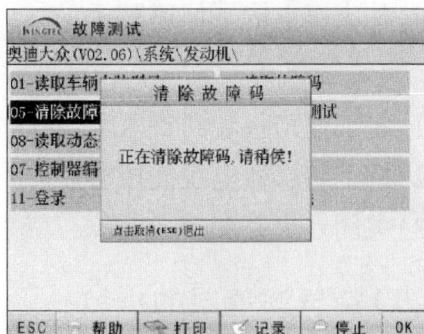

图 5-60　清除故障码

（6）恢复车容并试车。

（7）清理工位并整理工具。

小提示：妥善处理废弃棉纱及废油和废件,防止对环境产生污染。

（四）加速踏板的拆装

加速踏板分解图,如图 5-61 所示。

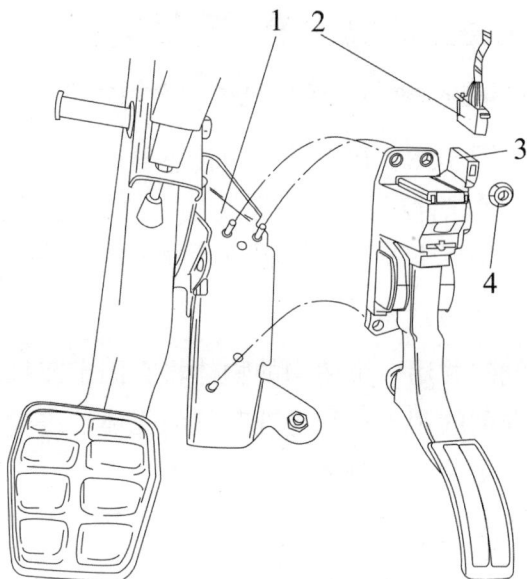

图 5-61　加速踏板分解图

1-支座;2-传感器电线插接器;3-踏板位置传感器;4-固定螺栓

1.加速踏板的拆卸

（1）关闭点火开关。

（2）从加速踏板上拔下传感器电线插接器。

（3）拆下加速踏板固定螺母。

（4）从支座上取下加速踏板。

2.加速踏板的拆卸

（1）将加速踏板装到支座上,并以 10N·m 的力矩拧紧固定螺母。

（2）插上传感器电线插接器。

（3）关闭点火开关。

（五）空气滤清器的拆装

发动机空气滤清器装配图,如图 5-62 所示。

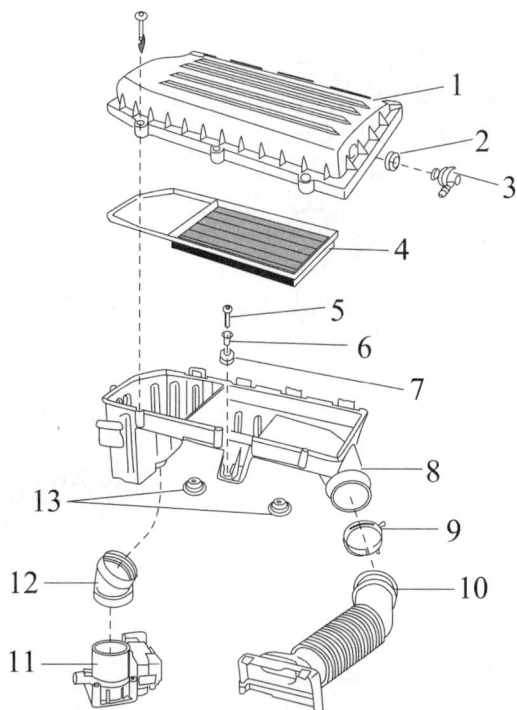

图 5-62　发动机控制单元装配图

1-空气滤清器盖;2-密封圈;3-单向阀;4-空气滤芯;5-螺钉;6-轴套;7-橡胶垫;8-空气滤清器壳体;9-卡箍;10-进气管;11-节气门控制单元;12-进气管;13-橡胶支座

1. 空气滤清的拆卸

(1)关闭点火开关。

(2)打开发动机舱盖,并安装好磁性护垫。断开蓄电池的搭铁线。

小提示:请检查收音机是否有密码。如有必要,应先查询防盗编码。

(3)脱开空气滤清器壳体至凸轮轴壳体通风软管。

(4)松开空气滤清器盖固定螺钉,略微旋转滤清器盖,取下滤清器盖,如图 5-63所示。

(5)取出空气滤芯。

(6)松开加热阀的固定螺钉,拔下电线插接器,拔出加热阀,如图 5-64 所示。

(7)松开进气管卡箍,取下进气管。

(8)拆下空气滤清器壳体固定螺钉,拔出空气滤清器壳体。

2. 空气滤清器的清洁

(1)清洁空气滤清器壳体。

(2)轻轻拍打空气滤芯,使滤芯中的灰尘掉落。

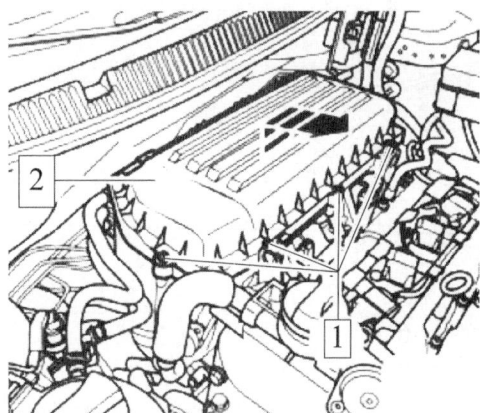

图 5-63　拆下滤清器盖

1-空气滤清器盖固定螺钉;2-空气
滤清器盖

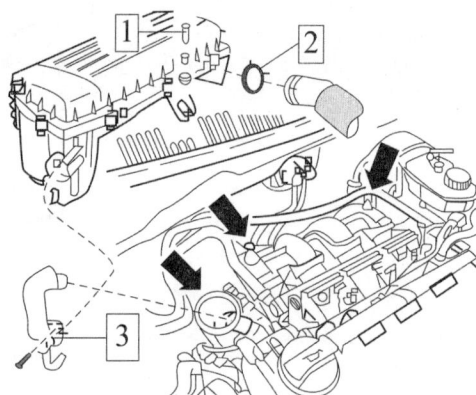

图 5-64　拔出加热阀

1-空气滤清器壳体固定螺钉;2-进
气管卡箍;3-加热阀

（3）用高压空气从发动机工作时空气流动的相反方向吹空气滤芯,清洁滤芯中的灰尘。

3.空气滤清器的装复

（1）装上空气滤清器壳体,并用固定螺钉固定滤清器壳体。

（2）装上进气管,并卡上进气管卡箍。

（3）装上加热阀,并用加热阀的固定螺钉固定,插上电线插接器。

（4）装上空气滤芯。

（5）装上滤清器盖,并用固定螺钉固定。

（6）装上空气滤清器壳体至凸轮轴壳体通风软管。

（7）装上蓄电池的接地线。

（8）装上发动机罩盖。

课题五　缸内喷射燃油系统主要部件的拆装

一、工具、设备和材料准备

（1）迈腾 B8 汽车一辆（带 CUGA 缸内直喷发动机）。

（2）常用工具一套、工具车一辆。

（3）工作台一个、零件摆放架一个。

（4）专用工具一套、迈腾 B8 汽车维修手册一套。

（5）棉纱布若干。

二、作业前的准备

（1）将车辆正确停放在工位上。

（2）将常用工具、专用工具连同工具车放在拆装过程易于取用的位置。

（3）清洁场地和工作台。

（4）讲解安全注意事项和拆装注意事项。

三、注意事项

（1）燃油系统拆装前应进行油路泄压操作。

（2）远离电源及产生明火部位。

（3）实习操作应进行防静电保护。

（4）使用后的棉纱应妥善处理。

（5）场地内消防器材检查完备。

（6）拔电线插接器时，应该在可靠地使锁销脱离啮合后，再分开电线插接器。不能直接拉扯线束断开电线插接器，以防扯断导线。

（7）松开连接位置前要彻底清洁连接位置及其周围区域。

（8）将拆下零部件放在干净的垫子上并盖住，不要使用纤维材质的抹布。

（9）如果无法立即进行维修或装复，应仔细将已打开部件盖住或密闭。

（10）只允许安装干净的零件，安装前直接从包装中取出的配件。

（11）对于打开的装置尽可能不使用压缩空气进行清洁处理，且尽可能不移动车辆。

四、操作步骤

（一）高压泵拆装

高压泵的分解图，如图 5-65 所示。

1.高压泵的拆卸

注意：在发动机冷态下，才能拆卸和安装高压泵。

燃油系统分高压部分（最大压力约 200bar）和低压部分（约 6bar），打开燃油系统时，由于较高的燃油有引起人员损伤的危险。拆卸高压部分之前，必须将燃油压力降至残余压力。

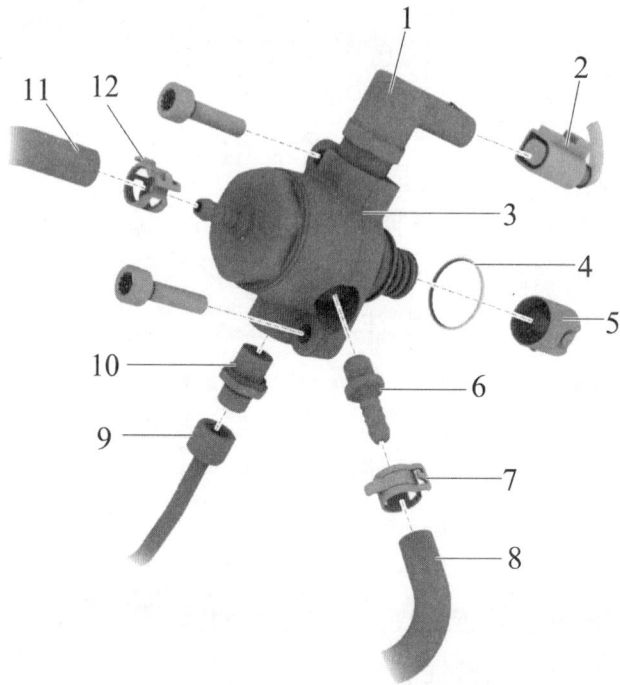

图 5-65　高压泵的分解图

1-燃油压力调节阀;2-电线插接器;3-柱塞弹簧;4-O形圈 5-滚轮挺柱;6-低压油管接头;7-卡箍;8-低压油管(去低压燃油分配管);9-高压油管;10-高压油管接头;11-进油管;12-卡箍

(1)释放高压区燃油压力。燃油喷射系统分高压部分和低压部分,对高压部分拆装操作前,高压部分的燃油压力必须降到低压系统的残余压力。

①打开点火开关,然后选择车辆诊断测试器上的以下菜单选项:

② 01-发动机电子系统 → 引导功能 → 01-释放燃油系统高压 。

③燃油压力将下降到规定值。

④关闭点火开关。

小提示:处于高压下的燃油可能造成人员受伤,拆卸前必须将燃油压力降至残余压力。

此时油轨内依旧充满燃油。拆卸时必须带好防护眼镜和手套。松开连接油管前,应先在低压油管连接处旋转抹布,然后小心拔出软管,以释放压力。

(2)拆下发动机罩。

(3)拆下空气滤清器壳体。

(4)拆下蓄电池负极线。

（5）清洁拆卸部位周边。

（6）脱开空气导管上的 2 条电线束，松开螺旋卡箍，拆下空气导管，如图 5-66 所示。

（7）松开软管卡箍，并拆下增压空气导管，如图 5-67 所示。

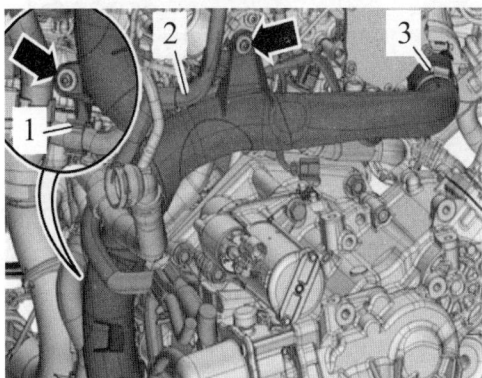

图 5-66　拆下空气导管
1-线束；2-线束；3-卡箍

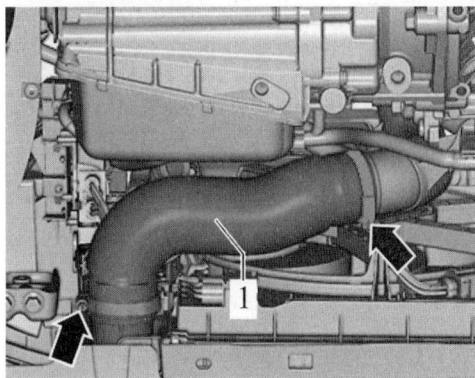

图 5-67　拆下增压空气导管
1-增压空气导管

（8）拧下固定螺栓（图 5-68 中箭头），脱开高压管固定夹。

（9）用套筒扳手松开燃油分配器上的锁紧螺母，如图 5-69 所示。

（10）固定住高压油管接头 A，松开锁紧螺母，拆卸高压管，如图 5-70 所示。

（11）从燃油压力调节阀上拔下电线插接器，如图 5-71 所示。

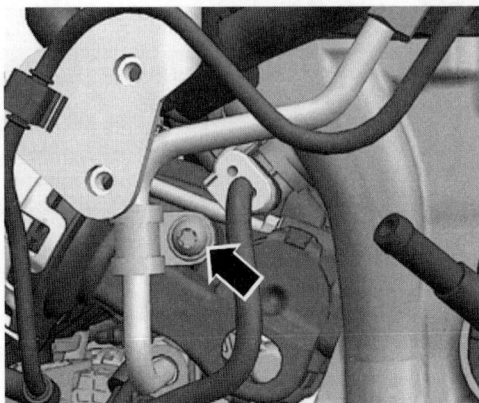

图 5-68　拆高压管固定螺栓

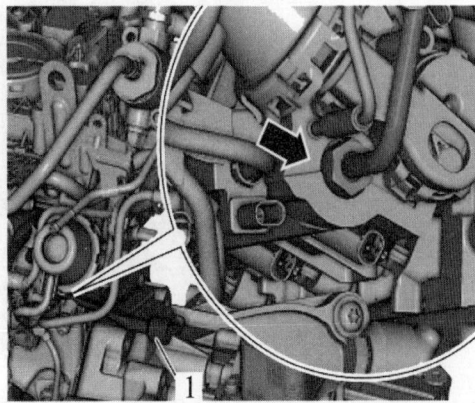

图 5-69　松开燃油分配器上的锁紧螺母
1-套筒扳手

（12）如图 5-71 所示，拆下燃油软管 2 和 3，拧出高压油泵固定螺栓，小心地拉出高压泵（滚子挺柱可能仍插在真空泵中）。

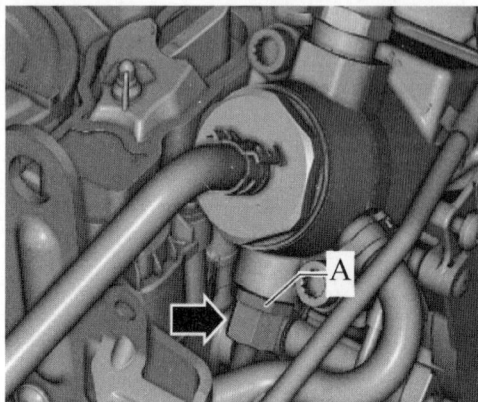

图 5-70　拆卸高压管

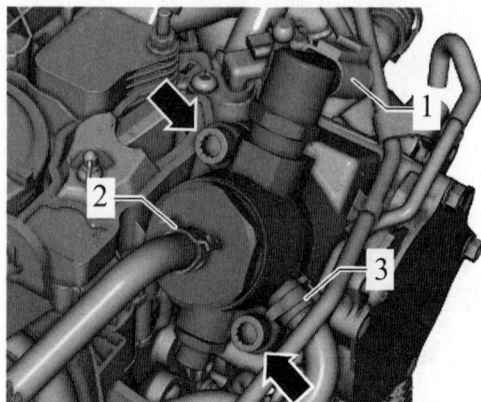

图 5-71　拆高压泵

1-燃油压力调节阀;2-进油管;3-低压油管

(13)取下高压泵滚轮挺柱。

2. 高压泵安装

(1)检查滚轮挺柱是否完好。

(2)用干净的发动机机油浸润滚轮轴套。

(3)将滚轮挺柱的凸台对准安装孔的凹槽,将滚轮挺柱装入真空泵中,如图 5-72 所示。

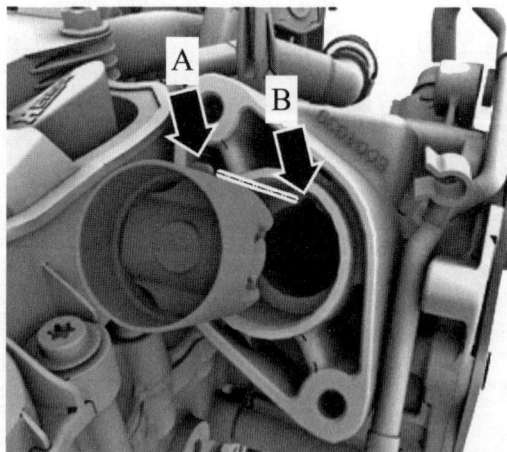

图 5-72　将滚轮挺柱装入真空泵中

(4)沿发动机工作转动方向转动曲轴,起到滚轮挺柱位于最深的位置。

(5)换上新 O 形圈,在 O 形圈上涂上机油后安装在高压泵的凹槽内。

(6)固定高压泵。

①用手将螺栓拧到底。

②用扳手拧紧一圈,直至高压泵凸缘碰到凸轮轴壳体。

③用20N·m的力矩分次交叉拧紧高压泵固定螺栓。

(7)安装高压油管。

①用手固定两端接头螺母。

②用20N·m的力矩先拧紧高压泵侧接头螺母,再拧紧分配管侧接头螺母。

③安装高压油管固定夹螺栓,并以5N·m的力矩拧紧。

(8)插上油压调节器电线插接器。

(9)装上进油管和低压油管,并装上抱箍。

(10)装上空气滤清器。

(11)增压空气导管和空气导管。

(12)装上蓄电池负极线。

(13)装上发动机罩。

(二)高压喷油器的拆装

高压喷油器安装位置(图5-73)和高压喷油器分解图(图5-74)。

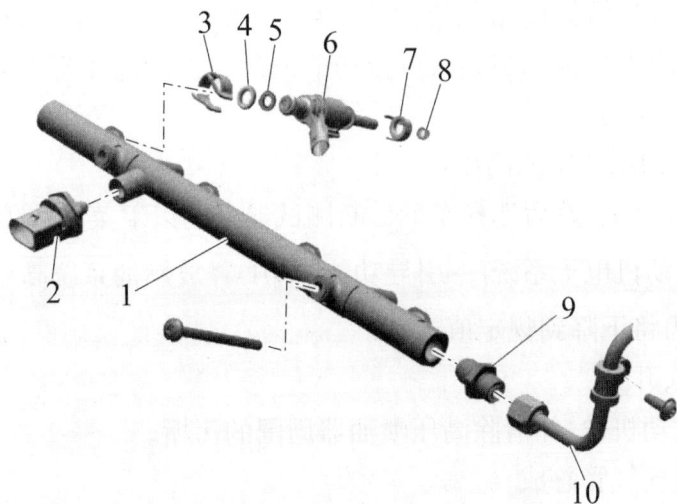

图5-73　高压喷油器安装位置图

1-燃烧室喷油器的燃油分配器;2-燃油压力传感器;3-支撑环;4-O形圈;5-隔离环;6-喷油器;7-密封垫圈;8-燃烧室密封环;9-油管接头;10-高压油管

1.高压喷油器的拆卸

高压喷油器安装位置如图5-73所示,高压喷油器结构示意图如图5-74所示。

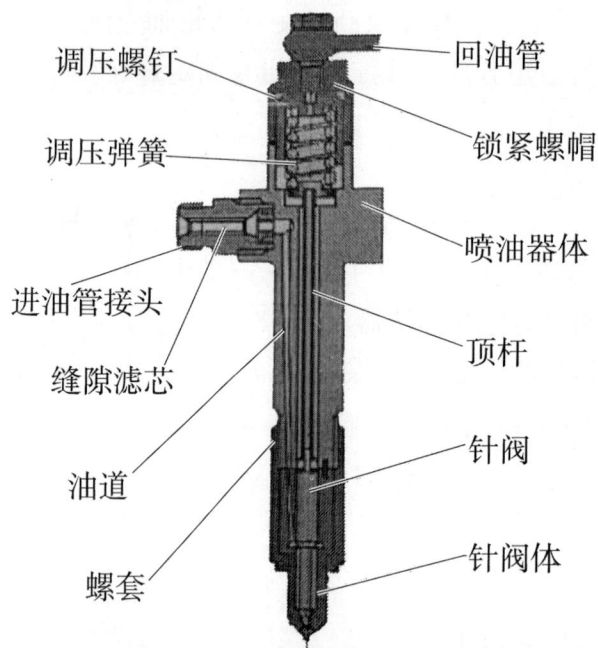

图 5-74　高压喷油器结构示意图

燃油系统分高压部分(最大压力约 200bar)和低压部分(约 6bar),打开燃油系统时,由于较高的燃油有引起人员损伤的危险。拆卸高压部分之前,必须将燃油压力降至残余压力。

(1)释放燃油系统中的高压:

①打开点火开关,然后选择车辆诊断测试器上的以下菜单选项:

01-发动机电子系统 → 引导功能 → 01-释放燃油系统高压

②燃油压力将下降到规定值。

③关闭点火开关。

(2)清洁发动机舱,并清除高压喷油器周围的污垢。

(3)拆卸进气气管总成。

(4)旋出高压油管接头螺母,取下高压油管。

(5)脱开燃油压力传感器的电线插接器,如图 5-75 所示。

(6)拧出螺栓(图中箭头),脱开燃油分配器上导线槽,拔下燃油分配器,如图 5-75 所示。

(7)取下高压喷油器上的 O 形圈。

(8)拔下高压喷油器上的电线插接器连接。

(9)用螺丝刀撬下高压喷油器上的限位支撑环。

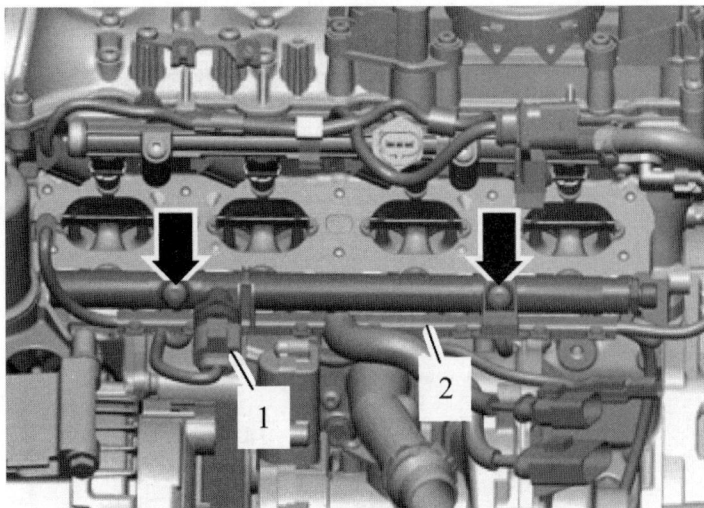

图 5-75　拆燃油分配器

1-燃油压力传感器插头;2-导线槽

(10)将专用套筒套在高压喷油器上,如图 5-76 所示。

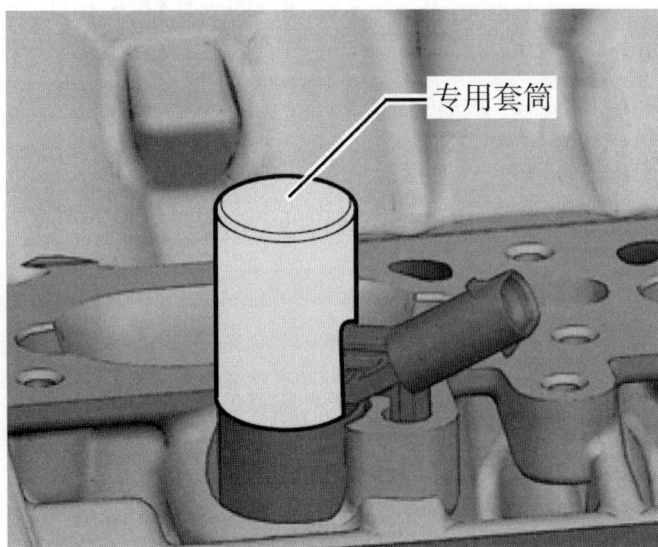

专用套筒

图 5-76　装上专用套筒套

(11)用橡胶锤小心地在专用套筒上敲击几下,以便松开高压喷油器。

(12)取下专用套筒,在高压喷油器的凹槽上装上专用拉器。

(13)在拉器上装上专用拆卸工具,拧入拉器上的螺栓。

(14)将扭力扳手调至 5N·m,转动拉器上的螺栓,拔出高压喷油器,如图 5-77 所示。

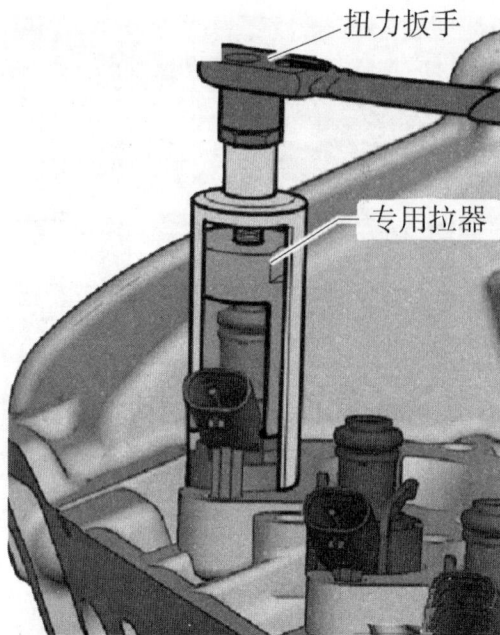

图 5-77　拔出高压喷油器

注意:螺栓拧入力矩不能超过5N·m,重新取下拉拔工具,装上专用套筒进行敲击,松开喷油器。

(15)用干净的抹布盖住敞开的进气通道。

2.高压喷油器的分解

(1)拆下高压喷油器上的限位支撑环和隔离环。

(2)取下卡环。

(3)小心取下旧的燃烧室密封环。

注意:不要损坏高压喷油器密封环凹槽。

(4)安装高压喷油器时就不更换密封环。

(5)清洁高压喷油器密封环凹槽内的残留物。

3.高压喷油器的装复

(1)清洁检查高压喷油器。

(2)清洁汽缸盖上的高压喷油器安装孔。

(3)用专用工具将燃烧室密封环装到高压喷油器的凹槽内的限位位置。

(4)在高压喷油器上装上限位支撑环和隔离环。

(5)在O形圈上涂是机油,用手将高压喷油器压入汽缸盖孔中并使完全到位。

注意:高压喷油器上的凸耳和汽缸盖内的孔(图中箭头)必须相互对着,如

图 5-78 所示。

（6）检查高压喷油器在汽缸盖上的安装位置是否正确,并确保电线接口在汽缸盖上的规定凹口中。

（7）如果无法用手装入喷油器,可将专用套筒装到喷油器上方,用橡胶锤轻轻地敲击专用套筒,使喷油器安装到位,如图 5-79 所示。

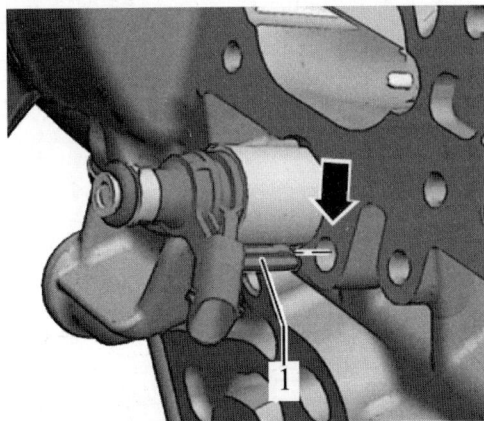

图 5-78   喷油器上的凸耳和汽缸
　　　　　盖内的孔对齐
　　　　　　　1-凸耳

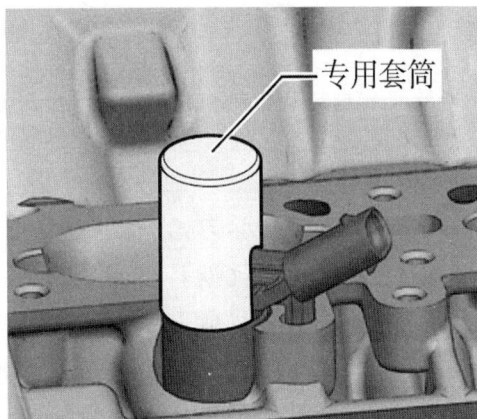

图 5-79   装上专用套筒套

（8）将支撑环插到喷油器上,在喷油器 O 形圈上涂敷发动机机油。

（9）将燃油分配器装到喷油器上并均匀地压入。

（10）用螺栓以 9N·m 的力矩固定燃油分配器。

（11）插上燃油压力传感器的电线插接器。

（12）装上高压油管,并以 27N·m 的力矩拧紧油管接头。

（13）安装进气管总成。

（14）连接故障诊断仪,启动诊断"删除高压喷油器的匹配值"。

（15）关闭点火开关。

项目六　柴油机燃料供给系统的结构与拆装

📚 **学习目标**

完成本项目学习后,你应能:

1. 掌握柴油机燃料供给系统零部件结构、作用、分类和工作原理;
2. 掌握高压共轨式柴油喷射系统零部件结构、作用、分类和工作原理;
3. 掌握柴油机燃料供给系辅助装置的基本结构和工作原理;
4. 了解现代柴油机尾气处理技术原理;
5. 能正确完成高压共轨式柴油喷射系统主要部件的拆装,并掌握拆装技术要求;
6. 能正确完成废气再循环(EGR)总成的拆装,并掌握拆装技术要求;
7. 掌握查阅相关技术资料的方法;
8. 具备环保意识和知识,会科学处理废料。

⊙ **建议课时**

10 课时。

课题一　柴油机燃料供给系统的结构与工作原理

一、柴油机燃料供给系统的功用和组成

1. 柴油机燃料供给系的作用

柴油机燃料供给系统的作用是根据柴油机不同工况,定时、定压、定量地将柴油按一定规律喷入汽缸,与汽缸内被压缩的空气混合燃烧,并将燃烧后的废气

排出汽缸。

2.柴油机燃料供给系的组成

柴油机燃料供给系由空气供给装置、燃油供给装置、混合气形成装置及废气排出装置组成。

(1)空气供给装置,由空气滤清器、进气歧管和汽缸盖内的进气道等组成。

小提示: 压比指涡轮增压系统增压器出气口压力和进气口压力之比。

(2)燃油供给装置,由柴油箱、输油泵、低压油管、柴油滤清器、喷油泵、调速器、高压油管、喷油器、回油管等组成,如图6-1 柴油机燃油供给系统的组成所示。

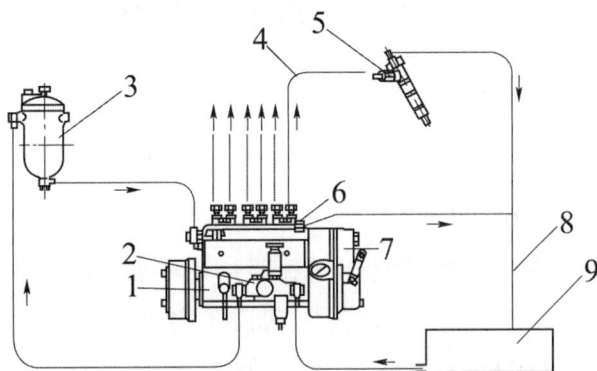

图6-1　柴油机燃油供给系统的组成

1-喷油泵;2-输油泵;3-柴油滤清器;4-高压油管;5-喷油器;6-溢油阀;7-调速器;
8-回油管;9-燃油箱

(3)混合气形成装置,由一定形状的燃烧室构成。

(4)废气排出装置,由汽缸盖内的排气道、排气歧管、排气管、排气消声器等组成。

3.柴油机燃料供给系统的工作原理

柴油机运转时,油箱中的柴油被输油泵吸出,经柴油粗滤器过滤后输送到油水分离器、燃油细滤清器,滤清后的柴油被输送到喷油泵总成。喷油泵工作时,将柴油压力提高到10 ~ 50MPa 以上,并定时定量地将高压柴油经高压油管压送到喷油器。喷油器将柴油以雾状喷入汽缸,与汽缸内经压缩的高温、高压的空气迅速混合,并自行着火燃烧做功。燃烧以后的废气经排气道、排气管、排气消音器排入大气。

二、高压共轨式柴油喷射系统的功用和组成

影响供油量及喷油正时的因素不仅仅只是转速和负荷,而且还有进气温度、

冷却液温度、进气压力等,对于这些影响因素的变化,普通机械控制式喷油泵是无能为力的。为了改善柴油机运转性能和降低燃油消耗率,同时也为了适应严格的柴油机排放标准的需要,从20世纪80年代初期开始,各种电子控制柴油喷射系统(以下简称电控柴油喷射系统)相继问世。

(一)电控柴油喷射系统的发展情况

第一代位置控制式电控燃油喷射系统。最早在传统的燃油喷射系统基础上发展起来的电控喷射系统是位置控制系统,称之为第一代电控喷射系统。位置控制系统不仅保留了传统的泵-管-嘴系统,还保留了原喷油泵中的齿条、滑套、柱塞上的斜槽等控制油量的机械传动机构,只是对齿条或滑套的运动位置予以电子控制。

第二代时间控制式电控燃油喷射系统。基于电磁阀的时间控制系统则称为第二代电控喷射系统。时间控制系统是用高速强力电磁阀直接控制高压燃油,一般情况下,电磁阀关闭,开始喷油;电磁阀打开,喷油结束。喷油始点取决于电磁阀关闭时刻,喷油量取决于电磁阀关闭的持续时间。传统喷油泵中的齿条、滑套、柱塞上的斜槽和提前期等全部取消,对喷射定时和喷射油量控制的自由度更大。

第三代高压共轨式柴油喷射系统。到了20世纪90年代,高压共轨式柴油喷射系统得到了快速发展。高压共轨式柴油喷射系统改变了传统的柱塞泵脉动供油的原理,采用压力时间式燃油计量原理,用电磁阀控制喷射过程,可以实现对喷射油量和喷射定时的灵活控制,应用越来越广泛。几年来,高压共轨式柴油喷射系统技术变化很快,目前已经发展到第三代。第一代共轨高压油泵总是保持在最高压力,导致能量的浪费和很高的燃油温度。第二代可根据发动机需求而改变燃油输出压力,并具有预喷射和后喷射功能。预喷射降低了发动机噪音,在主喷射之前百万分之一秒内少量的燃油被喷进了汽缸压燃,预加热燃烧室。预热后的汽缸使主喷射后的压燃更加容易,缸内的压力和温度不再是突然地增加,有利于降低燃烧噪声。在膨胀过程中进行后喷射,产生二次燃烧,将缸内温度增加200~250℃,降低了排气中的碳氢化合物。第三代压电式高压共轨式柴油喷射系统,压电执行器代替了电磁阀,于是得到了更加快速和精确的喷射控制。没有了回油管,在结构上更简单。压力从120~200MPa弹性调节,最小喷射量可控制在$0.5mm^3$,减小了烟度和NO_x的排放。

(二) 高压共轨式柴油喷射系统的组成

目前汽车上运用越来越多的是第三代高压共轨式柴油喷射系统,系统中燃油在高压油泵内增压到120～200MPa后,先供入燃油共轨也即高压蓄压器,再由燃油共轨分配到各缸喷油器,如图6-2所示。喷油器直接由ECU控制其启闭,这与电控汽油喷射系统基本相同,所不同的是,由于柴油机喷油压力较高,因此,燃油共轨需承受更高的燃油压力。

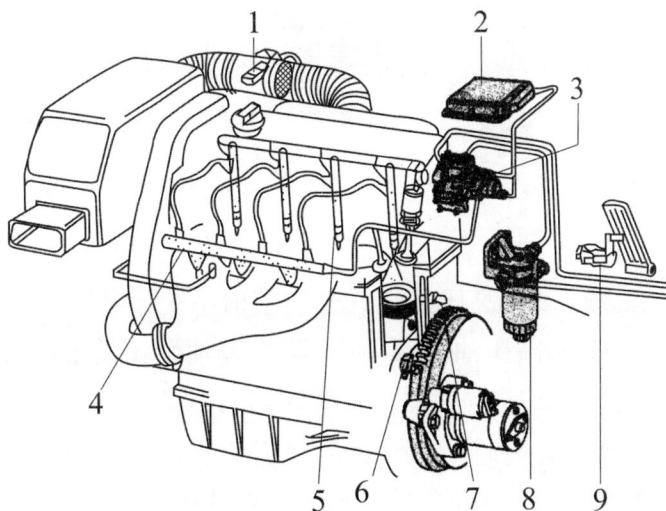

图6-2　高压共轨式柴油喷射系统安装图

1-空气流量计;2-电控单元(ECU);3-高压油泵;4-燃油共轨;5-喷油器;6-转速传感器;7-冷却液温度传感器;8-柴油滤清器;9-加速踏板位置传感器

高压共轨式柴油喷射系统由以下主要组件组成,如图6-3所示。

(1)燃油低压系统,由燃油箱,燃油滤清器,燃油泵等组成。燃油泵将足够的燃油从燃油箱内吸出,建立起一定的压力(约0.5MPa),经燃油滤清器过滤后,供给高压油泵。

(2)燃油高压系统,由高压油泵,共轨,喷油器,调压阀,限压阀等组成。高压油泵将低压燃油建立起很高的压力(120～200MPa),高压燃油经共轨分配到各个喷油器,喷油器根据ECU指令,将高压燃油适时、适量,以一定的规律喷入汽缸。

(3)电子控制系统,由传感器、电控单元(ECU)和执行器组成。传感器包括柴油机转速、凸轮轴位置、加速踏板位置、进气压力、进气温度、冷却水温度、燃油温度、油压等传感器。电控单元(ECU)根据转速传感器、加速踏板位置传感器的基本信号和冷却液温度、进气温度、进气压力等传感器的修正信号,与电控单元内储存的参数值进行比较,经过处理计算,产生最佳值对喷油泵、废气再循环阀、预热塞、调压阀等执行机构进行控制,使柴油机工作在最佳状态。

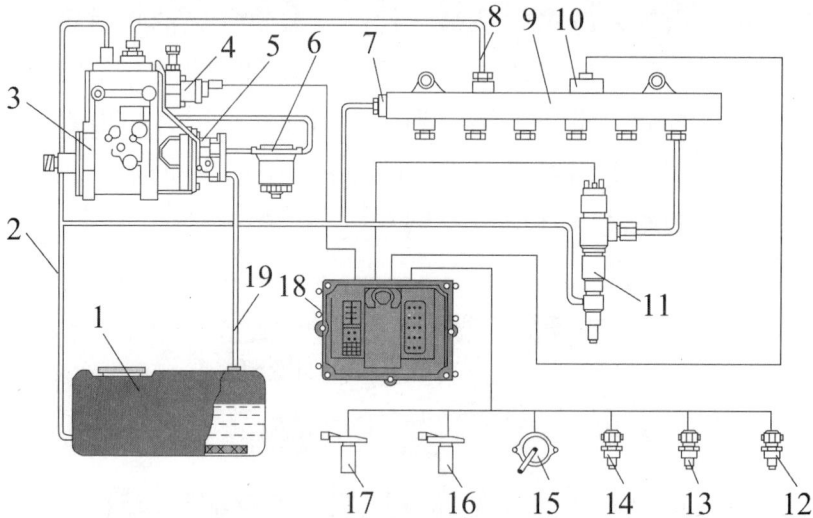

图6-3　高压共轨式柴油喷射系统示意图

1-柴油箱;2-低压油管;3-高压油泵;4-调压器;5-输油泵;6-柴油滤清器;7-限压阀;8-高压油管;9-共轨;10-油压传感器;11-喷油器;12-机油压力传感器;13-增压压力传感器;14-冷却液温度传感器;15-加速踏板位置传感器;16-凸轮轴位置传感器;17-曲轴转速传感器;18-电控单元(ECU);19-低压油管

(三)高压共轨式柴油喷射系统的功用

1.喷油量的控制

ECU根据加速踏板位置和柴油机转速等传感器的信号确定基本喷油量,再按进气管压力和燃油温度等传感器及启动开关输入的信息进行修正,最后计算出最佳喷油量,并向喷油器通电。ECU通过控制通向喷油器的电脉冲宽度(通电时间)来控制喷油量。

2.喷油定时的控制

ECU根据加速踏板位置和柴油机转速确定基本喷油时刻,再按进气管压力和冷却液温度等传感器以及启动开关输入的信号进行修正,最后确定出最佳喷油时刻,ECU按此时刻向喷油器通电,即ECU对喷油器通电的时刻决定了喷油始点。

3.喷油压力的控制

喷油压力等于共轨内的燃油压力。在共轨上设置燃油压力传感器和限压阀,后者用来防止共轨内油压过高。压力传感器将共轨中的压力实时反馈给ECU,ECU 通过控制共轨压力控制阀(PCV)的电流来调整进入共轨的燃油量,改变共轨内的压力,形成了共轨压力闭环系统。

4.喷油规律的控制

喷油规律是指喷油速率随时间或曲轴转角的变化关系,而喷油速率则是单位时间的喷油量,如图 6-4 所示。由于喷油规律对柴油机的性能有重要影响,因此,针对具有不同混合气形成与燃烧方式的柴油机应选择不同的喷油规律。在高压共轨式柴油喷射系统中,当喷油压力保持不变时,喷油量唯一决定于 ECU 对喷油器的通电脉冲宽度。因此,只要改变指令脉冲就可以改变喷油规律。

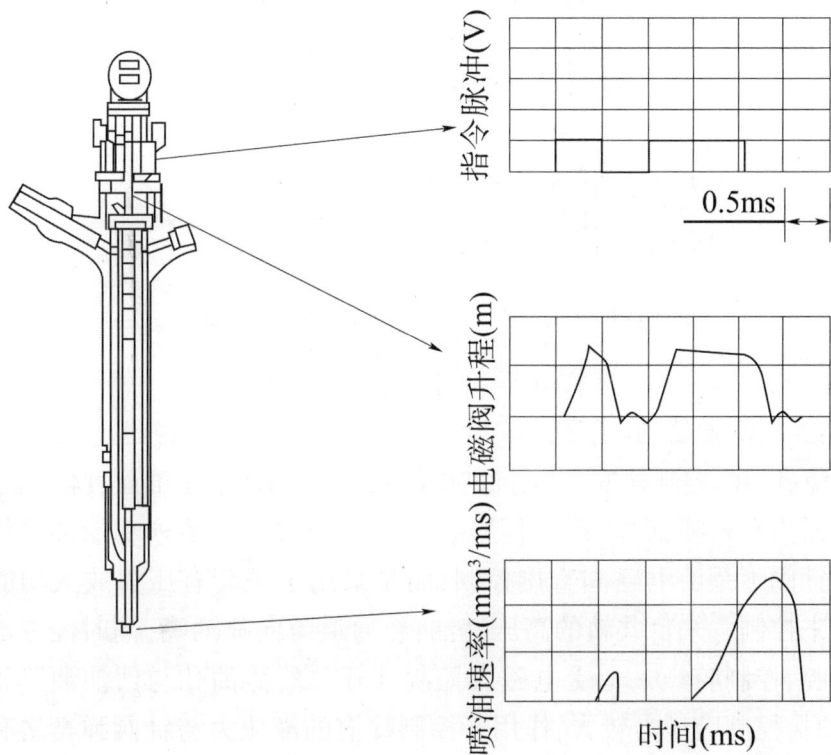

图 6-4　喷油规律的控制

三、高压共轨式柴油喷射系统主要部件的构造

(一)喷油器

1.电磁阀式喷油器

电磁阀式喷油器结构如图 6-5 所示,燃油从高压接头经进油通道送往喷油嘴,

经进油节流孔送入控制室。控制室通过由电磁阀控制的泄油孔与回油管连接。

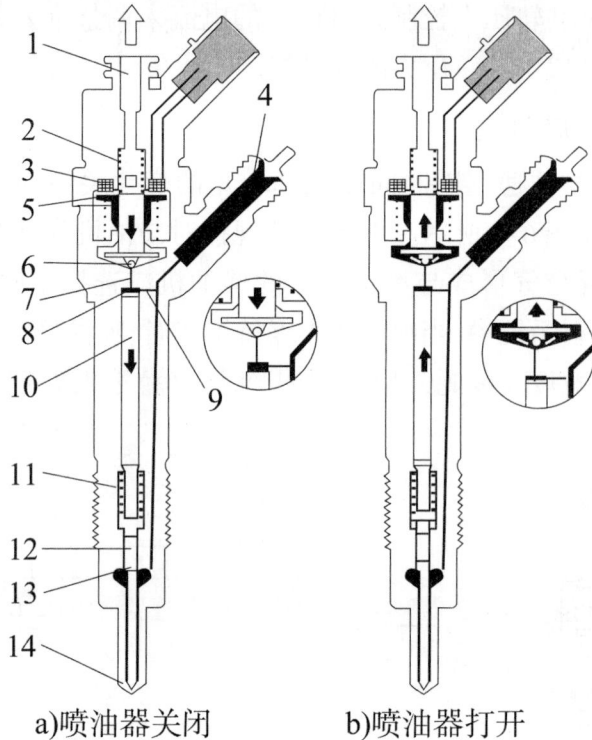

a)喷油器关闭　　　　　b)喷油器打开

图6-5　电磁阀式喷油器

1-回油管;2-复位弹簧;3-线圈;4-高压连接;5-衔铁;6-球阀;7-泄油孔;8-控制腔;
9-进油节流孔;10-控制柱塞;11-针阀弹簧;12-针阀;13-承压锥面;14-喷油嘴

　　喷油器由孔式喷油嘴、液压伺服系统和电磁阀等一系列功能部件组成。这种喷油器针阀不是由电磁阀直接控制,而是采用了一套有压力放大功能的液压伺服系统来控制。来自共轨的高压燃油,经通道流向喷油嘴,同时经进油节流孔流向控制腔,控制腔经一个受电磁阀控制其开关的泄油孔与回油油路相连。泄油孔关闭时,控制腔压力较大,作用于控制柱塞的液压力与针阀弹簧之和超过喷油嘴针阀承压面上产生的向上推力,针阀被迫进入阀座,将高压通道与燃烧室隔离,不能喷油。当喷油器的电磁线圈通电,衔铁将球阀从密封座上升起,泄油孔被打开,控制腔的燃油经泄油孔流出,由于进油节流口的节流作用,控制腔内的压力下降,柱塞上端面的液压推力随之下降。当柱塞上端面的液压推力与针阀弹簧的推力之和低于喷油嘴针阀承压锥面上产生的向上推力时,针阀被打开,燃油经喷孔喷入燃烧室,如图6-5b)所示。

　　泄油孔打开时,从泄油孔流出的燃油与针阀和控制柱塞处泄漏的燃油汇合,经回油管流回油箱。

2.压电式喷油器

电磁阀式喷油器由于受电磁铁、针阀、线圈等物理特性所限,在打开和关闭时针阀实际动作与 ECU 发出的指令间会产生 $200 \sim 250 \mu s$ 的迟滞,从而对发动机的动力性、排放指标产生不利影响。压电晶体式喷油器的针阀动作要比电磁式快 4 倍以上,大大地改善了发动机的性能。

1)压电式喷油器的结构

压电晶体结构由多层的 $20 \sim 200 \mu m$ 陶瓷层烧结而成,层与层之间有电极。喷油器主要由带针阀和针阀弹簧的多孔油嘴、位移放大器、液压伺服系统、压电晶体部件等组成。结构如图 6-6 所示。

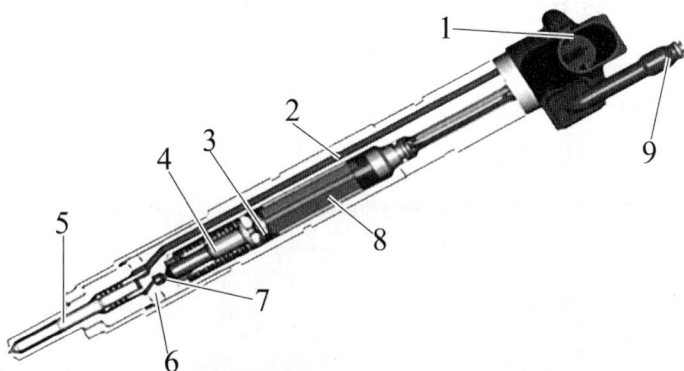

图 6-6　压电式喷油器的结构

1-电线插接器;2-高压油道;3-控制膜片;4-位移放大器;5-针阀;6-液压伺服系统;7-控制阀;8-压电晶体;9-回油管接头

2)位移放大器的工作原理

由于压电晶体通电变形产生的位移量很小,压电式喷油器中设计有一套位移放大装置。主要由大活塞、液压腔、小活塞组成,结构如图 6-7 所示。通过大小活塞直径的差异实现发生器变形位移的放大。

当压电晶体通电,使大活塞的运动导致液压腔内的容积产生变化。由于液压腔的体积一定,根据帕斯卡原理,大活塞的向下移动会导致小活塞不得不向下移动,且移动的位移量远大于大活塞的移动位移,从而实现位移量的放大。

3)液压伺服系统的工作原理

高压燃油从共轨中进入喷油器后,一路由通道进入喷油器盛油槽,作用于针阀锥面上;一路通过进油节流孔进入活塞顶部控制腔。液压伺服系统的工作原理,如图 6-8 所示。

(1)当压电晶体未通电时,控制阀关闭,旁通阀开启,控制腔油压高,油压推动针阀,关闭喷油嘴,喷油器不喷油,如图6-8a)所示。

(2)当压电晶体通电后,压电晶体伸长,推动大活塞进入液压腔中,液压腔中的燃油推动小活塞将控制阀打开,旁通阀关闭,控制腔中的燃油经过出油孔、控制阀、低压油道流回到油箱。针阀上部卸压,盛油槽中的燃油压力作用在针阀承压面上,产生的向上推力,克服复位弹簧的作用力,向上运动,使针阀开启,喷油嘴喷油,如图6-8b)所示。

(3)若压电晶体断电,控制阀落座,旁通阀打开,高压燃油经进油节流孔进入控制腔,控制腔压力增加,针阀上端的压力与针阀弹簧的推力之和大于在针阀承压面上产生的向上推力,推动针阀下行,喷油嘴关闭,停止喷油,如图6-8c)所示。

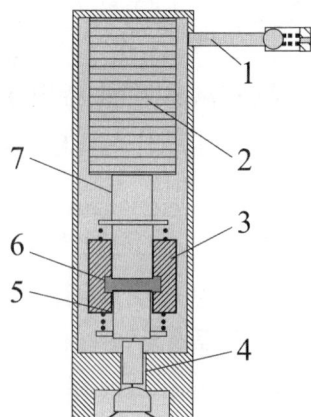

图6-7　位移放大器的结构
1-低压油道;2-压电晶体;
3-位移放大器;4-控制阀;
5-小活塞;6-液压腔;7-大活塞

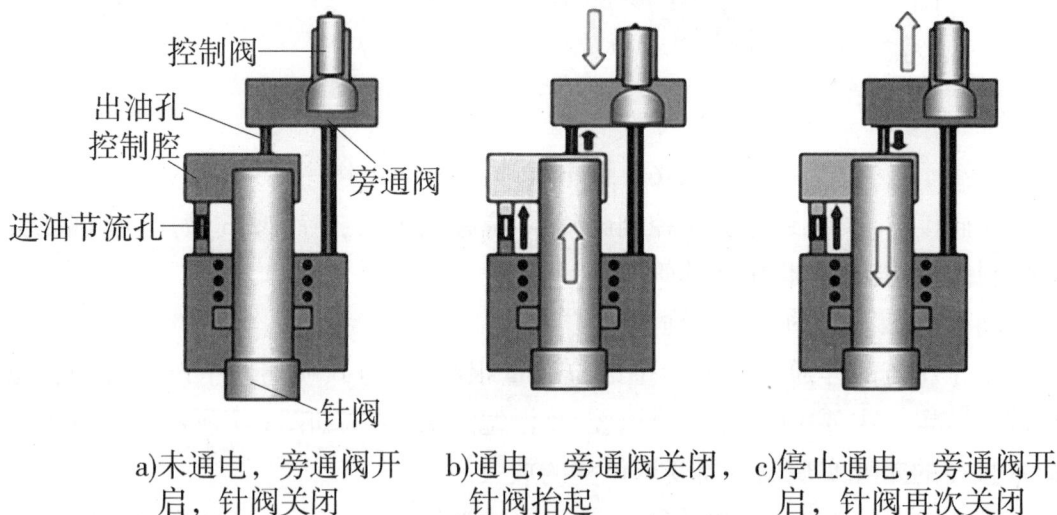

a)未通电,旁通阀开启,针阀关闭　　b)通电,旁通阀关闭,针阀抬起　　c)停止通电,旁通阀开启,针阀再次关闭

图6-8　液压伺服系统的工作原理

(二)高压油泵

高压油泵主要作用是将低压燃油变成高压燃油,储存在共轨内,等待ECU的喷射指令;供油压力可以通过压力限制器进行设定。

电控共轨式燃油喷射系统高压油泵结构如图6-9所示。它除了供给高压燃油外,还能保证快速启动和共轨中压力迅速上升所需要的燃油储备、持续产生高压所需的系统压力。

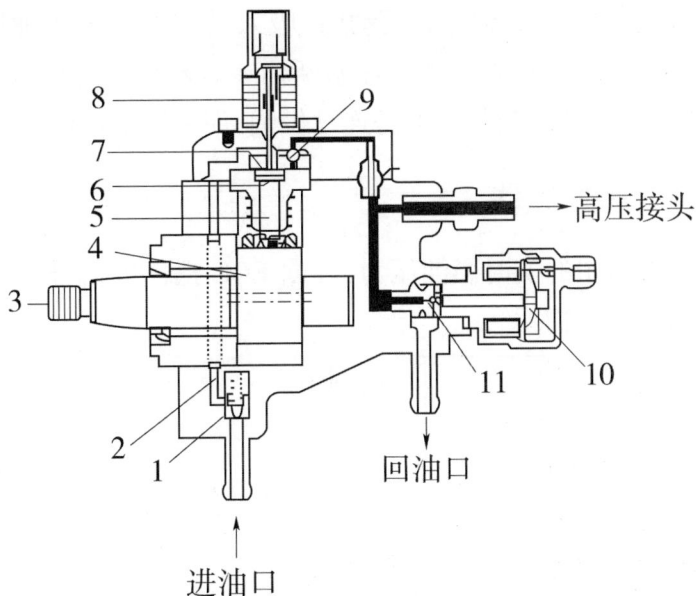

图 6-9　高压油泵结构

1-安全阀;2-低压油道;3-驱动轴;4-偏心凸轮;5-柱塞;6-柱塞腔;7-进油阀;8-柱塞断油装置;9-出油阀;10-调压阀;11-球阀

高压油泵装在发动机上,通过带轮凸缘、带轮、齿带由发动机驱动。高压油泵借以低压油路过来的燃油润滑。高压油泵上安装有调压阀、柱塞断油装置和泵油柱塞等元件。

高压油泵内三个径向柱塞,柱塞相互之间错开120°,柱塞由驱动轴上的偏心凸轮驱动,驱动轴每转一圈,供油三次。输油泵将燃油从油箱泵吸,经过带有油水分离装置的燃油滤清器到达高压油泵的进油口,经安全阀的节流孔,进入高压油泵的润滑和冷却回路。

高压油泵的柱塞向下运动时(吸油行程),低压燃油经高压油泵进油阀进入柱塞腔。当高压油泵柱塞越过下止点后,进油阀关闭,柱塞腔内的燃油被密封。当柱塞从下止点向上运动时(供油过程),将柱塞腔内的燃油被压缩,油压的升高一旦达到共轨的油压,出油阀被打开,被压缩的燃油经高压接头进入共轨,直至到达上止点,压力减小,出油阀关闭,停止供油。柱塞又向下运动,柱塞腔内的压力降至低于输油泵的供油压力时,进油阀又开启,吸油过程又开始,进入下一循环。每转一圈有三个供油行程。由于高压油泵供油量较大,在怠速和部分负荷工作时,被压缩的燃油过多。多余的燃油经过调压阀流回油箱。

柱塞断油装置。当发动机的用油量较小时,ECU 给柱塞断油装置的电磁阀通电,电磁力将电枢上带动一根销子向下运动,将进油阀打开,从而使供油行程中吸入的燃油不受压缩。柱塞向上运动时,吸入的燃油又经进油阀流回到低压通道,所以,柱塞腔内不会建立高压。柱塞断油装置断电后,高压油泵正常工作。高压油泵在柱塞断油装置控制下,不是连续供油,而是间歇供油。

(三) 共轨油压传感器

作用是测定共轨中的实时燃油压力,并向 ECU 提供电信号。如图 6-10 所示为共轨油压传感器的结构图。

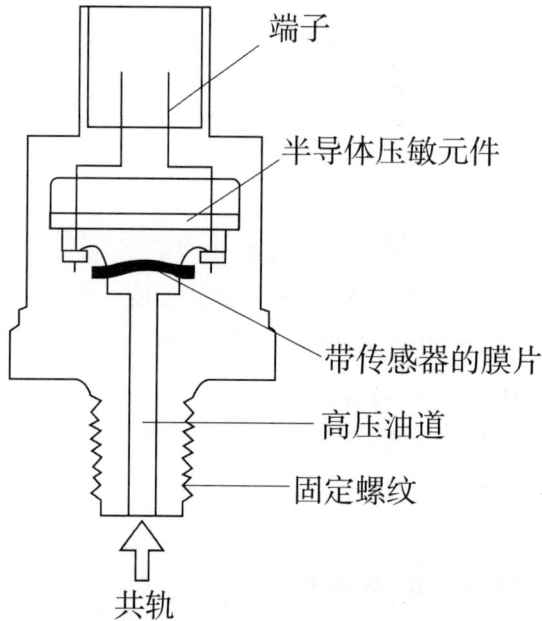

图 6-10　共轨油压传感器结构

高压燃油经压力室的小孔流向膜片。膜片上装有半导体型压敏元件,可将压力转换为电信号。通过连接导线将产生的电信号传送到 ECU。

工作原理:当膜片形状改变时,膜片上涂层的电阻发生变化。使 5V 供电的电阻电桥中产生电压变化。电压在 0 ~ 70mV 之间变化,经电路放大到 0.5 ~ 4.5V 信号,传送给 ECU。

(四) 调压阀

第一代高压共轨式柴油喷射系统中安装有调压阀,作用是根据发动机的负荷状况调整油压,保持共轨中的压力。结构如图 6-11 所示。固定在共轨(或高压油泵)上,进油口与共轨(或高压油泵)的高压油道相通,出油口与回油油路相通。

活动铁芯将一钢球压入密封座,使进油口对出油口密封,弹簧将活动铁芯往下压。电磁线圈通电时产生一个向下的电磁力,电磁吸力的大小与控制电流成正比。为进行润滑和散热,整个活动铁芯周围有燃油流过。

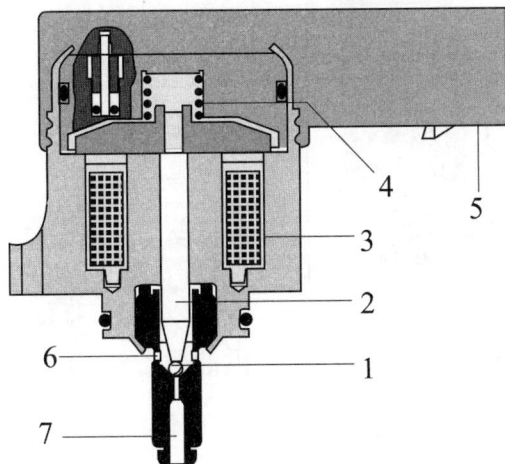

图 6-11　调压阀的结构

1-球阀;2-活动铁芯;3-电磁线圈;4-弹簧;5-电气接头;6-出油口;7-进油口

调压阀不工作时:电磁线圈不通电,没有磁场力,共轨(或高压油泵)的燃油压力与弹簧的弹力相平衡。当燃油压力大于弹簧力时,调压阀打开,共轨(或高压油泵)一部分燃油经出油口流入回油管回到油箱。

调压阀工作时:ECU 给电磁线圈通电,产生电磁力,此时进油口(共轨内)的燃油压力与电磁吸力和弹簧力之和平衡,燃油压力增加。当进油口处(共轨内)的燃油压力大于电磁吸力和弹簧力之和,球阀才被打开,共轨(或高压油泵)的一部分燃油经球阀、出油口流入回油管回到油箱。

(五)进油计量比例阀

第二代以后的高压共轨式柴油喷射系统为了降低动力消耗,减少不必要的油温升高,高压油泵中用一个控制进油量的进油计量比例阀代替调压阀。进油计量比例阀安装在高压油泵的进油位置,用于调整燃油供给量和燃油压力值,结构如图 6-12 所示。进油计量比例阀在控制线圈没有通电时,阀芯在弹簧作用下将低压油道的进油口完全打开,进油计量比例阀是畅通的,可以提供最大流量的燃油。ECU 通过脉冲信号改变给电磁线圈通电,在磁力的作用下衔铁带动推杆向下运动,推动阀芯向下,高压油泵进油截面积变小,从而改变进油量。通电使电磁阀处于零供油位置时,阀芯将低压油路的进油口完全关闭,通往高压油泵的供油量为零。

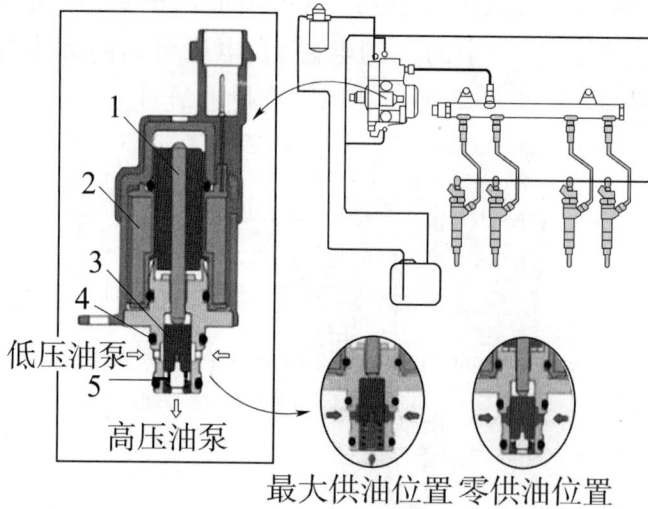

图 6-12　进油计量比例阀结构

1-推杆;2-控制线圈;3-阀芯;4-O 形圈;5-弹簧

(六)限压阀

限压阀相当于安全阀,它的作用是限制共轨中的最高、最低压力。当共轨中燃油压力过高时,打开泄油孔卸压。当油压过低时,控制阀复位,保持共轨内的压力。

结构如图 6-13 所示。用螺纹装在共轨上。

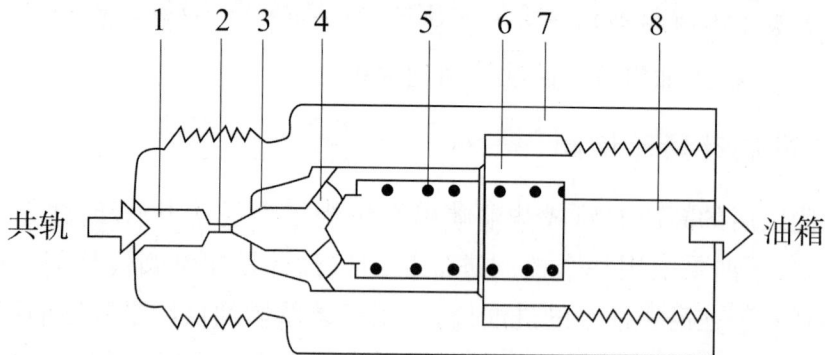

图 6-13　限压阀

1-高压接头;2-泄油孔;3-控制阀;4-通孔;5-弹簧;6-限位套;7-阀座;8-回油孔

一般工况下,弹簧将控制阀紧压在座面上,泄油孔处于关闭状态。当共轨中的燃油压力超过规定的最大压力时,控制阀在高压燃油压力的作用下克服弹簧作用力,离开阀座,泄油孔打开,高压燃油从共轨中经过泄油孔流入活塞中央,然后经集油管流回油箱,共轨中的压力降低。

四、柴油机尾气处理技术

由于采用压燃点火方式,柴油机的热效率比汽油发动机高约30%,且柴油本身密度较大,在等速行驶工况下,柴油机的燃油消耗量要小得多,但其排放物中的NO_x和PM明显高于汽油发动机,汽油车、柴油车的尾气排放物水平对比见表6-1。

汽油车、柴油车的尾气排放物水平对比　　　　表6-1

项　　　目	汽　油　车	柴　油　车
PM	1	10
NO_x	1	3
CO_2	1	0.75
CO	1	0.5
CH	1	0.5

为了减少柴油车的尾气排放物水平,采用高压共轨式柴油喷射技术,提高柴油的雾化程度和喷油量、喷油时间的精确控制,来大幅降低PM排放。但目前排放标准已提升到欧盟机动车污染物排放第6阶段标准(欧6排放标准),对NO_x和PM排放要求越来越低苛刻,单纯依靠喷射技术无法满足。为此,还利用废气再循环(EGR)和机外尾气处理的方式来满足要求。

常用的机外尾气处理装置有二种,一种是通过柴油颗粒过滤器(DPF)技术和柴油氧化催化器(DOC)技术。另一种是通过使用选择性催化还原(SCR)技术,利用尿素溶液对尾气中的氮氧化物进行处理。

1. 废气再循环(EGR)技术

废气再循环系统(Exhaust Gas Recirculation)简称EGR,是将柴油机或汽油机产生的废气的小部分经冷却后送回汽缸,以减少NO_x的产生。如图6-14所示,EGR系统主要由传感器、发动机控制单元、EGR控制阀、废气冷却器等组成。

发动机控制单元(ECU)根据发动机的转速、负荷(节气门开度)、温度、进气流量、排气温度,控制EGR控制阀适时工作,将EGR阀门打开,排气中的少部分废气经EGR阀进入进气系统,与新鲜空气一起进入汽缸参与燃烧。从而降低了燃烧时汽缸中的温度,抑制了NO_x的生成,降低废气中的NO_x的含量。但是,废气再循环的加入会使发动机的动力性降低,过度的废气与再循环,将会影响混合气的着火性能,从而影响发动机的动力性和经济性,特别是在发动机怠速、低速、小负荷及冷机时,再循环的废气会明显地影响发动机性能。所以,当发动机在怠速、低速、小负荷及冷机时,ECU 控制废气不参与再循环,以免发动机性能受到影响;当发动机超过一定的转速、负荷及达到一定的温度时,ECU 控制少部分废气参与再循环,而且,参与再循环的废气量根据发动机转速、负荷、温度及度气温度的不同而不同。EGR 控制系统的任务就是使废气的再循环量在每一个工作点都达到最佳状况,从而使燃烧过程始终处于最理想的情况,最终保证即有较好动力性和经济性,又有较低的 NO_x 排出。另外,提高气再循环率会使总的废气流减少,因此废气排放中总的污染物出量将会相对减少。废气再循环系统(EGR)在汽油机中也有广泛应用。但废气与再循环加入工作会使发动机的动力下降。

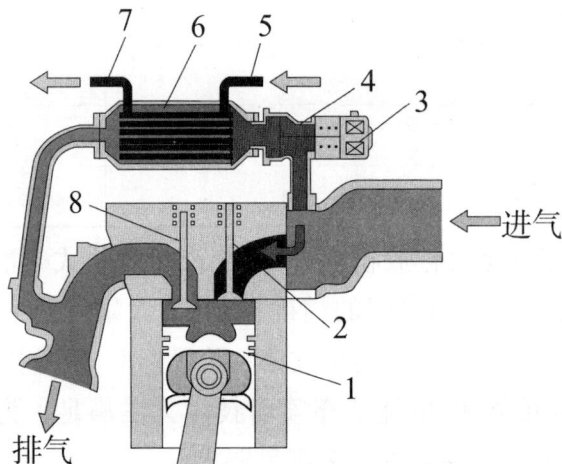

图 6-14 废气再循环系统工作原理

1-活塞;2-进气门;3-EGR 控制阀;4-EGR 总成;5-冷却液进液管;6-废气冷却器;7-冷却液出液管;8-排气

2. 柴油颗粒过滤器(DPF)技术

柴油颗粒过滤器(DPF)是安装在柴油车排气系统中,如图 6-15 所示,通过过滤来降低排气中颗粒物(PM)的装置。柴油颗粒过滤器(DPF)通过表面和内部混合的过滤装置捕捉颗粒,例如扩散沉淀、惯性沉淀或者线性拦截,能够有效地净化排气中 70% ~ 90% 的颗粒,是净化柴油机颗粒物有效、直接的方法之一。

柴油颗粒过滤器(DPF)对炭烟颗粒的过滤效率较高,但过滤器在过滤过程中,颗粒物集聚在颗粒过滤器内会堵住废气通道,导致柴油机排气背压升高,当排气背压达到 16 ~ 20kPa 时,柴油机的经济性和动力性下降,因此必须定期地除去颗粒。发动机控制单元通过废气压力传感器监测柴油颗粒过滤器(DPF)内部的压力来判断 DPF 内部堵塞的程度,当发动机控制单元监测到 DPF 内部压力达到一定值时,发动机控制单元控制自行进行炭烟颗粒的清洁还原工作,将集聚在 DPF 内部的炭烟颗粒去除掉,实现 DPF 的再生。

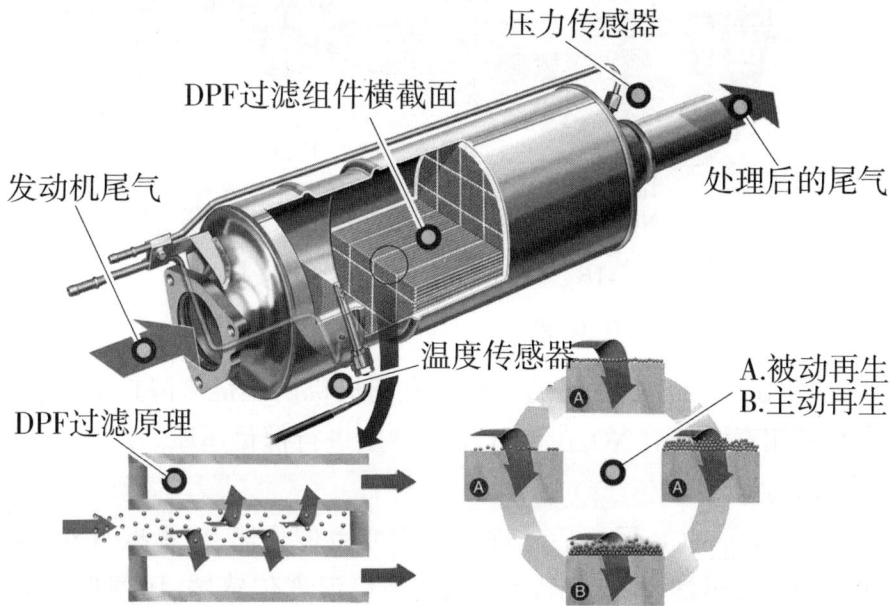

图 6-15　柴油颗粒过滤器(DPF)技术

再生方式有被动再生与主动再生二种:被动再生是颗粒物在适当的温度和催化剂作用下被 O 和 NO_2 氧化,从而使过滤系统连续再生;主动再生是采用燃烧器、电加热的方式,借助外部能量再生,即通过车上特定装置向捕集器喷射燃油的办法,将捕集器内积的 PM 物质烧掉。

3. 柴油氧化催化器 DOC 技术

带有有害气体(HC、CO、NO_x)的尾气在进入 DOC(柴油氧化型催化剂)时,会在催化剂的作用下被快速氧化,含量有效降低。因 DOC 可对尾气中的 PM 进行高温燃烧,与 DPF 同时使用,可达到更好的净化效果,延迟 DPF 的堵塞时间,如图 6-16 所示。

柴油氧化催化器 DOC 的氧化型催化器 DOC 是以铂(Pt)、钯(Pd)等贵金属作为催化剂,其基本功能是氧化排气中的一氧化碳(CO)、碳氢(HC)及颗粒物(PM)中部分可溶有机物(SOF),从而达到降低发动机污染物排放的目的。可溶性有机成分(SOF)在铂、铑和钯等贵金属催化剂或稀土催化剂等的作用下发生氧化反应,转化为 CO_2 和 H_2O 而除去,通常其脱除效率可达 80% 。同时还可除去尾气中的 HC 和 CO 等有害物质。

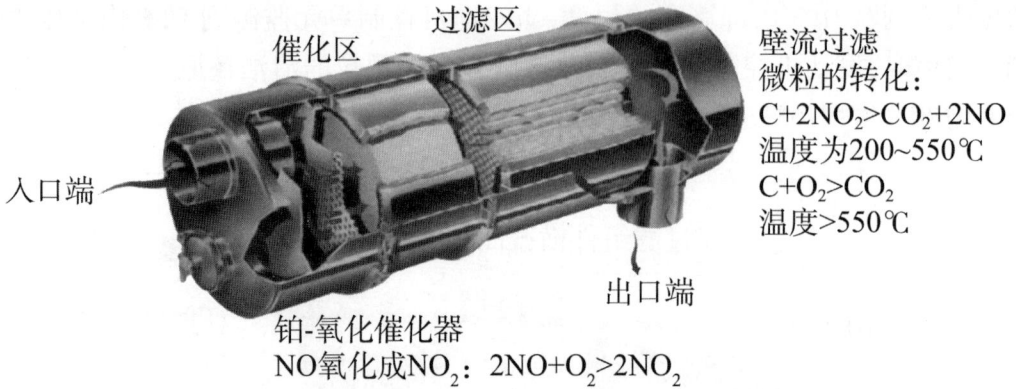

壁流过滤
微粒的转化：
$C+2NO_2>CO_2+2NO$
温度为200~550℃
$C+O_2>CO_2$
温度>550℃

铂-氧化催化器
NO氧化成NO_2：$2NO+O_2>2NO_2$

图 6-16　柴油氧化催化器 DOC 技术

4. 选择催化还原 SCR 技术

选择催化还原 SCR 技术是通过强化发动机机内燃烧来降低 PM 的生成的基础上,同时利用素溶液对 NO_x 在 SCR 催化器上进行催化还原。

1)SCR 的组成

选择催化还原 SCR 尾气后处理系统主要由催化器、尿素罐、控制单元、尿素喷嘴、氮氧化物传感器、排气温度传感器、环境温度传感器、压差传感器、喷射管路、压缩空气罐、空气滤清器等组成,如图 6-17 所示。

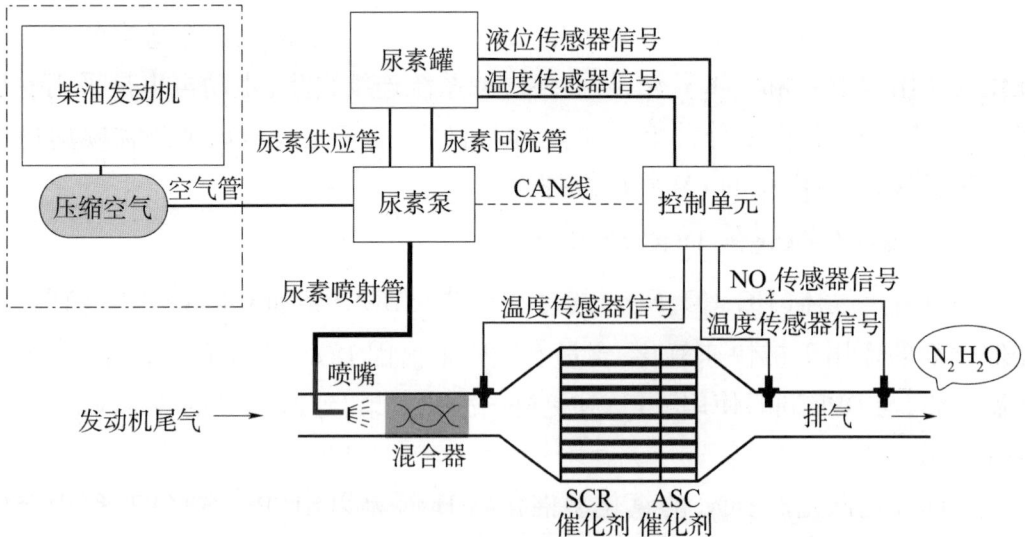

图 6-17　选择催化还原 SCR 技术

尿素罐用于尿素溶液的储存与供给。在尿素罐上安装有液位及温度传感器。液位传感器用于系统诊断、尿素用量监控及低液位报警等。温度传感器则用于监测尿素溶液的温度,以确定是否需要启动或者关闭加热装置,防止溶液冻结或过热。对尿素罐的加热大多利用发动机冷却液来完成,其冷却液管路的控制电磁阀由发动机电控单元控制。

在工作时,其内部的电动泵根据微处理器接收到的指令从尿素罐吸入所需要量的尿素溶液,尿素溶液与压缩空气混合并雾化进入喷射管路。为了保证其正常工作,该单元还具有自除气和自清洁功能。即在每次工作前,电动泵以最大工作流量从尿素罐子吸入尿素溶液并经回流管返回,以除去管路中可能存在的空气,减少空气对计量精度的影响,该过程被称作除气过程。在电动泵停止工作后,压缩空气会持续供给直至将管路中的尿素溶液吹除干净,以防止尿素在管路中残留结晶阻塞管路,该过程被称作清洁过程。尿素泵与尿素罐子间有两条管路相连,即供给管和回流管。供给管用于给料及除气过程尿素溶液的供给,回流管则主要用于除气过程中尿素溶液的回流。

喷嘴安装于催化器前的排气管道内,通过喷射管道与尿素泵相连。主要作用是在给料过程中将雾化的尿素溶液均匀地喷入发动机排气管中,这样将使尿素溶液遇热后分解出的氨气能更均匀地分布到排气中。

催化器是 SCR 尾气后处理系统的另一个核心单元,兼有尾气催化转化和噪声消声两个功能。其内部由三个独立、串联的单元组成,分别是氨扩散器、催化转化器和消声器。扩散器的主要作用是将氨均匀地分布到催化器表面。氮氧化物与氨经催化还原反应最终生成无害的氮气和水的过程则是在催化转化器内完成的。在催化器的入口和出口处各安装有一只温度传感器,用于检测催化器是否达到要求的温度来保证催化还原反应的正常进行,并据此确定需要喷入的尿素量。催化还原反应所要求的最低排气温度为 200℃。催化器上还安装有一只氮氧化物传感器,用于监测经过催化器处理后尾气中氮氧化物的排放是否达到预期的效果。

2)SCR 技术原理

SCR 技术的原理是尿素罐的尿素被尿素泵喷向热的发动机尾气中,在高温下,素液汽化后分解产生 NH_3。在催化剂作用下,NH_3 与尾气中的 NOx 在 SCR 催化器中反应,生成无害的 HO_2 和 N_2,同时吸收有害的碳烟颗粒。反应式大致如下:

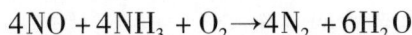

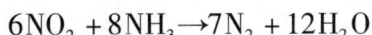

$$4NO + 4NH_3 + O_2 \rightarrow 4N_2 + 6H_2O$$
$$2NO_2 + 4NH_3 + O_2 \rightarrow 3N_2 + 6H_2O$$
$$6NO_2 + 8NH_3 \rightarrow 7N_2 + 12H_2O$$
$$NO + NO_2 + 2NH_3 \rightarrow 4N_2 + 12H_2O$$

采用 SCR 技术的关键是需要在车上增加 SCR 反应器和尿素溶液罐,需要定期补充尿素液,尿素的消耗量约为燃油的5%。

与(DPF)技术不同,SCR技术在机内燃烧过程中可以不考虑NOx的产生量,只要通过高压共轨式柴油喷射技术强化燃烧降低PM的生成。因此,使用SCR技术的发动机比用(DPF)的发动机在动力性和经济性上要好,加注尿素溶液的费用可以通过节油得到补偿。

为满足更高的排放法规要求,柴油机排气后处理系统常将柴油氧化催化器(DOC)、柴油颗粒过滤器(DPF)、选择性催化还原器(SCR)等集成为一体,形成综合的尾气处理技术来控制柴油机排放,如图6-18所示。

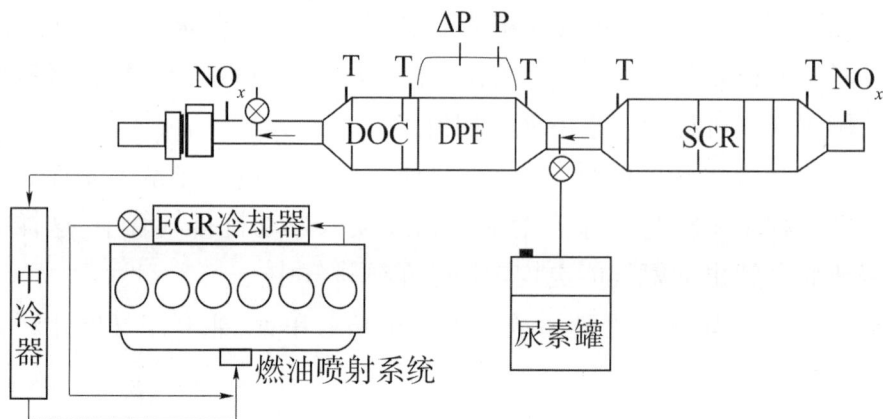

图 6-18　综合的尾气处理技术

T-温度传感器;P-压力传感器;NO_x-NO_x传感器

课题二　高压共轨式柴油喷射系统主要部件的拆装

一、工具、设备和材料准备

(1)哈弗 H9 轿车 4D20T 高压共轨式柴油喷射系统发动机一台。

(2)常用工具一套,工具车一辆。

(3)工作台一个、零件摆放架一个。

(4)专用工具一套、维修手册一套。

二、作业前准备

(1)清洁工作台。

（2）将常用工具、专用工具放在工具车上，工具车放在拆装过程易于取用的位置。

（3）讲解安全注意事项和拆装注意事项。

三、注意事项

（1）拆装前应对电控共轨柴油机进行清洁和外观检查。

（2）正确使用工具，尽量使用专用工具，严禁乱拆乱撬。

（3）在拆卸前应充分掌握所拆高压共轨式柴油喷射系统和共轨总成的特点。

四、操作步骤

哈弗 H9 轿车 4D20T 高压共轨式柴油喷射系统零部件分解图，如图 6-19 所示。

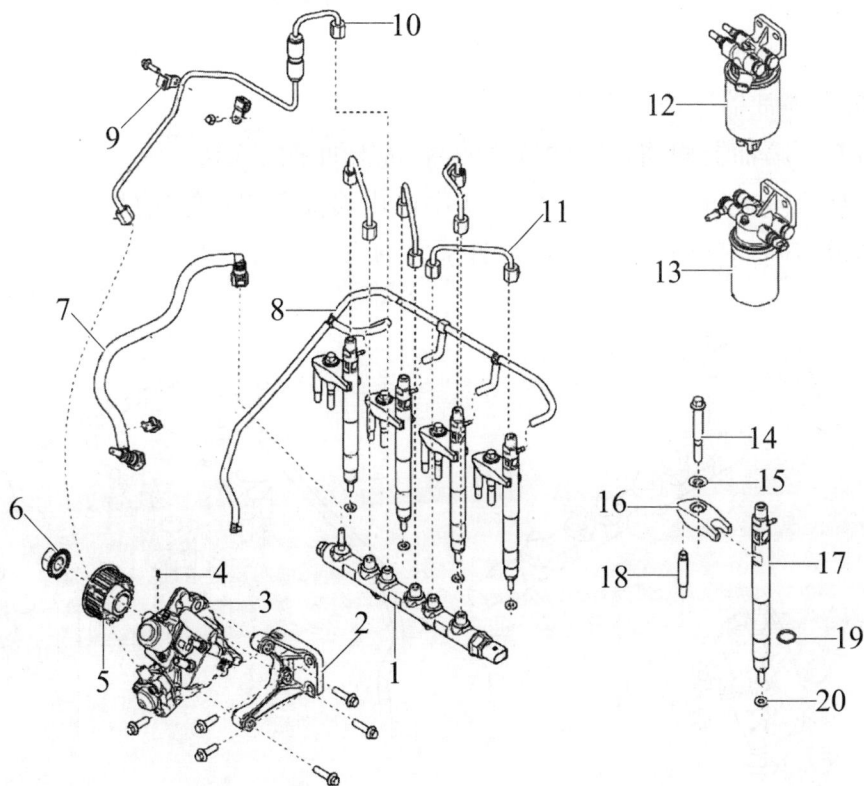

图 6-19　哈弗 H9 轿车 4D20T 高压共轨式柴油喷射系统零件图

1-高压共轨；2-高压油泵支架；3-高压油泵；4-螺旋弹簧销；5-高压油泵带轮；6-高压油泵带轮螺母；7-共轨回油管；8-喷油器回油管；9-进油管固定夹；10-共轨进油管；11-喷油器进油管；12-燃油粗滤器；13-燃油滤清器；14-压块螺栓；15-球形垫圈；16-喷油器压块；17-压块支承杆；18-喷油器总成；19-O 形圈；20-喷油器铜垫圈

(一)共轨总成及喷油器的拆装

1.共轨总成及喷油器的拆卸

小提示:(1)在发动机运行时和停机后30s内,不允许进行任何拆装操作,因为可能会有高压燃油泄漏。务必要在通风良好的区域工作,并准备CO_2灭火器。工作区禁止烟火。

(2)严格保证工作场所及所用工具的清洁(汽缸盖和喷油器周围也需要保持清洁)。在搬运和装配喷油器时,严格保证喷油器口的清洁度。断开软管时,将它塞好以免放出燃油。

1)拆卸共轨回油管组件

(1)按压开关,拔下共轨回油管组件两端的快插接头。

(2)取下共轨回油管组件,如图6-20所示。

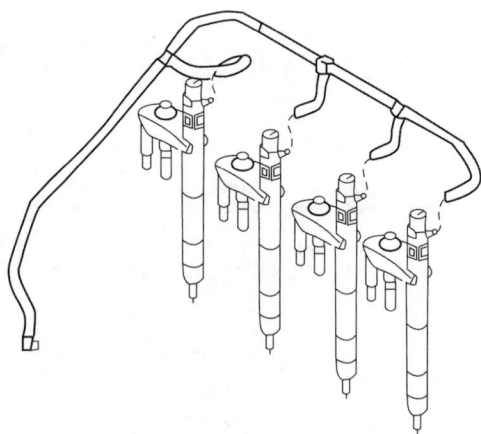

2)拆下喷油器回油管组件

(1)断开喷油器回油管组件与喷油器-高压油泵的连接。

(2)从汽缸盖罩和进气歧管的卡槽中取出喷油器回油管组件。

(3)取下喷油器回油管组件,如图6-21所示。

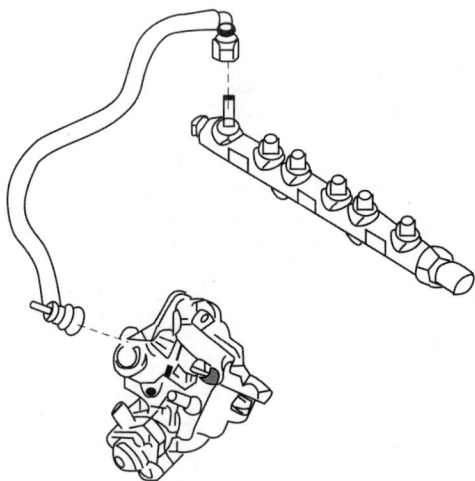

图6-20 取下共轨回油管组件　　　图6-21 取下喷油器回油管组件

小提示:如果需要拆卸所有喷油器的回油管,按顺序从发动机第一缸或最后一缸开始以免产生应力。所有拆掉的回油接头的喷油器必须马上用保护帽盖上。

3）拆卸共轨进油管组件

（1）松开2个螺栓，取下共轨进油管夹组件。

（2）松开共轨进油管组件两端锁紧螺母。

（3）取下共轨进油管组件，如图6-22所示。

小提示：在拆卸过程，要保证将喷油器进油管两端的管接头同时均匀松开，防止油管变形。拆卸喷油器油管后要使用清洁的堵盖盖住喷油器进油口，高压共轨油口和喷油器进油管两端，以防止杂物堵塞喷油器。

4）拆卸喷油器进油管组件

（1）分别松开喷油器进油管组件两端的锁紧螺母。

（2）取下喷油器进油管组件，如图6-23所示。

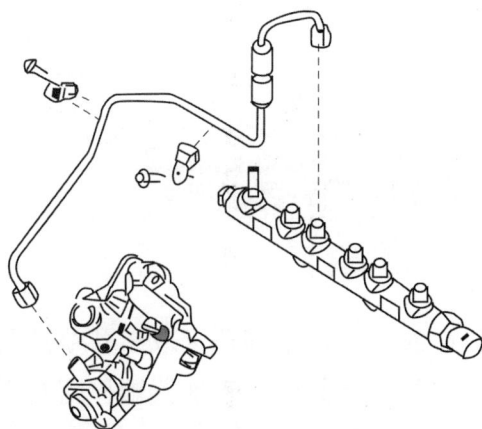

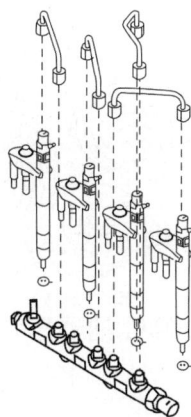

图6-22　取下共轨进油管组件　　　图6-23　取下喷油器进油管组件

小提示：进油管组件的编号顺序为从喷油器一缸到四缸的顺序。

5）拆卸喷油器压块（图6-24）

（1）松开4个压块螺栓，取下球形垫圈。

（2）垂直向上取出喷油器总成和喷油器压块。

（3）取下喷油器O形圈和喷油器铜垫。

小提示：（1）不要遗漏喷油器调垫。不要左右晃动或碰击喷油器。

（2）必须汽缸内喷油器安装孔里的污物，颗粒和残余液体清理干净，盖好喷油器孔，防止污物进入。

（3）每个喷油器上标有I3C代码，而且该代码已经刷入ECU。因此，每个喷油器和ECU（电脑）是一

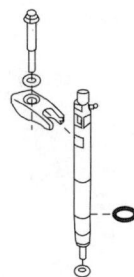

图6-24　拆卸喷油器压块

一对应的,不能随意更换,其安装位置也不能变。否则,发动机不能正常工作。经修理的喷油器应重新标定 I3C 代码,使用与原高压油泵代码不同的喷油器时,给 ECU 重新刷进新的喷油器代码。同样更换新 ECU 时,应刷进现有喷油器的 I3C 代码。

(4)拆卸喷油器压块支撑杆,如图 6-25 所示。

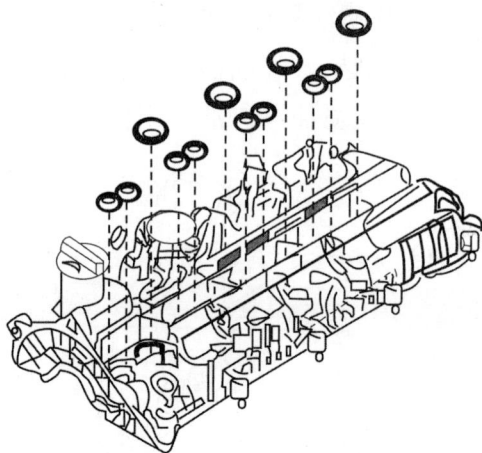

(5)从汽缸盖罩上取出并喷油器密封圈和喷油器螺栓密封圈,如图 6-26 所示。

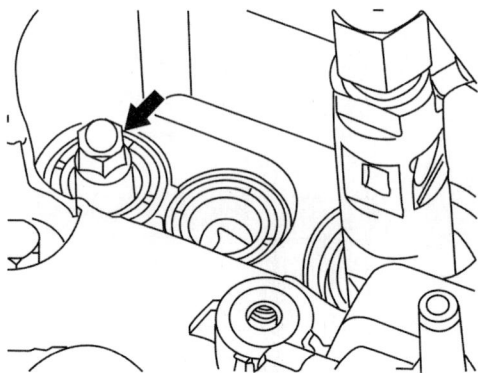

图 6-25　拆卸喷油器压块支撑杆　　图 6-26　从汽缸盖罩上取出并喷油器
　　　　　　　　　　　　　　　　　　　　　　　　密封圈和喷油器螺栓密封圈

(6)松开 6 个螺栓,取出 3 个共轨压块总成和高压共轨总成,如图 6-27 所示。

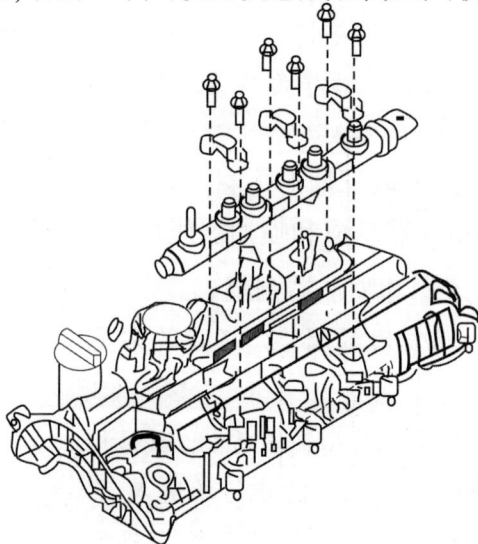

图 6-27　取出共轨压块总成和高压共轨总成

2. 共轨总成及喷油器的安装

1）安装高压共轨总成

（1）将高压共轨总成的传感器端朝向发动机后端放置到汽缸盖罩安装位置。

（2）放置 3 个共轨压块总成。

（3）坚固 6 个固定螺栓。

2）在汽缸盖罩上安装上新的喷油器密封圈和喷油器螺栓密封圈

小提示： 确认喷油器密封圈和喷油器螺栓密封圈安装方向正确。

3）安装喷油器总成

（1）将压块支撑杆安装到缸盖上，并按照规定力矩紧固，如图 6-28 所示。

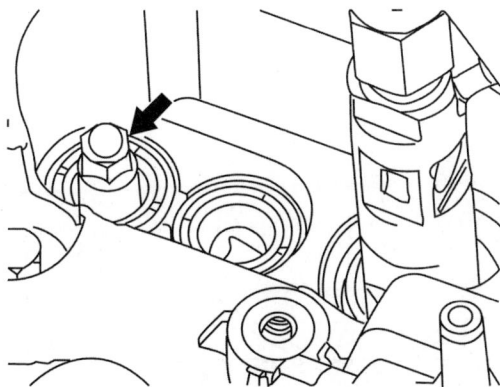

图 6-28　将压块支撑杆安装到缸盖

小提示：（1）必须在安装压块支撑杆密封圈后才能安装压块支撑杆，否则会损坏密封圈，导致泄漏。

（2）检查喷油器总成型号是否正确。

（3）保证喷油器清洁不受污染，喷油器垫片无裂纹、凹坑等缺陷，喷油器总成不允许出现磕碰跌落现象。

（2）将喷油器铜垫装配在喷由器槽中。

（3）更换新的喷油器 O 形圈，并用柴油稍微润滑，如图 6-29 所示。

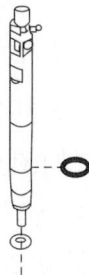

图 6-29　更换新的喷油器 O 形圈

小提示： 不要遗漏喷油器铜垫。

将喷油器总成的回油接头朝向发动机排气侧后端。

小提示： 任何时候只要更换喷油器，就必须重新给 ECU 刷进新的喷油器的 I3C 代码。

4)安装喷油器压块

(1)将喷油器压块一端搭在喷油器压块支撑杆上,另一端搭在喷油器压块槽中。

(2)使用压块螺栓和球形垫圈紧固喷油器压块。

5)安装喷油器进油管组件(图6-30)

小提示:喷油器进油管组件共轨端螺母处刻有12、3、4标号。喷油器进油管组件上的共轨端螺母处刻的1、2、3、4,从前到后分别连接到共轨上的1、3、5、4接口。

(1)安装喷油器进油管,如图6-31所示。

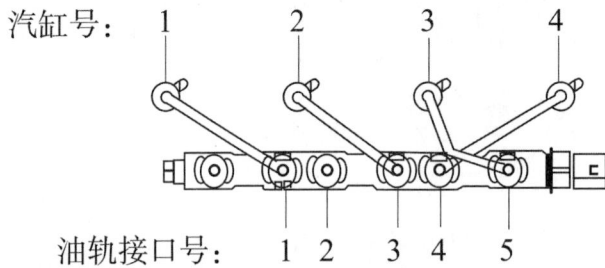

图6-30　安装喷油器进油管组件　　　　图6-31　安装喷油器进油管

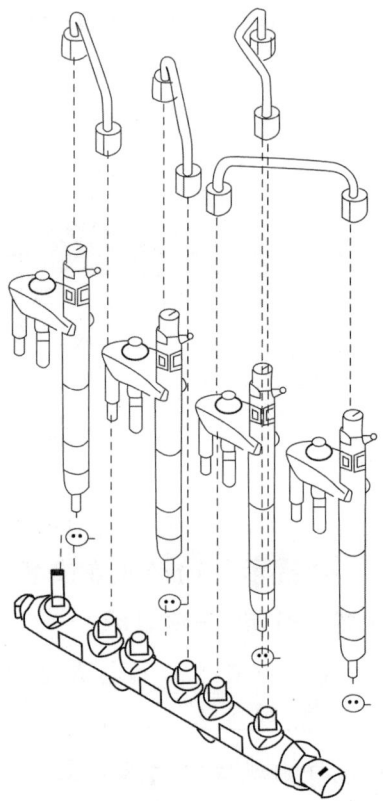

(2)将球头部分装入喷油器和高压共轨的凹槽中,确认对中。

(3)按照如图6-32所示顺序紧固螺母,先紧固喷油器端螺母,后拧紧高压共轨端螺母。

6)安装共轨进油管组件(图6-33)

(1)将球头部分装入高压油泵和高压共轨的凹槽中,确认对中后,一手按住油管,紧固两端螺母。

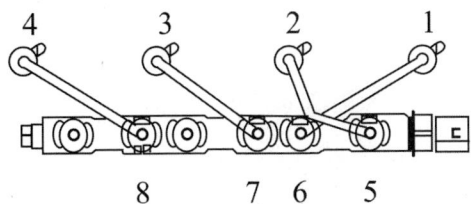

图 6-32　进油管螺母紧固顺序　　图 6-33　安装共轨进油管组件

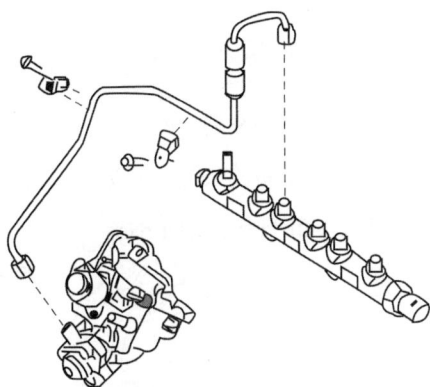

小提示：先紧固高压油泵端螺母，后拧紧高压共轨端螺母。

(2)安装并固定 2 个抱箍。

7)安装喷油器回油管组件(图 6-34)

(1)将喷油器回油管组件接头插入高压油泵回油接口上。

(2)将 4 个胶管分别插在喷油器回油管接头上。

(3)安装后检查喷油器回油管插入到喷油器根部无漏油，并将喷油器回油管组件装入进气歧管卡扣中。

8)安装共轨回油管组件(图 6-35)

(1)将共轨回油管组件三通接头插在高压油泵回油接头上。

(2)将共轨回油管组件装入进气歧管卡扣中。

(3)将共轨回油管组件接头插在高压共轨回油接头上，确保装配到位无漏油。

(4)用两个回油管夹的两侧分别夹住喷油器回油管组件和共轨回油管组件。

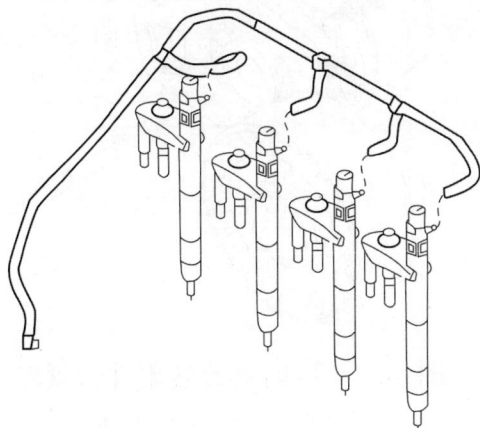

图 6-34　安装喷油器回油管组件　　图 6-35　安装共轨回油管组件

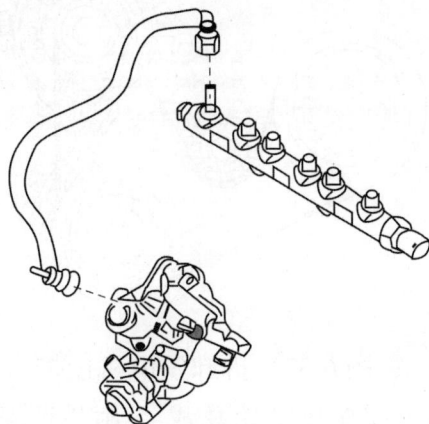

9)其余步骤按照与拆卸相反顺序进行安装

（二）高压油泵拆装

1. 高压油泵的拆卸

（1）松开机油冷却器连接管卡箍，拔下机油冷却器进水软管和机油冷却器出水软管组件，如图6-36所示。

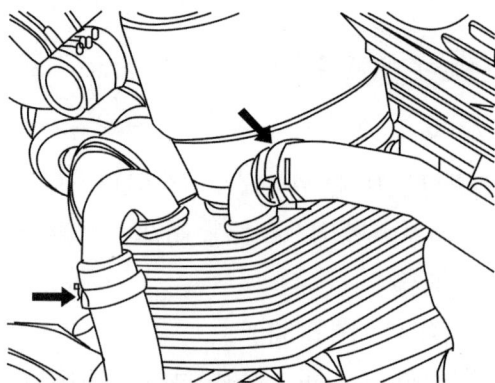

图6-36　拔下机油冷却器进水软管
和机油冷却器出水软管组件

（2）标记发电机皮带旋转方向，拆卸发电机皮带，如图6-37所示。

①顺时针旋转附件张紧轮总成，使孔位对正，如图6-38所示。

②将销轴插入附件张紧轮总成对正孔中。

③取下发电机皮带。

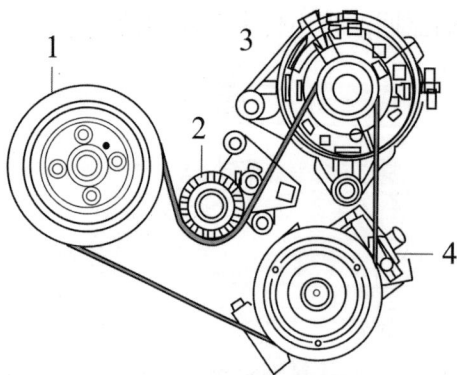

图6-37　拆卸发电机皮带
1-减振皮带轮总成；2-附件张紧轮总成；3-发电机总成；4-制冷压缩机总成

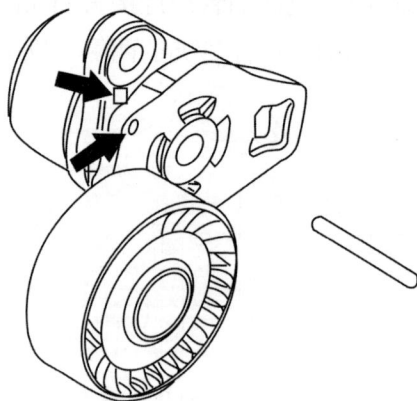

图6-38　顺时针旋转附件张紧轮总成，使孔位对正

（3）将一字螺丝刀插入减振皮带轮和皮带之间，旋转曲轴，将转向泵皮带从带轮上拆卸下来。

（4）松开4个螺栓，取下减振皮带轮总成，如图6-39所示。

（5）向上拔出机油尺总成，松开2个螺栓，拆下机油尺导管总成。

（6）松开正时罩盖的固定螺栓，取下正时上罩盖组件和正时罩盖。

（7）拆卸共轨回油管组件和回油管组件。

（8）松开真空管固定螺栓，取下真空连接管。

（9）松开2个进气歧管支架紧固螺栓，取下进气歧管支架。

（10）松开4只固定螺栓，取下EGR出气波纹管组件。

（11）松开7个螺栓和2个螺母，取下进气歧管总成。

（12）拆下两个卡箍，取下暖风回水连接软管。

（13）松开高压油泵带轮螺栓，取下高压油泵带轮，如图6-40所示。

小提示：检查高压油泵上螺旋弹性销是否脱落，避免遗漏在发动机内部，导致发动机故障。

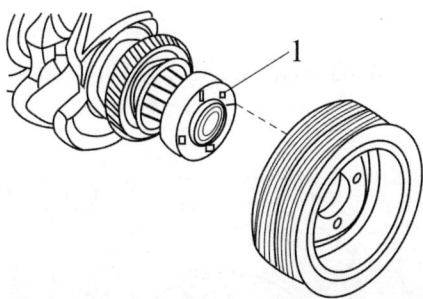

图6-39　取下减振皮带轮总成
1-定位销

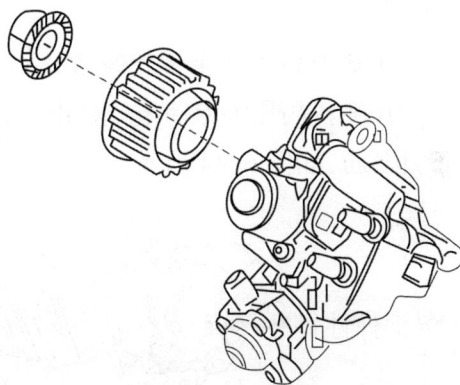

图6-40　取下高压油泵带轮

（14）松开3个螺栓，拆卸水泵总成，取下高压油泵总成，如图6-41所示。

2. 高压油泵的安装

（1）安装高压油泵总成。

①将高油泵总成泵轴插入到水泵总成定位孔内。

②安装水泵总成。

③转动高压油泵，保证高压油泵支架与高压油泵总成安装孔对正。

④紧固3个螺栓。

（2）安装高压油泵带轮。

①将螺旋弹性销插入油泵轴上的销孔内。

②测量螺旋弹性销的高度,如不在范围内,应进行调整。

③标准值(h)2.0mm±0.5mm,如图6-42所示。

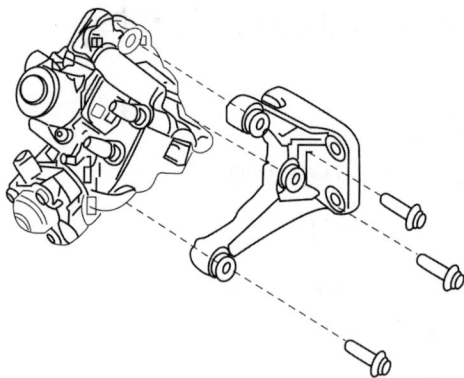

图6-41　取下高压油泵总成　　　图6-42　螺旋弹性销的高度标准值

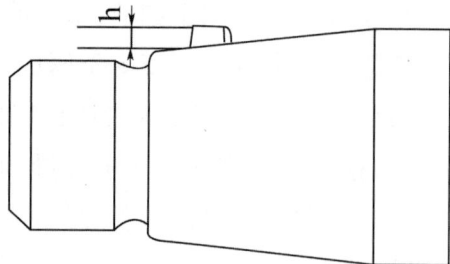

④将高压油泵正时带轮定位槽对正螺旋弹性销,如图6-43所示,并安装到油泵轴上。

⑤紧固高压油泵带轮螺栓。

⑥旋转高压油泵带轮,对正高压油泵带轮单点正时标记与水泵壳体上的水平加强筋,如图6-44所示。

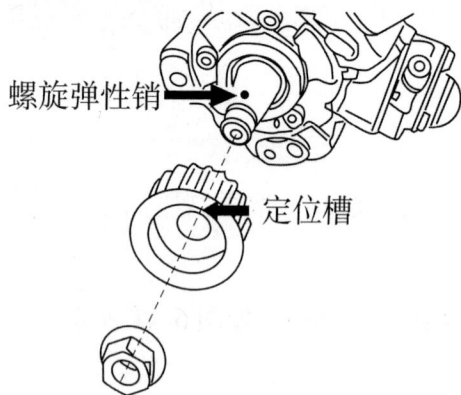

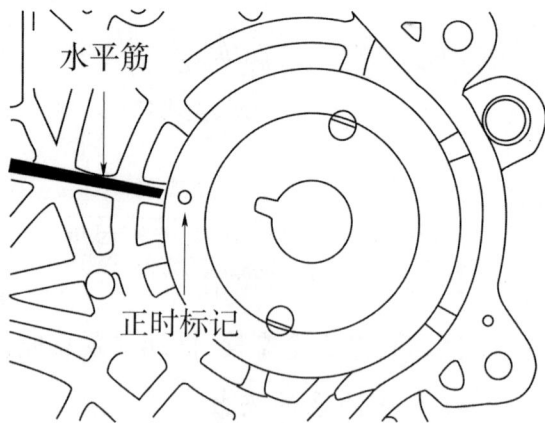

图6-43　高压油泵正时带轮定位槽　　　图6-44　高压油泵带轮正时标记
　　　　　对正螺旋弹性销

（3）装上暖风回水连接软管,装好两个卡箍。

（4）装上进气歧管总成,并用7个螺栓和2个螺母固定。

（5）装上EGR出气波纹管组件,并用螺栓固定。

（6）装上进气歧管支架，用紧固螺栓固定。

（7）装上真空连接管，用真空管固定螺栓固定。

（8）装上共轨回油管组件和回油管组件。

（9）装上正时上罩盖组件和正时罩盖。

（10）在机油尺导管的 O 形圈上涂上润滑油，放置机油尺导管总成，并用 2 个螺栓固定，插入机油尺。

（11）安装减振皮带轮总成。

①确认曲轴正时带轮组件上定位销（1）安装到位，如图 6-45 所示。

②将减振皮带轮总成定位销孔对正定位销进行安装。

③对正减振皮带轮正时标记和正时下罩盖组件上的"O"标记，如图 6-46 所示。

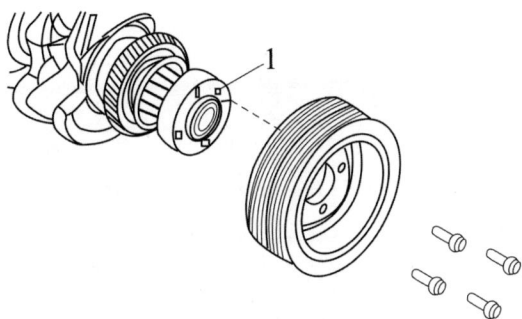

图 6-45　曲轴正时带轮组件上定位销
1-定位销

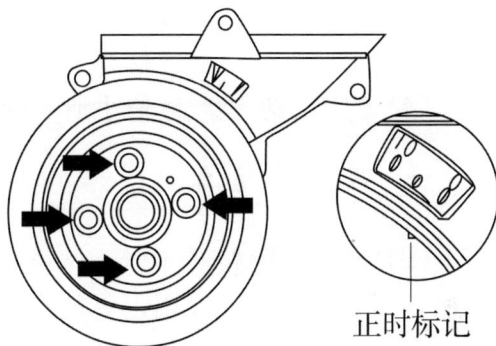

图 6-46　对正减振皮带轮正时标记

④紧固 4 个螺栓。

（12）安装转向泵皮带。

①将转向泵皮带套入减振皮带轮上。

②将皮带缠绕到减振皮带轮总成和转向泵带轮下部，将一字螺丝刀插入转向泵皮带和带轮之间。

③顺时针旋转减振皮带轮，使皮带套入转向助力泵带轮上。

④确保皮带楔形齿和带轮楔形齿槽配合良好。

（13）安装发电机皮带。

①将发电机皮带按照旋转方向安装回原位置。

小提示：安装皮带时，请确保其与皮带轮槽正确啮台。请勿让发动机机油和发动机冷却液溅到皮带上。请勿过分缠绕或弯曲皮带。

②拔出销轴,让皮带自然张紧。

③确保皮带楔形齿和带轮楔形齿槽配合良好。

(14)连接机油冷却器进水铰管和机油冷却器出水软管组件,并用卡箍固定。

(15)检查加注发动机机油液位和发动机冷却液。

课题三　废气再循环(EGR)总成的拆装

一、工具、设备和材料准备

(1)哈弗 H9 轿车 4D20T 高压共轨式柴油喷射系统发动机一台。

(2)常用工具一套,工具车一辆。

(3)工作台一个、零件摆放架一个。

(4)专用工具一套、维修手册一套。

二、作业前准备

(1)清洁工作台。

(2)将常用工具、专用工具放在工具车上,工具车放在拆装过程易于取用的位置。

(3)讲解安全注意事项和拆装注意事项。

三、注意事项

(1)拆装前应对废气再循环系统进行清洁和外观检查。

(2)正确使用工具,尽量使用专用工具,严禁乱拆乱撬。

(3)在拆卸前应充分掌握所拆废气再循环系统和总成的特点。

四、操作步骤

哈弗 H9 轿车 4D20T 废气再循环系统零件分解图,如图 6-47 哈弗 H9 轿车 4D20T 废气再循环系统零件分解图所示。

1. EGR 总成的拆卸

(1)松开 EGR 进气管连接螺栓和固定螺栓,取下 EGR 进气管、进气管垫和进气口垫,如图 6-48 所示。

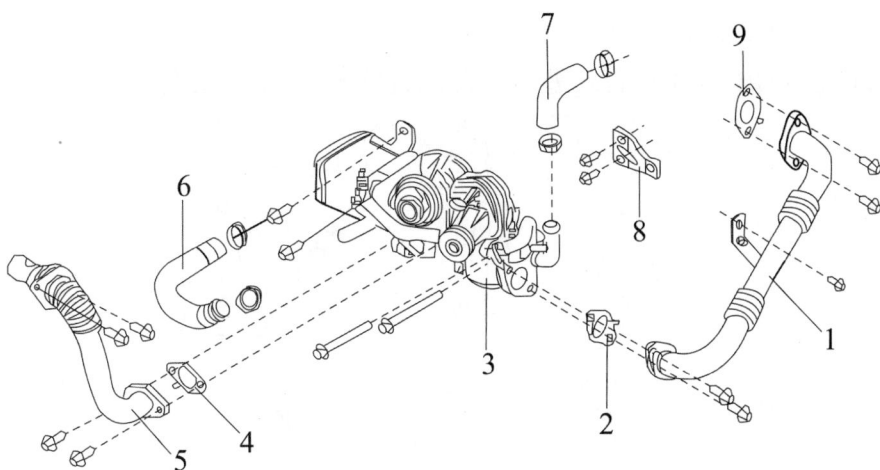

图6-47 哈弗H9轿车4D20T废气再循环系统零件分解图

1-EGR系统进气管;2-EGR进气口垫;3-EGR总成;4-EGR出气口垫;5-EGR出气管;6-EGR冷却液进液管;7-EGR冷却液出液管;8-EGR支架;9-EGR进气管垫

注意:保持清洁,避免杂物进入管路和阀体内部。

(2)松开EGR冷却液出液管的两个卡箍,如图6-49箭头所示,取下EGR冷却液出液管。

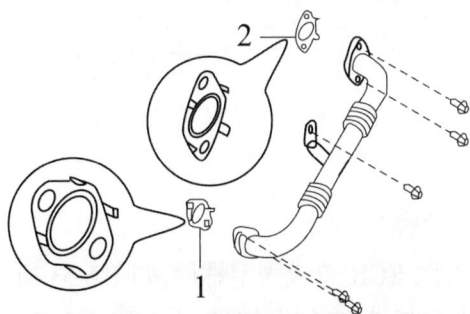

图6-48 取下EGR进气管和
进气管垫

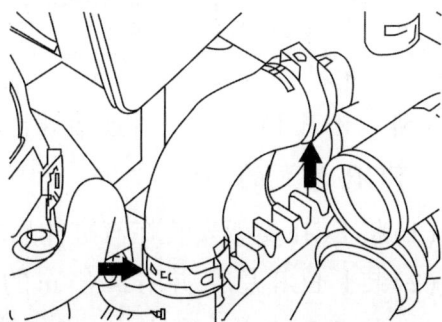

图6-49 松开EGR冷却液出液管的
两个卡箍

1-EGR进气口垫;2-EGR进气管垫

(3)松开EGR冷却液进液管的两个卡箍,如图6-50箭头所示,取下EGR冷却液进液管。

(4)松开EGR出气管连接螺栓,如图6-51箭头所示,取下EGR出气管和出气管垫。

(5)松开EGR总成的固定螺栓,如图6-52箭头所示,取下EGR总成。

2.EGR清洁检查

(1)使用化油器清洁剂清洗EGR出气管内部和插入进气管的部分。

（2）检查 EGR 总成控制导线插接器。

（3）检查 EGR 出气管插入进气歧管位置的密封圈,应完好。

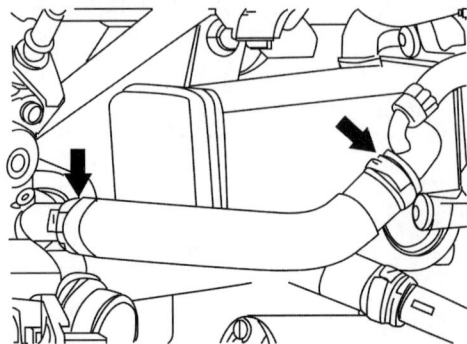

图 6-50　松开 EGR 冷却液进液管的两个卡箍

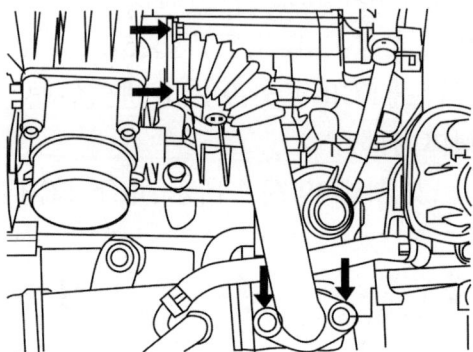

图 6-51　松开 EGR 出气管连接螺栓

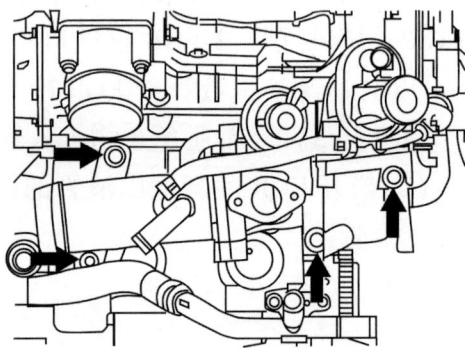

图 6-52　松开 EGR 总成的固定螺栓

3. EGR 总成的安装

（1）将 EGR 支架安装在汽缸体后端,并及螺栓固定。

（2）装上 EGR 总成,并用24N·m 的力矩拧紧 EGR 总成固定螺栓,如图 6-53 所示。

（3）装上 EGR 出气管垫片,出气管垫片卡爪应朝向出气管,如图 6-54 所示。

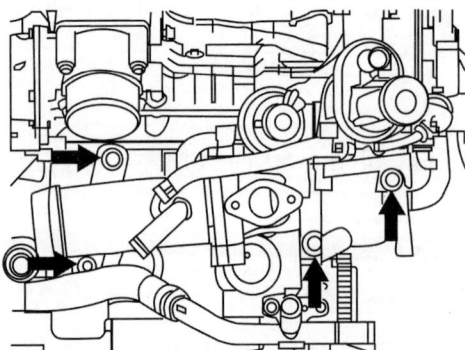

图 6-53　拧紧 EGR 总成固定螺栓

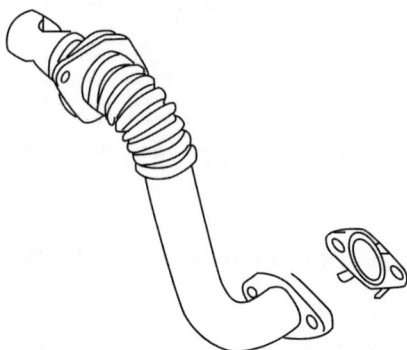

图 6-54　出气管垫片卡爪应朝向出气管

（4）将 EGR 出气管一端插入进气歧管,装上出气管垫,并用 24N·m 的力矩拧紧出气管与 EGR 总成的连接螺栓,以 9N·m 的力矩拧紧出气管与进气歧管连接螺栓。

（5）装上冷却液进液管,并紧固卡箍。

（6）装上 EGR 冷却液出液管,并紧固冷却液出液管卡箍,如图 6-55 所示。

（7）装上 EGR 进气管和进气口垫,以 24N·m 的力矩拧紧进气管连接螺栓和固定螺栓,如图 6-56 所示。

注意:进气口垫片和进气管垫的卡爪应朝向进气管。

（8）插上 EGR 控制导线插接器。

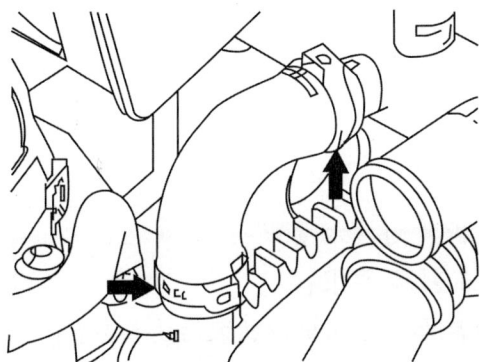

图 6-55　紧固冷却液出液管卡箍

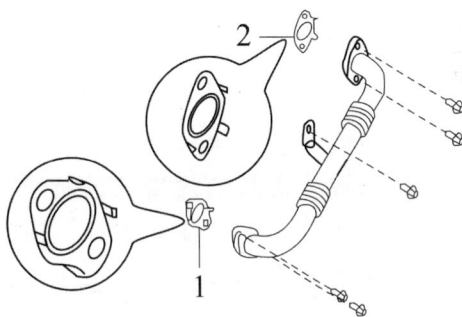

图 6-56　拧紧进气管连接螺栓和
　　　　　固定螺栓
1-EGR 进气口垫;2-EGR 进气管垫

项目七 润滑系统的结构与拆装

学习目标

完成本项目学习后,你应能:

1. 知道润滑系统的作用、润滑方式;
2. 知道润滑系统组成和油路;
3. 知道润滑系统主要零部件的作用与结构;
4. 正确完成机油滤清器的拆装,并掌握拆装的技术要求;
5. 能正确完成机油的更换,并掌握更换的技术要求;
6. 能正确完成机油泵和油底壳及机油冷却器的拆装,并掌握拆装的技术要求;
7. 能查阅相关技术资料;
8. 具有环保意识和知识,能科学处理废料。

建议课时

8 课时。

课 题 一   润滑系统的结构与工作原理

一、润滑系统的作用及组成

润滑系统的作用是不断将洁净的润滑油送到发动机各运动机件的表面上,并在摩擦表面形成薄薄的润滑油膜,从而减小零件的摩擦阻力,减轻零件的磨损。此外,润滑系统还具有清洁、冷却、密封、防锈、缓冲及减振等作用。

发动机润滑系统由油底壳、机油集滤器、机油泵、机油滤油器、主油道等组成,如图 7-1 所示。为了加强对活塞的润滑和冷却,有些发动机在汽缸体下端还设有喷油嘴。

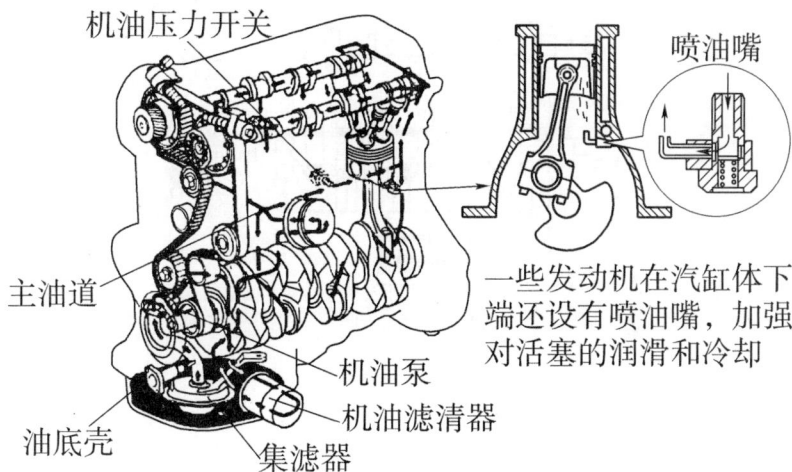

图 7-1 润滑系统的基本组成

二、发动机的润滑方式及润滑油路

发动机各零件的润滑方式取决于该零件的工作条件、相对运动速度及承受的载荷。现代发动机多采用压力润滑与飞溅润滑相结合的润滑方式。

压力润滑是将润滑油以一定的压力供入零件摩擦表面的润滑方式。这种方式主要用于曲轴主轴承、连杆轴承以及凸轮轴轴承等负荷较大的摩擦表面的润滑。

飞溅润滑是利用发动机运动零件旋转时飞溅起来的油滴,润滑摩擦表面的润滑方式。这种方式应用于表面裸露的零件或负荷较小的摩擦表面。如活塞、活塞环、汽缸等。

如图 7-2 所示为轿车发动机润滑系统油路示意图。

现代汽车发动机的油路大致相同。机油泵由发动机驱动,将油底壳内的机油经集滤器滤掉大的机械杂质后,被机油泵压入机油滤清器后分三路送出。第一路经主油道后分为两支:一支送入曲轴主轴承分油道,润滑主轴承,经曲轴内油道润滑连杆大端轴承,再经连杆内油道润滑连杆小端轴承后回到油底壳;另一支则进入中间轴的轴承后流回油底壳。第二路从主油道进入凸轮轴的轴承后再润滑气门机构,然后流回油底壳。第三路,在主油道油压太高或流量太大的情况下,机油冲开限压阀,分流回油底壳。

机油滤清器上设有旁通阀,当机油滤清器堵塞时,机油通过旁通阀进入主油道,防止发动机运动副因缺机油而烧坏。

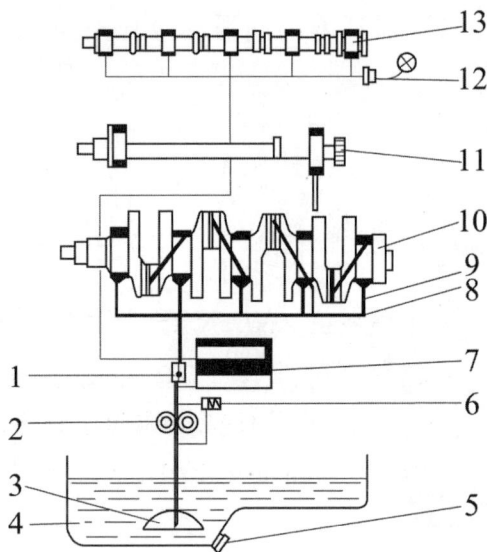

图7-2　轿车发动机润滑系统示意图

1-旁通阀;2-机油泵;3-机油集滤器;4-油底壳;5-放油塞;6-限压阀;7-机油滤清器;
8-主油道;9-油道;10-曲轴;11-中间轴;12-机油压力传感器;13-凸轮轴

三、润滑系统主要部件的结构

1.机油泵

机油泵其作用是提高润滑油压力,保证润滑油在润滑系统油路内不断循环。

1)机油泵类型

机油泵根据结构和工作原理可分为齿轮式、转子式和叶片式等几种形式。现代轿车发动机润滑系统一般采用的机油泵主要为齿轮式(图7-3)和转子式(图7-4)两种。

图7-3　齿轮式机油泵

图7-4　转子式机油泵

2）机油泵工作原理

（1）齿轮式机油泵。齿轮式机油泵由泵体、泵盖、主动齿轮、从动齿轮和限压阀组成。其工作原理，如图7-5所示，主动齿轮由曲轴驱动，发动机运转时，两啮合齿轮高速运转，齿轮外缘与泵体间形成空腔，润滑油从进油腔吸入经齿轮外缘与泵体间形成的空腔被送到出油腔。由于齿轮啮合作用，阻止了润滑油从出油室流回进油腔。

当轮齿进入啮合时，封闭在齿隙内的机油，压力急剧升高，使齿轮受到很大的推力，造成机油泵的磨损加剧。为此，在泵盖上加工一道卸压槽，使齿隙内被挤压的机油通过卸压槽流入出油腔。

（2）转子式机油泵。转子式机油泵由泵体、泵盖、内转子和外转子组成。其工作原理，如图7-6所示，内转子为主动，与泵体偏心安装，内转子的齿数比外转子少一齿。当内转子驱动外转子转动时，内、外转子齿与齿的空间发生变化，当空间由小变大时，机油泵开始吸油，当空间由大变小时，润滑油便被送入润滑表面。

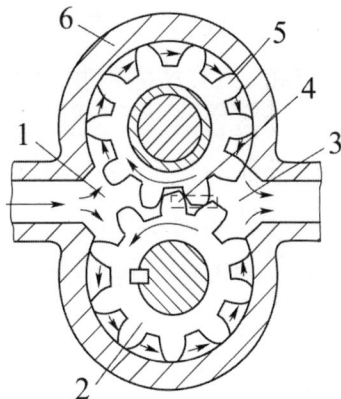

图7-5　齿轮式机油泵工作原理示意图

1-进油腔；2-机油泵主动齿轮；3-出油腔；4-卸压槽；5-机油泵从动齿轮；6-机油泵体

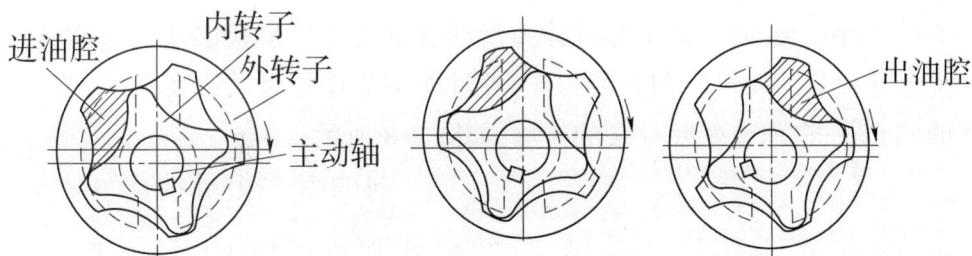

图7-6　转子式机油泵工作原理示意图

机油泵上还设有限压阀，如果油压力过高，机油便通过限压阀流回机油泵进油口。

（3）可变排量机油泵。

传统的机油泵输出油压随发动机的转速升高而升高，这种控制方式会出现发动机低速运转时机油泵泵油不足；发动机高速运转时机油泵泵油量过多，只能打开限压阀泄去多余机油。为解决发动机低速时供油不足导致润滑不良，高速时供油量过多造成发动机功率浪费问题，现代很多汽车采用了可变排量机油泵，常见的可变排量机油泵有移动齿轮式机油泵和容积可调式叶片机油泵两种。

移动齿轮式机油泵主要是通过改变机油泵主动齿轮和从动齿轮的相对位置来实现的供量调节的。从动齿轮轴上装有弹簧和滑动装置,滑动装置的后部活塞面上加载有机油压力。通过加载的油压和弹簧弹力的平衡过程,自动移动从动齿轮,改变从动齿轮与主动齿轮的相对位置,调节机油泵的供油量。如果施加在滑动装置活塞上的油压很小,从动齿轮处在最右端,两个泵齿轮正对着,这时的供油能力最大,如图7-7a)所示;如果施加在滑动装置活塞上的油压很大,从动齿轮在轴向向左移动最大,供油能力最小,如图7-7b)所示;改变施加在滑动装置活塞上的油压就可以改变输出油量。

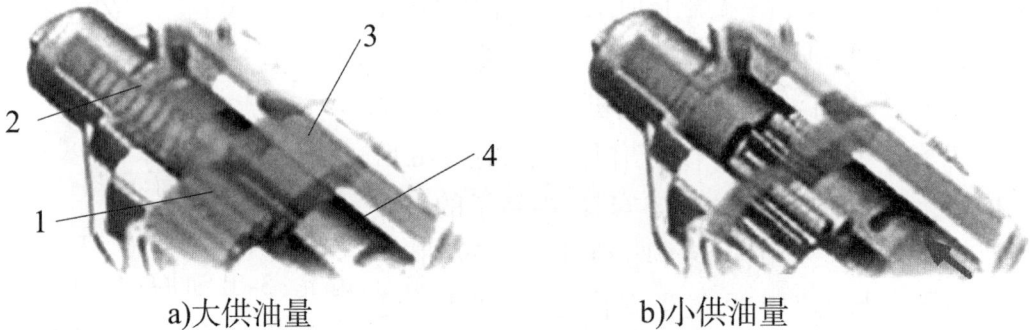

a)大供油量   b)小供油量

图7-7　移动齿轮式机油泵供油量工作原理

1-主动齿轮;2-弹簧;3-从动齿轮;4-滑动装置

变排量叶片泵,叶片泵主要可分为滑动变量式叶片泵和摆动变量式叶片泵,两种类型叶片泵的变量原理大致相同:通过外调节环的滑动或者摆动,改变其与转子的偏心距,进而改变叶片泵的排量,如图7-8所示。

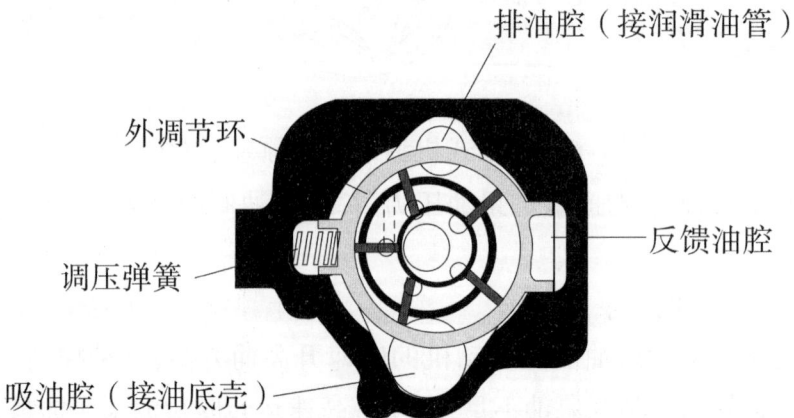

图7-8　变排量叶片泵工作原理

(4)机油压力及压力警告灯。安装在润滑系统主油道上的机油压力传感器检测系统油压,当油压低于规定值(表7-1部分常见车型发动机的机油压力),仪表盘上的机油压力警告灯点亮,如图7-9所示。

常见车型发动机润滑系统机油压力　　　　　　表7-1

车型及发动机型号	条　件	机油压力
迈腾 B8 CUGA	怠速	85~160kPa
	发动机转速 2000 分/转时	120~160kPa
	发动机转速 3700 分/转时	120~160kPa
凯越 L91 或 L97	怠速发动机温度 80℃	不小于 30kPa

机油压力警告

图7-9　汽车仪表盘指示灯

2.机油集滤器

机油集滤器用于滤除润滑油中较大的机械杂质。机油集滤器多采用滤网式,安装在机油泵进油口,其作用是防止较大的机械杂质进入机油泵。

机油泵工作时,机油从罩的缺口与滤网间的狭缝吸入,通过滤网时滤去较大的杂质后被吸入机油泵,如图7-10所示。当滤网被油污淤塞时,机油泵所形成的真空度迫使滤网上升使中间圆孔离开罩,机油便直接从圆孔进入吸油管,保证机油供给不致中断。

目前汽车发动机所用的集滤器分为浮式和固定式两种。

浮式机油集滤器能浮在机油油面上,可

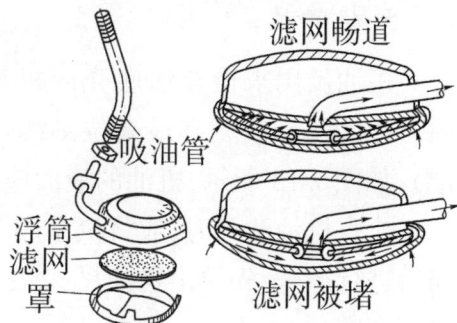

滤网畅道
吸油管
浮筒
滤网
罩
滤网被堵

图7-10　机油集滤器

吸取油面上层较清洁的机油,但也存在易将油面上的泡沫吸入机油泵,导致机油压力降低的缺点。

固定式机油集滤器固定在油面以下,吸入的机油清洁度较差,但可防止吸入泡沫,保证润滑系的可靠工作,且结构也较简单,因此使用广泛。

3. 机油滤清器

机油滤清器的作用是滤除掉机油中的金属磨屑、机油氧化物和燃烧产物。由外壳、O形密封圈、旁通阀、纸质滤芯等组成,如图7-11所示。

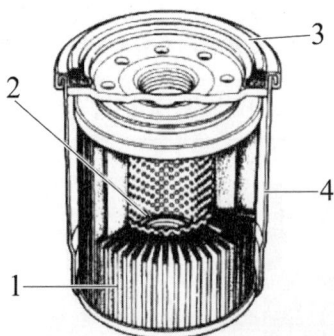

机油自从机油泵泵出后进入机油滤清器,从滤芯外围经滤芯过滤后进入滤清器中央,然后再进入主油道。当滤芯堵塞时,滤芯外围油压升高,便顶开旁通阀,机油经旁通阀直接进入主油道,以防止发动机零件摩擦表面因滤芯堵塞而断油。

为了防止滤清器堵塞失效,必须定期进行更换,一般在更换机油的同时也更换机油滤清器,更换周期一般为 5000～10000km。

图 7-11　机油滤清器
1-纸质滤芯;2-旁通安全阀;3-O 形密封圈;4-外壳

4. 机油散热器

一些热负荷较大的发动机上,必须装有机油散热器,如图7-12所示,以对机油进行强制冷却。机油散热器有风冷式和水冷式两种形式。

风冷式机油散热器一般安装在发动机冷却水散热器的前面,利用冷却风扇的风力使机油冷却。

水冷式机油散热器又称为机油冷却器,安装在发动机冷却水路中,用冷却液的温度来控制机油的温度。

5. 机油尺

机油尺用来检查油底壳内机油液面的高度。它插在汽缸体边油面检查孔内。标尺的一端刻有最高位刻线(MAX 或 F 标记)和最低位刻线(MIN 或 L 标记),如图7-13所示,机油的液面应处于两条刻线之间。

检查机油油面时,应将汽车停于水平位置,并在起动前或发动机熄火一段时间后进行检查,先拉出机油尺,擦尽尺上机油,重新插入检查孔内,然后拉出检查油面高度。

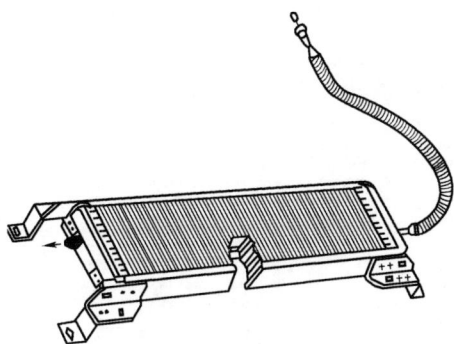

图 7-12　机油散热器

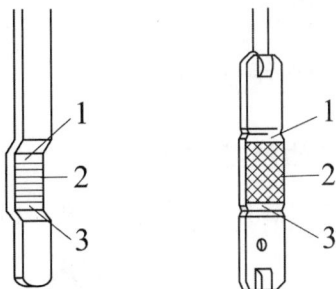

图 7-13　机油尺
1-不必加机油；2-可以
加机油；3-必须加机油

课 题 二　　机油滤清器及机油的更换

一、工具、设备和材料准备

(1)大众迈腾 B8 轿车一辆。

(2)组合工具一套、拆装机油滤清器专用工具一套、工具车一辆、机油专用接油盘一只。

(3)零件摆放架一个。

(4)大众迈腾 B8 轿车 CUGA 发动机新机油滤清器一只,大众迈腾专用机油6.7L,油底壳放油螺栓密封圈一个。

二、作业前准备

(1)将发动机拆装台架放置可靠。

(2)清洁工作台架及工具。

(3)讲解安全和拆装、更换注意事项。

三、注意事项

(1)拆卸和安装机油滤清器时应使用专用工具。

(2)油底壳密封垫片每次拆卸后都要更换。

(3)机油更换时,将机油排放到专用接油盘里,并在指定的报废点处理用过的机油和机油滤清器。

四、操作步骤

1.机油滤芯的更换

机油滤清器装配图,如图7-14所示。

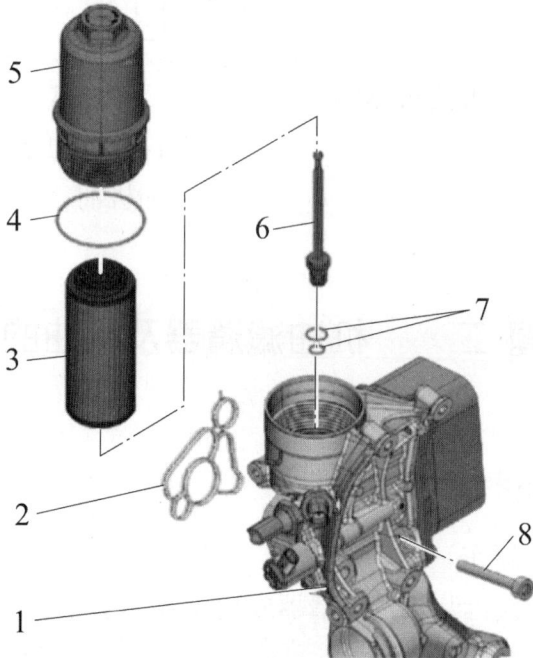

图7-14 机油滤清器装配图

1-机油滤清器支座;2-密封垫;3-机油滤芯;4-O形圈;5-机油滤清器壳体;6-排油接头;7-O形圈;8-螺栓

(1)拆下发动机罩盖。

(2)用机油滤清器专用扳手旋松发动机上部的机油滤清器壳体,让机油滤清器内的机油自动流入曲轴箱,拆下机油滤清器壳体,从机油滤清器壳体中取下机油滤芯。

小提示:用合适的布或无尘纸覆盖,避免机油滴到楔形皮带、发电机等部件上。

(3)清洁机油滤清器座及机油滤清器壳体。

(4)检查螺纹口应没有杂质,螺纹应没有损坏。

(5)将O形圈装到机油滤清器壳体上并用机油润滑。

小提示:在更换机油时,同时机油滤芯,更换周期参照厂家使用说明书,一般为 5000~10000km。

(6)用机油滤清器专用扳手安装机油滤芯和壳体,并按规定力矩拧紧。大众迈腾 B8 轿车 CUGA 发动机拧紧力矩为 25N·m。

2.机油的更换

(1)拧开发动机机油加注口盖,将举升机升至高位。

(2)拆卸发动机底部隔音板,如图 7-15 所示。

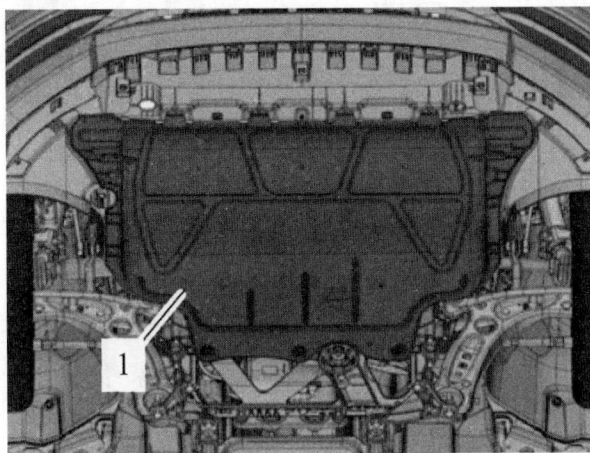

图 7-15　拆下发动机隔音板

1-隔音板

(3)将机油专用接油盘置于发动机底下,拧下油底壳放油螺栓,完全排放发动机机油。

(4)清洁油底壳放油螺栓口。首次更换机油时,将新密封垫圈安装到放油螺栓上。如图 7-16 所示。

小提示:检查密封垫圈是否与放油螺栓有偏心的情况。若有,应用手调整密封垫圈的位置,使其与放油螺塞对中。

(5)安装油底壳放油螺栓,并按规定力矩拧紧。大众迈腾 B8 轿车 CUGA 发动机拧紧力矩为 30N·m。

小提示:密封垫圈有安装方向要求,安装时有小缝隙的一侧须朝向油底壳。

(6)从发动机机油加注口加注新的机油,并安装机油加注口盖。

(7)检查机油油量。先拉出机油标尺,擦尽标尺上机油,重新插入检查孔内,然后拉出检查油面高度,应在二刻度线之间接近上刻度线位置。机油加注量在厂家维修手册中有规定,大众迈腾 B8 轿车 CUGA 发动机在更换机油滤芯的同时更换机油需要加注 6.7L 新机油。

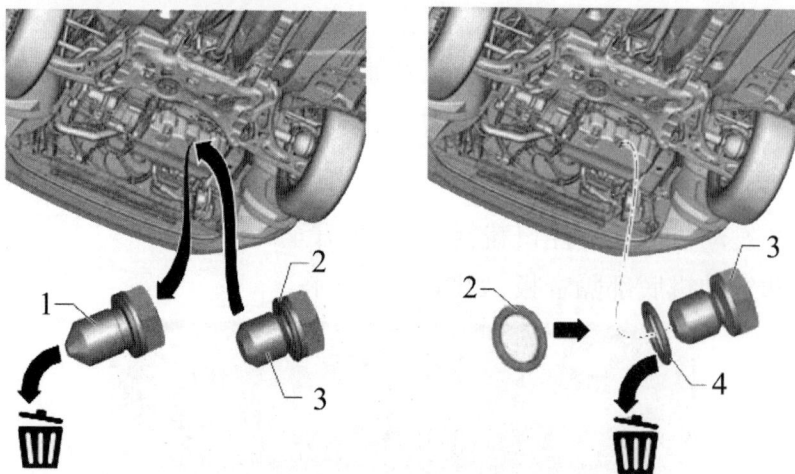

a)首次更换时   b)第一次更换后

图 7-16　更换油底壳放油螺栓及密封垫圈

1-旧放油螺栓及密封垫圈;2-新密封垫圈;3-新放油螺塞;4-旧密封垫圈

小提示:加注机油前,确认新机油的规格符合厂家维修手册规定的要求。

课 题 三　机油泵和油底壳的拆装

一、工具、设备和材料准备

(1)大众迈腾 B8 轿车一辆或 CUGA 发动机总成一台(带拆装台架)。
(2)组合工具一套、专用工具一套、扭力扳手一套、工具车一辆。
(3)零件摆放架一个。

二、作业前准备

(1)将发动机拆装台架放置稳固可靠。
(2)清洁工作台架及工具。
(3)讲解安全和拆装注意事项。

三、注意事项

(1)拆卸前应注意观察曲轴、凸轮轴正时齿轮上的标记。

（2）在拆卸正时链盖板时，应注意不要损坏正时链盖板与汽缸体和汽缸盖的接触面。

（3）螺栓必须按规定顺序及力矩拧紧。

四、操作步骤

大众迈腾 B8 轿车 CUGA 发动机润滑系统的分解图，如图 7-17 所示。

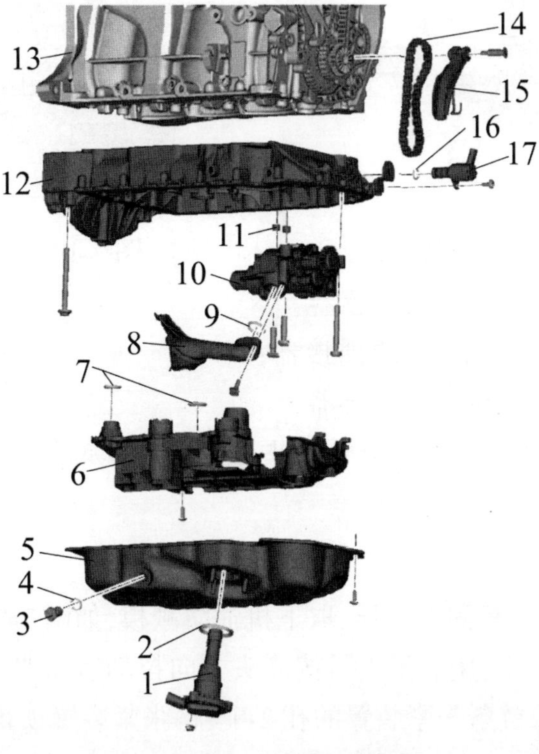

图 7-17　油底壳分解图

1-机油油位和机油温度传感器；2-密封圈；3-放油螺塞；4-密封垫圈；5-油底壳下部件；6-机油防溅板；7、9、16-O 形圈；8-吸油管；10-机油泵；11-定位销；12-油底壳上部件；13-汽缸体；14-机油泵链条；15-机油泵链条张紧器；17-机油压力调节阀

（一）机油泵和油底壳的拆卸

1. 拆卸机油油位和机油温度传感器

（1）拆卸发动机舱底部隔音板，排空发动机机油。

（2）拔下机油油位和机油温度传感器电线插接器，旋出螺母，拆下机油油位和机油温度传感器，如图 7-18 所示。

2. 拆卸油底壳下部件

按顺序旋出油底壳下部件固定螺栓,拆下油底壳下部件,如图 7-19 所示。

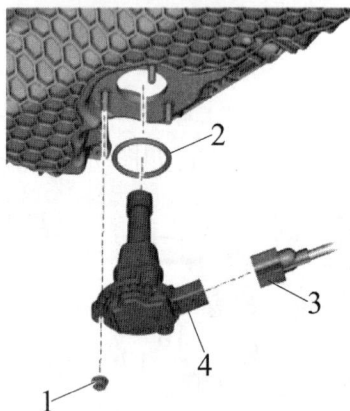

图 7-18　拆下机油油位和
机油温度传感器

1-螺母;2-密封圈;3-电线插接器;

4-机油油位和机油温度传感器

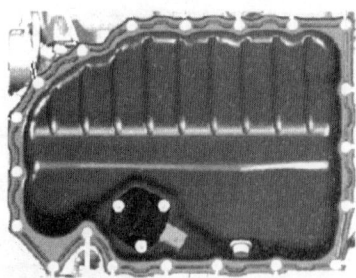

图 7-19　拆下油底壳

小提示:必要时用一个橡胶锤轻轻敲击以松开油底壳下部件,拆卸过程中注意不要使其边缘变形。

3. 拆卸机油泵

(1)旋出机油防溅板固定螺栓,取下机油防溅板,如图 7-20 所示。

(2)如图 7-21 所示,用装配工具按箭头方向拉动链条张紧装置的弹簧,然后将锁销的锁芯 1 插入链条张紧装置的孔 2 中,将张紧装置锁止。

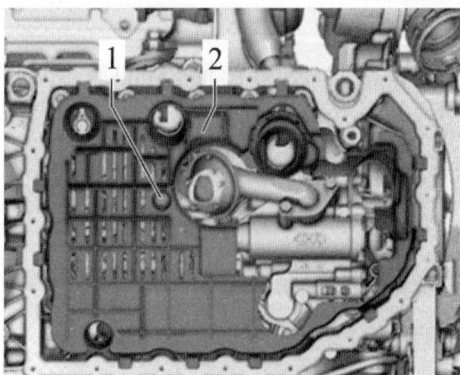

图 7-20　拆下机油防溅板

1-螺栓;2-机油防溅板

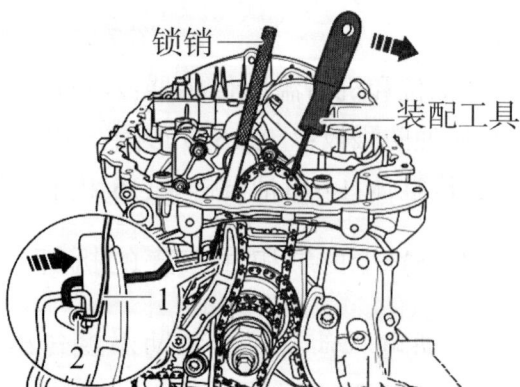

图 7-21　锁住链条张紧导轨弹簧

（3）旋出机油泵固定螺栓,拆下机油泵,如图7-22所示。

4.拆卸油底壳上部件

（1）旋出正时链下部盖板上的螺栓,如图7-23所示。

图7-22　拆下机油泵　　　　图7-23　拆下正时链下部盖板螺栓

小提示:为了防止泄露,压出油底壳上部件时,不要弯曲正时链下部盖板,也不要在螺栓连接点之间用力。

（2）按顺序旋出油底壳上部件的1~18号固定螺栓,如图7-24所示,并取下油底壳上部件。

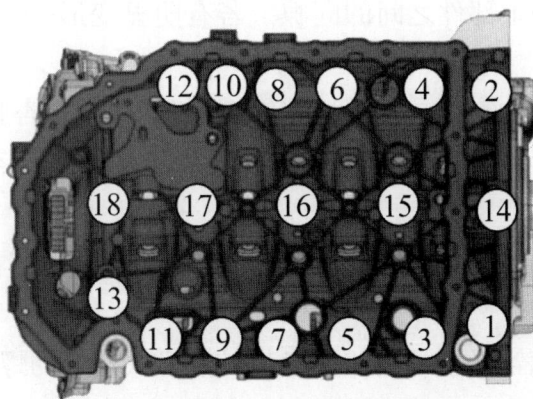

图7-24　拆下油底壳上部件

小提示:必要时用一个橡胶锤轻轻敲击以松开油底壳上部件。

注意:先撬出变速器侧的油底壳上部。撬出时,注意确保不要弯曲正时链盖。

（二）机油泵和油底壳及相关零件的清洁检查

（1）使用平刮刀以及带纤维打磨轮的电钻清除油底壳上部件、汽缸体和正时链下部盖板密封面上的密封残留物和油脂,如图7-25所示。

小提示:打磨时,为了防止眼睛受伤,佩戴护目镜。

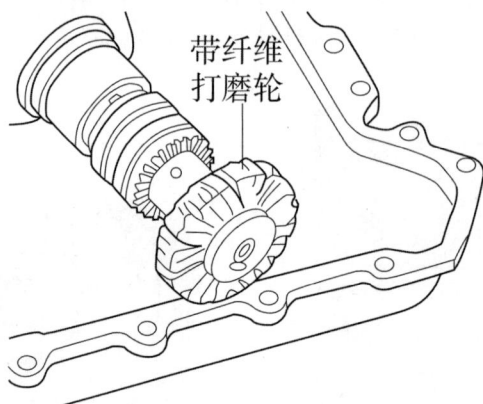

图7-25 清除密封残留物

(2)使用平刮刀以及带纤维打磨轮的电钻清除油底壳上部件和油底壳下部件密封面上的密封残留物和油脂,如图7-25所示。

小提示:使用密封胶和油脂去除剂时,必须佩戴防护手套。

(3)清除机油泵与油底壳上部件接触平面间的密封残留物,清洁机油泵。

(4)检查正时链盖是否有变形。先安装油底壳上部件,不用密封剂,然后检查正时链盖和油底壳上部件之间的间隙。若有明显变形、无法对齐,则应更换正时链盖。

(5)检查油底壳上部件和汽缸曲轴箱中的机油油道是否脏污,必要时清洗。

(6)检查吸油管、过滤器和油底壳上部件中机油油道是否有脏污,必要时清洗或更换。

(7)检查用于确定机油泵中心位置的两个定心套是否存在完好。如果没有,先安装定心套。

(8)检查清洁螺栓,更换所有采用角度控制方式拧紧的螺栓。

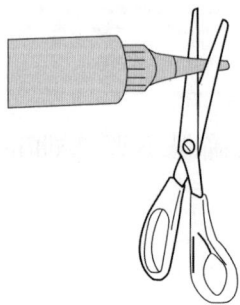

图7-26 剪开密封胶

(三)机油泵和油底壳的安装

1.安装油底壳上部件

(1)将密封胶管在标记处剪开直径大约2mm的管口,如图7-26所示。

(2)将密封胶均匀地涂到油底壳上部件的密封面上,如图7-27所示,密封胶带的厚度为2~3mm。

小提示:密封胶带不可过厚,否则溢出的密封胶会进入油底壳堵塞吸油管滤网。

(3)将密封胶均匀地涂到汽缸体和正时链下部盖板之间的密封面上,如图7-28所示。

图7-27 油底壳上部件涂密封胶

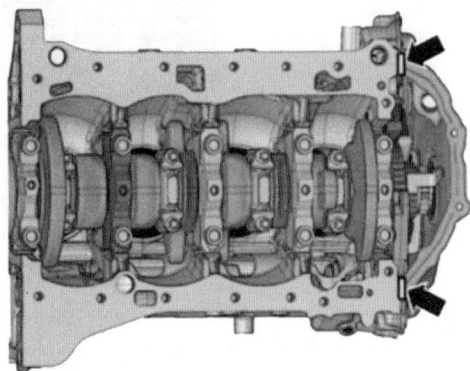

图7-28 汽缸体和正时链下部
盖板之间涂密封胶

(4)在油底壳上部件涂完密封胶5min内,安装油底壳上部件螺栓,拧紧力矩(表7-2)和拧紧顺序(图7-29)。

油底壳上部件拧紧力矩   表7-2

步　　骤	螺　　栓	拧紧力矩/继续旋转角度
1	1~18	8N·m力矩拧紧
2	1~2	再继续旋转180°
3	3~13	再继续旋转45°
4	14	再继续旋转180°
5	15~18	再继续旋转90°

(5)安装正时链下部盖板上的螺栓,拧紧力矩为8N·m+继续旋转45°,如图7-30所示。

2.安装机油泵总成

(1)将机油泵链轮引导到传动链中,装上机油泵,如图7-31所示,并按规定力矩(8N·m+继续旋转90°)拧紧固定螺栓。

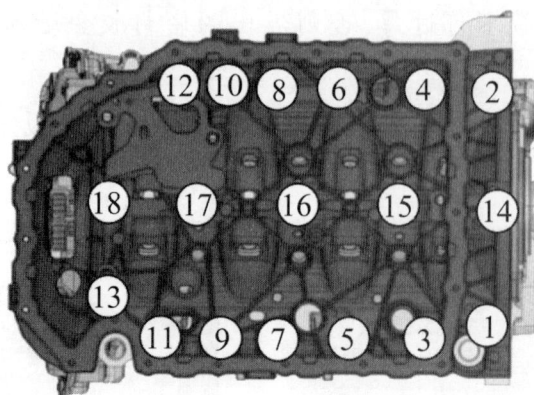

图7-29　安装油底壳上部件

图7-30　安装正时链下部
盖板螺栓

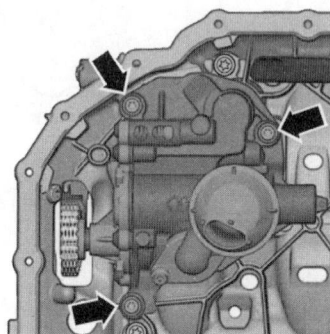

图7-31　安装机油泵

（2）用装配工具沿箭头方向拉动链条张紧装置的弹簧,取下锁销,确保张紧导轨弹簧回到其原来的位置,如图7-32所示。

（3）装上机油防溅板,拧紧机油防溅板螺栓(4N·m + 继续旋转45°)。

小提示:当机油防溅板螺栓拧紧后,其四周的塑料支撑脚将会产生不可逆的变形,支撑脚与油底壳间有间隙而产生异响,为了避免再次安装,必须进行更换。

3.安装油底壳下部件

（1）将密封胶管在标记处剪开直径大约2mm的管口。

（2）将密封胶均匀地涂到油底壳下部件的密封面上,如图7-33所示,密封胶带的厚度为2~3mm。

（3）在油底壳上部件涂完密封胶5min内,安装油底壳上部件,螺栓拧紧顺序,如图7-34所示。拧紧力矩为8N·m,再继续旋转90°。

4.安装机油温度传感器

更换密封圈,如图7-35所示,按照拆卸相反顺序安装机油油位和机油温度传感器。

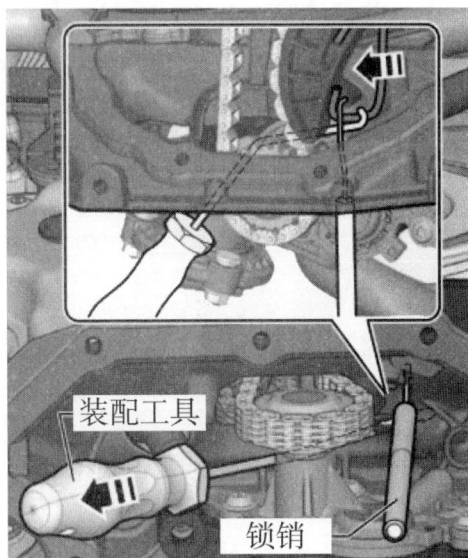

图 7-32　链条张紧导轨弹簧复位

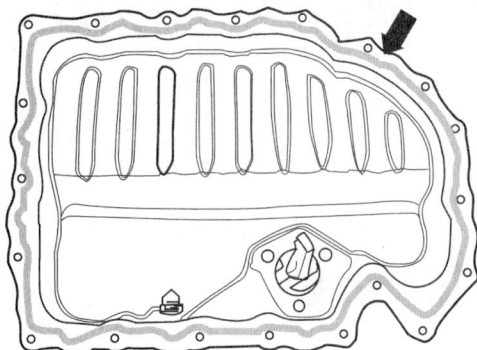

图 7-33　油底壳下部件涂密封胶

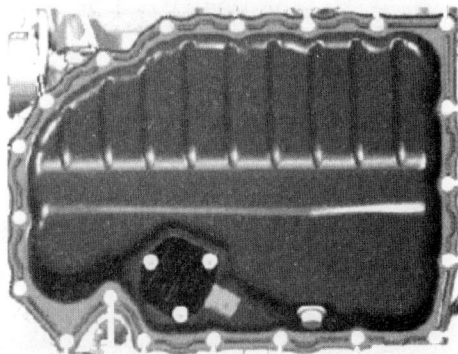

图 7-34　安装油底壳

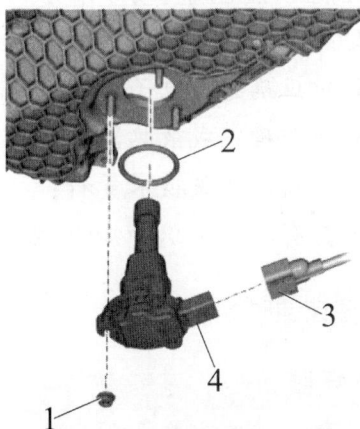

图 7-35　安装机油油位和
机油温度传感器

1-螺母;2-密封圈;3-电线插接
器;4-机油油位和机油温度传
感器

项目八　冷却系统的结构与拆装

学习目标

完成本项目学习后,你应能:

1. 知道冷却系统的作用、冷却方式、组成和循环;
2. 知道冷却系统主要零部件的作用与结构;
3. 能正确完成传动带和水泵的拆装,并掌握拆装的技术要求;
4. 能正确完成节温器的拆装,并掌握拆装的技术要求;
5. 能正确完成电子风扇及温控开关的拆装,并掌握拆装的技术要求;
6. 能正确完成散热器的拆装,并掌握拆装的技术要求;
7. 会查阅相关技术资料;
8. 具有环保意识和知识,能科学处理废料。

建议课时

6 课时。

课题一　冷却系统的结构与工作原理

一、冷却系统的作用和冷却方式

冷却系统的作用使发动机得到适度的冷却,并保持其在最适宜的温度范围内工作。发动机工作时,由于燃料的燃烧,汽缸内最高燃烧温度高达 2500℃,燃烧室的平均温度也在 1000℃ 以上,发动机零部件温度升高,特别是直接与高温气体接触的零件。若不及时冷却,发动机将会过热,导致运动件的正常配合间隙被破坏,运动件无法正常运动,零件强度降低,机油变质,零件磨损加剧,最终导致发动机动力性、经济性、可靠性及耐久性全面下降。但是冷却过度会发动机工作温度过低,热量散失过多,燃料燃烧性能变差,增加燃油消耗,排放恶化,燃油易冷凝在汽缸壁上,稀释机油,磨损加剧。因此冷却系统即要防止发动机过热、也要防止发动机过冷,现代汽车发动机正常工作温度一般为95～105℃。

过度冷却或冷却不足将对发动机造成不良的后果(表8-1)。

发动机过度冷却或冷却不足的危害　　　　表8-1

冷 却 程 度	后　　　果
冷却过度	热量散失过多,增加燃油消耗,冷凝在汽缸壁上的燃油流到曲轴箱中稀释机油,磨损加剧。
冷却不足	发动机过热,充气量减少燃烧不正常,发动功率下降润滑不良,加剧磨损。

根据冷却介质不同,发动机的冷却方式分为风冷和水冷,如图8-1所示。目前大多数汽车采用水冷。

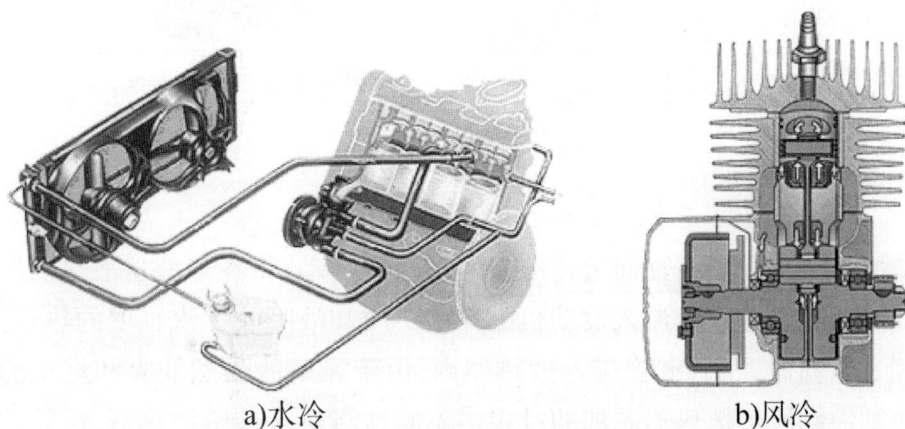

a)水冷　　　　　　　　　　　　b)风冷

图8-1　发动机冷却方式

1. 水冷式

水冷式是以冷却液为冷却介质,热量先由机件传给冷却液,靠冷却液的流动把热量带走而后散入大气中。散热后的冷却液再重新流回到受热机件处。适当调节水路和冷却强度,就能保持发动机的正常工作温度,同时,还可用热水预热发动机,便于冬季起动。

2. 风冷式

利用高速空气流直接吹过缸体及缸盖表面,把热量散发到大气中去。

二、水冷却系统的组成和工作循环

现在的发动机大多采用强制水冷系统,如图 8-2 所示。主要由散热器和散热器盖、冷却风扇、水泵、节温器、水套、水管、冷却液补偿水桶、冷却液温度表和传感器等部件组成。

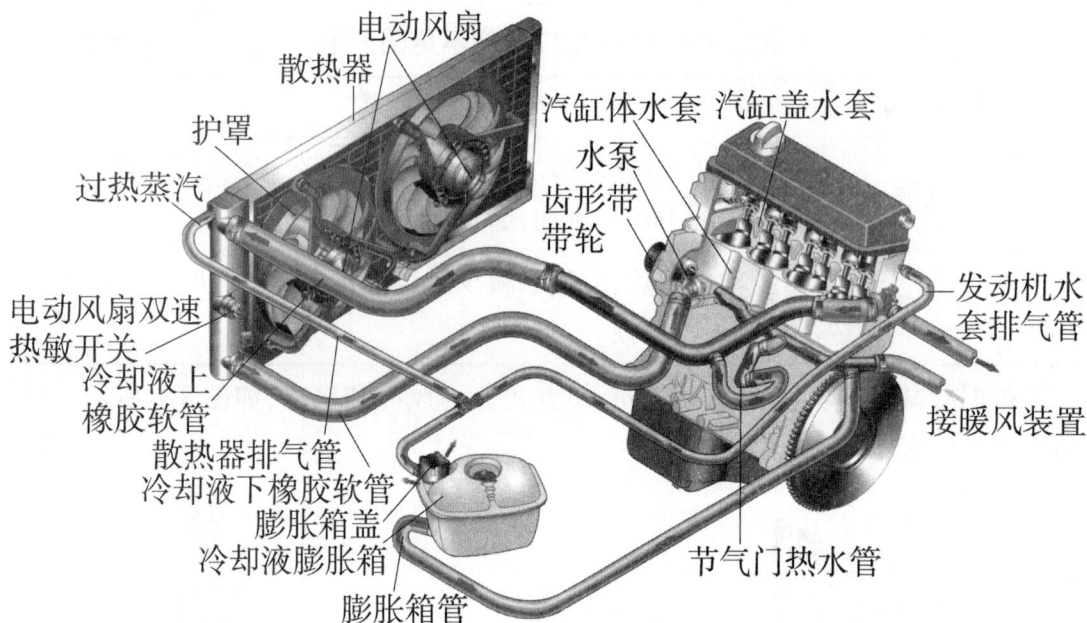

图 8-2　水冷却系统的组成

发动机工作时,由曲轴通过传动带驱动水泵转动,将冷却液从散热器经下水管吸入并加压,经分水管流入发动机缸体中。冷却液吸收了汽缸壁的热量,温度升高,经过节温器,经上水管流入散热器内,由于风扇的强烈抽吸和汽车的高速行驶,冷却液在流经散热器芯部的过程中不断地将热量传给散热器,然后散发到大气中,散热后的冷却液又在水泵的作用下再次进入缸体。

冷却液的循环方式及路线随着发动机工作温度的变化而改变。当冷却液温度高于一定温度范围(一般在 80 ~ 85℃)发动机需要迅速降温时,由于此时温度高,节温器的主阀门(大循环阀)开启,冷却系进行大循环。如图 8-3 所示,水泵将冷却液从散热器中吸入并加压,使之在缸体水套和汽缸盖水套内流动,冷却液从缸体水套内其他汽缸盖水套吸收热量,温度升高,继而从缸盖流出,高温冷却液通过散热器进水管进入散热器。由于汽车行驶和风扇的强力抽吸作用,空气从前向后高速流过散热器,将流经散热器的冷却液的热量带走,高温冷却液温度降低,降温后的冷却液经过节温器主阀门(大循环阀)进入水泵,水泵将冷却液加压后再次进入水套,冷却液在冷却系中不断循环,从而保证发动机在最佳温度内工作。

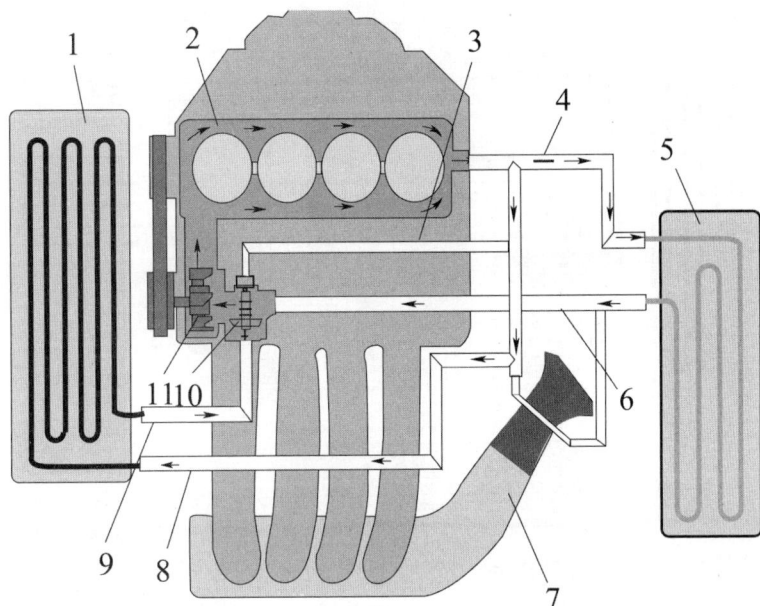

图 8-3　冷却系大循环水路

1-散热器;2-发动机;3-小循环进水管;4-暖风阀门;5-暖风热交换器;6-暖风系统回水管;7-进水管;8-散热器进水管;9-散热器;10-节温器;11-水泵

当发动机冷却液温度低于一定温度范围(一般 80~85℃)发动机需要保温时,冷却系统进行小循环。如图 8-4 所示,水泵将冷却液吸入并加压,送至缸体和缸盖水套。冷却液在水套中吸收热量,从缸盖中流出,通过小循环进水管进入节温器室。由于温度低,节温器的主阀门(大循环阀)关闭,旁通阀门(小循环阀)开启,冷却液通过旁通阀进入水泵,水泵将冷却液加压后再次进入水套。由于冷却液在此循环过程中没有经散热器冷却,因此,发动机可迅速升温,达到正常工作温度。

三、水冷却系统主要部件的结构

1. 水泵

水泵的结构如图 8-5 所示。作用是对冷却液加压,使之在冷却系统中循环流动。汽车发动机一般都采用离心式水泵。

离心式水泵主要由泵体、叶轮、轴承和水泵轴组成。水泵由曲轴通过带轮驱动,现代汽车还有通过正时齿形带驱动,当叶轮旋转时,水泵中的冷却液被叶轮带动一起旋转,在离心力的作用下被甩向叶轮边缘,经外壳与叶轮成切线方向的出水管被压送到发动机的分水管,工作原理如图8-6所示。

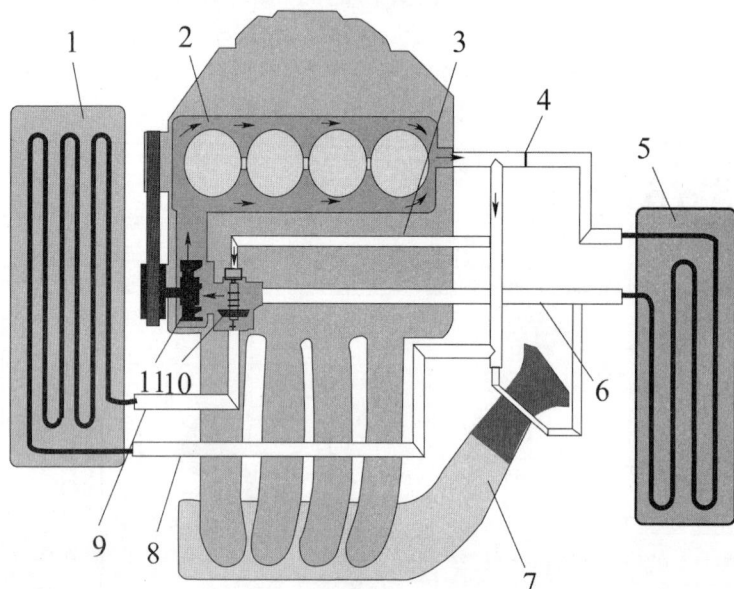

图8-4　冷却系小循环水路

1-散热器;2-发动机;3-小循环进水管;4-暖风阀门;5-暖风热交换器;6-暖风系统回水管;7-进水管;8-散热器进水管;9-散热器;10-节温器;11-水泵

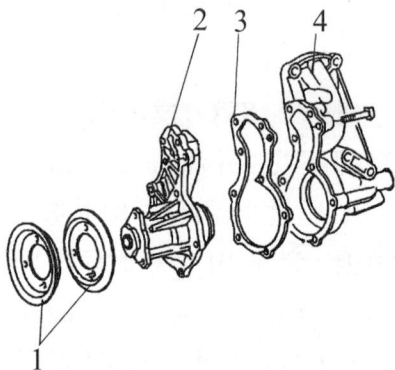

图8-5　水泵的结构
1-风扇传动带轮;2-水泵;3-密封衬套;4-泵壳

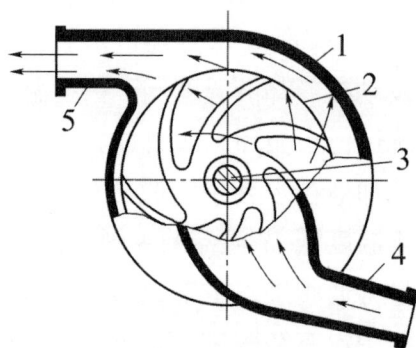

图8-6　离心式水泵的工作原理
1-水泵壳体;2-叶轮;3-水泵轴;
4-进水管;5-出水管

2. 风扇

风扇的作用是提高流经散热器的空气流速和流量,以增强散热器的散热能力并冷却发动机附件。风扇的类型如图8-7所示,目前发动机均采用尼龙压铸整体风扇。

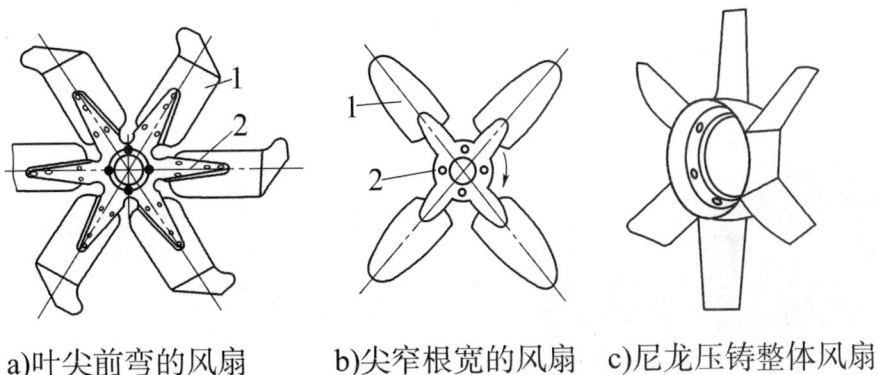

a)叶尖前弯的风扇　　b)尖窄根宽的风扇　　c)尼龙压铸整体风扇

图 8-7　风扇的类型
1-叶片;2-连接板

风扇的驱动的方式有:直接驱动式、风扇离合器式、电动风扇。

风扇常和发电机一起通过传动带(有些车辆采用多楔带)由曲轴带轮驱动。一般将发电机的支架做成可移动式的,以便于调节传动带的松紧度,如图 8-8 所示。风扇传动带必须松紧适宜,若过松,则会造成传动带打滑,风扇与水泵的转速下降,扇风量和泵水量减小,使发动机过热;若传动带过紧,将增加轴承和传动带的磨损,功率损耗增加。

(1)直接驱动式。风扇直接由水泵带轮驱动,发动机起动后,不论水温高低,风扇一直转动,不能根据发动机的需要进行调节。噪声大,油耗高,为早期发动机冷却系统使用。

(2)风扇离合器。风扇离合器安装在水泵与风扇之间,曲轴传动带先带动水泵带轮,经风扇离合器后带动风扇转动。

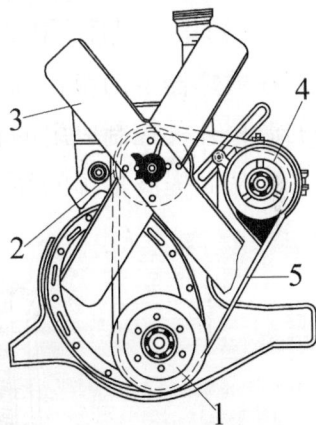

图 8-8　风扇的驱动
1-曲轴带轮;2-水泵带轮;3-风扇;4-发电机带轮;5-传动带

如图 8-9 所示为硅油式风扇离合器,由水泵带轮驱动的主动板、连接风扇的从动板、双金属感温器、具有黏性的硅油等组成。从动板上有进油孔,受双金属感温器控制,硅油存于储油腔内。当冷却液温度较低时,进油孔关闭,储油腔内的硅油不能进入工作腔,离合器分离,风扇低速旋转或不转动。当冷却液温度较高时,双金属感温器受热变形,进油孔打开,硅油进入工作腔,利用硅油的黏性使离合器结合,风扇转速迅速升高。

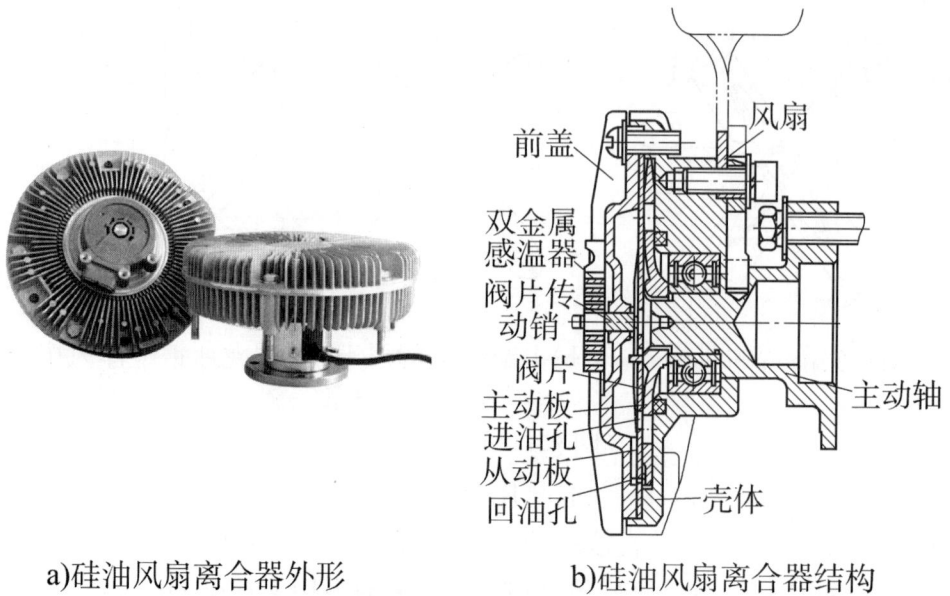

前盖
风扇
双金属
感温器
阀片传
动销
阀片
主动板
进油孔
从动板
回油孔
主动轴
壳体

a)硅油风扇离合器外形　　　　　b)硅油风扇离合器结构

图 8-9　硅油风扇离合器

(3)电动风扇。电动风扇如图 8-10 所示,由风扇及风扇护罩、风扇电动机和装在散热器上的温控开关等组成。风扇由风扇电动机驱动,受冷却液温度控制的温控开关控制风扇的转动,不受发动机转速的影响,发动机温度低时,风扇不工作从而提高整车的经济性。

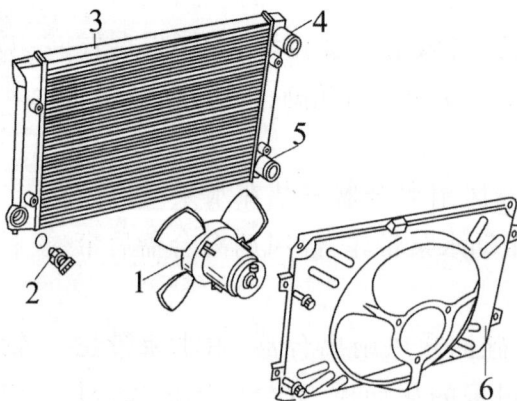

图 8-10 电动风扇

1-电动风扇;2-温控开关;3-散热器;4-上水管;5-下水管;6-风扇护罩

当冷却液温度较低时,温控开关断开,风扇不转动,从而缩短了发动机的暖机时间。当冷却液温度较高时,温控开关触点闭合,风扇旋转,冷却液温度下降。温控开关切断温度一般为 $83 \sim 92\,℃$,接通温度在 $88 \sim 97\,℃$ 。

3．散热器

散热器安装在汽车前方，这样有利于冷却液的散热。

散热器结构如图8-11所示，由上贮水室、下贮水室、散热器芯、散热器盖组成。上贮水室通过进水软管与汽缸盖的出水口相连，下贮水室通过出水软管与水泵的进水口相连，散热器上贮水室顶部有加水口，并用散热器盖密封，下贮水室设有放水开关，可根据需要将散热器内的冷却液放掉，散热器芯由许多冷却管和散热片组成。

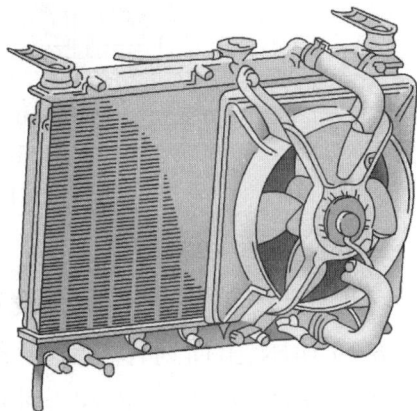

图8-11　散热器

发动机工作时，进入上贮水室的高温冷却液通过冷却管流向下贮水室的过程中，被从散热器芯缝隙中流过的空气冷却，温度降低后的冷却液又被水泵抽吸到发动机水套循环使用。

散热器根据水流方向分为横流式（图8-12）和纵流式（图8-13）。现代轿车普遍采用横流式。

图8-12　纵流式散热器

图8-13　横流式散热器

散热器盖的作用是使冷却系统保持一定的压力，提高冷却液的沸点。如图8-14所示，散热器上设有蒸汽阀和空气阀两个止回阀，当散热器内部压力大于规定值时，蒸汽阀打开，高压气体及冷却液由溢流管流出，进入冷却液补偿水桶，以防止冷却液流失。当由于冷却液温度降低造成散热器内压力降低时，此时空气阀打开，冷却液补偿水桶的冷却液流回散热器内，以防止散热器或水管塌陷。

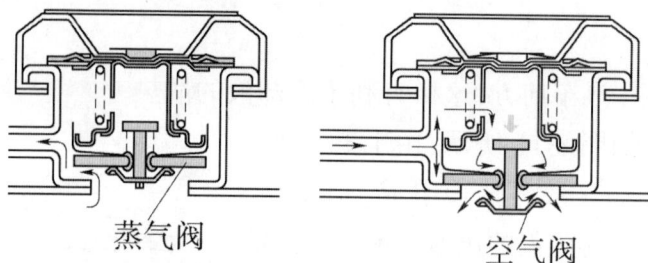

蒸气阀　　　　　　空气阀

图 8-14　散热器盖

4. 冷却液补偿水桶

现代汽车常在散热器旁设置一个用透明塑料制成的冷却液补偿水桶,如图 8-15 所示,上面刻有高、低两条线,发动机工作时,冷却液补偿水桶内的冷却液应在两条刻度线之间,冷却液补偿水桶通过橡胶软管与散热器进水口相连。

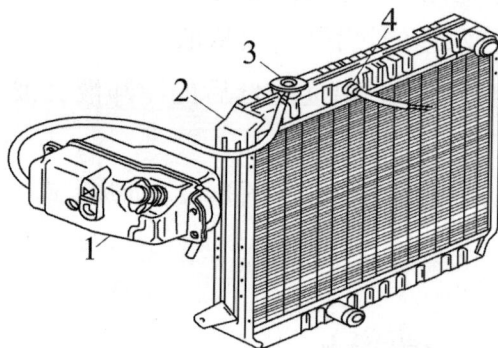

图 8-15　带冷却液膨胀箱的散热器

1-冷却液补偿水箱;2-散热器;3-散热器盖;4-液位传感器

冷却液补偿水箱的作用是:

(1)把冷却系统变成永久性封闭系统,减少了冷却液的损失。

(2)使系统内的压力提高 98～196kPa,冷却液的沸点相应地提高到 120℃左右,从而扩大了散热器与周围空气的温差,提高了散热器的换热效率。

(3)避免空气不断进入,给系统内部造成氧化、穴蚀,使冷却系中水、气分离,保持系统内压力稳定,提高了水泵的泵水量,并且提高了水泵和水套的使用寿命。

5. 节温器

节温器的作用是根据发动机负荷和冷却液温度的高低,自动改变冷却液的循环路线及流量。目前汽车上多采用蜡式节温器,外形如图 8-16 所示。节温器大多安装在汽缸盖的出水口处。

蜡式节温器结构与工作原理,如图 8-17 所示。节温器的上支架和下支架与阀座铆成一体。中心杆上端固定在上支架的中心,其下部插入橡胶管的中心孔内,中心杆下端呈锥形。橡胶管与感应体外壳之间的空腔里装有石蜡。感应体外壳上下部有联动的主阀门和旁通阀门。

图 8-16   蜡式节温器外形

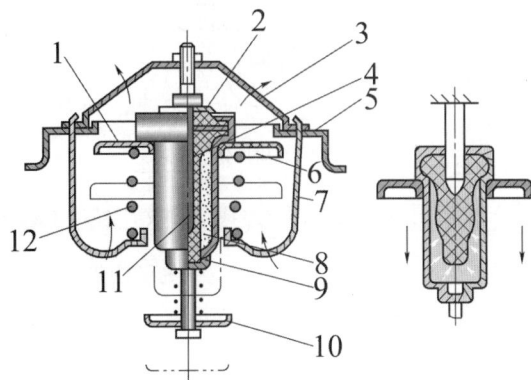

图 8-17   节温器的结构与工作原理

1-主阀门;2-盖和密封垫;3-上支架;4-橡胶管;
5-阀座;6-通气孔;7-下支架;8-石蜡;9-感应
体;10-旁通阀;11-中心杆;12-弹簧

节温器的工作原理。当冷却液温度低于76℃时,节温器中的石蜡呈固体,弹簧把主阀门推向上方,使之压在阀座上,主阀门关闭;而旁通阀随着主阀门上移而打开,来自发动机缸盖出水口的冷却液,不经过散热器,通过水泵又流回汽缸体水套中,进行小循环,如图 8-18a)所示,从而防止发动机过冷。当冷却液温度超过76℃时,石蜡开始溶化,体积膨胀产生压力,并作用在推杆上,但推杆固定在支架上不能动,其反作用力克服弹簧的预压力,主阀门开始打开。水温超过86℃时,主阀门全开,同时旁通阀关闭了小循环通路,这时来自汽缸盖出水口的冷却液全部进入散热器冷却,进行大循环,如图 8-18b)所示。

6. 发动机温度调节装置

大众迈腾 B8 轿车 CUGA 发动机冷却系统采用新型的发动机温度调节装置,如图 8-19 所示,采用两个机械连接的旋转滑阀来调节冷却液液流。旋转滑阀角度位置的调节是按照发动机控制单元内的各种特性曲线来进行的。通过旋转滑阀的相应位置,就可实现不同的切换状态。不仅可让发动机快速预热,而且可让发动机温度在 85~107℃ 之间变动。如果旋转滑阀内的温度超过113℃,那么旋转滑阀内的膨胀式节温器,就会打开通向主散热器的一个旁通支路,这样冷却液可以流经主散热器,避免冷却液温度过高。

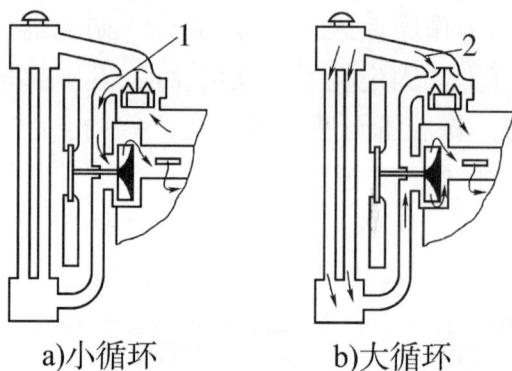

a)小循环　　　　　　　　b)大循环

图 8-18　冷却系大小循环

1-旁通阀;2-主阀门

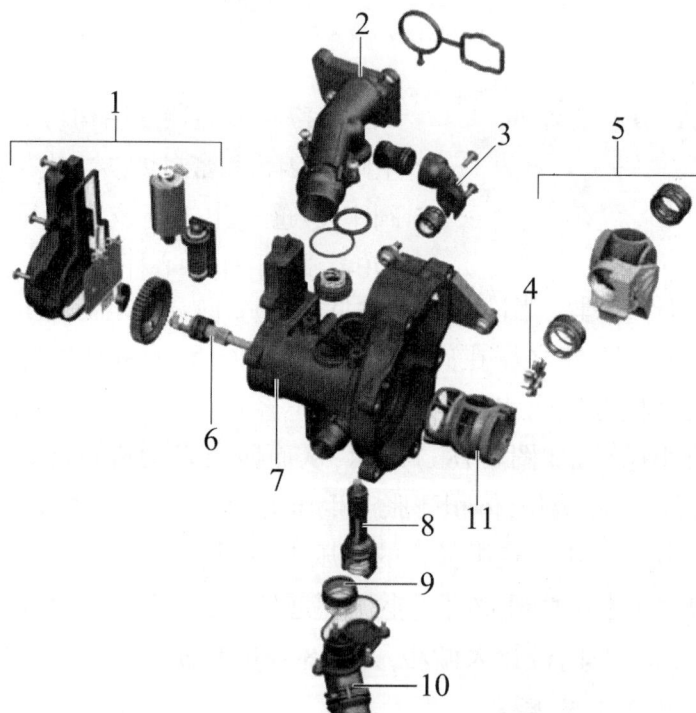

图 8-19　发动机温度调节装置零件图

1-发动机温度调节装置的驱动机构和传感器;2-去往散热器的供液管接头;3-去往发动机机油冷却器的接头;4-中间齿轮;5-旋转滑阀 2;6-旋转滑阀 1 的轴;7-旋转滑阀壳体;8-膨胀式节温器;9-密封组件;10-来自散热器的回流管接头;11-旋转滑阀 1

如图 8-20 所示,发动机温度调节装置的直流电机由发动机控制单元操控,正的操控信号(诊断仪上的测量值)表示旋转滑阀在向打开的方向转动。直流电机通过蜗轮蜗杆传动装置来驱动旋转滑阀 1,发动机温度越高,旋转滑阀的转动也就越大,不同的横断面也就有不同的流量,这样就能控制机油冷却器、缸盖以及主散热器中的冷却液液流。旋转滑阀 2 是通过一个滚销齿联动机构与旋转滑阀 1 相连的,旋转滑阀 2 在特定角度位置会与旋转滑阀 1 连上和脱开。旋转滑阀 2 的旋转运动(打开流经缸体的冷却液液流)在旋转滑阀 1 转角约为 145°时开始;在旋转滑阀 1 转角约为 85°再次脱开。此时旋转滑阀 2 达到了其最大转动位置,缸体内的冷却液循环管路就完全打开了。

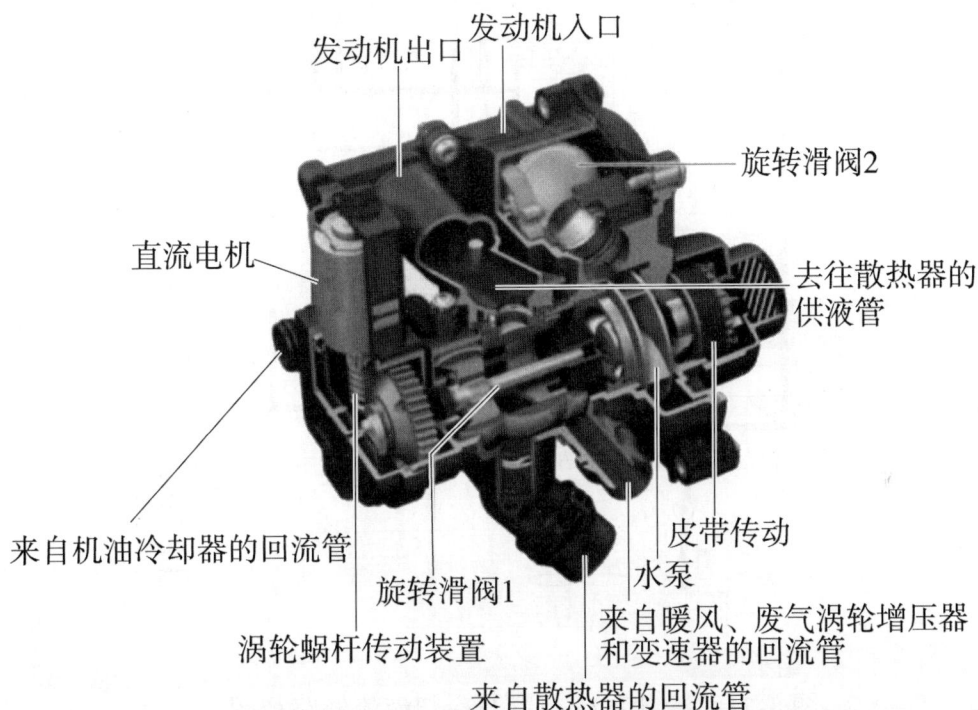

图 8-20　发动机温度调节装置

大众迈腾 B8 轿车 CUGA 发动机冷却系统冷却液流经路径,如图 8-21 所示。

1)发动机预热和自加热

旋转滑阀 1 转到 160°的位置,封闭发动机机油冷却器和主散热器回流管开口,旋转滑阀 2 封闭通向缸体的开口,自动空调冷却液截止阀和变速器冷却液阀暂时关闭,冷却液继续补给泵不通电,冷却液不在缸体内循环被加热至最高 90℃。

如果需要自加热,那么自动空调冷却液截止阀和冷却液循环泵就会被激活,冷却液就会流经缸盖、废气涡轮增压器和暖风热交换器。

2)发动机冷却系统小循环调节

在缸体内的冷却液不流动时,防止缸盖和涡轮增压器过热,将旋转滑阀 1 转到约 145°的位置上,滚销齿联动机构会带动旋转滑阀 2 动作,该阀开始打开,少量冷却液就会流经缸体而进入缸盖,流经涡轮增压器,再经旋转滑阀模块流回冷却液泵。还有一部分冷却液,在需要时会经冷却液止回阀流向暖风热交换器。冷却液循环泵仅在"有加热要求时",才会激活工作。

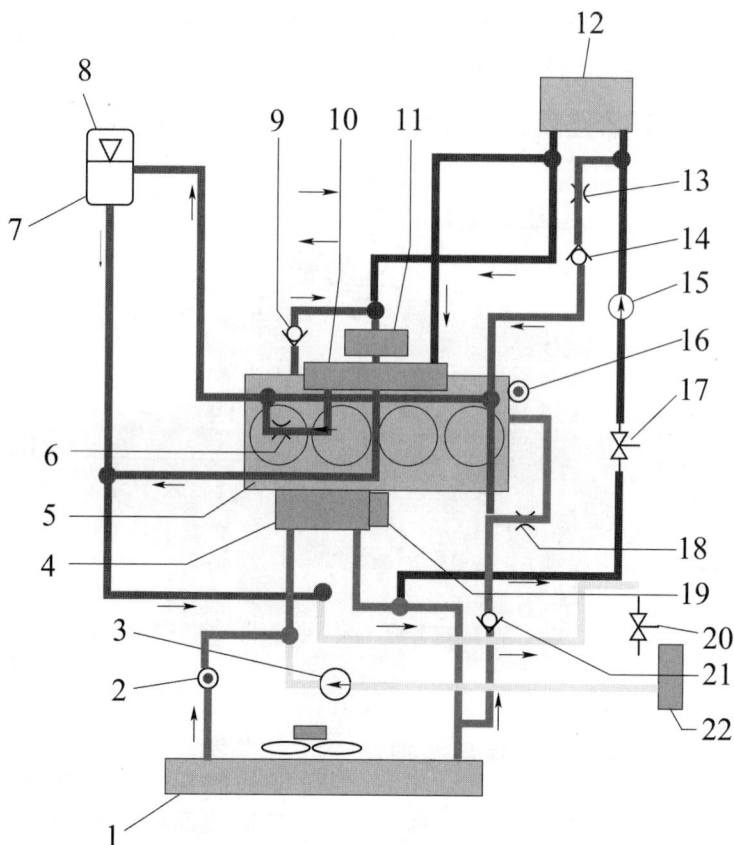

图 8-21　冷却系统布置及冷却液流经路径图

1-散热器;2-散热器出口处的冷却液温度传感器;3-冷却液继续补给泵;4-发动机温度调节装置;5-汽缸盖/汽缸体;6-限流阀;7-冷却液膨胀箱;8-冷却液膨胀罐密封盖;9-单向阀;10-排气歧管(集成在汽缸盖);11-废气涡轮增压器;12-暖风装置的热交换器;13-限流阀;14-单向阀;15-增压空气冷却泵;16-冷却液温度传感器;17-冷却液断流阀;18-限流阀;19-冷却液泵;20-变速器冷却液阀;21-单向阀;22-变速器油冷却器

3)发动机机油冷却器的预热

预热阶段,旋转滑阀 1 转到 120°的位置开始,发动机机油冷却器接口被打开。同时,旋转滑阀 2 也一直在继续打开,流经缸体的冷却液流就越来越大,可以额外加热发动机机油。

4）变速器机油加热

在发动机热到足够程度后，打开变速器冷却液阀，以便用过剩的热来加热变速器机油。在下述情况下变速器机油加热功能开启：

不用暖风，冷却液温度达到80℃时；使用暖风，冷却液温度达到97℃时。

5）发动机冷却系统大循环调节

在转速和负荷很小时，冷却液温度调至107℃，目的是使发动机摩擦最小。随着负荷和转速不断升高，会将冷却液温度调低，最低可至85℃。为此，旋转滑阀1就在85°和0°之间根据冷却需要进行调节。到0°这个位置，主散热器回流接口完全打开。

6）关闭发动机后的续动功能

在发动机关闭后，按特性曲线起动发动机续动功能，最多可工作15min。目的是为了避免缸盖和涡轮增压器处的冷却液在发动机关机后沸腾，也为了避免对发动机不必要的冷却。

将旋转滑阀转至"续动位置"（160°～255°），实现冷却液温度调。在需要以最大续动能力来工作（255°）且冷却液温度较低时，主散热器回流接口打开，去往缸体的接口用旋转滑阀2封闭。另外，冷却液继续补给泵和冷却液止回阀被激活。

冷却液分两个分流：一个是经缸盖流向冷却液继续补给泵，另一个经涡轮增压器流经旋转滑阀，随后再流经主散热器而流回冷却液继续补给泵。

在续动位置时，缸体就没有冷却液流过了。通过这个功能，可以明显降低续动持续时间，且不会产生大量的热能损失。

课题二　齿形皮带和冷却液泵的拆装

一、工具、设备和材料准备

（1）大众迈腾B8轿车一辆或CUGA发动机（带拆装台架）一台。

（2）组合工具一套、冷却液加注专业设备一套、扭力扳手、螺丝刀、钳子、冷却液收集盘、工具车一辆。

（3）零件摆放架一个。

二、作业前准备

（1）将发动机拆装台架放置可靠。

（2）清洁工作台架及工具。

(3)讲解安全和拆装注意事项。

三、注意事项

(1)在热态时不可立即旋下冷却液膨胀箱盖子,以防蒸汽喷出。

(2)冷却液有毒,排出时应用专用的盘子收集。

(3)切勿混用不同牌号的冷却液。

四、操作步骤

(一)齿形皮带和冷却液泵的拆卸

1.放净冷却液

(1)打开冷却液膨胀箱盖,如图8-22所示。

小提示:在发动机处于暖机状态时,冷却系统中存在过压(过压消除:请用抹布盖住冷却液膨胀罐的密封盖并小心地慢慢旋开),有被高温蒸汽和高温冷却液烫伤的危险。建议戴上防护手套和护目镜。

(2)拆卸发动机舱底部隔音板。

(3)将冷却液专用接油盘放在散热器下面。

(4)如图8-23所示,松开下冷却液软管弹簧卡箍,从散热器上拔下下冷却液软管,排放冷却液。

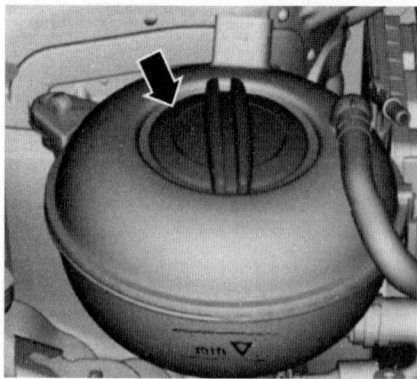

图8-22 打开冷却液
膨胀箱盖

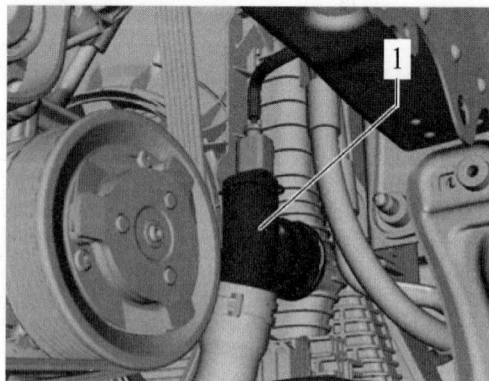

图8-23 排放冷却液
1-冷却液软管

2.驱动冷却液泵齿形皮带的拆卸

驱动冷却液泵的齿形皮带分解图,如图8-24所示。

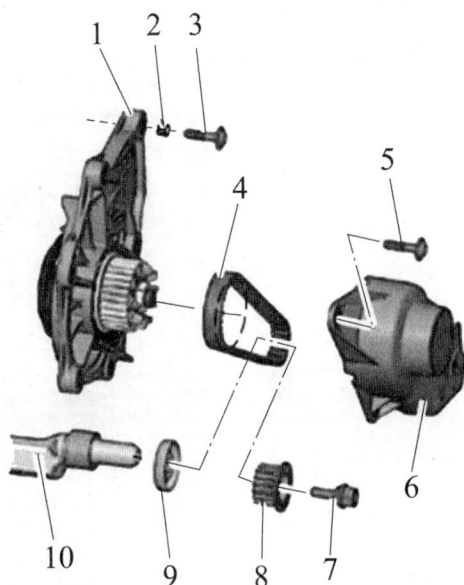

图 8-24 冷却液泵驱动齿形皮带分解图

1-冷却液泵;2-螺栓衬套;3-冷却液泵固定螺栓;4-齿形皮带;5-齿形皮带护罩固定螺栓;6-冷却液泵齿形皮带护罩;7-齿形皮带驱动轮连接螺栓;8-齿形皮带驱动轮;9-进气侧平衡轴密封圈;10-进气平衡轴

（1）拧出盖板螺栓,沿箭头方向松开卡扣,取下盖板,如图 8-25 所示。

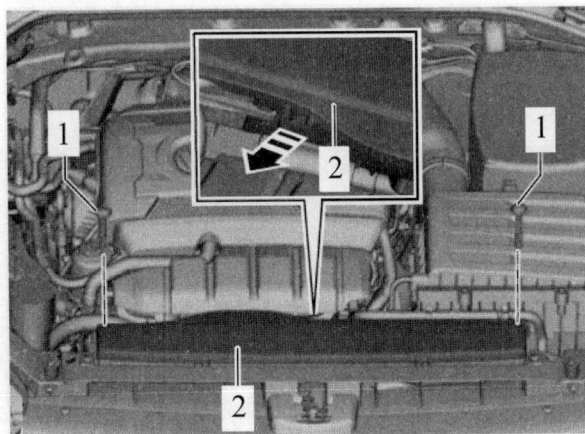

图 8-25 拆卸盖板

1-盖板螺栓;2-盖板

（2）脱开冷却液软管,沿箭头方向松开卡扣,取下空气导管上部件,如图 8-26 所示。

（3）拔下真空软管，松开软管螺旋卡箍，拆下空气导流软管。将空气滤清器壳体向上从橡胶支座处拔出并取出，如图8-27所示。

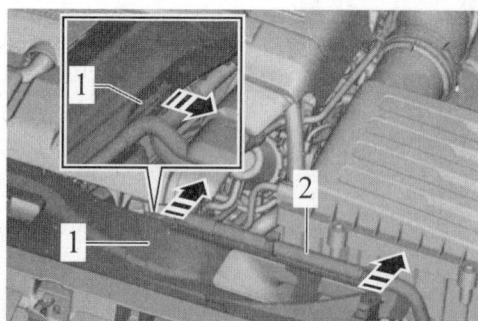

图8-26　拆卸空气导管上部件

1-空气导管上部件；2-冷却液软管

图8-27　拆卸空气滤清器壳体

1-真空软管；2-软管螺旋卡箍；3-空气滤清器盖

（4）拧出箭头所指左右螺栓，松开并取下空气导管的下部件，如图8-28所示。

（5）按如图8-29所示箭头所指方向，松开软管卡箍，并向下将增压空气软管拆下。

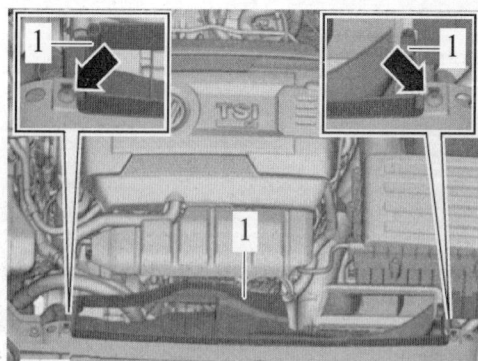

图8-28　拆卸空气导管下部件

1-空气导管的下部件

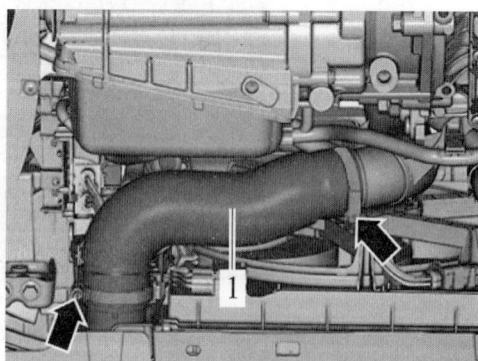

图8-29　拆卸增压空气软管

1-增压空气软管

（6）脱开空气导管上的电线束固定卡扣1和2，松开增压空气导管螺旋卡箍，拧出箭头所指增压空气导管固定螺栓,取下增压空气导管,如图 8-30 所示。

(7)拔出水管固定夹,拉出水管接头并推向一侧,如图 8-31 所示。

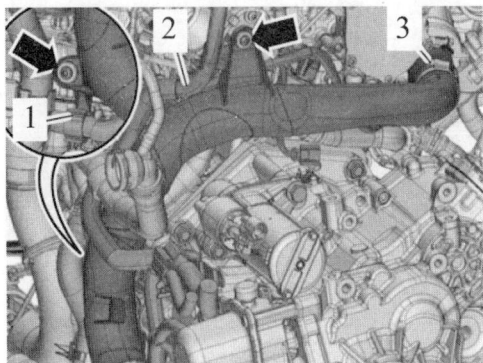

图 8-30   拆卸增压空气导管

1-电线束固定卡扣;2-电线束固定

卡扣;3-增压空气导管螺旋卡箍

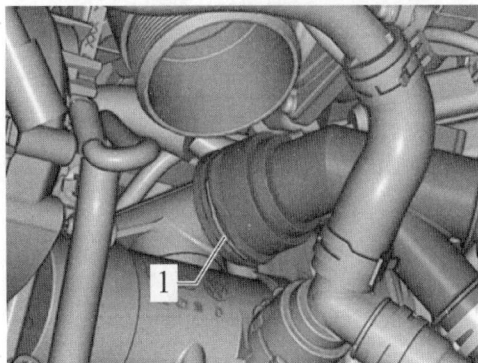

图 8-31   脱开水管接头

1-冷却液接头固定夹

(8)脱开油压开关上的电线插接器,拆下油压开关,拧出如图 8-32 箭头所指齿形皮带护罩螺栓,取下齿形皮带护罩。

(9)用固定工具反向把持住曲轴皮带轮,如图 8-33 所示。

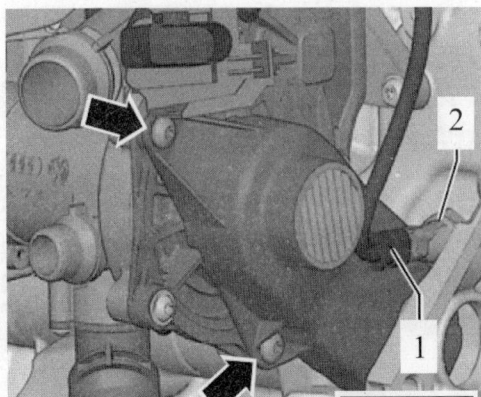

图 8-32   拆卸齿形皮带护套

1-油压开关电线插接器;2-油压开关

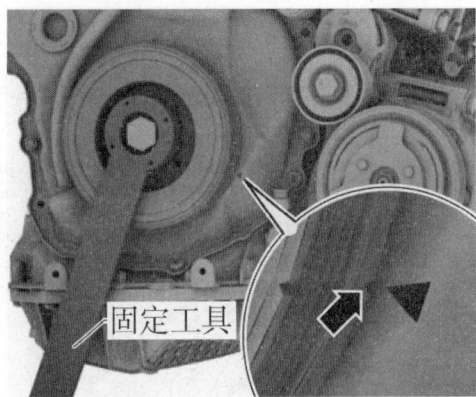

图 8-33   固定曲轴皮带轮

(10)松开并旋出冷却液泵驱动轮上的螺栓,取下齿形皮带,如图 8-34 所示。

3.冷却液泵的拆卸

(1)脱开电气电线插接器 2、3 和 4,拧出支架紧固螺栓 1,并将支架置于一侧,如图 8-35 所示。

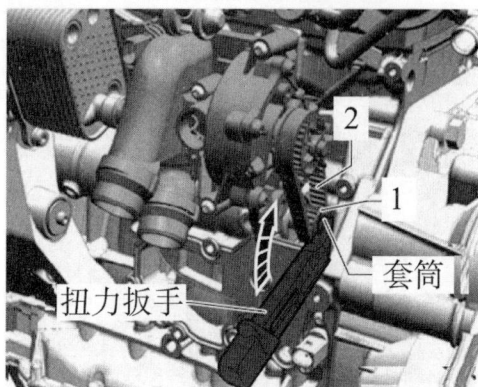

图 8-34 拆卸齿形皮带

1-齿形带轮;2-齿形皮带

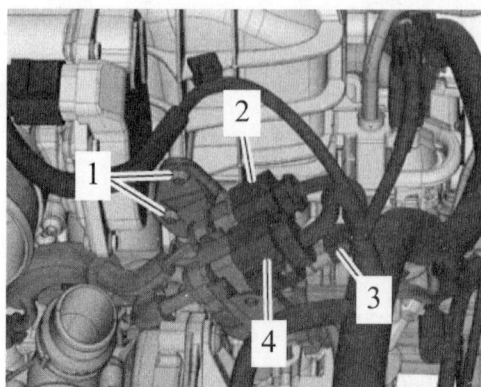

图 8-35 拆卸电线插接器

1-导线支架紧固螺栓;2、3、4-电线插接器

（2）按如图 8-36 所示箭头所指,脱开线束卡扣,并将线束置于一旁。

（3）按图 8-37 所示顺序,拧下冷却液泵固定螺栓,并将冷却液泵从发动机温度调节装置上取下。

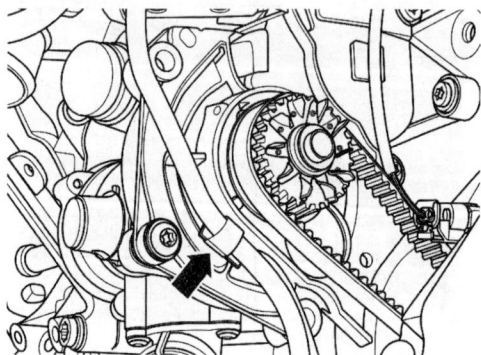

图 8-36 拆卸线束卡扣

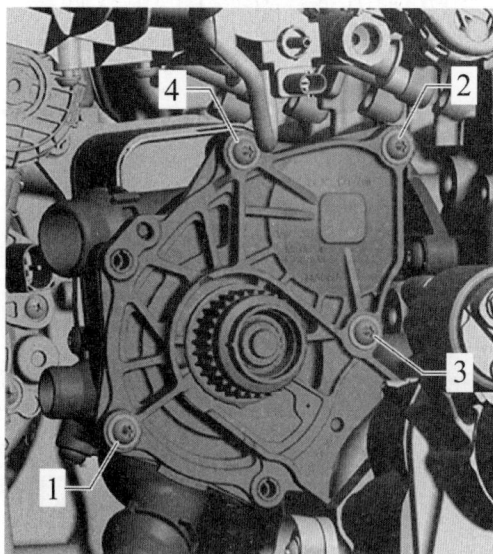

图 8-37 拆卸冷却液泵

（二）齿形皮带和冷却液泵的清洁检查

（1）清洁。清洁齿形带轮、冷却液泵与发动机温度调节装置的结合平面。

（2）检查冷却液泵。转动冷却液泵齿形带轮应灵活、无卡滞、无异响。

（3）检查齿形皮带。应无老化、发硬、龟裂等现象。

(三) 齿形皮带和冷却液泵的安装

1.冷却液泵的安装

(1)清洁密封垫的密封表面,安装密封垫。

(2)装上冷却液泵,在挂上齿形皮带后,拧紧螺栓。拧紧顺序为 1 至 4,拧紧力矩为 9N·m,如图 8-37 所示。

小提示:注意冷却液泵安装中心定位及密封圈的正确位置。

2.齿形皮带的安装

(1)齿形皮带安装以拆卸倒序进行,同时更换驱动轮螺栓,驱动轮螺栓拧紧力矩为 10N·m + 90°。

(2)驱动轮的安装时,注意将驱动轮上带环面的一侧指向变速器。

(3)其他螺栓紧固力矩,安装维修手册要求力矩拧紧。

3.加注冷却液

(1)从上、下冷却液管内取下旧的 O 形圈,将新的 O 形圈用冷却液浸润,并装到冷却液软管内。用插入式电线插接器将上、下冷却液软管分别插到散热器进出水口上,如图 8-38 所示。检查插入式接头是否卡入到位。

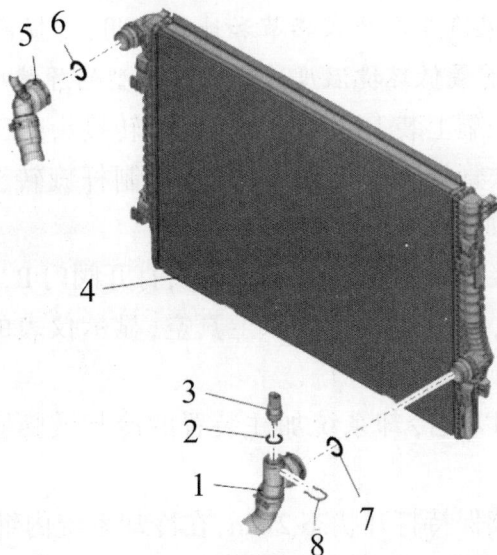

图 8-38　将上、下冷却液软管到插到散热器进出水口上

1-下冷却液管;2-O 形圈;3-散热器出口处水温传感器;4-散热器;5-上冷却液管;
6-O 形圈;7-O 形圈;8-冷却液温度传感器固定夹

小提示:为了确保冷却液软管卡住散热器冷却液管,可以通过拉拽软管来检查插入式接头是否已被正确卡入。

(2)按照正确的混合比预先混合冷却液,接着往冷却系统加注装置的冷却液罐中加注10L,如图8-39所示。

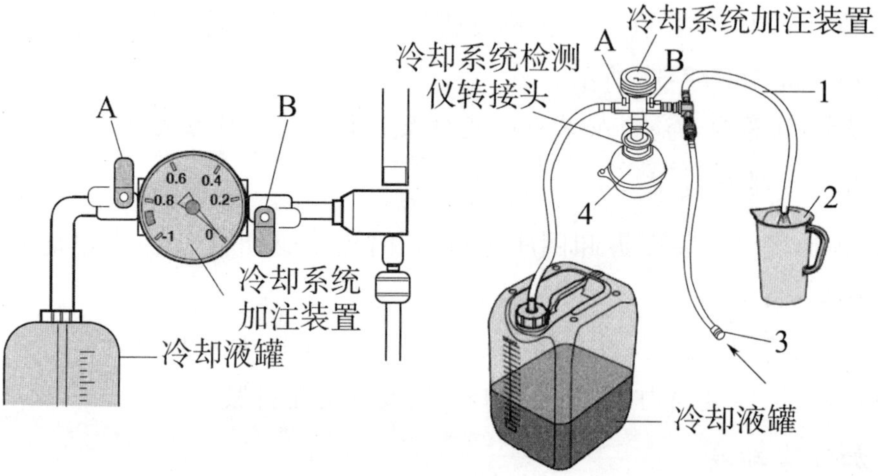

图8-39 冷却液加注设备连接示意图

1-排气软管;2-小容器;3-进气软管;4-冷却液膨胀罐

小提示:冷却液不得重复使用,所有大众迈腾B8轿车发动机都要加注冷却液G13(淡紫色)。如果汽车在严寒季节和地区使用,需提高冷却液防冻能力,务必按轿车使用地区当前最低环境温度选择相应类型的原装冷却液。

(3)在冷却液膨胀罐上装上冷却系统检测仪转接头;在转接头上安装冷却系统加注装置;将排气软管插入小容器中;并将控制杆旋转至与流动方向垂直位置,关闭阀门A和B;如图8-39所示。

(4)将进气软管接上压缩空气(6~10bar),打开阀门B,压缩空气经进气软管流入从排气软管排出,使冷却系统内产生真空,显示仪表的指针必须在绿色区域内。

(5)打开阀门A,以使冷却系统加注装置的冷却液膨胀罐软管内充满冷却液,重新关闭阀门A。

(6)让阀门B继续保持打开状态2min,在冷却系统内继续产生真空,显示仪表的指针必须仍位于绿色区域内。关闭阀门B,这样冷却系统中的真空满足加注需要。

小提示:如果指针位于绿色区域以下,请重复该过程;如果真空度下降,请检查冷却系统是否密封不严。

（7）拆除压缩空气软管。

（8）打开阀门 A，在真空吸力的作用下，冷却液从冷却系统加注装置的冷却液膨胀罐中被吸出并加注到冷却系统中，加注冷却液直至达到"最高"刻度标记处，如图 8-40 所示。

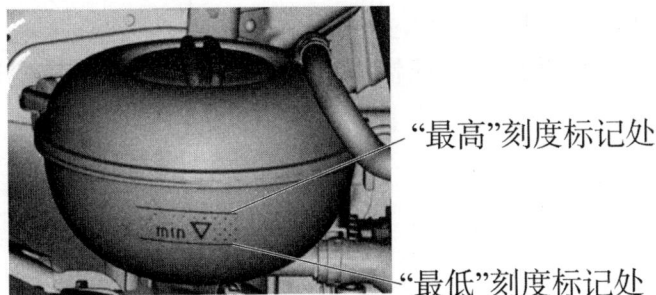

"最高"刻度标记处

"最低"刻度标记处

图 8-40　冷却液加注标记

（9）从冷却液膨胀罐上拆下冷却液加注装置。

（10）拧紧冷却液膨胀罐的密封盖，起动发动机并以大约 1500rpm 和 2800rpm 的转速交替运转，直至散热器风扇启动，发动机达到工作温度时，冷却液液位可能会接近或高于"最高"刻度标记处。

（11）关闭发动机并使其冷却，在发动机处于冷态时，冷却液液位必须位于"最低"刻度和"最高"刻度标记之间。

课题三　冷却液断流阀和变速器冷却液阀的拆装

一、工具、设备和材料准备

（1）大众迈腾 B8 轿车一辆或 CUGA 发动机一台（带拆装台架）。

（2）组合工具一套、扭力扳手、螺丝刀、钳子、冷却液收集盘、直径不超过 25mm 的软管夹、软管卡箍钳、工具车一辆。

（3）零件摆放架一个。

二、作业前准备

（1）将大众迈腾 B8 轿车或发动机拆装台架放置可靠。

（2）清洁工作台架及工具。

（3）讲解安全和拆装注意事项。

三、注意事项

(1)在热态时不可立即旋下膨胀箱盖子,应将冷却液膨胀箱盖用抹布盖住并小心打开,消除过压,以防蒸气喷出造成烫伤和人身伤害。

(2)冷却液有毒,排出时应用专用的盘子收集。

(3)拆卸冷却液断流阀或变速器冷却液阀时,用抹布盖住变速器开口,确保冷却液不会流入离合器壳体中。

四、操作步骤

1. 冷却液断流阀的拆装

冷却液断流阀分解图,如图8-41所示。

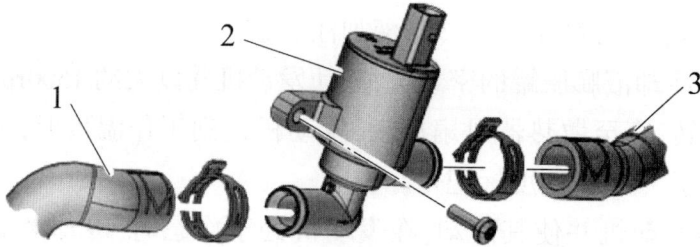

图8-41 冷却液断流阀分解图
1-冷却液管;2-冷却液断流阀;3-冷却液管

1)拆卸冷却液断流阀

(1)拆卸空气滤清器壳体。

(2)松开软管卡箍,拧出螺栓,将左侧空气导管略微向左按压,如图8-42所示。

(3)脱开冷却液断流阀电线插接器。

(4)将冷却液断流阀上的冷却液软管用直径不超过25mm的软管夹夹住,松开软管卡箍,拆下冷却液软管。

(5)如图8-43所示,拧出箭头所指螺栓,取下冷却液断流阀。

2)冷却液断流阀的清洁检查

(1)清洁冷却液断流阀的外壳和安装表面。

(2)检查冷却液断流阀和变速器冷却液阀工作状况是否良好。

3)冷却液断流阀的安装

(1)装上冷却液断流阀,以9N·m的力矩拧紧冷却液断流阀固定螺栓。

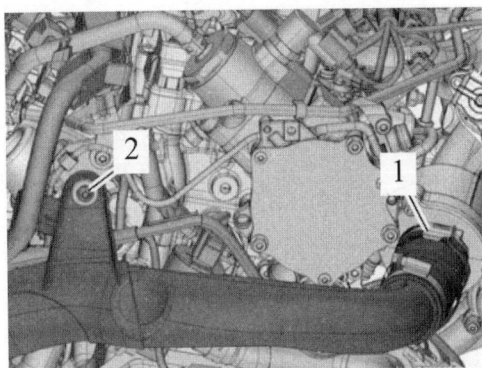

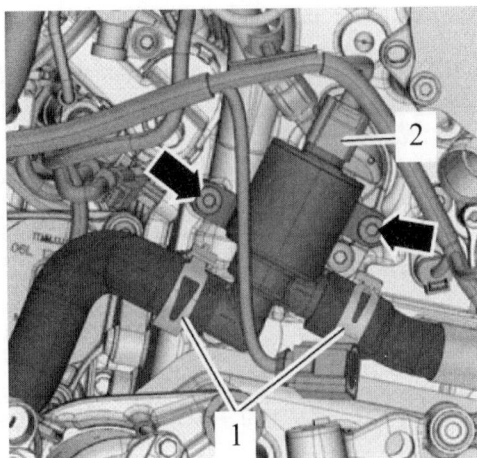

图 8-42　侧移左侧空气导管

1-软管卡箍;2-螺栓

图 8-43 拆下冷却液断流阀

1-软管卡箍;2-断流阀电线插接器

(2)装上冷却液断流阀上的冷却液软管,并用卡箍固定。

(3)插上冷却液断流阀电线插接器。

(4)装上其他部件,加注冷却液。

2. 变速器冷却液阀的拆装

变速器冷却液阀分解图,如图 8-44 所示。

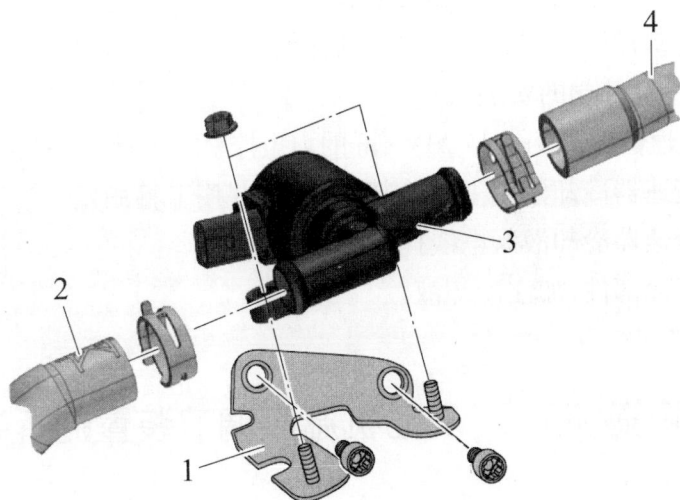

图 8-44　变速器冷却液阀分解图

1-支架;2-冷却液管;3-变速器冷却液阀;4-冷却液管

1)拆卸变速器冷却液阀

(1)拆卸隔音垫。

(2)拆卸空气滤清器壳体。

（3）松开卡子,将冷却液软管放置一旁。

（4）按箭头所指脱开电线插接器,如图8-45所示。

（5）用直径不超过25mm的软管夹夹住变速器冷却液阀上的冷却液软管,松开软管卡箍,拆下冷却液软管,如图8-45所示。

（6）拧下变速器冷却液阀固定螺母,取下变速器冷却液阀,如图8-45所示。

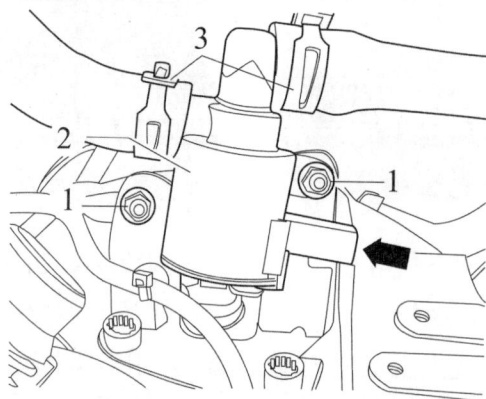

图8-45　拆下变速器冷却液阀

1-螺母;2-变速器冷却液阀;3-软管卡箍

2）变速器冷却液阀的清洁检查

（1）变速器冷却液阀的外壳和安装表面。

（2）检查冷却液断流阀和变速器冷却液阀工作状况是否良好。

3）变速器冷却液阀的安装

（1）装上变速器冷却液阀,以20N·m的力矩拧紧冷却液继续补给泵固定螺栓。

（2）装上变速器冷却液阀上的冷却液软管,并用卡箍固定。

（3）插上变速器冷却液阀电线插接器。

（4）装上其他部件,加注冷却液。

课题四　发动机温度调节装置的拆装

一、工具、设备和材料准备

（1）大众迈腾B8轿车一辆或CUGA发动机一台(带拆装台架)。

（2）组合工具一套、扭力扳手、螺丝刀、钳子、冷却液收集盘、工具车一辆。

（3）零件摆放架一个。

二、作业前准备

（1）将大众迈腾 B8 轿车或发动机拆装台架放置可靠。

（2）清洁工作台架及工具。

（3）讲解安全和拆装注意事项。

三、注意事项

（1）在热态时不可立即旋下膨胀箱盖子，以防蒸气喷出。

（2）冷却液有毒，排出时应用专用的盘子收集。

（3）切勿混用不同牌号的冷却液。

（4）安装时 O 形密封圈必须更换。

四、操作步骤

1. 发动机温度调节装置的拆卸

发动机温度调节装置分解图，如图 8-46 所示。

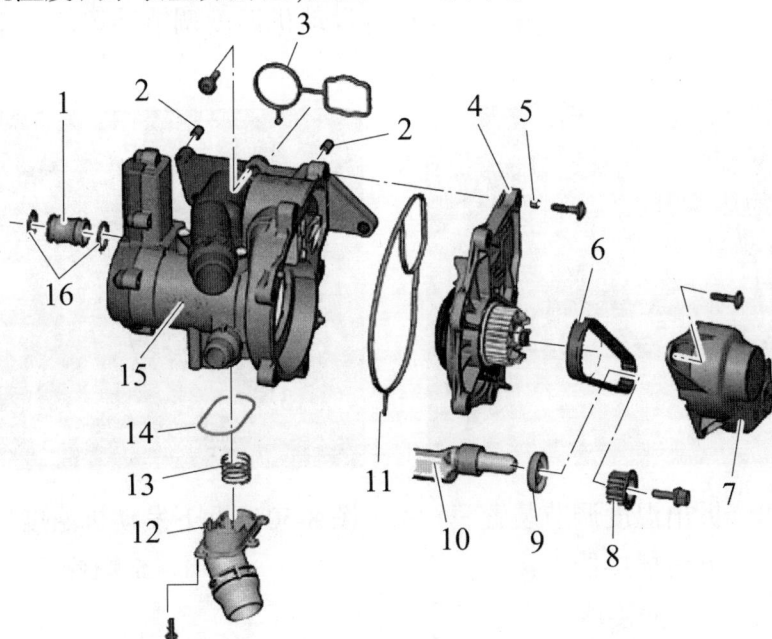

图 8-46　发动机温度调节装置分解图

1-连接套管；2-定位销；3-密封垫；4-曲轴皮带轮；5-冷却液泵；6-齿形皮带；7-冷却液齿形皮带盖罩；8-齿形皮带的驱动轮；9-进气侧平衡轴密封圈；10-进气侧平衡轴；11-密封垫；12-管接头；13-弹簧；14-密封垫；15-发动机温度调节装置；16-O 形圈

（1）拆卸节气门控制单元。

（2）按箭头所指拆下进气歧管上的冷却液管，如图8-47所示。

（3）拔下固定夹，拆下冷却液软管，如图8-48所示。

图8-47　拆下进气歧管上的冷却液管

1-冷却液管

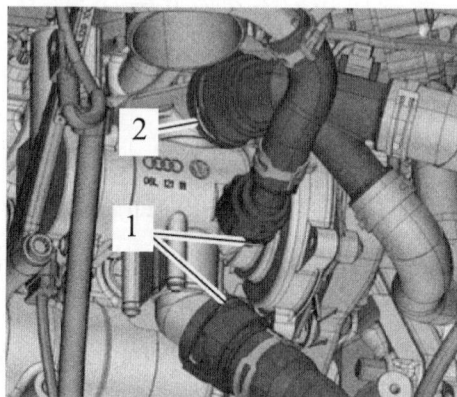

图8-48　拆下冷却液软管

1-固定夹；2-固定夹

（4）从发动机温度调节装置上拔出电线插接器，如图8-49所示。

（5）如图8-50所示，拧出螺栓1～5，将发动机温度调节装置从对中销上取下并从发动机机油散热器上拔出。

图8-49　拆出温度调节装置

电线插接器

1-电线插接器

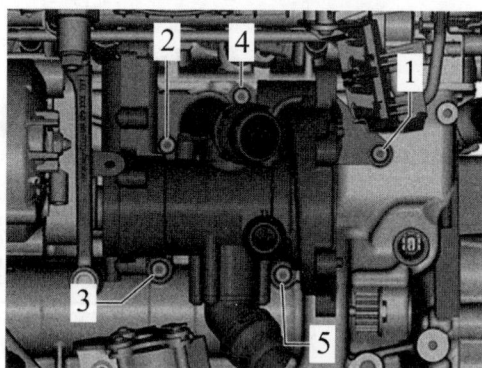

图8-50　拆下发动机温度调节装置

1～5-螺栓

2.发动机温度调节装置的清洁检查

（1）检查发动机温度调节装置壳体有无冷却液泄漏痕迹，若有检查发动机温度调节装置壳体是否有裂纹损坏，有裂纹必须更换。

（2）清洁发动机温度调节装置座和接头上的腐蚀物、胶质等，保持发动机温度调节装置的各接触面清洁、平整。

　　3.发动机温度调节装置的安装

　　(1)更换所有用 O 形圈和装置密封垫,并用冷却液浸润新 O 形圈和装置密封垫。

　　(2)检查汽缸体内是否安装了两个定位销,如果没有,请安装。将连接套管装入发动机机油冷却器。将发动机温度调节装置推到连接套管上,沿定位销推入汽缸体,如图 8-51 所示。

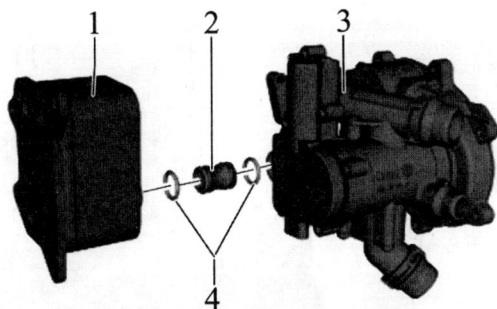

图 8-51　连接冷却液软管

1-发动机机油冷却器;2-连接套管;3-发动机温度调节装置;4-O 形圈

(3)按照 1 至 5 的顺序,以 9N·m 的力矩,拧紧发动机温度调节装置的螺栓。

课题五　散热器的拆装

一、工具、设备和材料准备

　　(1)大众迈腾 B8 轿车一辆。

　　(2)组合工具一套、扭力扳手、钳子、冷却液收集盘、散热器盖测试仪、工具车一辆。

　　(3)零件摆放架一个。

二、作业前准备

　　(1)将大众迈腾 B8 整车放置可靠。

　　(2)清洁工作台架及工具。

　　(3)讲解安全和拆装注意事项。

三、注意事项

（1）在热态时不可立即旋下膨胀箱盖子,以防蒸汽喷出。

（2）冷却液有毒,排出时应用专用的盘子收集。

四、操作步骤

散热器分解图,如图8-52所示。

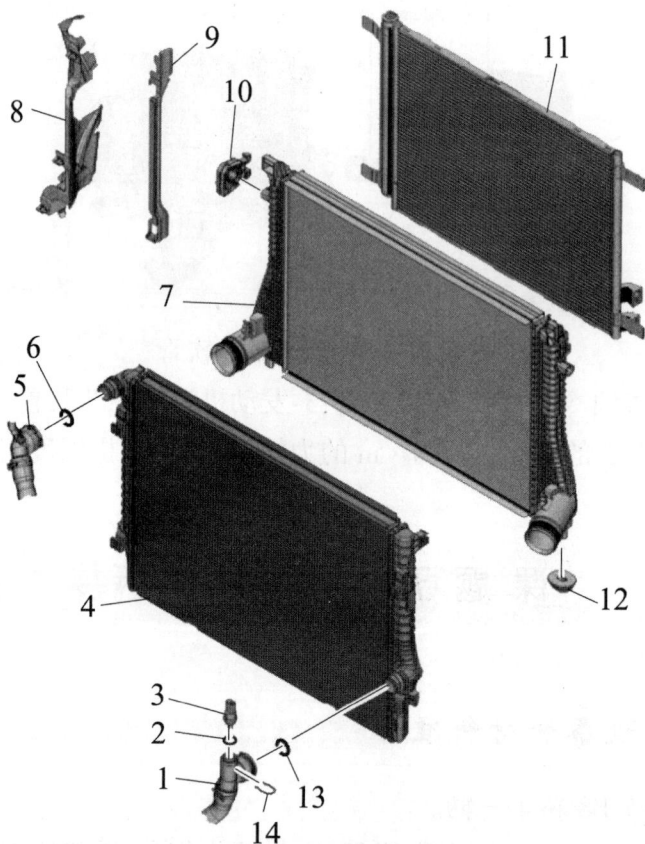

图8-52　散热器分解图

1-下冷却液管;2、6、13-O形圈;3-温度传感器;4-散热器;5-上冷却液管;7-增压空气冷却器;8-空气导流板;9-空气导流板;10-散热器支座;11-冷凝器;12-橡胶支座;14-固定夹

1.散热器的拆卸

（1）放净冷却液。

（2）拆下风扇护罩。

（3）拆下前保险杠盖板。

（4）如图 8-53 所示，拔出箭头所指固定夹，将上冷却液软管从散热器拔出。同样方法拆下下冷却液管。

图 8-53　拔下冷却液进水软管

（5）按图 8-54a)箭头所指，用斜口钳夹住散热器支座左右侧的卡扣，从上部将散热器略微推向发动机侧。

（6）同时按图 8-54b)箭头所指，按下散热器左右侧的锁止卡，然后将散热器从增压空气冷却器上拆下。

（7）固定增压空气冷却器。

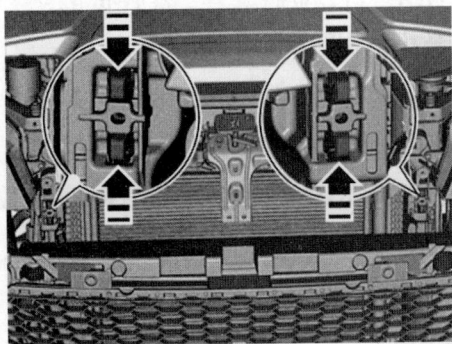
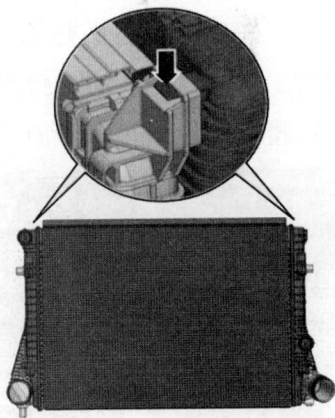

a)　　　　　　　　　　　　　　b)

图 8-54　拆下散热器

2.散热器的清洁检查

1）散热器清洁

散热器表面有较大杂物，可以用手先进行清理；如果没有，可直接用气泵从机舱内侧向外清洁。

　　小提示:由于水枪压力较大,水枪清洗时,要正直进入散热器,角度不要倾斜,避免打歪散热器片角度。

　　2)外观检查

　　检查散热器外壳是否破损、变形,是否有冷却液泄露痕迹。

　　小提示:散热器即使安装正确,其叶片亦可能有小凹痕,这并不代表散热器已损坏。

　　3)安装后连接状况和泄露检查

　　散热器安装后,检查散热器及各连接处卡箍是否松动,连接是否可靠,是否有冷却液泄露现象。在发动机运行状态下,再次检查散热器及各连接处是否存在泄露现象。

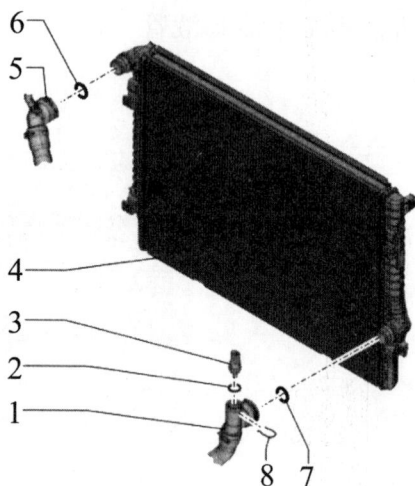

图 8-55　冷却液软管 O 形圈位置图

1-冷却液出水软管;2-冷却液温度传感器密封圈;3-冷却液温度传感器;4-散热器;5-冷却液进水软管;6、7-O 形圈;8-固定夹

　　3.散热器的安装

　　(1)如图 8-55 所示,更换 O 形圈,安装时用冷却液进行浸泡润滑。

　　(2)以一定角度将散热器插入下部增压空气冷却器支座,然后将散热器卡止在增压空气冷却器上,通过拉动确保正确卡止,如图 8-54a)所示。

　　(3)将增压空气冷却器连同散热器一起摆动到锁架中,确保散热器支座正确座合进锁架中图 8-54a)所示。

图 8-56　散热器支座固定图

　　(4)按图 8-56 箭头所指,用螺栓将散热器支座(其卡扣已卡止)固定到锁支架上,并以 5N·m 力矩拧紧。

　　(5)安装前保险杠盖板、风扇护罩。

　　(6)用插入式接头将上、下冷却液软管连接到散热器上。

　　(7)加注冷却液。

参 考 文 献

[1] 林德华. 汽车构造与拆装[M]. 北京:人民交通出版社,2010.

[2] 陈瑜,雍朝康. 汽车构造与拆装. 北京:人民交通出版社,2011.

[3] 陈家瑞. 汽车构造(上册)[M]. 6版. 北京:人民交通出版社,2013.

[4] 人民交通出版社汽车图书出版中心. 大众系列轿车典型结构图册. 北京:人民交通出版社,2010.

[5] 程晟. 汽车拆装技能训练[M]. 北京:中国劳动社会保障出版社,2004.

[6] 谭本忠. 发动机构造与维修[M]. 济南:山东科学技术出版社,2009.

[7] 王会. 汽车发动机构造与维修[M]. 北京:人民交通出版社,2011.

[8] 王怀建. 汽车维修常用工具及设备试用[M]. 北京:机械工业出版社,2009.

[9] 左适够. 汽车发动机构造与维修[M]. 3版. 北京:人民交通出版社股份有限公司,2015.

[10] 武华,武剑飞. 汽车发动机构造与拆装工作页[M]. 3版. 北京:人民交通出版社股份有限公司,2019.